魏武王曹操

考古队长的新发现 ①

河南省文物考古研究院
三国魏晋南北朝研究中心主任
潘伟斌 ◎ 著

The Real Story of Cao Cao

华文出版社
SINO-CULTURE PRESS

图书在版编目（CIP）数据

魏武王曹操 . 1 / 潘伟斌著 . -- 北京：华文出版社，
2025.1
　ISBN 978-7-5075-5912-5

　Ⅰ . ①魏… Ⅱ . ①潘… Ⅲ . ①曹操（155-220）-人
物研究 Ⅳ . ① K827=342

中国国家版本馆 CIP 数据核字（2024）第 064947 号

魏武王曹操 1

| 作　　　者：潘伟斌
| 责任编辑：袁　博
| 特约编辑：杨艳丽
| 出版发行：华文出版社
| 地　　　址：北京市西城区广外大街 305 号 8 区 2 号楼
| 邮政编码：100055
| 网　　　址：http://www.hwcbs.cn
| 电　　　话：总编室 010-58336210　编辑部 010-58336279
| 　　　　　　发行部 010-58336267　010-58336202
| 经　　　销：新华书店
| 制　　　版：北京禾风雅艺文化发展有限公司
| 印　　　刷：三河市航远印刷有限公司
| 开　　　本：700mm×1000mm　1/16
| 印　　　张：23
| 字　　　数：400 千字
| 版　　　次：2025 年 1 月第 1 版
| 印　　　次：2025 年 1 月第 1 次印刷
| 标准书号：ISBN 978-7-5075-5912-5
| 定　　　价：78.00 元

版权所有，侵权必究

曹公，别来无恙乎？

知道潘伟斌先生大名久矣！前些年，他发现并带队发掘了魏武王曹公的高陵，很是风光了一阵，当时他的名字和事功暴雷般在社会上疯传，很是让人惊骇羡慕。据传，生性多疑的一代奸雄曹操活着时，曾命人修建了七十二座疑冢，有的在高山，有的在陆地，有的在湖泊，奇招迭出，令人摸不着底细。曹操死后安葬的那天，邺城所有城门全部打开，七十二具棺材从东、南、西、北四个方向，同时从城门抬出，在不同的地方掩埋。一个千古之谜就此流传并引起社会各阶层探索分析，七十二疑冢是否存在，以哪座为真？！

宋代诗人俞应符对曹操的这种行径甚为不齿，他在《七十二座疑冢》一诗中，以厌恶的口气写道：

生前欺天绝汉统，死后欺人设疑冢。
人生用智死即休，何有余机到丘垄。
人言疑冢我不疑，我有一法君未知。
直须发尽疑冢七十二，必有一冢藏君尸。

这位自作聪明的俞诗人，对曹操的性格和谋略并不了解，如何知道曹操之尸就埋在了这七十二疑冢之内？焉知其不会埋在七十二冢之外乎？对此，鲁迅在《花边文学·清明时节》中曾这样说道："相传曹操怕死后被人掘坟，造了七十二疑冢，令人无从下手。于是后之诗人曰：'遍掘七十二疑冢，必有一冢葬君尸。'"

于是后人论者又曰:"阿瞒老奸巨猾,安知其尸实不在此七十二冢之内乎。真是没有法子想。"又说:"阿瞒虽是老奸巨猾,我想,疑冢之流倒未必安排的,不过古来的冢墓,却大抵被发掘者居多,冢中人的主名,的确者也很少,洛阳邙山,清末掘墓者极多,虽在名公巨卿的墓中,所得也大抵是一块志石和凌乱的陶器,大约并非原没有贵重的殉葬品,乃是早经有人掘过,拿走了,什么时候呢,无从知道。总之是葬后以至清末的偷掘那一天之间罢。"

据时人和后来的好事者分析,按照曹操留下的《终令》来看,曹操墓应在古邺城西门豹祠以西的地方,相当于今天河北省临漳县三台村以西直到磁县境内漳河沿岸的讲武城村。这里为古墓地,其中丘垄星罗棋布,森然弥望,高者如山列列,低者如丘累累,这就是历史上传说的曹操七十二疑冢所在之处。正如一首诗所写的那样:

疑冢累累漳水头,如山七十二高丘。
正平只有坟三尺,千古安眠鹦鹉洲。

七十二疑冢的传说,使后人无所适从。史载,南宋诗人范成大曾于乾道六年(1170年)在此下马,拜谒曹操陵。但是由于搞不清哪座是真正的曹操陵,只好在当地老百姓的指点下,对讲武城西侧的第一个疑冢进行了拜扫,但对于是否拜了真陵,他心里也没底。面对星罗棋布的坟堆,他只能感叹道:"一棺何用冢如林,诸复如公负此心。"

后人的不断追寻总是毫无结果,越发给"七十二疑冢"蒙上了一层神秘的色彩。而当地老百姓有关疑冢的种种传说,更使疑冢越发显得神秘莫测。据当地的老百姓说,讲武城一带的疑冢,在雷雨天常常会冒紫光。有一个传说,十分离奇,说的是清朝同治年间,当地有个自幼失去双亲的孤儿,名叫朱伢儿。由于无依无靠,他只好以给地主家牧羊为生。有一天,朱伢儿在讲武城东南的彭村打柴。这彭村,也叫彭城村,古时曾是一个人工湖泊,三国时曹操命其名为玄武池,专门在此操练水兵。后来由于长年不疏浚,加上中原一带连年干旱,池水涸竭,玄武池便渐渐淤塞,长满芦苇,变为陆地。朱伢儿在这里打柴,突然在高高的蒿草丛中发现了一座大墓,墓前侧卧一块石碑。朱伢儿不识字,又觉好奇,所以就请了一位私塾先生来辨认。私塾先生一读碑文,原来这是魏武帝曹操陵墓。于是,他们便告知磁州县衙门。县令得知后,马上坐轿赶到彭村,但是奇怪的是,当他带人拨开杂草时,那座大冢已是无影无踪。县令十分生气,认为私塾先生欺骗了他,命士卒将他打了三百杖,而那个少年伢子,却从此再也未有下落。

前面已经讲过,宋代诗人俞应符针对曹操七十二疑冢,曾设想了一种办法:"直须发尽疑冢七十二,必有一冢藏君尸。"可惜的是,这种方法被实践证明是无效的。自元明之后,这些陵墓相继被盗,但曹操尸身仍未找到。这就应了鲁迅所说的话:"安知其尸实不在此七十二冢之内乎。真是没有法子想。"

面对"曹墓不知何处去"的尴尬局面,后人不由得发出了"生前欺天,死后欺人"的感叹,而对曹操为人之奸诈也有了更为深入的认识。然而,令世人意想不到的是,2009年12月,石破天惊,魏武王的高陵在河南省安阳市安丰乡西高穴村,被考古人员潘伟斌先生与他的考古同伴发现。然而,这一发现不但没有使疑冢尽释、尘埃落定,反而随着高陵的发掘,导致学术界甚至社会各阶层认识不一,派别丛生,风波骤起。一时间"英雄虎战,策士龙骧,以冷眼视之,直如蝇聚膻而已;是非蜂起,得失猬兴,以冷情当之",好一个翻云覆雨、龙蛇虎斗的热闹场面。

就在这场看似无休止的打斗间,没有人注意,突然在某一天,潘伟斌消失了。自此,打斗得正酣的各门、各派,以及不断云集到安阳高陵施展把戏的"十八路诸侯",再也看不到他的身影,亦得不到他的任何消息了。

如今是一个信息大爆炸的时代,由于多媒体和自媒体的产生,一个人很容易火起来,但是,也很容易被社会遗忘。一旦你离开了人们的视野中心,很快就会被人们遗忘。有的人为了出名,为了增加自己的流量,不惜采用各种手段来吸睛。然而,潘伟斌先生在自己最火爆的时候不辞而别,突然消失,公众长期得不到其消息,难道说他不担心自己被社会遗忘、被时代抛弃吗?这不能不让我对他的那个所谓的重大发现产生了一丝怀疑,担心它到底靠不靠谱,是不是在有意回避人们对他的质疑甚至射来的锋矢。

曹操高陵发现至今已经整整十四年了,当人们快要将潘伟斌彻底忘记的时候,我突然接到了华文出版社编辑的电话,提出要我给潘先生的书写篇序,让我确实感到很是吃惊。原来这个让人捉摸不透、显得虚无缥缈的人并没有彻底消失,他今天又以魏武王高陵发现者的身份,在云端里喊了声"我来也——",英姿飒爽地回到了人们的视野里,就像当年他消失时那样突然。尽管如此,我还是很吃惊为什么他会突然找上了我,让我们两个素未谋面、互不相干的人突然走近?潘伟斌先生这些年到底发生了什么变故?身上有什么不为人知的故事?如今他又写了

曹公,别来无恙乎?

什么样的书，竟然会吸引华文出版社为他出版？所有这些问题一下子吸引了我，让我禁不住想对他进行一些了解。

当我拿到这部厚厚的作品时，当我读到书中所写的内容时，当我看到他为这本书所写序言和后记时，我突然明白了一切，突然感到一种释怀。它让我明白了潘伟斌先生当年为何会突然和大家玩消失，为什么他选择与大家不辞而别，原来是有原因的。这个原因让人感到吃惊，更让人深深地感动。他原来并没有停留在自己既有的研究成果上裹足不前，而是心怀更大的理想，确立了更大的目标，选择了更大的研究课题。正如潘伟斌先生自己所说的，他不仅破解了曹操墓这一千古之谜，给了大家一个真正的曹操墓，他还要给大家一个真实的曹操，一个不一样的曹操，只有这样，他才感到今生无憾。这是一个多么有理想、有情怀的学者啊！

曹操高陵的发现和发掘，得益于潘伟斌先生强烈的社会责任心和历史使命感，曹操墓能够完成论证，并得到学术界认可，被评为2009年度全国重要考古发现、全国六大考古新发现、全国十大考古新发现、河南五大考古新发现，充分证明了潘伟斌先生深厚的学术功底、不凡的研究能力。他目光高远，凡事都想在前面，都是在为社会考虑，从不考虑自己的得失。比如，他在发掘曹操墓之初，就已经考虑到曹操墓的未来，决定采取保守的发掘方法，目的就是尽量保存好曹操墓葬的本体，为将来的开发利用、更好地展示做准备。而不是为了自己工作的安全和方便，以及研究的需要，采用通常的大揭顶方式（广州南越王墓是一个典型案例）。如果他选择这样做，从业务角度上说没有任何问题，从田野考古发掘规程上来说，谁也不会找到任何毛病。然而这样做，留给世人的必将是一个不完整的曹操墓，即使后来进行复原，也不再是一个真实的文物。从这件事上，可以让我们充分感受到潘伟斌先生是一个什么样的学者，让我们感受到他的良苦用心和对社会、对国家的那种深深的情怀。我们看到，他是一位心怀社会，处处为社会着想，力图造福社会，造福当地民众，关心社会发展，充满着社会责任感的学者。我们当今不是正需要这样的人吗？

潘伟斌先生是一个坦荡的人，他从不讳言自己的担心和忧虑，从不回避他后来选择研究曹操时的矛盾心理和担心，因为这是当时的现实考虑。一个在学术界已经有了一定地位、在社会上有了较高名气的人，从高光中突然选择离开，为了学术研究，重新过上那种隐退般的生活，甘愿坐冷板凳，甘愿牺牲掉自己业已到手的那些荣誉、那些关照，谢绝朋友们的邀请，推辞掉各种讲座邀约，牺牲那些既得利益，这不仅仅需要巨大勇气，还确实需要一种精神，一种不计个人名利、不计个人得失，不怕失败，敢于推倒重来，勇于探索，并探索不止的精神。难道说，这还不值得我们大家敬佩学习吗？本人相信，只要我们的学者都具有像潘伟斌先生这样的情怀和对社会的责任感，自觉地投入工作中去，那么我们的科学研究、我们的学术成就必然会上一个新台阶，我们的民族复兴有望。对此我充满着信心。

由于历史上的特殊原因，我们对曹操这个人充满了误解，让他在历史上饱受争议，在群众的心目中，一直以白脸奸贼示人，这是对历史事实和真相的歪曲和误解，对曹操本人是不公平的。

事实上，曹操是一个心怀坦荡，充满着社会责任心、历史责任感的人，他的一生都是在维护着东汉王朝的利益，为老百姓能够过上太平生活而奔波，并为了这一理想出生入死，操劳一生，战斗一生。为了国家的统一，他不顾六十多岁的高龄，东征西讨，战斗至死。他是当时最有资格也最有条件取代汉献帝，自己称帝的人，但是，他不为这一巨大诱惑所动，顶住部下给他的各种压力，至死都坚持初心，没有越雷池半步，没有称皇称帝，甘愿做一个东汉王朝的臣子。这样的人却被后人说成是奸贼。这完全背离了历史事实，并不是历史真相的真实反映，难道说我们不该给曹操恢复名誉吗？

这样一位对中国历史发展方向和轨迹产生过重要影响，一个为了维护国家统一、避免分裂而奋斗一生的伟大人物，难道说不值得我们好好纪念，还他一个真实的形象吗？难道说就因为他曾经专权，我们就认定他是奸贼吗？事实上，曹操当时专权是有其客观原因的，用他自己的话来解释，我们就会对他的这一举措有一个更正确的理解。比如，他在建安十五年（210），面对朝野对他的压力和怀疑，写了一篇《让县自明本志令》，他在该令中解释道："设使国家无有孤，不知当几人称帝，几人称王。或者人见孤强盛，又性不信天命之事，恐私心相评，言有不逊之志，妄相忖度，每用耿耿。齐桓、晋文所以垂称至今日者，以其兵势广大，犹能奉事周室也。《论语》云'三分天下有其二，以服事殷，周之德可谓至德矣'，夫能以大事小也。昔乐毅走赵，赵王欲与之图燕，乐毅伏而垂泣，对曰：'臣事昭王，犹事天王；臣若获戾，放在他国，没世然后已，不忍谋赵之徒隶，况燕后嗣乎！'胡亥之杀蒙恬也，恬曰：'自吾先人及至子孙，积信于秦三世矣；今臣将兵三十余万，其势足以背叛，然自知必死而守义者，不敢辱先人之教以忘先王也。'孤每读此二人书，未尝不怆然流涕也。"

随后他进一步解释道："然欲孤便尔委捐所典兵众以还执事，归就武平侯国，实不可也。何者？诚恐己离兵为人所祸也。既为子孙计，又已败则国家倾危，是以不得慕虚名而处实祸，此所不得也。"他担心自己一旦交出手中的权力，如果被小人利用，自己这么多年来辛辛苦苦创下的基业就会毁于一旦，不仅会葬送了汉朝，甚至还会危及自己家人的生命安全。因此，他才会不慕虚名而处实祸，此所不得已而为之也。这说明他头脑十分清楚，他知道社会之险恶，自己已经身在江湖，就身不由己，无论从国家前途考虑，还是从个人安危考虑，都不能为了赢得一个好的虚名，而给国家和自己带来"实祸"。明白了这一点，我们才会理解他为什么这样做，才知道这才是负责任的态度。我们还会认为他是奸贼吗？

当潘伟斌先生在书中告诉您一个历史事实，魏武王曹操去世后，作为天子的汉献帝亲自到墓地为他的这位臣子送行，并为失去他而痛哭流涕时，您还会相信汉献帝是曹操手中的傀儡吗？

潘先生这部书里，告诉了我们太多不为人知的秘密。

通过研读这部书，相信您会发现一个完全不一样的曹操，会认识一个更加真实的曹操。理解了这些，对曹操的诗文会有更加深入和身临其境的参悟理解：

　　对酒当歌，人生几何！
　　譬如朝露，去日苦多。
　　慨当以慷，忧思难忘。
　　何以解忧？唯有杜康。
　　…………
　　月明星稀，乌鹊南飞。
　　绕树三匝，何枝可依？
　　山不厌高，海不厌深。
　　周公吐哺，天下归心。

是为序。

2023.10.28 北平

序言

　　三国是一个精彩纷呈的时代，也是一个思想混乱、是非标准让人容易误判的时代，更是一个智慧迸发、英雄辈出的时代，千百年来，受到人们的广泛喜爱，研究三国的文章、专著和文学作品如鲫过江，出现许多脍炙人口、让人爱不释手的作品。那么，这些作品是否都符合历史事实呢？本人发现，时至今日，很少有作品能够真正触及历史的全部真相，或浅尝辄止，或根本就是罔顾事实，根据个人的喜好，随意评价其中的人物，尤其是曹操和刘备，观点相互抄袭，没有新意。那么，真实的三国、真实的曹操和刘备又是怎样的呢？

　　曹操曾因为将汉献帝迎接到了许昌，控制了汉室朝政，挟制汉献帝，成为汉室权臣，从而落了个"挟天子以令诸侯"的奸贼恶名，一直被世人所诟病。那么，"挟天子以令诸侯"到底是怎么一回事？而刘备则以汉室后裔、中山靖王之后自居，认为他有皇室血脉，一直企图恢复汉室江山而饱受人们的同情。事实到底是不是那样？

　　古人往往有"胜者为王败者寇"的观点，意思是说赢者通吃，包括后人对其评价。但是，东汉末年的曹操却是一个例外，虽然自己是一段重要历史的塑造者，更是人生的赢者，后来，他的儿子甚至建立了自己的大魏王朝，可是，历史对他的评价却不像其他朝代的缔造者那样受到尊重，反而是褒贬不一，这种现象在历史上十分少见。原因又是什么？

　　汉献帝适逢东汉王朝江河日下之时，从开始到其去世，都不能主宰自己的一切，因此，他的一生是值得人们同情的。但是，我们对汉献帝的同情，决不应该转移到刘备身上，不能因为他是汉室宗亲，就可以承载人们对汉室不幸的同情。否则，就会失去判断历史真相的能力和标准。汉室是汉室，刘备只能是刘备。我们不能用感情和自己的好恶来代替对历史人物的评价，否则，就不能揭示出历史真相，不能给历史人物以公正的评价。对一个历史人物的历史评价应该放在历史背景中，放在历史长河之中去研究，才能还原真相。评价历史人物的标准有许多，比如，其一生和作为是否符合当时的政治伦理，其一生的作用是否有利于推动历史进步、国家统一和民族和谐，是否有利于当时老百姓的生活等，对三国中人物的评价，也应如此。那么，以这样的研究方法所得出的结果，又将如何呢？

曹操到底是一个奸贼还是忠臣？他有没有取代汉室的野心？他的"挟天子以令诸侯"到底是怎么一回事儿？其产生的背景如何？在当时是否必要？这一政策有没有积极意义？而刘备的所作所为到底是出于自己的野心，还是为了拯救汉室，或是希望延续东汉王室命脉？历史真相到底如何？本书通过对二人的一生经历和已经发生的历史事实进行对比，试图解决这一历史问题。

相信读者看过这本书，就会发现许多历史真相，就会了解到一个更加真实的三国，并得出自己的正确判断。

目录

曹公，别来无恙乎？　1

序　言　1

第一章　曹操其人

第一节　家世之谜 / 002

　　一、出身世家 / 002

　　二、家世之谜 / 003

第二节　坎坷半生 / 011

　　一、三起三落 / 011

　　二、首倡义兵 / 015

　　三、酸枣会盟 / 020

　　四、汴河之败 / 025

　　五、扬州募兵 / 028

　　六、矛盾重重 / 030

第三节　独立发展 / 040

　　一、曹操与袁绍 / 040

二、攻杀王匡 / 042

　　三、占领东郡 / 048

　　四、保卫东郡 / 053

第四节　锋芒初露 / 057

　　一、进军兖州 / 057

　　二、大败黄巾 / 059

　　三、巩固兖州 / 064

　　四、迎接使者 / 068

第五节　遭遇挫折 / 070

　　一、欲尽子孝 / 071

　　二、出兵徐州 / 073

　　三、阖门遇害 / 078

　　四、血洗彭城 / 082

　　五、葬地疑云 / 085

　　六、怒征陶谦 / 090

　　七、丢失兖州 / 095

　　八、兖州丢失的原因 / 097

　　九、险象环生 / 102

　　十、濮阳之战 / 105

第二章　逆势崛起

第一节　收复兖州 / 110

　　一、李乾之死 / 110

二、艰难抉择 / 111

　　三、收复兖州 / 115

　　四、吕布失败的原因 / 116

第二节　控制河南 / 118

第三节　移治于许 / 122

第四节　曹操与汉献帝的互动 / 129

第三章　志吞天下

第一节　迁都许昌 / 134

第二节　辅佐汉帝 / 136

第四章　挟天子以令诸侯

第一节　"挟天子以令诸侯"一说的肇始者 / 142

　　一、"挟天子以令诸侯"说法的最早提出者 / 142

　　二、"挟天子以令诸侯"的实质和真正始作俑者 / 145

　　三、"挟天子以令诸侯"在曹操一方的正确表述 / 147

第二节　"挟天子以令诸侯"产生的历史背景 / 150

　　一、天子受制，遍尝凌辱 / 150

　　二、艰难脱困，君臣团聚 / 157

　　三、东迁弘农，懈怠生变 / 160

　　四、临时变卦，东归旧都 / 164

　　五、危急时刻，山贼救主 / 170

　　六、匈奴抽兵，落荒而逃 / 179

　　七、偏安安邑，受制白波 / 184

八、董承受宠，修复南宫 / 189

　　九、曹洪勤王，中途受阻 / 196

　　十、无法存身，还都洛阳 / 200

　　十一、诸侯无视，受困旧都 / 205

　　十二、君臣思变，谋求外援 / 208

第三节　洛阳勤王 / 211

　　一、董昭其人 / 211

　　二、心向曹操 / 217

　　三、董昭之谋 / 220

　　四、洛阳勤王 / 222

　　五、曹操洛阳勤王的真实过程 / 224

　　六、曹操能够取得成功的原因 / 227

第四节　奉天子以令不臣 / 233

　　一、迁都于许 / 233

　　二、朝会风波 / 239

　　三、杨彪的家世 / 243

　　四、罢黜杨彪 / 246

　　五、杨彪被罢免的真实原因 / 247

　　六、荀彧上位 / 255

　　七、"三板斧"稳定政局 / 257

　　八、严惩首恶 / 264

　　九、此举的影响 / 267

第五节 "奉天子以令不臣"决策
给曹操带来的红利 / 269

一、护佑幼主，赢得民心 / 269

二、代表朝廷，正义化身 / 271

三、赢得宗室支持，归降曹操 / 272

四、士族支持，助曹操一臂之力 / 273

五、广招人才，英才荟萃 / 276

六、泥沙俱下，鱼龙混杂 / 279

第六节　瓦解袁氏集团 / 286

一、豪族袁氏，最大隐患 / 286

二、汝南袁氏，四世三公 / 289

三、兄弟阋墙，祸起嫡庶 / 295

四、兄弟不睦，各个击破 / 298

第五章　官渡之战

第一节　袁绍的干扰 / 302

第二节　不臣之心 / 307

第三节　双方斗法 / 311

第四节　《讨贼檄文》 / 317

一、檄文内容 / 318

二、战争动员 / 319

第五节　应对措施 / 322

一、抢占河内，控制黎阳 / 322

二、冰释前嫌，张绣来降 / 327

三、刘备叛逃，窃取徐州 / 330

四、谋反失败，董承被诛 / 335

五、错失战机，埋下祸根 / 340

六、白马解围，邂逅刘备 / 342

七、袁绍失败，原因何在 / 348

第一章

曹操其人

根据史料记载，曹操出生于官宦世家，西汉相国曹参之后。曾祖父曹节，素以仁厚见称。

第一节 家世之谜

一、出身世家

根据史料记载,曹操出身于官宦世家,西汉相国曹参之后。曾祖父曹节,素以仁厚见称。这里有一个故事,足以说明曹节的仁厚。其邻人有一家丢失了自家养的猪,与曹节家养的猪很像,于是,丢猪的这个人便找上门来指认曹节家养的猪是他家的。曹节并不与他争执,让他将自己的那头猪牵走了。后来,这家人的猪自己又返回了家里,丢猪的主人知道自己错了,大为惭愧,将曹节家的猪又送了回来,反复向曹节谢罪。而曹节笑而受之,并没有半点责怪该人。由是乡党皆贵叹之。

祖父曹腾,字季兴,沛国谯人。安帝时,少年的曹腾入宫为太监,出任黄门从官。汉安帝永宁元年(120),顺帝在东宫为太子,邓太后诏黄门令,命他从中黄门从官中挑选一批年少温谨者陪皇太子读书。曹腾以年少谨厚被选中。得以陪伴皇太子读书,太子特亲爱曹腾,饮食赏赐与众有异。及顺帝即位,曹腾升为小黄门,再迁为中常侍(给事皇帝左右,职掌顾问应对,多为皇帝爱幸之臣)、大长秋(为皇后宫中官属的总负责人)。桓帝得以即位,多亏了曹腾与长乐太仆州辅等七人以定策之功,因为他们有拥立桓帝之功,这七人皆得以封为亭侯,曹腾被封为费(bì)亭侯(封地在今河南省商丘市永城市新桥乡境内),以曹腾为先帝旧臣,忠孝彰著,加位特进。

所谓特进,《艺文类聚》卷四十七载,《汉杂事》曰:"诸侯功德优盛,朝廷所敬异者,赐位特进,在三公下。"《百官表》注曰:"特进,官品第二,汉制,皇后之父,率为此官。"因此,地位尤崇。

曹腾在宫中三十余年,先后侍奉过四位皇帝,未尝有过失。他既是皇帝的近臣,又是皇帝的顾问,更是皇后的心腹,掌管着后宫皇后旨意的宣达。其所推荐的人，皆海内名人，有陈留名士虞放、边韶，南阳人延固、张温，弘农人张奂，颍川人堂豁典等，威望极高。曹腾去世后，其子曹嵩继爵费亭侯。

父亲曹嵩，母亲丁氏。史载曹嵩，质性敦慎，所在忠孝，曾任司隶校尉、大鸿胪、大司农，灵帝中平四年（187）十一月，太尉崔烈被免，曹腾货赂中官及输西园钱一亿万，代崔烈为太尉，位至三公之一。第二年四月，因汝南葛陂黄巾军攻没郡县，主管军事的太尉曹嵩被罢官，赋闲归家。

至于曹腾少年时为太监，为何会有儿子，吴人作的《曹瞒传》及郭颁所著的《魏晋世语》都说，曹嵩，为夏侯氏之子，夏侯惇之叔父。后来过继给曹腾，故曹操和夏侯惇为从父兄弟。对于这一记载，目前，还没有正式结论，有人一直质疑。

二、家世之谜

关于曹操的家世，有多种说法。

一曰黄帝之后。出自邾（今山东省邹城市）。如王沈的《魏书》云："其先出于黄帝。当高阳世，陆终之子曰安，是为曹姓。周武王克殷，存先世之后，封曹侠于邾。春秋之世，与于盟会，逮至战国，为楚所灭。子孙分流，或家于沛。汉高祖之起，曹参以功封平阳侯（国都在今山西省临汾市西南），世袭爵土，绝而复绍，至今适嗣国于容城。"

关于这一说法，后来也有考古资料来证明，据《安邑县志》记载，石碑庄原名三凤村，因为出土了北魏谯沛郡太守曹恪碑而更名。该是曹操的孙子、曹丕之子东海王曹霖的后代。该碑刊立于北周天和五年（570），其内容记载，曹恪，字枚乐，沛国谯人。其先皇帝当高阳之世，陆终之子曰安，是为曹姓，先封于曹，再封于邾。明确记载其先祖为西汉的开国功臣、曾任丞相的曹参，是魏武帝曹操的后代。其中，关于曹霖的记载与史料中记载的内容完全一致。比如该碑说："霖，黄初三年立为河东王，食邑六千二百户，太和六年改封东海王，嘉平元年薨，谥曰定王，礼也。子启嗣。"《三国志》中有关曹霖记载的原文是这样的："东海定王霖，黄初三年立为河东王。六年，改封馆陶县。明帝即位，以先帝遗意，爱宠霖异于诸国。而霖性粗暴，闺门之内，婢妾之间，多所残害。太和六年，改封东海。嘉平元年薨。子启嗣。景初、

图一　曹恪碑文

正元、景元中，累增邑，并前六千二百户。高贵乡公髦，霖之子也，入继大宗。"也就是说，曹霖还是废帝高贵乡公曹髦的父亲，曹恪的祖上是曹霖的另一个儿子，也就是继承曹霖爵位的曹启。其中尤其重要的是，该碑还记述了曹魏灭亡后，这一家的经历，"逢兹不造，□深思远大，后变起，遂令夫达携二子，长道真，次道莫，微行避难，私称姓木，以求万全。……后魏太和三年（479），旨复曹氏"。

二曰姬姓之后。依据为《蒋济传》注引："魏武作《家传》，自云曹叔振铎之后。"周武王封母弟振铎于曹，后以国为氏，出谯国、彭城、高平、巨鹿四郡望。曹植在《武帝诔》中亦云："于穆我王，胄稷胤周。贤圣是绍，元懿允休。先侯佐汉，实惟平阳。功成绩著，德昭二皇。"

三曰虞舜之后。如《蒋济传》记载："初，侍中高堂隆论郊祀事，以魏为舜后。"注："后，魏为《禅晋文》，称'昔我皇祖有虞'。"《三国志·明帝纪》注引《魏书》载魏明帝诏书云："曹氏系世，出自有虞氏，今祀圜丘，以始祖帝舜配。"

《三国志·武帝纪》注引司马彪《续汉书》记载，曹腾之父名节，字符伟，素以仁厚称。生有四子，长子曰伯兴，次子曰仲兴，三子曰叔兴，幼子曰季兴，即曹腾也，少除黄门从官。

正如上文所说，《曹瞒传》和《魏晋世语》均言："嵩，夏侯氏之子，夏侯惇之叔父。太祖于惇为从父兄弟。"这一说法无法考证。但是，这两个家族世代为姻亲却是事实。比如夏侯渊的妻子就是曹操的妻妹，其长子夏侯衡，所娶的妻子是曹操弟弟海阳哀侯的女儿，因此，双方关系特别好。

夏侯渊之侄夏侯尚的妻子为曹真的妹妹、曹爽的姑姑德阳乡主。故夏侯尚之子夏侯玄，既是夏侯渊儿子夏侯霸的侄子，又是曹真的外甥，曹爽的表弟。因此，双方关系十分复杂。史料记载对夏侯玄"恩宠特隆"。在这里举一个例子可以说明曹氏父子对夏侯氏的感情。因为夏侯尚有一爱妾特别受夏侯尚的宠爱，超过了嫡室曹氏德阳乡主。这还了得，引起了魏文帝曹丕的担忧，于是，他派人将该小妾给绞杀了。夏侯尚感到特别悲伤，遂发病，从此精神变得非常恍惚。他将这名小妾埋葬之后，因为不胜思念，又将其挖掘出来视之。文帝曹丕听说后，更是愤怒，曰："杜袭之轻薄（夏侯）尚，良有以也。"之所以这样说，因为当初曹丕还不是太子时，夏侯尚曾经与曹丕关系过密，深陷曹丕与曹植兄弟二人的争储斗争之中，杜袭认为他不该这样做，因此，便故意对人说，夏侯尚这个人不宜深交，将来对自己没有好处，更不应该给予他特殊的礼遇。这件事自然也传到了曹丕的耳朵里，当时他还不高兴。现在他才知道了夏侯尚这个人确实不行，其本身心理就有问题。虽然如此，因为双方有亲戚关系，又是旧臣，故曹丕一直对他恩宠不衰。他去世后，曹丕特意下诏曰："尚自少侍从，尽诚竭节，虽云异姓，其犹骨肉，是以入为腹心，出当爪牙。"赠谥号曰悼侯。

夏侯惇的儿子夏侯楙，娶的是曹操的长女清河长公主。

曹爽的堂弟曹文叔，娶夏侯文宁之女为妻，其名叫令女。因为丈夫文叔早死，服完丧之后，她认为自己年少无子，恐怕家里人会让她改嫁他人，于是就将自己的头发剪掉，以表示对丈夫的忠贞不贰。后来，其家人果然想让她改嫁，令女听说这一消息后，又用刀截断自己的两只耳朵，这样一来，家里人再也不敢逼迫她了。其后，她一直住在曹爽的府内。后来，曹爽被司马懿诛杀，一门尽死。令女的叔父上书司马懿，要求与曹氏绝婚，欲强行迎令女回到娘家。当时她父亲文宁担任梁国国相，怜其年少，加上曹爽家已无遗类，坚持让她回去。又知道她性格刚烈，不敢过分逼迫她，便派人从旁劝说。令女悲叹，哭着说："吾亦惟之，许之是也。"家人信以为真，防之少懈。令女于是偷偷跑入寝室，以刀断鼻，蒙被而卧。其母呼之与之语，不应，揭开被子观看，发现血流满床席。于是，举家惊惶，奔往视之，莫不酸鼻。或谓之曰："人生世间，如轻尘栖弱草耳，何至辛苦乃尔！且夫家夷灭已尽，守此欲谁为哉？"令女曰："闻仁者不以盛衰改节，义者不以存亡易心，曹氏前盛之时，尚欲保终，况今衰亡，何忍弃之！禽兽之行，吾岂为乎？"司马懿听说这件事，甚是感动，不再追究她的责任。这件事被收录在皇甫谧撰写的《列女传》中，作为烈女的典范。

《三国志》作者陈寿在评价曹氏与夏侯氏两大家的关系时说："夏侯、曹氏，世为婚姻，故惇、渊、仁、洪、休、尚、真等并以亲旧肺腑，贵重于时，左右勋业，咸有效劳。"

以上诸多记载到底哪个正确，目前无从考起。然根据史料记载，曹参与曹操同为沛人，关系最为接近，然而，他们之间到底有没有关系，如果有关系又是一种什么关系呢？

在这里，我们不妨着重探讨一下这一问题。

所谓沛，古地名，秦王政二十四年（前223），灭楚之后，因楚旧郡设立泗川郡，郡治在沛县，主要集中在泗水流域，故取名为泗川。因其郡内有沂、沭、汴、濉等合流，又名泗水郡，主要包括今天苏北的徐州市、宿迁市、丰县、沛县及安徽省北部、河南省东南部的部分地区。西汉时期，改泗水郡为沛郡，移郡治于相（今安徽省萧县西南、淮北市西北）。秦灭六国后，设沛县，属泗水郡。据《汉书·地理志》记载："沛郡。故秦泗水郡。高帝更名。莽曰吾符。属豫州刺史部。"东汉时期，州成为一级行政区，其中豫州刺史部治所为谯县，辖区在今河南省南部、淮河以北伏牛山以东的河南省东部、安徽省北部、江苏省西北角及山东省西南角。下辖颍川郡、汝南郡两郡，梁国、沛国、陈国、鲁国四国，九十七县。沛既是汉高祖刘邦的故乡，也是萧何、曹参、曹操的故乡。我们知道，汉高祖的老家在沛县丰邑中阳里（今江苏省徐州市丰县），曹操的老家在谯，而曹参的老家只说是在沛，却没有明确说是哪个县。因此，不能完全排除其是谯地人。

西汉建立后，曹参被汉高祖刘邦封为平阳侯国，户一万六百三十户，国都在今山西省临汾市西南。平阳侯国在西汉早中期可是了不得，这里濒临关中，与长安隔河相望，又因为盛产盐铁，盐铁为官府专卖，因此，非常富有。与皇室关系十分密切，深得多位皇帝的喜欢。

第四代平阳夷侯曹时（又名曹寿），迎娶的是汉武帝的亲姐姐阳信长公主，

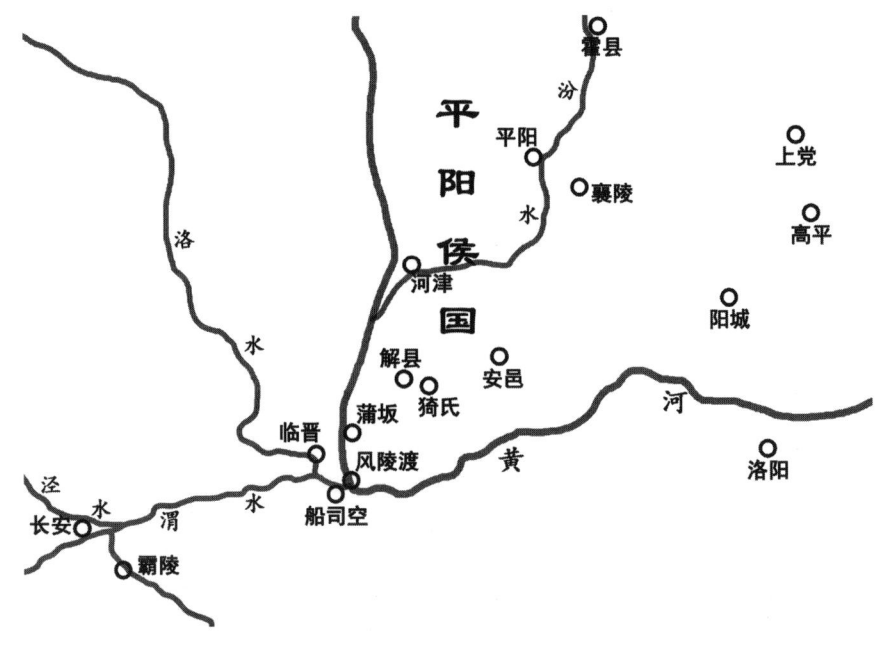

图二　霸陵、平阳国位置示意图

被拜为驸马都尉；其儿子平阳共侯曹襄，迎娶的是卫长公主（汉武帝和皇后卫子夫的嫡女）。父子二人皆为西汉皇室的驸马，恩宠过于常人。

平阳侯国曾为西汉王朝贡献一位皇后和两位了不起的大将军，都是改变西汉王朝盛衰的重要人物。一位是卫青，他的母亲卫媪本来为平阳侯女仆，因与县吏郑季私通，生下卫青，因出身不光彩，遂从母姓卫氏。

曹时在世时，一次，汉武帝到霸陵扫陵，祭奠自己的爷爷文帝，竟然趁机跑到几百里之外远在河东郡的姐姐阳信公主家，看望这位姐姐，可见姐弟二人关系之好。这次来他也没有白来，在平阳侯府邸得幸歌女卫子夫，从此对她念念不忘。后卫子夫入宫成为皇后，其弟卫青成为大将军，因击匈奴有功，被封为长平侯。

曹时去世后，平阳公主（阳信长公主）曾改嫁汝阴侯夏侯颇。夏侯颇为西汉开国功臣夏侯婴的曾孙，也是泗水郡沛地人，与曹参为同郡老乡。平阳公主为何从曹氏改嫁给夏侯氏，夏侯氏与曹氏世代交好，是否从此开始，是否与平阳公主这次改嫁有关，值得我们关注。元鼎二年（前115），夏侯颇因罪自杀，武帝遂命卫青娶平阳公主为妻，卫青从而彻底翻身做了主人。曹襄之子曹宗，元狩四年

第一章　曹操其人　　　007

（前119），担任后军将军，曾跟随自家奴出身的大将军卫青北伐匈奴。

平阳侯国为西汉贡献的另一位大将军就是霍去病。卫青的二姐与霍仲孺私通，生下霍去病。因为他是卫皇后的外甥这层关系，十八岁便得以入宫为侍中。后跟随舅舅卫青多次北伐匈奴，屡立战功，先后以军功被封为冠军侯，官至大司马骠骑将军，卫青为大司马大将军。卫青与霍去病二人为大汉王朝开疆拓土，立下了汗马功劳。

从平阳侯家走出的还有霍去病的异母弟霍光，更是了不得，他深为汉武帝所亲信，武帝临终，任命他为大司马大将军，封博陆侯，与金日䃅、上官桀、桑弘羊同受遗诏，成为顾命大臣之一，他们共同辅佐少主，拥立汉昭帝。他与金日䃅、上官桀联姻，结为姻亲关系。他的外孙女、上官桀的女儿上官氏成为汉昭帝的皇后。昭帝即位后，霍光铲除了同为辅政大臣兼亲家上官桀、桑弘羊、鄂邑长公主和燕王刘旦，得以独揽大权。他采取休养生息的措施，多次大赦天下，鼓励农业，使得汉朝国力得到一定的恢复。对外也缓和了同匈奴的关系，恢复和亲政策。

汉昭帝去世后，他先迎立昌邑王刘贺，后又废黜之，迎立武帝曾孙刘病已（刘询）为帝，是为宣帝。立自己的女儿霍成君为皇后，其家族煊赫一时。霍光先后辅佐四代皇帝，成功地将政权过渡给了汉宣帝，创造了昭宣中兴的局面，保证了西汉的长久繁荣。其死后，宣帝以皇帝之礼将其安葬于汉武帝的茂陵，陪葬先帝，给予他最高荣誉。后来，虽然家族被诛，但是，甘露三年（前51），汉宣帝在接受南匈奴归降、回忆往昔辅佐的有功之臣时，令人画十一名功臣图像于麒麟阁以示纪念和表扬，霍光仍位列第一。

因此，可以说从平阳侯家走出的卫、霍两家，为西汉的强盛和扩疆拓土、国家兴盛、边疆稳固立下了巨功，影响深远。不仅如此，从平阳侯家还先后走出了卫子夫、上官氏、霍成君三位皇后。她们虽然不是曹氏，但是都与平阳侯家有关系。

元鼎二年（前115）、三年（前114），曹宗袭平阳侯爵，成为第六代平阳侯。后来，卫皇后失宠，征和二年（前91），巫蛊祸起，曹宗因为参与其中，被定罪为与中人奸、擅自闯入宫门，本是死罪，曹宗用财赎罪而失侯，刑罚为完刑，为城旦，国除。汉平帝元始元年（前1），曹参九世孙曹本始复国袭爵平阳侯。刘秀建立东汉后，曹本始的儿子曹宏因为助刘秀夺取天下，又得以绍封为平阳侯。其后，曹宏的儿子曹旷继续袭平阳侯位。

据《后汉书·韦彪传》记载，汉章帝建初七年（82），车驾西巡长安，韦彪以行太常跟随，数召入，问以三辅旧事，礼仪风俗。韦彪趁机建言曰："今西巡旧都，宜追录高祖、中宗功臣，褒显先勋，纪其子孙。"[1]帝纳之。行至长安，乃制诏京兆尹、右扶风，令他们访求萧何、霍光的后代。当时霍光已无苗裔，唯封萧何的末孙萧熊为酇侯。建初二年（77）时，已经封曹参后代曹湛为平阳侯，故不复及焉。说明汉章帝时，曹参的后裔曹湛于建初二年（77）已经被封为平阳侯，故不在此次受封之列。也就是说，曹参的平阳侯一脉一直延续到了东汉早期。

十四年后，永元三年（91）十一月癸卯日，汉和帝祭祀高庙（汉高祖刘邦的庙），遂有事十一陵，在长陵见到陪葬的萧何、曹参二人的墓，感慨颇深，遂下诏曰："高祖功臣，萧、曹为首，有传世不绝之义。曹相国后容城侯无嗣。朕望长陵东门，见二臣之垄，循其远节，每有感焉。忠义获宠，古今所同。可遣使者以中牢祠，大鸿胪求近亲宜为嗣者，须景风绍封，以章厥功。"[2]这次绍封，显然是对曹参的另外一支后裔，即容城侯来说的，到底封谁来继任，并没有史料记载。

故网络上盛传汉章帝改封曹湛为容城侯，且一直延续到曹魏末年是不对的。容城侯应该为曹参的另一支脉，而且到了汉和帝时，早已经绝嗣。

有人借口永初六年（112），汉安帝曾下诏曰："……昔我光武受命中兴，恢弘圣绪，横被四表，昭假上下，光耀万世，祉祚流衍，垂于罔极。……追惟勋烈，披图案籍，建武元功二十八将，佐命虎臣，谶记有征。盖萧、曹绍封，传继于今；况此未远，而或至乏祀，朕其愍之。其条二十八将无嗣绝世，若犯罪夺国，其子孙应当统后者，分别署状上。将及景风，章叙旧德，显兹遗功焉。"认为该诏令中提到"盖萧、曹绍封，传继于今"，绍封的是萧何、曹参的后代，显然这是误解了该诏令的内容。

事实上，汉安帝以"萧、曹绍封，传继于今"为例说的却是建武元勋二十八将的后代，而不是指萧、曹本身，故才会有"于是绍封普子晨为平乡侯。明年，二十八将绝国者，皆绍封焉"这样的记载。也就是说，安帝的诏令下达之后，当年仅绍封了冯异的重孙冯晨为平乡侯。到了第二年，二十八将绝国者得以全部绍封。因此，这次绍封中并不包括萧何、曹参二人的后裔。需要指出的是，这里的

---

[1]〔宋〕范晔：《后汉书·韦彪传》，中华书局1965年版，第917页。
[2]〔宋〕范晔：《后汉书·孝和孝殇帝纪》，中华书局1965年版，第172页。

"萧、曹绍封,传继于今",指的是萧何、曹参被封,传至本朝,并不一定是指汉安帝之时。

那么,在和帝、安帝的这两个诏令中均出现有"景风""绍封"字样,到底是什么意思呢?在这里不妨向大家介绍一下。

古人认为四季转换,生成八风,如"空桑琴瑟结信诚,四兴递代八风生"。颜师古解释说,八风为八方之风,从东北的条风起,依次为东方曰明庶风,东南曰清明风,南方为景风,西南为凉风,西方为阊阖风,西北为不周风,北方为广莫风。景风居南,言阳气道竟。《淮南子·天文训》曰:"清明风至四十五日,景风至。"《春秋考异邮》载:"夏至四十五日,景风至,则封有功也。"古人认为,不同季节安排不同的事宜,代表阳气充盈的景风到来时是绍封有功之臣的时节,因此,也就形成了"景风绍封"这一节令封功之典故。

而所谓"绍封",《论语·尧曰篇》曰:"兴灭国,继绝世。"南朝吴郡人皇侃在其《论语义疏》中解释曰:"若有国为前人非理而灭之者,新王当更为兴起之也。若贤人之世被绝不祀者,当为立后系之,使得仍享祀也。"因此,绍封是指受封者无嫡子时,以庶子孙或亲族子弟袭爵,以使其继续传承下去,不至于绝嗣。如《晋书·贾充传》中载,晋武帝曾下诏曰:"古者列国无嗣,取始封支庶,以绍其统。"

根据以上情况来看,曹参的直系多次绝嗣,朝廷不得不屡次下诏从其庶支中寻找后人来绍封,以续其香火,然而,从始终没有曹操家族的机会来看,曹操家族不可能是曹参的后代,至多是同一家族而已,同为高阳世陆终的后裔。

另外,有人在网络上说"曹湛因功被汉章帝封为容城侯,随后因事被废,后来他的族弟又被重封。这个容城侯一直延续到曹魏灭亡"更是无稽之谈。因为曹魏晚年,魏主高贵乡公曹髦甘露元年(256),曾诏使使者即授卢毓印绶,进爵封容城侯,邑二千三百户。[1]

---

[1]〔晋〕陈寿:《三国志·卢毓传》,〔宋〕裴松之注,中华书局1959年版,第652页。

第二节　坎坷半生

一、三起三落

曹操弱冠出仕，二十岁，被举为孝廉，成为朝中的郎官，后除洛阳北部尉，为洛阳四部尉之一，负责都城洛阳北部的治安。其实，刚出仕时的曹操，志不在此，而是洛阳令，相当于今天首都的市长，可见其雄心之大。但是，却遭到了时任吏部尚书梁鹄的否决，认为他年纪太轻，最多可做一个洛阳北部尉。于是，他指使手下时任尚书右丞的司马建公出面举荐曹操为洛阳北部尉。这对于一个刚刚出道的年轻人，也可以说是少年得志了。

虽然曹操少年得志，但是，因为他年少气盛，少于世故，不知收敛，上任不久便锋芒毕露，秉公执法，得罪人过多，造成他早年在仕途上曾经三起三落。

第一次是他在洛阳北部尉任上，因其不避豪强，杖杀不法，棒杀犯禁的灵帝所宠幸的小黄门蹇硕之叔父，造成京师敛鈷（qì），莫敢犯禁。遭到群臣忌恨，又拿他没有办法，于是共称荐之，曹操因祸得福，被升迁为顿丘令，离开了京师。关于这件事，《曹瞒传》记载，曹操"初入尉廨，缮治四门。造五色棒，县门左右各十余枚，有犯禁，不避豪强，皆棒杀之。后数月，灵帝爱幸小黄门蹇硕叔父夜行，即杀之。京师敛鈷，莫敢犯者。近习宠臣咸疾之，然不能伤，于是共称荐之，故迁为顿丘令"。然而，他刚到顿丘（今河南省濮阳市清丰县）上任不久，光和元年（178），便受到了宋皇后被杀案所牵连。因曹操的从妹夫为濦强侯执金吾宋奇，而宋奇又是宋皇后之兄，受到该案株连被诛。因为有这层关系，曹操也因此从坐被免官，时年二十四岁。不久，又因为曹操能明古学，复征拜为议郎。

第二次是因为他上书朝廷，为大将军窦武、太傅陈蕃二人鸣冤。窦武、陈蕃二人因为谋诛阉官失败而被宦官集团所害，该案在宦官专权的当时，是一个别人都不敢触碰的十分敏感的政治案件。而曹操身为一个小小的议郎，竟然不怕受到牵连，敢于挺身而出，为他们鸣不平，实在难能可贵。他在上书中尖锐地指出，当时朝廷"奸邪盈朝，善人壅塞"，史载"其言甚切；灵帝不能用"。事后只是象征性地下了一道诏书，敕令三府，让他们"举奏州县政理无效，民为作谣言者免罢之"。此事足见曹操具有强烈的正义感和坚定的政治理念，如果没有不怕牺牲自我的精神，恐怕绝对不会也不敢这样做。然而，当他看到朝中"三公倾邪，皆希世见用，货赂并行，强者为怨，不见举奏，弱者守道，多被陷毁"的状况没有任何改变，朝政已经无可救药，感到非常厌恶，从此对朝政深感失望。加上这年灾异迭出，灵帝下诏博问得失，曹操复上书切谏，陈说三公所举奏专门回避贵戚之意。奏章呈上，天子感悟，以示三府责让之，诸以谣言征者反而皆被拜为议郎。是后政教日乱，豪猾益炽，多所摧毁。这让曹操明白了朝政"不可匡正，遂不复献言"。

光和末，黄巾祸起。曹操被拜为骑都尉，参与讨伐颍川郡黄巾军，助皇甫嵩、朱儁在长社（今河南省长葛市）大破黄巾军波才部，斩首数万级，一举平定颍川、汝南、陈国三郡叛乱，因军功，被升迁为济南国相。

济南王刘康，为汉灵帝熹平三年（174）所立，国辖十余县。他本是河间王刘利之子，汉灵帝将其封为济南王，以奉汉灵帝之父孝仁皇帝刘苌之祀，也就是说他被灵帝过继给了自己的父亲刘苌，从此名义上和伦理关系上他与汉灵帝成为兄弟。因此，他恃宠而骄，开始违规在境内修建祠庙，祭奠灵帝的父亲刘苌。由于祭祀的对象是当今天子灵帝的父亲，之前的济南国相自然不敢出面进行阻止。西汉时的城阳景王刘章因有功于汉，其国为之立祠，此时青州诸郡的权贵皆违反朝廷不得私自建祠堂祭祀鬼神的相关规定，转相仿效，其中，济南国尤盛，国内竟然私设祠堂多达六百余处，一时间淫祀盛行，史载"贾人或假二千石舆服导从作倡乐，奢侈日甚，民坐贫穷，历世长吏无敢禁绝者"[1]。尤其是济南国内"长吏多阿附贵戚，赃污狼藉"[2]，权臣专朝，贵戚横恣，之前的历任国相都禁止不了。朝廷派不知天高地厚的曹操到那里去，想必是想难为一下他，借刘康之手治一治曹操的傲气。

曹操到任后，下令将那些不法官吏奏免了八成，祠屋全部被毁坏，止绝官吏

---

[1]〔晋〕陈寿：《三国志·武帝纪》注引《魏书》，〔宋〕裴松之注，中华书局1959年版，第4页。
[2]〔晋〕陈寿：《三国志·武帝纪》注引《魏书》，〔宋〕裴松之注，中华书局1959年版，第4页。

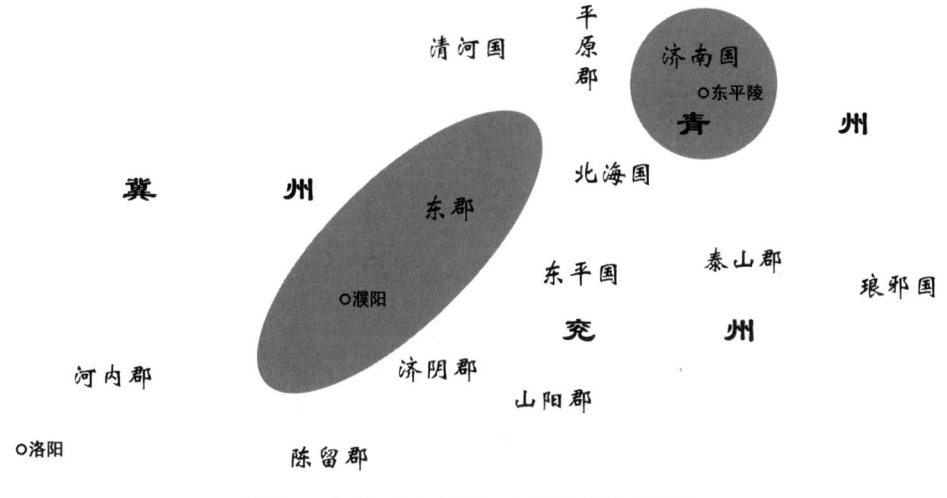

图三 东汉时济南国、东郡位置示意图

和老百姓随便祭祀,彻底铲除了社会上盛行的奸邪鬼神之事,世之淫祀由此遂绝。

曹操历来执法甚严,在洛阳北部尉任上曾经棒杀犯禁的小黄门蹇硕的叔父这件事令他威名远扬,因此,当这些人听说曹操即将就任济南国相,并要求相互举报、追究不法、上表奏免不法之徒这一消息时,小大震怖,奸宄遁逃,窜入他郡。于是,郡界肃然,政教大行,一郡清平,他表现出了杰出的社会治理能力。于是,朝廷征召他为东郡太守。

然而,曹操自己非常明白,他的上述种种举措得罪了一大批朝中的权贵,他自己又不能违反自己的信条讨好这些当政的权贵,不愿意融进当时腐败官场之内,又屡屡得罪他们,加之灵帝昏庸,考虑到如果自己长久远离皇帝,不知道哪一天被人诬陷,就会大祸临头,祸及家人。他为了自保,不愿意到东郡上任,而是乞求留在京师,宿卫皇帝。于是,朝廷便给了他一个闲职,拜曹操为议郎。从此以后,曹操便经常假托有病,不去上朝,甚至告病请假,回老家亳州休养。其间,他在亳州城东五十里的地方修筑一间精舍,一年四季躲在那里,谢绝宾客,春夏读书,秋冬弋猎,以自娱乐,想求一份安宁。但是,由于他名声在外,还是经常有人前来拜访,如南阳许攸、沛国周旌等人曾经拜访过他,甚至冀州刺史王芬也慕名派亲信前来拜会,希望与他密谋废立之事,遭到了曹操的批评和拒绝。

第三次是中平五年(188),汉灵帝为了保证自己心爱的幼子刘协将来能够顺利继位,决定成立新军,以分外戚大将军何进手中的兵权。八月,在西园成立新军，分属于八个校尉统领。八校尉分别是：上军校尉蹇硕、中军校尉虎贲中郎将袁绍、下军校尉屯骑校尉鲍鸿、助军左校尉赵融、助军右校尉冯芳、左校尉谏议大夫夏牟、右校尉淳于琼，曹操被灵帝征召到洛阳，担任典军校尉，成为八校尉之一；皆归上军校尉汉灵帝心腹小黄门蹇硕统辖，大将军何进也在蹇硕的统辖之下，这就是著名的西园八校尉。灵帝自己则担任无上将军，亲自掌控八校尉。因此，曹操成为灵帝的天子门生。但是，新军成立不久，灵帝却突然去世，托孤给上军校尉蹇硕。这引起了太子舅父大将军何进的极大不满，于是以何进为代表的外戚集团与以灵帝亲信蹇硕、张让等中常侍为代表的宦官集团之间发生了激烈冲突，双方围绕着太子刘辩和皇子刘协谁该继位，展开了激烈的斗争。秉政的何进准备利用这个机会，彻底剪除宦官集团。然而，在是否全部铲除宫内宦官这件事上，何进与何太后兄妹二人意见并不一致。因此，何进表现得优柔寡断，他不顾曹操、御史郑太、孔融等人的反对，轻信其亲信中军校尉兼司隶校尉袁绍的建议，招董卓、丁原等地方军阀率军入京，作为外援来逼迫何太后同意自己剪除太监的计划。

此举引起宫内震动，在何太后的庇护下，太监们纷纷请求出宫归隐回家。然而，作为司隶校尉的袁绍为了将太监们赶尽杀绝，竟然瞒着何进私自下令给各郡郡守，令他们半路截杀那些被遣散归家的宦官。在走投无路的情况下，张让等宦官发动宫廷政变，趁机刺杀了入宫的何进，劫掠少帝刘辩，京师陷入大乱。曹操参与了这次平叛。早有异志的董卓趁机进入洛阳，窃取了朝政大权。

董卓擅权自专，暴虐非常，逼迫朝臣废掉少帝刘辩，改立皇子刘协为帝，引起了朝中大臣的极大不满。

董卓欲拉拢曹操、袁绍等人，故表曹操为骁骑校尉。曹操不愿与其同流合污，并准备为国除害，趁董卓召见他时，刺杀董卓。结果刺杀行动失败，他改变姓名仅带数名骑兵潜逃出虎牢关，历尽艰辛，回到老家亳州，散家财，招募义兵，准备起兵讨伐董卓。

这次洛阳之行，充满希望而来，却没想到以这样的结果收场。三起三落，让曹操感受到了世间的艰辛和险恶，也磨炼出了他坚强的性格和不屈不挠的斗争精神。

二、首倡义兵

曹操逃回老家的路并不顺利,一路上充满了惊险,因为董卓发现他出逃后,非常震怒,立即向全国发布了对曹操的通缉令,并派军队一路缉捕他,因此,沿途到处都是他的画像。曹操只得隐姓埋名,东躲西藏,不敢白天走大路,只能晓行夜宿。好不容易行至中牟县境,因怀疑他是盲流,被当地亭长扣留,拘押在县狱中。由于董卓通缉曹操的文书早已送达中牟县,曹操的假身份被中牟县功曹暗中识破。

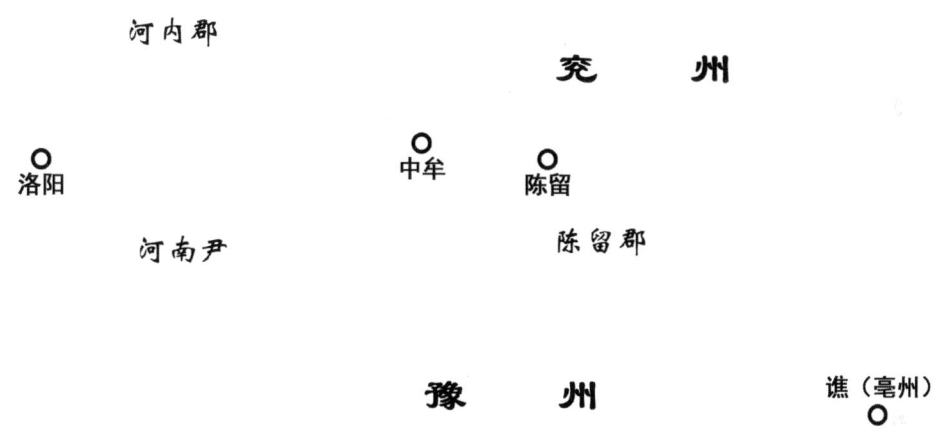

图四 京师洛阳与曹操老家亳州位置关系示意图

因为曹操声名远扬,功曹对他十分敬仰,认为当世方乱,不宜拘押天下雄俊,因此,极力劝说中牟县令杨原释放了曹操。不仅如此,功曹还派军卒护送曹操回家。在陈留他又结识了当地孝廉卫兹,双方相谈甚欢,都对天下形势感到担忧,卫兹对曹操回家招募人马起兵讨伐董卓深表赞同,于是二人结为同盟,商讨兴武之事。

结果行至半路,护送他的士兵突然发生哗变,袭击曹操,想将他抓住送到朝廷领赏。多亏曹操还算警觉,迅速挣脱,得以逃走。但是,在逃跑的过程中,他慌不择路,脚部扭伤,行走不便。然而,后面追兵甚急,于是,他急中生智,转身窜进了平河亭长的官舍之内,谎称自己是曹济南处士,被亭长收留,才得以躲过追兵。在这里卧养八九日,伤势稍微好转,他对亭长说:"曹济南虽败,存亡未可知。公幸能以牛车相送，往还四五日，吾厚报公。"亭长乃以牛车送他，快到谯县时，发现数十里内有骑兵很多，都在搜捕曹操。原来是豫州刺史黄琬接到朝廷的追捕令，派人缉拿曹操。曹操逃无可逃，于是他干脆打开牛车上的帷帘让他们看，众人发现果然是曹操，不仅没有抓捕他，反而大喜，此时，亭长才明白过来，原来他送的人是曹操。

在这次逃出洛阳的路上，他还遇到一个人，一个后来与他打了一辈子交道、令他头疼不已的人，这个人就是本书的另一个主人公刘备。《三国志·先主传》注引《汉末英雄记》："灵帝末年，备尝在京师，后与曹公俱还沛国，募召合众。"

可能是在这次哗变中，二人走散。再次见面时，已经是几年之后了。

曹操这次急于回到老家，其目的是想劝说父亲老太尉曹嵩能够拿出一些家财，支持他募兵以讨伐董卓，甚至希望父亲与自己一起起兵，利用他的影响力，号召天下人共同起来讨伐董卓。然而，当他将这个要求向父亲说明后，立即遭到老人家的拒绝。理由很简单，曹氏一门世代深受皇恩，父亲不愿意跟随他一起造反，更不会出钱支持他造反。

曹操没有办法，只好亲自动员身边的亲朋好友。他的这个计划虽然没有获得父亲曹嵩的支持，却获得了本族子弟和众位好友的热烈响应，比如族弟曹洪、曹仁、曹纯、曹遵、曹邵及曹邵的儿子曹真，夏侯渊、夏侯惇，好友朱赞、丁斐等人纷纷加入。大家有钱出钱、有人出人，到处进行联络，招兵买马。

这件事刚开始时并不顺利，原因是曹操的反常举动引起了时任豫州刺史黄琬的关注。因为豫州的治所在谯，他最初接到董卓通缉曹操的诏令，于是派出许多骑兵沿途几十里进行巡视和堵截，没想到派去的这些人都是曹操的老乡，他们对曹操刺杀董卓的勇气和义举非常敬佩，于是，也就有了曹操被平河亭长护送时，被巡查的骑兵拦截，他见无法躲避，干脆亮明身份，受到了大家欢迎的那个场面。

黄琬这个人也是官宦子弟出身，名臣之后，其曾祖父黄香曾任尚书、司徒，祖父黄琼任太尉，他本人曾经在朝中任过五官中郎将，与时任光禄勋的陈蕃是好朋友。后来，因为这件事被诬陷为朋党，遭禁锢二十余年。直到中平元年（184），才被太尉杨赐举荐，解锢出山，复拜为议郎，后迁青州刺史，转任侍中。中平五年（188），豫州境内盗贼猖獗，使得州境凋残，朝廷派黄琬出任豫州刺史，他率军很快就平定了豫州境内的盗贼。因此，他的职责就是保证豫州境内的社会治安。

曹操刚到家不久，黄琬按照朝廷通缉令的要求，拘捕了曹操，多亏夏侯渊出面顶替他，黄琬看在老太尉曹嵩的面子上，释放曹操回家。而夏侯渊却被黄琬关进了监狱。曹操哪里甘心夏侯渊代自己受过，更何况他本人就不认为自己有错，便想方设法进行多方营救，最后才将夏侯渊救了出来。

此时，黄琬听说曹操竟然又在其眼皮底下派人到处串联，招兵买马，图谋造反，心中不安起来。于是，他派人到处缉捕曹操，准备将之抓住后正法。结果被曹操逃脱。然而，与曹操一起招募人马的曹邵却没有幸免，被官兵抓到，造成曹邵遇害。因此，当时曹操所处的环境十分险恶。多亏不久之后黄琬被董卓调走，入朝升迁为司徒，很快又迁任太尉，曹操的生存环境才得以好转。

好在曹仁这个人从小就好弓马弋猎，喜好结交朋友，他并不安分，暗中曾经联络千余人，平时带领他们周旋于淮、泗之间，劫富济贫，这批人成为曹操起事的最大资本。

曹仁的祖父曹褒，曾任颍川太守，父亲曹炽，曾在朝中任侍中，后出任长水校尉，家中殷实，财产众多，童仆人客以百数。但是，由于作为长子的曹仁少年时不修行检，其父亲死后，家族的人认为他不务正业，担心对家族不利，便取消了他的继承权，让其弟弟曹纯继承了父业。曹纯当年仅十八岁，出任黄门侍郎。曹纯虽然年少，却将家管理得井井有条，乡里人都很佩服他。而且他又好学问，敬爱学士，学士多投奔他，由是为远近所称。此时，他刚刚二十岁，也从洛阳回到了老家。他不仅积极参与其中，还拿出钱财以支持曹操。这件事对其他人影响很大，很多人见一向行事稳重的曹纯都参加了曹操的义举，都放下顾虑报名参加。

很快，钱和人都有了，但是缺乏兵器，怎么办？谯县为豫州州治所在地，朝廷控制甚严，在这里起事显然不行，到哪里去，也成了曹操不得不面对的现实问题。

解决武器的问题，曹操只能自己打造。为了避免在谯县附近被官府注意，遭到镇压，曹操便带着曹纯等人跑到了临近的襄邑（今河南省睢县）境内，躲藏在一片树林里，在那里一边继续募兵，一边打造兵器。一天，准备逃往荆州避难的北海义士孙宾硕慕名前来看望他，只见曹操正在挥汗如雨地打造卑手刀，便讥讽他道："当慕其大者，乃与工师共作刀邪？"曹操闻听哈哈一笑，反问他道："能小复能大，何害？"

经过四个月的紧张筹备，到了中平六年（189）十二月，曹操认为差不多了，于是他分别任命曹仁、夏侯渊为别部司马，率领新招募的队伍开拔，向西挺进，来到了陈留郡己吾县（治所在今河南省商丘市宁陵县西南三十九里的黄岗乡己吾

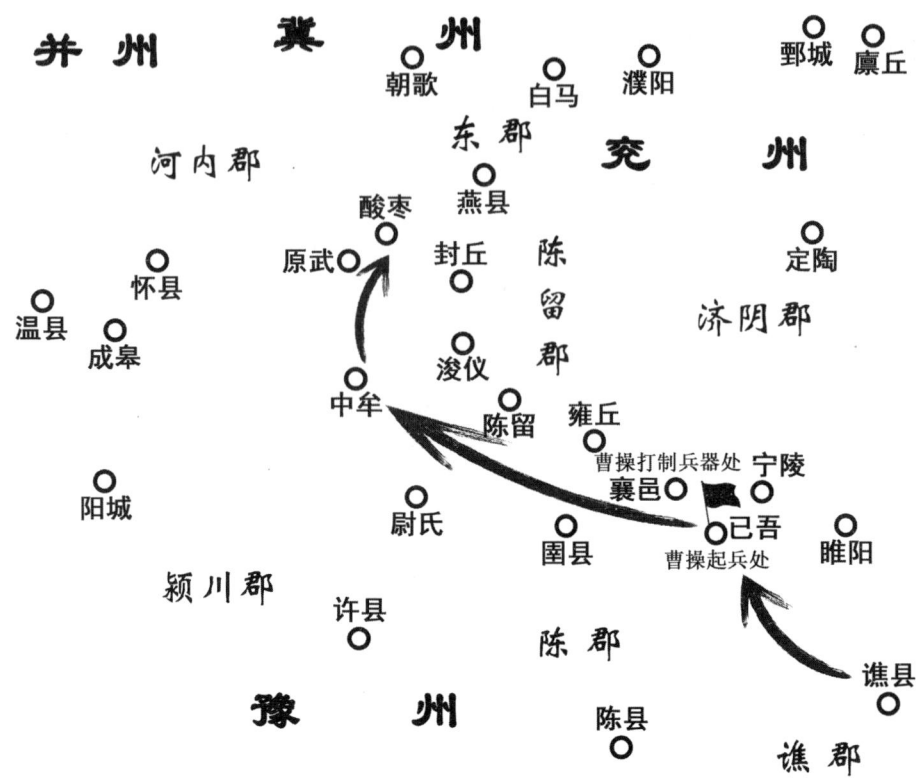

图五　曹操首举义旗反对董卓暴政行动路线示意图

村）境内，在这里高举义旗，对外正式宣布起兵，反抗董卓。

曹操之所以选择跑到陈留郡己吾县起兵，是因为曹家在亳州是名门望族，其家族在当地威望极高，作为族长、被封为费亭侯的曹操的父亲曹嵩并不支持曹操起兵，阻力较大，恐怕将来会连累自己的家族。而陈留郡是曹操好友张邈的地盘，不是自己的老家，孝廉卫兹是当地富户，对他起兵反抗董卓的义举十分支持，与他曾经有过约定，愿意用自己的巨额家产资助曹操，因此，这里的社会基础比较好。

卫兹不负前约，见曹操率军前来，立即变卖万贯家私资助曹操，并组织三千人加入了曹操队伍，曹操的部众很快就发展到了五千多人。在卫兹的支持下，曹操随即宣布正式起兵，讨伐董卓，在关东各地，首倡义举，打响了反抗董卓的第一枪，关东为之震动。

然后，曹操率军西上，挺进中牟地界。曹操的起兵也影响了另一个人，此人便是中牟县令杨原。他眼见天下大乱，各地暗流涌动，纷纷准备起兵反抗董卓。他知道中牟为四野之地，地处要冲，难免将来会成为军阀们混战的战场，因此，他先是表现得惊慌失措，准备弃官逃走，结果被其部下任峻劝阻，鼓动他说："董卓首乱，天下莫不侧目，然而未有先发者，非无其心也，势未敢耳。明府若能唱之，必有和者。"于是他便认为有机可乘，趁着这一混乱，随即宣布，自称河南尹，任命任峻为主簿，也赶忙宣布起兵，反抗董卓。

此时，众人见曹操率大军抵达中牟境内，不知道到底该跟随谁，任峻和同乡张奋经过商议，认为杨原为投机者，不足以成事，干脆率领杨原的部下一起投靠了曹操。不仅如此，任峻还动员其宗族及宾客家兵数百人全部参加了曹操的队伍，使其规模进一步扩大。曹操为了报答任峻对自己的大力支持，表奏他为骑都尉，并将自己的族妹嫁给他为妻。

其实，早在曹操积极筹备起义期间，关东各地也是很不平静，暗流涌动，原因是董卓轻信城门校尉伍琼、督军校尉周珌二人的建议，对这里的许多州郡的州牧和郡守进行了一次大换血，换成了那些地方名士出宰州郡，如任命韩馥为冀州牧，孔伷为豫州刺史，张邈为陈留太守，袁绍为勃海太守，张咨为南阳太守等，希望借此来笼络地方士族阶层，为自己赚取好名声。

然而，令他没想到的是，这些人既然是名士，他们都有一个共同特点，那就是图慕虚名，对时政都有自己的看法和坚持。因此，这些人到任后，见董卓在朝中专权，擅自废立，废掉少帝刘辩，杀掉皇太后何氏，改立陈留王刘协为帝，以下犯上，违反了儒家的伦理关系，触动了他们政治信念的底线。于是，他们不仅没有因董卓重用自己而报恩，反而开始在暗中酝酿举兵造反，希望拥立废帝刘辩复位，以维护和恢复封建伦理。只是慑于董卓的淫威，当时并没有人敢于出面挑起这个头。

曹操的首倡义举，无异于打响了反抗董卓暴政的第一枪。很快，曹操的义举便得到了时任骑都尉的泰山平阳人鲍信的积极响应。他与弟弟鲍韬在其老家招募二万余人，骑兵七百多人，辎重五千余乘。由他们率领浩浩荡荡地开赴中牟，前来与曹操会合。曹操起兵的影响更大，声震关东。

三、酸枣会盟

曹操起义，引起了另一个军阀的注意，那就是时任冀州牧韩馥。他派自己的手下治中从事刘子惠前来中牟一探虚实。

正如上文介绍，中州大地早已经是暗流涌动，除了曹操、鲍信之外，还有三股准备起兵反对董卓的势力：一是袁绍；二是广陵郡太守张超和其兄长陈留郡太守张邈；三是东郡太守桥瑁。

董卓进入洛阳后，曾经找来时任司隶校尉的袁绍，与他商量废刘辩改立刘协这件事，想借此为自己立威。刘辩是袁绍和其主子故大将军何进所拥立的皇帝，袁绍自然不同意，而且态度十分坚决，因此二人当场闹翻。于是，袁绍便悬节于上东门，带领自己的亲信逃出了洛阳，他们直奔冀州，投奔袁氏门生也是袁绍的老乡冀州牧韩馥，准备联合其他人共同起兵反抗董卓。此时，韩馥还没有下定造反的决心，对袁绍防备甚严，生怕他起兵会给自己带来祸端。

董卓发现袁绍逃走后，非常生气，下令购募袁绍，准备问罪于他。城门校尉伍琼认为这样做很是不妥，这不等于是逼迫他造反吗？于是就劝董卓说："袁氏树恩四世，门生故吏遍于天下，若收豪杰以聚徒众，英雄因之而起，则山东非公之有也。不如赦之，拜一郡守，绍喜于免罪，必无患矣。"董卓认为他说得很有道理，于是，便任命袁绍为勃海太守，封邟乡侯，企图借此拉拢袁绍。

但是，袁绍并不领情，到勃海上任后，开始积极准备起兵，对外仍然自称司隶校尉。勃海郡属于冀州管辖，他的举动引起了冀州牧韩馥的关注，他担心袁绍起兵会给自己带来祸端，尤其是担心他坐大后会威胁到自己的位置，于是，韩馥数次派遣自己的从事守之，监视他的一举一动，使之不得行动。这令袁绍十分恼火，却又没有办法。

在此期间，广陵太守张超在其功曹臧洪的游说下，也准备起兵反对董卓，但是，他认为自己的名声远远没有其兄长、号称"八厨"之一、时任陈留太守张邈大，于是，他亲自带着臧洪跑到酸枣去见张邈，与张邈商量这件事。张邈本来就有这个心思，他便将这件事的谋主臧洪介绍给了兖州刺史刘岱、豫州刺史孔伷，由臧洪出面联络其他人共同起事。这样做，一旦失败，张邈也好为自己留条退路，好将责任完全推给臧洪。

正在这个关键时刻，初平元年（190）正月，时任东郡太守桥瑁更是在这件事上添了一把火。他伪造文书，冒充京师三公所作，移书于各州郡，痛陈董卓之罪恶，以及天子遭到危逼，企望各地郡守能够举义兵，以释国难。

桥瑁是已故太尉桥玄的族子，而桥玄为汉末名臣，曾在朝中任将作大匠、度辽将军、河南尹、少府、大鸿胪、司空、司徒、太尉等职，性格刚直，疾恶如仇，在士族阶层威信极高。曹操就是他的崇拜者，二人结为好友，发达之后，还曾亲自到其坟墓前进行祭奠。因此，他的这封信非常有分量。韩馥得到书信后，看到大家都在暗中准备，势不可当，于是，他也坐不住了，也想来凑热闹。于是他赶忙召集诸从事开会，商量对策。他问计于众人说："助袁氏乎？助董氏乎？"治中刘子惠闻听勃然曰："兴兵为国，安问袁、董？"虽然韩馥认为他说得很有道理，但是，他仍不放心，听说曹操已经率先起兵，于是，就派刘子惠前来打探消息。

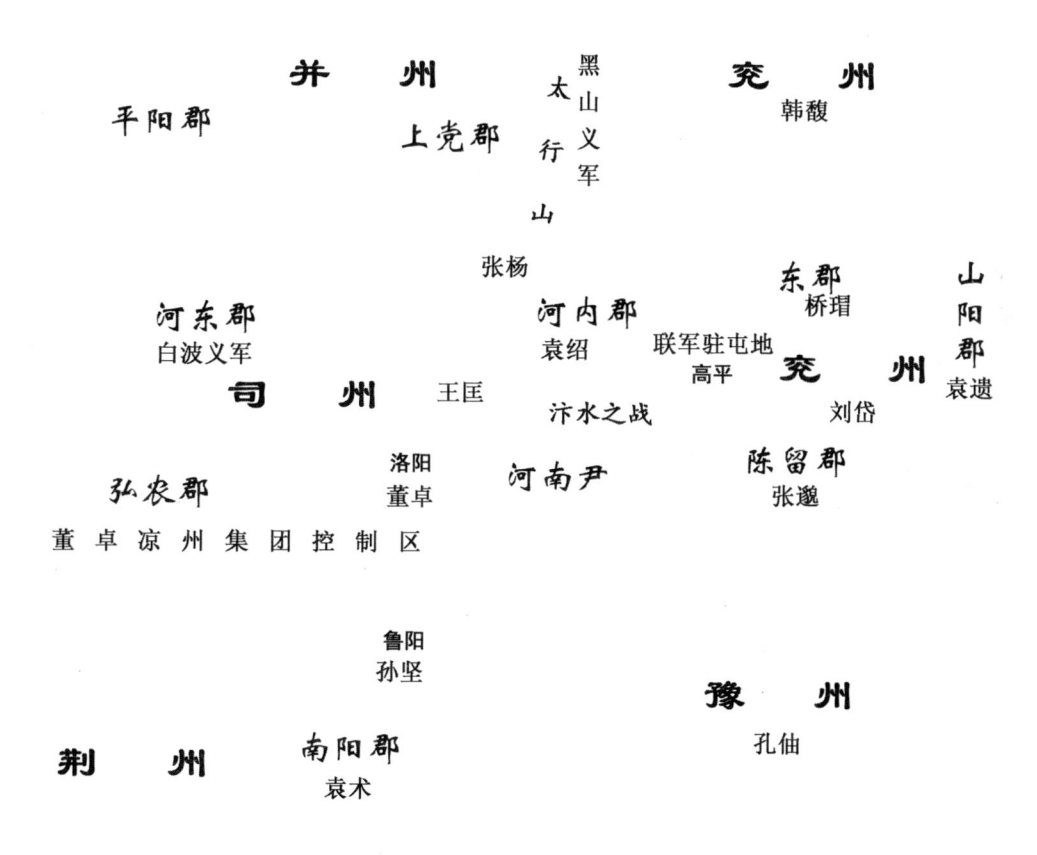

图六　反对董卓的盟军形势图

刘子惠回到冀州，将曹操起兵这一确切消息报告给了韩馥，韩馥见有人带头，不再迟疑，立即写信给早已蠢蠢欲动的袁绍，听任他举兵。初平元年（190）春正月，袁绍遂自称车骑将军、领司隶校尉，率军开赴与洛阳仅一河之隔的河内前线驻屯。

与此同时，张邈派臧洪到各地联络也大获成功。臧洪出面纠合兖州刺史刘岱、豫州刺史孔伷、陈留太守张邈、东郡太守桥瑁、广陵太守张超等人各率兵马赶到张邈的驻地酸枣，在这里设坛场，歃血为盟，准备共同起事。

但是，当一切准备就绪，准备共同盟誓时，以上诸人又都变得迟疑起来，谁都不敢出面主持这个盟誓仪式，他们相互推脱谦让。

最后，大家共推身无职务的臧洪出来主持。臧洪乃升坛操盘，歃血而盟曰："汉室不幸，皇纲失统，贼臣董卓乘衅纵害，祸加至尊，虐流百姓，大惧沦丧社稷，翦覆四海。兖州刺史岱、豫州刺史伷、陈留太守邈、东郡太守瑁、广陵太守超等，纠合义兵，并赴国难。凡我同盟，齐心戮力，以致臣节，殒首丧元，必无二志。有渝此盟，俾坠其命，无克遗育。皇天后土，祖宗明灵，实皆鉴之！"史

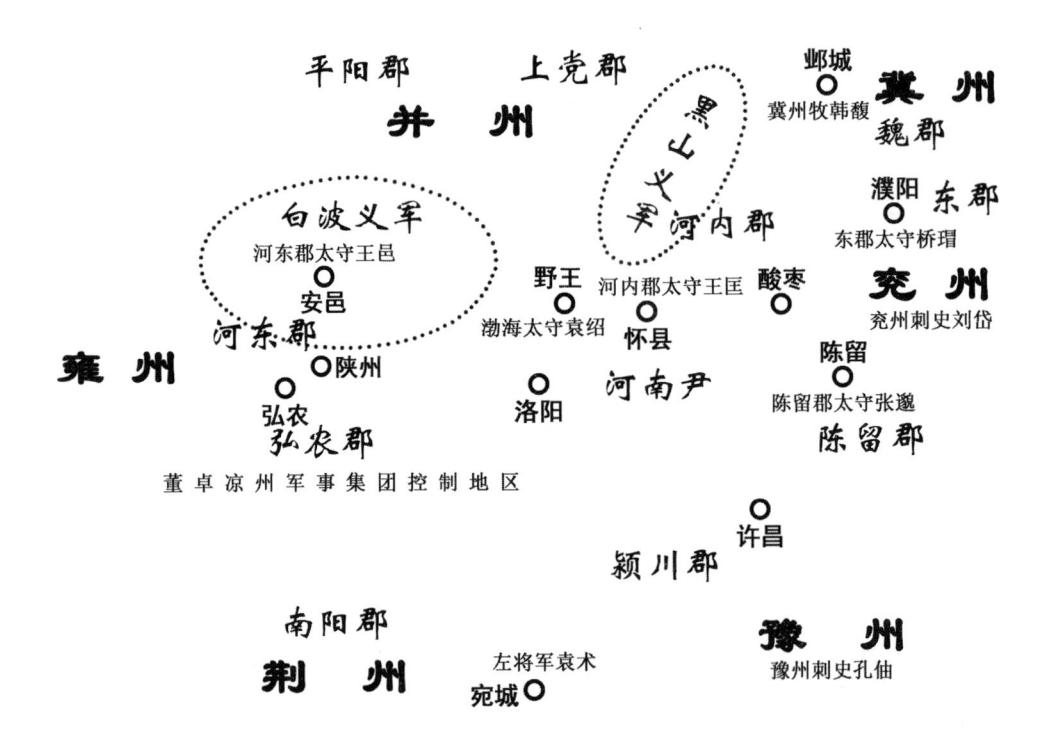

图七　参与反对董卓军事同盟的各地军阀任职所在州郡示意图

载,"洪辞气慷慨,涕泣横下,闻其言者,虽卒伍厮养,莫不激扬,人思致节"。

除了曹操、鲍信、袁绍和上述五人外,同时宣布起兵的还有袁绍的弟弟后将军袁术、冀州牧韩馥、河内太守王匡、山阳太守袁遗等人,众各数万,大家遥推身在河内的袁绍为盟主,张邈为副。在此情况下,为了壮大义军,集中力量共同对抗董卓,曹操和鲍信率军前往酸枣,与众人合兵一处。曹操被张邈任命为奋武将军,鲍信为破虏将军,其弟鲍韬为裨将军。

初平元年(190)春正月,山东州郡起兵讨伐董卓的消息传到洛阳后,董卓慌了,为了避免少帝复辟,癸酉日,他决定来个绝的,派人毒杀了被贬为弘农王的少帝刘辩,以绝众望。

然而,袁绍不仅自己造反,还担任各路义军盟主这件事彻底激怒了董卓。他虽然拿袁绍、袁术弟兄没有办法,但是他可以拿袁绍的家人出气,以报复袁绍。因此,在害死少帝十二天之后的二月乙亥日,他又下令免去太尉黄琬、司徒杨彪的职务,并下令逮捕了袁绍的叔父、时任太傅的袁隗,袁绍的大哥、时任太仆的袁基,以及袁氏宗族在京师者。庚辰日,下令诛杀了当初主张释放并厚待袁绍的城门校尉伍琼、督军校尉周珌二人。到了三月,汉献帝西迁长安前夕,董卓下令诛杀太傅袁隗、太仆袁基,夷其族。

《后汉书·袁绍传》记载:"是时,豪杰既多附绍,且感其家祸,人思为报,州郡蜂起,莫不以袁氏为名。"

也就是说,太傅袁隗、太仆袁基被杀这件事,在关东官僚集团中引起了轩然大波,原因一方面是这些地方大员中很多人都是袁氏的门生故吏,与袁绍一家有着很深的关系;另一方面,太傅袁隗、太仆袁基二人自身并没有犯错,就因为袁绍、袁术二兄弟反对董卓专权和暴政受到牵连而被杀,实在有点冤。因此引起了大家的公愤,大家纷纷为其鸣不平,全都表示愿意为袁氏报仇雪恨,一下子汇拢到了袁绍的身边,因此,这件事反而成全了袁绍。作为袁绍的好友,曹操自然也选择了投靠袁绍,自觉归附于他的领导。

在这里需要强调的是,曹操首倡反对董卓义举。虽然,当时他身为朝廷追捕的对象,不像其他人那样有地盘相依托,然而,他变卖家产,招募人马,白手起家,在大家尚处于犹豫时期,他毅然起兵,高举起反对董卓的大旗,从而掀起了一场轰轰烈烈的讨伐董卓的军事行动。

从上述经历中,我们可以看出,曹操充满着正义感和社会责任感,对董卓专权之暴行深恶痛绝，不畏强暴，不惧牺牲，为了国家，为了民众，敢于挺身而出，以弱对强，富有反抗不公的精神和自我牺牲精神。

然而，由于他的毅然决然起兵，却给其家族甚至整个宗族都带来了极大风险。由于担心受到其牵连，全族人只能各自散去，纷纷躲避到乡下，甚至远走他乡，以躲避由此可能带来的祸端。其父亲曹嵩因为不愿意跟随曹操起兵，为了躲避祸端，只能率领家人先远避于琅邪郡，后迁移隐居在泰山郡，到处流浪，居无定所，这也为他和全家人后来的遇害埋下了伏笔。

族侄曹休，当时年仅十余岁，适逢其父亲去世，因为族人全都逃走，年幼的他只能独自一人扛起重担，与家中的一位门客负责父亲的丧葬，将父亲草草安葬之

图八 曹休祖父、曾任吴郡太守曹鼎墓砖

后，又匆匆携带着老母迅速渡江南下，一路南逃到了吴郡，投奔其祖父曾经在那里任职的老部下。因为曹休的祖父曹鼎曾经在吴郡担任过太守，他来到太守旧居，看到墙上还挂着祖父的遗像，赶忙下榻跪拜于地，伏在地上痛哭流涕，令许多在座的人为之动容。

后来，他又改名换姓，携老母辗转至荆州，间行北归，投奔了曹操。曹操见到他后，颇为唏嘘。尤其是听到他的坎坷经历，非常感慨，对左右曰："此吾家千里驹也。"曹操十分怜惜这位族侄，使他与自己的长子曹丕吃住在一

起，待他如亲子。

1976年，曹鼎墓在亳州市元宝坑村曹操祖茔范围内被发现，编为元宝坑一号墓。有趣的是，该墓内出土有大量带字的墓砖，其中的一块墓砖上刻写着以下文字："岁不得眝（zhǔ），人谓壁作乐，作壁正独苦，却来却行壁，反是怒皇天。壁长契。"意思是说：在收成不好的当下，有人说来给人垒砌墓壁是一个美差，谁知道砌墙如此辛苦，翻来覆去砌墙，回头怒怨苍天之不公。砌墙的工长刻。

"岁不得眝"，意思是岁月不好的当今，不应该是修墓的时候。与当时数年来一直闹蝗灾和旱灾、庄稼收成不好这一历史时代背景能够相互印证。根据此墓砖上的这段刻铭来看，判断其墓葬应该修建于汉灵帝后期。

图九 亳州元宝坑1号墓出土《岁不得眝》

四、汴河之败

当时的形势是，袁绍与王匡屯河内，孔伷屯颍川，韩馥屯邺城，袁术率孙坚屯南阳，余军咸屯于酸枣。从东、南、北三个方向对洛阳形成了半包围之势，对董卓造成了巨大威胁，对义军来说可谓形势一派大好。

张邈、刘岱、桥瑁、袁遗、曹操、鲍信等人率各自人马作为主力集中驻屯在酸枣,众达十多万人。由于张邈为"八厨"之一,当世名士,因此,大家公推他为同盟之副,也就顺理成章,由他统领驻屯在酸枣的各路人马。

因为冀州地广人多,粮草丰盈,因此,冀州刺史韩馥坐镇邺城,负责为各路军马供给粮草。

这里需要解释一下什么是"八厨",所谓"厨"者,指那些能以财救人、解人之困者也,也就是说在饥饿的年代能够为人提供饮食的人,故曰厨。当时的张邈与度尚、王考、刘儒、胡母班、秦周、蕃向、王章这八个人,均有一个共同的特点,即以侠义闻名,轻财好施,以助人为乐,常接济贫困,被人尊称为"八厨",也就是说人们遇到困难,找到他们就可以解决。如王考,又名王芬,官至冀州刺史,其为人轻财仗义,性格刚烈,疾恶如仇,甚有威惠,充满着正义感。因为目睹汉灵帝昏庸无道,不理政事,感到十分失望,于是他便产生了发动兵变、趁机废掉灵帝的想法。几年前,他曾与许攸、周旌、陈蕃之子陈逸与术士平原人襄楷等人暗中联结豪杰,阴谋推翻汉灵帝,改立合肥侯,以图改变这一状况,拯救摇摇欲坠的汉王朝。为此,他们还曾秘密联系当时赋闲在家的曹操,想争取他一块儿参与他们的行动,遭到曹操拒绝。曹操认为他们目前根本不具备这样的条件,结果一定失败,况且这样做不利于国家的稳定。结果果然不出曹操所料,事败之后,王芬选择了自杀,许攸得以逃脱。后来,袁绍离开洛阳出奔勃海郡时,他和逢纪跟随袁绍一起逃到了冀州。官渡之战时,又投靠了曹操。可见,要想成就一番事业,名留千古,并非易事,很有可能需要冒生命危险。

同盟成立之后,因为惧怕董卓兵力强盛,袁绍、张邈等人谁也不敢率先对盘踞在洛阳的董卓发起进攻,大军云集在酸枣,整日置酒高会,迟滞不前,荼蘼粮草,坐吃山空。

更为严重的是,冀州刺史韩馥见众人心向袁绍,担心他坐大,而其他大军整日云集在邺城附近,对他始终都是一个威胁。因此,到了后来,他故意将供应的粮草减少,而且越来越少,想逼使他们粮尽人散。兖州刺史刘岱发现他的这一企图后大怒,写信警告他说:"卓无道,天下所共攻,死在旦暮,不足为忧。但卓死之后,当复回师讨文节(韩馥字文节)。拥强兵,何凶逆,宁可得置。"韩馥性格懦弱,得此信后大惧,将产生这一结果的原因归咎于给他出主意的自己的手下刘子惠,欲斩之。别驾从事耿武等人见状,知道刘子惠冤屈,赶忙跑到他的前面,甚至伏在刘子惠的身上,以阻止刀斧手行刑,大家纷纷表示,愿意与刘子惠一起被斩首。就这样，刘子惠才得以不死，捡了一条性命。然而，韩馥余怒未消，将他罚做劳役，穿上赭色的囚服，每天负责扫除宫门之外的大街。受此打击和屈辱，不久之后，刘子惠便病死了。

眼看着义军内部危机四伏，众人却不思进取，这可急坏了曹操，他对众将领说："举义兵以诛暴乱，大众已合，诸君何疑？向使董卓闻山东兵起，倚王室之重，据二周之险，东向以临天下，虽以无道行之，犹足为患。今焚烧宫室，劫迁天子，海内震动，不知所归，此天亡之时也。一战而天下定矣，不可失也。"

然而，没有人听他的，这些人并不为所动，仍然依旧。曹操气愤不过，于是干脆带着好友鲍信、鲍韬等人离开了酸枣，率本部兵马西进，独自前往攻打洛阳。当行至成皋时，主帅张邈担心曹操兵少将寡，害怕他会吃亏，才派了卫兹带领一部分兵马赶来支援。当他们行进到荥阳汴水时，与董卓的大将徐荣遭遇，双方立即开战，结果曹操等人不利，士卒死伤甚多，好友破虏将军鲍信受伤，鲍信之弟裨将军鲍韬和好友卫兹均战死，曹操本人也被流矢所中，其所乘的战马亦受伤。在这一危急时刻，多亏族弟曹洪将自己的战马送给他，曹操哪里好意思接受，刚要辞让，曹洪焦急地对他说："天下可无洪，不可无君。"说完，不由分说将曹操扶上战马，在马身上猛抽一鞭，战马驮着受伤的曹操趁着夜色逃去，自己则徒步追赶。曹操与曹洪逃到汴水南岸，敌人追兵甚急，水深不得渡，好在又是曹洪，沿着汴水寻找到一条小船，二人方才渡过汴河得以逃脱。徐荣原准备乘胜继续追

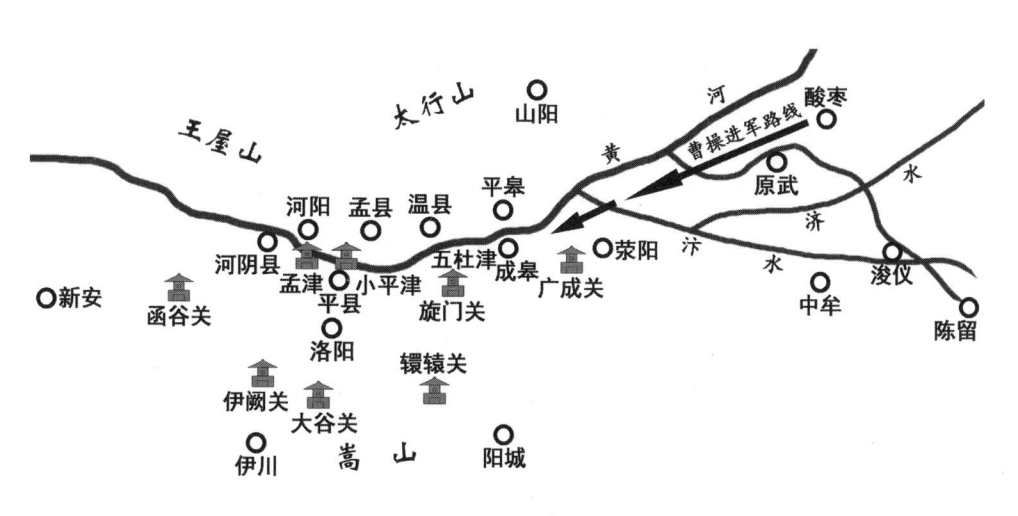

图十　汴水之战发生位置示意图

杀，但是，他发现曹操虽然兵少，却仍然能够力战尽日，认为酸枣人马众多，将更难攻取，于是引兵而还。因此，曹操才得以逃脱，捡了条性命。

曹操等人狼狈不堪地逃回到了酸枣，发现十多万人仍然是整日置酒高会，不图进取。他十分生气，闯进去劈头盖脸的就是一番怒斥，然后，又不得不耐下心来劝导他们说："诸君听吾计，使勃海引河内之众临孟津，酸枣诸将守成皋，据敖仓，塞镮辕、太谷，全制其险；使袁将军率南阳之军军丹、析，入武关，以震三辅：皆高垒深壁，勿与战，益为疑兵，示天下形势，以顺诛逆，可立定也。"但是，张邈等人仍然不采用他的计策。

曹操再也压制不住心中的怒火，斥责他们道："今兵以义动，持疑而不进，失天下之望，窃为诸君耻之！"然后，一怒之下离开了那里。

曹操知道，在当时是凭实力来说话的，然而汴水一战，自己的兵马损失殆尽，说出的话自然就没有分量，这些将领不仅不听从他的建议，看到他狼狈不堪，还受了伤，对他的这次失败开始冷嘲热讽。他感到这些人没有大志，各存私心，与自己的救国理念相去甚远，不是同一道上的人，自己再留在酸枣已经没有什么意义了，于是不久之后，他干脆选择回到老家亳州疗伤。与此同时，他派曹洪先到扬州募兵，等自己伤好之后，再赶到那里去与曹洪会合，准备回来再战。

五、扬州募兵

他们之所以会选择到扬州募兵，推测有以下几个原因。一是曹洪的伯父，也就是曹休的祖父曹鼎曾经任吴郡太守，后来升任尚书令，那里的许多官员都受到过亳州曹氏的恩惠，在那里有很好的人脉关系。二是在当时，中原地区绝大多数州郡都有主人，其州牧郡守都参加了反董卓的军事同盟，这些人彼此戒心很重，相互防备，曹操不可能在人家的地盘上去招兵买马，那样只能增加曹操与这些人之间的矛盾，再说了，没有他们点头同意，根本行不通。因此他的这一选择，也是不得已而为之。三是因为曹洪曾经在蕲春任过职。当年其伯父曹鼎还在尚书令任上时，曾经举荐族侄曹洪出任蕲春县长，蕲春隶属于扬州管辖，因此，他与时任扬州刺史陈温早就相识，并为好友，他相信陈温会给他提供帮助。四是扬州距离其老家亳州较近，行事方便。

扬州募兵的计划刚开始时非常顺利，曹洪回到老家后，将自己的家兵一千多人组织起来，带着他们南下，前去找好友扬州刺史陈温。说明情况后，陈温对他的到来非常欢迎，对他的招兵计划也非常支持。在陈温的帮助下，曹洪很快在庐江便募得上甲二千人。然后，他又来到丹杨（治所在宛陵，今安徽省宣城市），在那里又招募了数千人。最后，他率领这几千人马北上，赶到自己老家亳州附近的酂县龙亢城（今永城市酂城镇西南十五里），准备与躲在那里养伤的曹操会合。因为他出发之前，与曹操早已约定好了，将来双方在龙亢相聚。

此时，曹操早已经养好了箭伤，他也赶到了扬州，受到扬州刺史陈温和丹杨太守周昕的大力支持，二人直接赠送给他州兵四千。曹操听说周昕的三弟周喁作战十分勇猛，便邀请他与自己一起前往征讨董卓，为国立功。周喁欣然接受了曹操的邀请，被曹操拜为军师。因此，可以说直到此时，一切进展得都还比较顺利。按照与曹洪事先的约定，他率领这四千余人提前回到了龙亢，在那里等待曹洪的到来。

然而，令曹操没有想到的是，这中间却出了大变故，险些要了曹操的性命。事情的经过是这样的。曹操所招募的这些人都是南方人，他们并不愿跟随曹操远离自己的家乡到北方去打仗。因此，一天夜里，突然发生了哗变，他们放火烧了曹操的军帐。曹操这个人有个习惯，每天夜里都要看书，睡觉很晚。当时曹操正

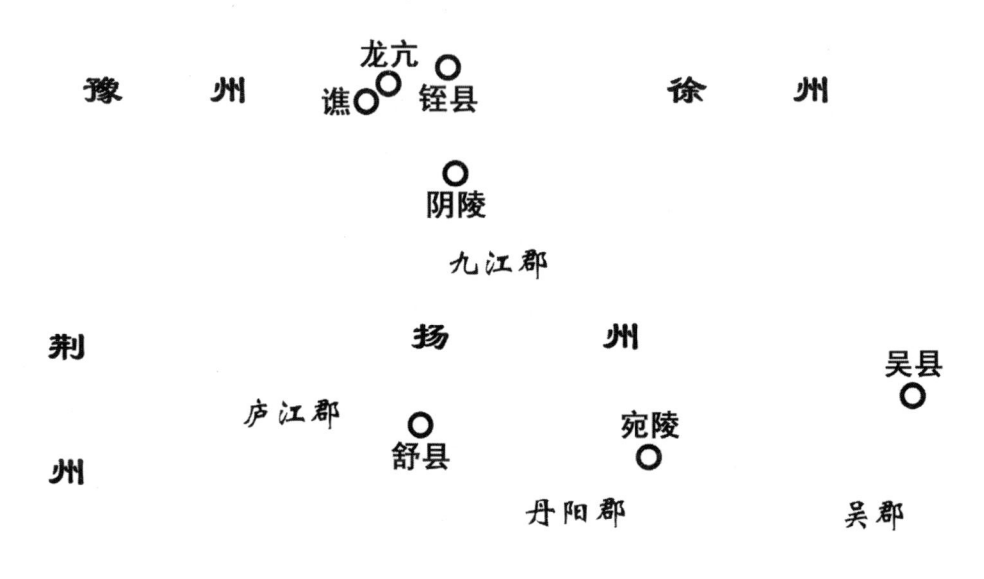

图十一　曹操扬州募兵位置示意图

在自己的帐内挑灯夜读，突然发现火起，外面还有很大的喧哗声，便知道大事不好，于是，他赶忙提着宝剑冲出了营帐，正好与哗变的士兵们迎头碰上。只见曹操毫不犹豫，挥舞着宝剑，与他们战在了一起，一口气斩杀了数十人。余下的人见曹操作战如此勇猛，担心自己不是他的对手，于是撒腿就跑，一哄而散。曹操才得以冲出熊熊燃烧的大营，避免了葬身火场。等天亮之后，清点人马时，发现逃的逃，死的死，身边仅剩下五百多人。这场意想不到的兵变让曹操的这次扬州募兵功亏一篑。

万般无奈之下，他只好率领余下的人马转移阵地，来到了沛国铚县（今安徽省濉溪县）、建平这两个地方，继续招兵买马，在这里又重新招募了一千多人。后来，曹洪赶到，算了算自己这一千多人，加上曹洪招募的数千人，兵力已经不少了。于是，他决定率领这些人继续北上。

由于对张邈等人的表现十分失望，因此，这一次回来，他并没有选择到酸枣去与他们会合，而是径直率军来到了抗击董卓的最前线河内郡，投奔其好友、义军盟主袁绍。

六、矛盾重重

然而，这次回来后，形势已经发生了巨大变化，在曹操离开的这段时间，反董卓集团的内部产生了许多矛盾，不仅十分激烈，而且这些矛盾已经公开化。

第一件事是，兖州刺史刘岱与自己的属下东郡太守桥瑁之间开始交恶。东郡是兖州刺史管辖下的一个郡，因此太守桥瑁为刘岱的下属，刘岱自然不会饶恕桥瑁对自己的冒犯，于是他自己做主，擅自诛杀了桥瑁，任命自己的心腹王肱接替了桥瑁的职务，任东郡太守。要知道这是非常之时，大家都归盟主袁绍和张邈临时统辖，刘岱这一举措不仅引起了袁绍、张邈的不满，还激化了内部的矛盾，开始出现人人自危、离心离德的局面。

第二件事是，袁绍想扶持刘虞为傀儡，搞东西分治。袁绍一直对董卓废掉自己和何进所立的少帝刘辩、改立刘协为皇帝这件事非常不满，耿耿于怀，不承认刘协为皇帝。为了与关中董卓集团相对抗，他与韩馥二人密谋，拥立汉宗室时任幽州牧的刘虞为皇帝，联合其他将领，公推使者出使幽州，前去觐见刘虞，与他商量这件事，遭到了刘虞的拒绝。

事前，袁绍还专门亲自跑来，找到好友曹操商量这件事，企图争取曹操对自己的支持。他对曹操说："朝廷幼冲，逼于董卓，远隔关塞，不知存否，以虞宗室长者，欲立为主。"曹操断然地拒绝了他，并警告他说："董卓之罪，暴于四海，吾等合大众、兴义兵而远近莫不响应，此以义动故也。今幼主微弱，制于奸臣，未有昌邑亡国之衅，而一旦改易，天下其孰安之？诸君北面，我自西向。"

曹操认为，现在大家的主要目标应该是集中力量去对付权臣董卓，而不是制造分裂，造成天下更加混乱的局面。

袁绍见曹操不同意，便转而向自己的弟弟袁术求助，希望得到他的支持。但是，在袁术那里他同样碰了壁。

原来，袁术早就有野心，他本人也想当皇帝，袁绍的这个计划显然将会威胁到他这一阴谋的实现，因为袁绍所推出的刘虞德高望重，年纪又大，汉朝中兴自然也就有了希望，如此一来，他还怎么能够火中取栗、趁乱取代汉室呢？依照袁术的想法，他恨不得汉朝继续乱下去，而且越乱越好，他好在乱中取胜。因此，他根本不可能同意袁绍的这一计划，所以，他坚决地拒绝了袁绍。袁绍是一个非常固执的人，他再次写信给弟弟袁术曰："前与韩文节共建永世之道，欲海内见再兴之主。今西名有幼君，无血脉之属，公卿以下皆媚事卓，安可复信！但当使兵往屯关要，皆自蹙死于西。东立圣君，太平可冀，如何有疑！又室家见戮，不念子胥，可复北面乎？违天不祥，愿详思之。"

袁术回信答曰："圣主聪叡，有周成之质。贼卓因危乱之际，威服百僚，此乃汉家小厄之会。乱尚未厌，复欲兴之。乃云今主'无血脉之属'，岂不诬乎！先人以来，奕世相承，忠义为先。太傅公仁慈恻隐，虽知贼卓必为祸害，以信徇义，不忍去也。门户灭绝，死亡流漫，幸蒙远近来相赴助，不因此时上讨国贼，下刷家耻，而图于此，非所闻也。又曰'室家见戮，可复北面'，此卓所为，岂国家哉？君命，天也，天不可雠，况非君命乎！偻偻赤心，志在灭卓，不识其他。"韩馥也给袁术写信，同样遭到了袁术的拒绝。

一个是自己的好友，另一个是自己的亲弟弟，袁绍接连在他们二人这里碰壁，见他们都不支持自己，他便决定一不做，二不休，与韩馥二人做主，联合其他将领，派遣曾经做过乐浪郡太守的张岐等人作为使者，携带他们的劝进书来到幽州，直接上刘虞尊号，强推刘虞上位。这无异于是要人家挑头造反啊，可把一向忠厚老实、循规蹈矩的刘虞给吓坏了，他厉色叱责张岐道："今天下崩乱，主上蒙尘。

吾被重恩，未能清雪国耻。诸君各据州郡，宜共勠力，尽心王室，而反造逆谋，以相垢误邪！"坚决予以拒绝。

韩馥、袁绍二人见自己的阴谋不能得逞，仍不甘心，他们退了一步，又要求刘虞宣布自领尚书事，承制封拜，想让刘虞宣布自己拥有封拜诸侯的大权。意思是说，你不当皇帝可以，但是，一定要有封授大权。因为他们这些人造反，过去的身份自然遭到了朝廷的废黜，不承认他们是朝廷的命官。这样一来，他们就非常尴尬了，所有行动都是非法的。如果刘虞宣布自领尚书事，承制封拜，就可以越过长安小朝廷，来给大家封官晋爵，使自己将来晋升官职的行为合法化，使自己的造反行为合法化，作为盟主的袁绍下一步就好办了。

然而，这种特权也是需要皇帝的恩准和授予，否则怎么能够说是"承制封拜"呢？所谓承制，就是秉承皇帝的旨意便宜行事，说白了就是皇帝的授权。而朝廷或皇帝并没有给予刘虞这样的权力，因此，如果他这样做，同样也是造反行为。作为宗室成员，刘虞岂能不明白这一道理？因此，理所当然地又遭到了他的严词拒绝。不仅如此，为了表示自己忠于朝廷的决心，洗清自己的嫌疑，他干脆将派去劝说他的袁绍的使者给抓了起来，下令推出去斩首。

袁绍私下派人去劝说刘虞，刘虞以国有正统，非人臣所宜言，固辞不许。他威胁袁绍说，如果他们再逼迫他，他就出逃到塞外大漠深处，去投奔匈奴来断绝他们的这种臆想。袁绍这才放弃了这一想法，停止了对他的逼迫，这一阴谋就此搁浅。刘虞仍不放心，为了摆脱朝廷在这件事上对他的怀疑，他赶忙派田畴、从事鲜于银出使长安，向朝廷解释这件事的原委。

第三件事是，袁绍见拥立刘虞不成，便打起了冀州的主意，威逼冀州牧韩馥交出冀州，将冀州牧的位置让给他。

事情的经过是这样的，初平二年（191）七月，袁绍秘密写信给公孙瓒，让他率军南下，抢占冀州北部地盘，以威逼韩馥，制造危机。公孙瓒见有这等好事，自然高兴，于是，他立即率军南下。韩馥不知原委，见公孙瓒率军侵入冀州地界，赶忙派军在安平，进行防守，结果被公孙瓒击败。这次胜利燃起了公孙瓒的野心，他随即以讨伐董卓为名，实则欲偷袭韩馥，夺取他的整个冀州。韩馥果然怀不自安，打又打不过，整天为此事忧心忡忡。史载其当时"惶遽"，所谓惶遽，就是恐惧慌张的意思，准确地描述了韩馥当时的内心和表现。

此时，董卓已经西撤入关中，袁绍便以此为借口，从河内前线撤军，移军至延津驻屯，表面上是要支援韩馥，实则与公孙瓒一起对冀州牧韩馥形成南北夹击之势，如果不行就强行出兵夺权。他充分利用公孙瓒对韩馥所造成的恐惧慌乱心理，趁机派外甥高幹和荀彧之兄荀谌等人前往邺城游说，劝说韩馥交出冀州牧印绶，将这一位置让与袁绍，以解眼前困局。

荀谌见到韩馥，威胁他说："公孙瓒乘胜来向南，而诸郡应之；袁车骑引军东向，此其意不可知，窃为将军危之。"荀谌是韩馥的老乡，他们同为颍川郡人，荀谌家是颍川郡的名门望族，韩馥对之非常敬重，不久前他还专门派人前去老家，欲将包括荀谌之弟荀彧在内的荀氏家族及老乡们接往自己的冀州，

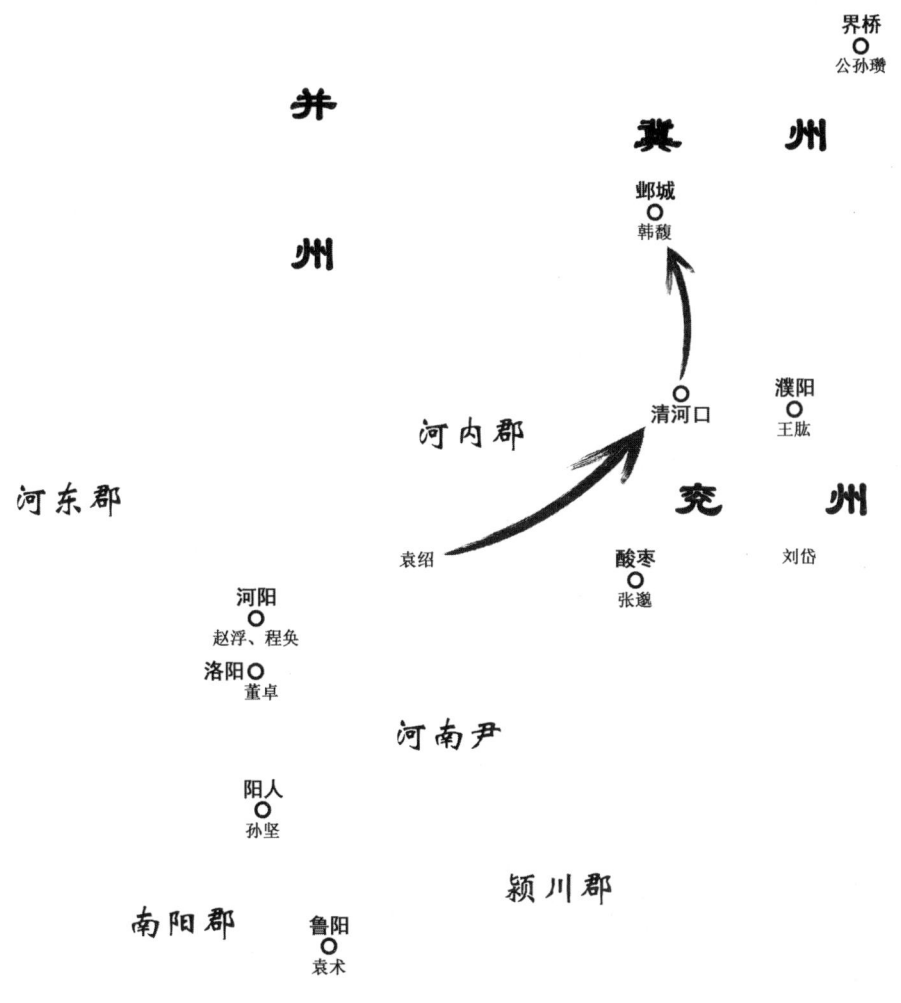

图十二　袁绍谋取冀州及反董联盟各路军阀布防示意图

以避战乱。因此，韩馥对他十分信任，于是问计于他道："为之奈何？"荀谌说："公孙提燕、代之卒，其锋不可当。袁氏一时之杰，必不为将军下。夫冀州，天下之重资也，若两雄并力，兵交于城下，危亡可立而待也。夫袁氏，将军之旧，且同盟也，当今为将军计，莫若举冀州以让袁氏。袁氏得冀州，则瓒不能与之争，必厚德将军。冀州入于亲交，是将军有让贤之名，而身安于泰山也。愿将军勿疑！"韩馥一向怔怯，没有主意。因此，果然上当，随即表示同意，愿意将冀州牧印绶交给袁绍。

韩馥的这一决定立即遭到了其部下，时任冀州长史的耿武、别驾闵纯、治中李历、骑都尉沮授等人的强烈不满和反对。当时，冀州都督从事赵浮、程奂二人率强弩万人驻屯在孟津前线，帮助袁绍对抗董卓。当他们听说这一消息后，非常着急，为了阻止韩馥将冀州交给袁绍，他们立即率兵驰还，史载："馥遣都督从事赵浮、程奂将强弩万张屯河阳。浮等闻馥欲以冀州与绍，自孟津驰东下。时绍尚在朝歌清水口，浮等从后来，船数百艘，众万余人，整兵鼓夜过绍营，绍甚恶之。"也就是说，他们在撤军路过黎阳朝歌清水口袁绍大营附近时，故意喧嚣，向袁绍示威。

赵浮、程奂等人昼夜行军，迅速回到了邺城，赶去面见韩馥，劝他道："袁本初军无斗粮，各已离散，虽有张杨、于扶罗新附，未肯为用，不足敌也。小从事等请自以见兵拒之，旬日之间，必土崩瓦解；明将军但当开阖高枕,何忧何惧！"向韩馥请示，要求抵抗袁绍，但是，韩馥不听。乃避位，出居在中常侍赵忠故舍，派遣自己的儿子赶到黎阳，将冀州牧印绶送给了袁绍，袁绍遂领冀州牧。

第四件事是，驻屯在颍川的豫州刺史孔伷一向喜欢空谈，并没有什么军事才能，故一直无所作为，大家起事之后不久，他突然病逝，造成豫州郡守位空缺。

第五件事是，孙坚率兵北上时，顺路斩杀了与他关系不睦的荆州刺史王叡，然后，又灭了南阳太守张咨，实力大增，被袁术任命为破虏将军，领豫州刺史，治兵于鲁阳城。袁绍听说孔伷病死的消息后，赶忙派丹杨太守周昕的三弟周喁率兵南下，任命他为豫州刺史，前来抢夺豫州地盘。这样一来，袁术、孙坚就与袁绍产生了激烈矛盾，双方从此彻底闹翻。

在众多将领中，孙坚这个人最为特殊，他充满了正义，对董卓的野心看得最透，对董卓深恶痛绝，反对董卓也最坚决。原因是他早年曾经与董卓一起跟随车骑将军张温讨伐在凉州作乱的韩遂、边章叛匪，当时董卓为中郎将，孙坚任张温的参军，也就是主帅张温的参谋。张温进军至长安，用诏书命董卓到长安商议军事。董卓此前不仅不主动进军，造成韩遂、边章坐大，此时，还对张温的命令十分慢待，延迟了好几日才来。当张温批评他时，他不仅不认错，还大声抵制。对自己的顶头上司张温傲慢无礼，引起了坐在一旁的猛将孙坚的极大不满，他力劝张温借其延误军机、不按时前来报到为由斩杀董卓，但是，张温当时不肯。因此，孙坚早就对董卓看不惯，认为他迟早都会造反。后来因为区星在长沙造反，自称将军，众万余人，攻围城邑，朝廷便任命孙坚为长沙太守，前去平叛。因为平叛有功，被封为乌程侯。

灵帝去世时，他在长沙讨贼，并不在洛阳。当他听说董卓乘机率军进入洛阳，窃取了朝政大权的消息后，十分愤怒，又对当初张温没有听取他的建议而惋惜，遂加入袁术讨伐董卓的队伍中，袁术表他为破虏将军，豫州刺史孔伷已经病死，袁术又令孙坚领豫州刺史，成为左将军袁术的部下，驻屯在梁县东部。有了豫州这块地盘支撑，实力大增，孙坚立即整合境内反对董卓的力量，准备对洛阳发起攻击。

孙坚作战十分勇猛，在阳人聚这个地方大败董卓大军，斩杀其都督华雄，击败其猛将胡轸、吕布等人，兵锋进抵洛阳南部的大谷关，这里距离洛阳仅九十里。此时，董卓不得不亲自出战，以阻挡势如破竹的孙坚大军。结果再次被孙坚击败，被孙坚追到汉室皇陵区内，到处躲藏和逃窜。最后，他感到大势已去，不得不选择退出洛阳，一口气向西撤退到了陕州的黾池，调集兵力，就地集中布防。

孙坚率军进入洛阳后，迅速接管洛阳。此时的洛阳已经被董卓放火焚烧掉了，到处都是残垣断壁。史载"旧京空虚，数百里中无烟火。坚前入城，惆怅流涕"。

孙坚赶忙派人扫除汉室宗庙，以太牢之礼进行祭奠，告慰先皇和汉室列祖列宗，然后，又派人平塞掉董卓撤离时对汉陵的盗掘破坏，重新修复了汉室先帝陵园。

与此同时，他还分兵西出函谷关，挺进到新安、黾池之间，继续追击董卓。

对此，董卓十分惊恐，他对长史刘艾说："关东诸将数败矣，无能为也。唯孙坚小戆，诸将军宜慎之。"赶忙派东中郎将董越驻屯在黾池，中郎将段煨驻屯在华阴，中郎将牛辅驻屯在安邑（今山西省运城市夏县埝掌镇东下冯村），形成三角之势，其余中郎将、校尉分布在各个县里，进行防御，以抵抗孙坚下一步的

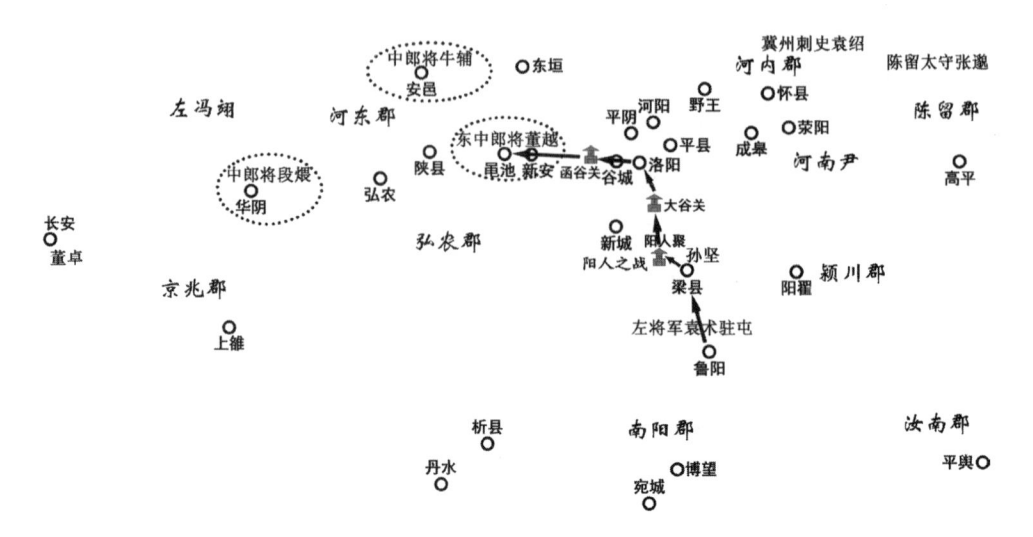

图十三　孙坚进攻洛阳和董卓布防示意图

图十四　洛阳北邙山上的东汉帝陵　　图十五　洛阳邙山上东汉帝陵陵园发掘现场

进攻。而他自己匆匆逃回到了长安。

　　修复好东汉皇陵之后，孙坚率军退回鲁阳休整，接下来准备继续率军西进，进入关中。然而，正在这一关键时刻，一件不幸的事发生了：袁绍任命周昕的三弟周喁为豫州刺史，派他与其兄长周昂率军南下，抢占豫州地盘，袭击孙坚后方，企图抢占豫州。孙坚闻听这一消息时，非常痛心，慨然叹曰："同举义兵，将救社稷。逆贼垂破而各若此，吾当谁与勠力乎！"言发涕下。他不得不将追击董卓的部队撤回来，对付周喁，避免豫州落进袁绍之手，使自己追击董卓的部队腹背受敌，遭到围歼。

036　　　　　　　　　　　　　　　　　　　　　　　　　　　　　　魏武王曹操

孙坚是袁术的部下，袁绍的这种抢占胜利果实的行为自然也就威胁到了袁术的利益。袁术不可能坐视不管，容忍袁绍的这一行为。在袁术看来，这是袁绍先不仁不义，不顾手足之情，公然与他袁术作对。

为了对付袁绍，袁术与幽州的公孙瓒、徐州刺史陶谦等人结成同盟。他还亲自率军帮助孙坚对周㬂展开反击。双方在交战中，造成了前来帮助袁术的公孙瓒的堂弟公孙越被周㬂部下射死这一悲剧，这一下子激怒了公孙瓒，他将堂弟公孙越的死归罪于袁绍，加之袁绍毁约，抢先接管了冀州，派兵防守，阻断了他南下之路，因此，公孙瓒大怒，随即率幽州兵南下，大规模入侵冀州，从北面向袁绍发起了进攻。

为了牵制袁术北上与公孙瓒相联合，袁绍也赶忙与荆州刺史刘表结成联盟。

荆州刺史王叡被孙坚杀死之后，造成了这一职位空缺，当时袁术驻守在南阳北部的鲁阳城，全力对付盘踞在洛阳的董卓，根本顾不上荆州。由于缺少了主官，造成荆州境内大乱，各地豪强趁机作乱，控制了各郡，如苏代自领长沙太守，贝羽自任为华容长。朝廷又任命汉宗室刘表为新的荆州刺史，前往接管荆州。这自然遭到了袁术的反对，于是，他在沿途设下重重关卡，以阻挠刘表前往荆州上任。

为了缩小目标，躲避袁术对他的拦截，最后刘表只好选择单人前往。单骑前往，好不容易来到了荆州的治所所在地宜城。这就是史料记载刘表"单马入宜城"的原因。

抵达荆州之后，刘表联系到了当地的豪强蒯良、蒯越、蔡瑁等人，紧紧依靠他们，在他们的大力支持下，就在孙坚攻下洛阳，与周㬂、周昂争夺豫州，无力顾及荆州之时，悄然接管了荆州，采用各种手段，迅速平定境内各郡叛乱，并成功地控制住了整个荆州。然后，将荆州的治所迁移到了襄阳，亲自率军驻守在那里，以防备近在咫尺的强劲对手袁术。刘表刚刚取得荆州，在那里立足未稳，自然要答应袁绍的结盟要求，与其结成同盟，好巩固自己对荆州的统治。

襄阳紧邻南阳，刘表此举无异于是在袁术的背后插上了一刀，时刻威胁着袁术的后方。其中，尤其让袁术生气的是，南阳本来就归荆州刺史管辖，自从孙坚杀死荆州刺史王叡后，他一直认为荆州是自己的地盘，如今突然被刘表抢去，他岂能不生气？于是，初平三年（192），他赶忙派孙坚率军征讨荆州，进击刘表，企图重新夺取荆州。

刘表听说后，赶忙派自己的大将黄祖率军迎击孙坚，从樊城到邓县，一路进行阻击，均被孙坚击破。孙坚一路追击黄祖，一口气追着他渡过汉水，立即将襄阳包围。单马行岘山，为黄祖的军士所射杀。关于孙坚之死，《典略》上如此记载：

> 坚悉其众攻表，表闭门，夜遣将黄祖潜出发兵。祖将兵欲还，坚逆与战。祖败走，窜岘山中。坚乘胜夜追祖，祖部兵从竹木间暗射坚，杀之。《吴录》曰：坚时年三十七。

主帅孙坚不幸突然战死后，造成军中无主，多亏其侄子孙贲出面，组织其部下撤退，率领将士们回到了袁术那里。袁术复表孙贲为豫州刺史，代理孙坚原来的职务。一代名将就这样陨落了。

董卓能够得以顺利逃回关中及孙坚的战死，其实都与袁绍有关。作为盟主，袁绍这种不讨伐董卓，专搞内讧，兼并盟友，扩张自己地盘，造成盟友内部自相残杀的行为，引起了其他将领的惶恐和不满，造成义军力量严重内耗，破坏了大家的团结氛围，严重削弱了抗击董卓的力量。因此，不久之后，这个联盟便作鸟兽散，分化成两大阵营：一个是袁绍、刘表、曹操等组成的袁绍军事联盟；另一个是袁术、公孙瓒、陶谦等人组成的袁术联盟。

同时，这也燃起了袁绍与公孙瓒长达数年的残酷战争。公孙瓒以堂弟公孙越被袁绍部下周㬂射死为由，不断发动南侵，攻打袁绍，这一战争从初平二年（191）一直到建安三年（198），时间长达八年。从此，袁绍再也没有力量和精力南下对付董卓。

不可否认的历史事实是，在诸位将领胆怯不前，盟主袁绍又只专注于扩大自己的地盘和实力的时候，袁术和孙坚才是征讨并击败董卓的主力军，并逼得董卓不得不迁都，最终孙坚从董卓手中夺取洛阳，完成了收复京师的任务。但是，因为袁绍的背后插刀行为，造成了孙坚不敢也不能继续追击董卓，挺进关中、解救汉献帝的计划最后功亏一篑，实在令人唏嘘。

袁氏家族与董卓既有国仇又有家恨，当初大家之所以推举袁绍做盟主，不是因为他有多么了不起，主要是因为他的祖辈们世代在朝中做高官，名气大、威信高，同时，也是因为看到他一门被董卓诛杀，对董卓恨之入骨，故希望他能带领大家共同讨伐董卓。然而，作为盟主的他，却利用手中的权力，置国仇家恨于不顾，为了扩大自己的地盘，专意对付公孙瓒，这也是袁术对他恼恨的原因之一。

即使太行山上的黑山军，也对袁绍的这种作为看不惯，屡屡与其作对。

同时，袁绍的行为也惹恼了另一个人，这个人就是袁绍的盟友曹操，他开始有了离开袁绍、独立发展的想法。

第三节 独立发展

一、曹操与袁绍

在此之前，出于共同反对董卓大业的需要，曹操一心一意地投靠好友兼盟主袁绍，全心全意地维护袁绍的盟主地位。然而，很快他就发现，袁绍的发展方向越来越不对头，开始对袁绍也产生怀疑。尤其让曹操不满的是，由于自己经常在一些原则问题上与袁绍意见相左，一直不能融入袁绍的小圈子里去，二人之间似乎总是相互防备着对方。

曹操和袁绍都是官宦子弟，作为贵族，他们两家集中居住在京师洛阳城内的步广里和永和里。他们的祖上都曾位居三公，司空府邸、司徒府邸、太尉府邸集中在一起办公。因此，少年时他们一起在京师洛阳城内长大，自然经常聚在一起玩耍，并成为一对好朋友。但是，两个人的性格却截然不同，史载"绍有姿貌威容，能折节下士，士多附之，太祖少与交焉"；而曹操则"少机警，有权数，而任侠放荡"[①]，《曹瞒传》更云："太祖少好飞鹰走狗，游荡无度。"

史料记载的一件事，足以说明两个人性格之不同。《三国志·武帝纪》注引孙盛《异同杂语》记载："太祖尝私入中常侍张让室，让觉之；乃舞手戟于庭，逾垣而出。才武绝人，莫之能害。"《世说新语》也记载："魏武少时，尝与袁绍好为游侠。观人新婚，因潜入主人园中，夜叫呼云：'有偷儿贼！'青庐中人皆出观，魏武乃入，抽刃劫新妇，与绍还出。失道，坠枳棘中，绍不能得动。复大叫云：'偷儿在此！'绍遑迫自掷出，遂以俱免。"从这两则记载中我们可以看出，曹操和袁绍小时候一起没少干那些偷鸡摸狗的事情，而相对老实的袁绍也没少受到机警的曹操的捉弄。

---

① 〔晋〕陈寿：《三国志·武帝纪》，〔宋〕裴松之注，中华书局1959年版，第1页。

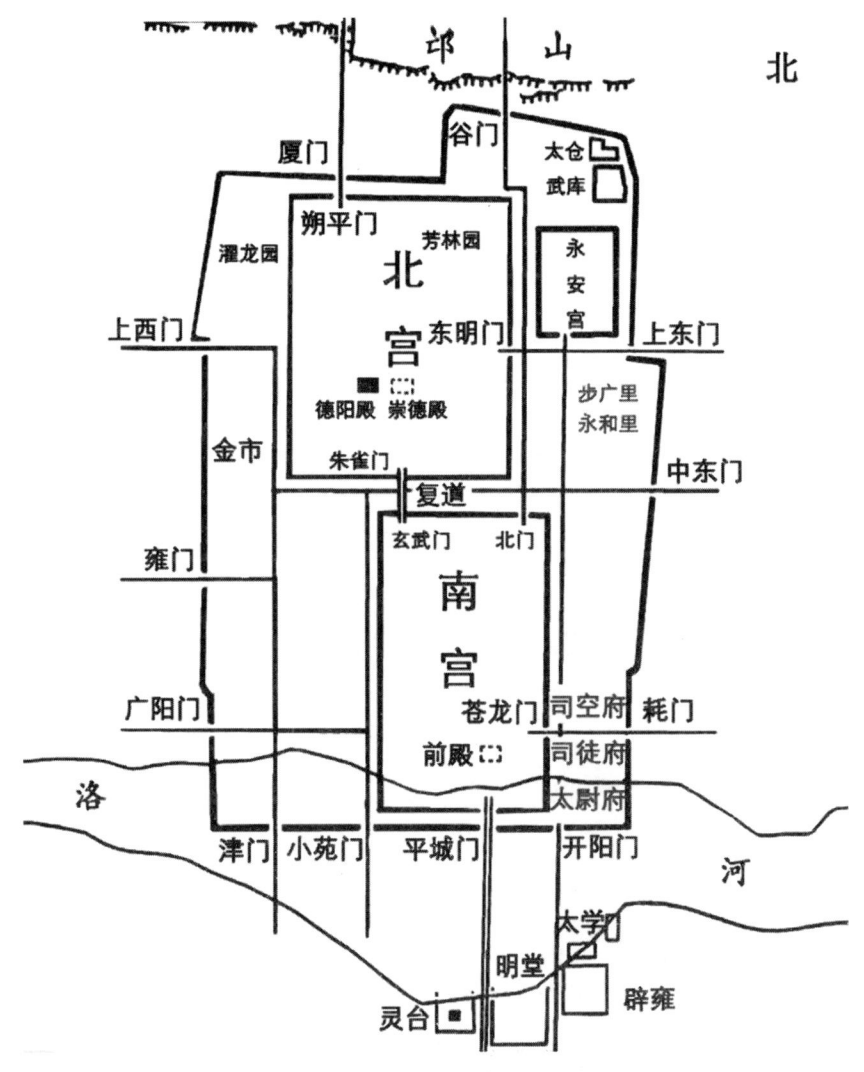

图十六　东汉洛阳布局平面图

也许正是因为两个人彼此太熟悉，相互太了解的缘故，袁绍始终提防着曹操。也正是因为这个原因，在一些关键问题上曹操不怕得罪袁绍，敢于表达自己的真实想法，常常与袁绍的意见相左，往往会引起袁绍不高兴，于是对曹操敬而远之，只任命他为一名普通的将军，并不让他深度参与其他重要事务。

在联盟中，除了曹操之外，所有人都有自己的地盘作为根据地，这也限制了曹操的作为，因此，他和自己的部队只能暂时选择依附于袁绍，才能得到后勤保障，继续生存下去。

然而，曹操明白这绝不是长久的办法。尤其严重的是，随着势力的不断扩大，袁绍逐渐暴露出来的政治野心也变得越来越大，倨傲之态经常溢于言表，让曹操越来越不能忍受。比如，他曾派人对曹操炫耀说："今袁公势盛兵强，二子已长，天下群英，孰逾于此？"

袁绍让人给自己捎来这样的话是什么意思呢？明显是小人得志，炫耀自己后继有人，且已长成，是在故意暗示昔日与他一起长大的好友曹操孩子还小，指望不上，这件事也将他的野心暴露无遗。

面对这种挑衅，曹操并没有直接回应，只是报以微微一笑。但是，在内心里他感到特别气愤，更是看不起袁绍，暗暗下定决心，将来自己发达了，一定要诛灭这个野心家。

对于袁绍的野心，曹操的好友鲍信也非常看不惯，他暗中劝慰曹操说："奸臣乘衅，荡覆王室，英雄奋节，天下乡应者，义也。今绍为盟主，因权专利，将自生乱，是复有一卓也。若抑之，则力不能制，只以遘难，又何能济？且可规大河之南，以待其变。"建议曹操今后往黄河以南发展，借以逐步摆脱袁绍的控制。曹操对他的看法十分赞同。

鲍信目光独到，他虽然知道袁绍势力独大，豪杰多向之，但是在他的心目中，却只有曹操才能够成就大事。他曾对曹操说："夫略不世出，能总英雄以拨乱反正者，君也。苟非其人，虽强必毙。君殆天之所启！"因此，他深度结交当时并不被人看好、不显山不露水的曹操，并成为曹操的密友，二人互为心腹。

曹操是一位有大志成大事之人，故能屈能伸，绝不会因为某件事不高兴而盲干。因此，他虽然继续在袁绍手下屈就，对袁绍本人并没有表现出任何不满，将自己的工作尽量做好，然而，在其内心深处，却早已有了离开袁绍独立发展的想法，只是当时他的实力不济，只能慢慢地等待和寻找着机会。

二、攻杀王匡

王匡何许人也，为何曹操会攻杀他，事情的经过及影响又是怎样的呢？在这里需要交代一下这件事的经过。

王匡，字公节，兖州泰山郡人，曾经担任过大将军何进的府掾。何进被杀之前，王匡奉何进之命返回自己的家乡泰山郡征兵，以胁迫何太后同意何进诛杀太监集团。他回到家后,成功征招了五百名强弩手。可是,当他率领这支队伍返回洛阳时,何进已经遇害。董卓为了培植自己的势力,任命王匡为河内太守。中平六年(189)九月甲戌,董卓废掉少帝刘辩,改立陈留王刘协为帝,迁皇太后何氏于永安宫,随后又将其杀死。这件事引起了天下军阀的不满,初平元年(190)春,山东军阀开始纷纷造反。王匡也与袁绍一样,都曾是何进的部下,自然对董卓的这一举动非常不满,故他毫不犹豫地起兵,加入了反对董卓的军事同盟。袁绍在勃海起兵之后,能够率军南下,并选择驻屯在王匡任太守的河内郡,就是因为这一关系。

董卓在撤往关中前夕,为了报复袁绍、袁术兄弟,于初平元年(190)三月戊午日,下令诛杀了袁绍的叔父袁隗、长兄袁基,以及留在京师的袁氏宗族,无论长幼全部被杀,被诛杀者达二十多人。当年六月,为了瓦解关东反对派这一军事同盟,董卓派大鸿胪韩融、少府阴脩、执金吾胡母班、将作大匠吴脩和越骑校尉王瑰五位在朝中德高望重的大臣前往关东各地,去做游说工作,解释朝廷政策和诛杀袁隗、袁基等人的原因,希望这些军阀能够与自己休兵,甚至说服他们重新归附朝廷。

袁氏被诛的消息传来,彻底惹恼了袁绍和袁术兄弟二人,为了给亲人报仇,当他们听说朝廷派使臣东下巡视各地时,立即下令给各地军阀,缉拿和诛杀他们。

其中,少府阴脩、越骑校尉王瑰被袁术捕获,遭其杀害。执金吾胡母班、将作大匠吴脩途经河内郡时,被早已收到袁绍命令的河内太守王匡逮捕杀害。五个人中,最后只有大鸿胪韩融得以逃脱,幸免于难。

其实,这几个人都是无辜的,他们都是奉命行事而已,准确地说,他们才是双方相互仇恨和政治斗争的牺牲品。因为作为朝廷的使者,这五人都是奉旨行事,他们本身并没有什么罪过,甚至连董卓的同党都说不上。若说有罪,也只能是派遣他们的董卓有罪。董卓之所以派这五个人出使关东,也正是看中了这五个人德高望重,他们或多或少都与关东将领们有着某种关系,甚至还有亲戚关系。比如胡母班就与王匡有姻亲关系。

然而,袁氏兄弟因为给家人报仇心切,竟然将对董卓的愤恨迁怒到了这些人身上,将朝廷的使者杀死,有公报私仇之嫌,他们被杀实在有点冤枉。

其中,最令人痛惜的是胡母班。这个人平时轻财赴义,好赈济老百姓,为人正直,名声极好,与张邈一样都是当时的"八厨"之一,在整个事件中没有任何过错,就是因为听命于执政大臣董卓,代表朝廷前来当说客,结果被冤杀。而且,诛杀他的竟然还是他的大舅哥河内太守王匡,听起来有点让人感到不能理解。

也许正是因为他为人正直,名声好,与王匡又是亲戚关系,董卓才派他到河内来劝说王匡。然而,他一到河内,就被王匡给抓捕入狱,并准备用他的人头来给自己讨伐董卓的大军祭旗。据谢承《后汉书》记载,胡母班在狱中给王匡写了一封信,内容如下:"自古以来,未有下土诸侯举兵向京师者。《刘向传》曰'掷鼠忌器',器犹忌之,况卓今处宫阙之内,以天子为藩屏,幼主在宫,如何可讨?仆与太傅马公、太仆赵岐、少府阴脩俱受诏命。关东诸郡,虽实嫉卓,犹以衔奉王命,不敢玷辱。而足下独囚仆于狱,欲以衅鼓,此悖暴无道之甚者也。仆与董卓有何亲戚,义岂同恶?而足下张虎狼之口,吐长蛇之毒,恚卓迁怒,何其酷哉!死,人之所难,然耻为狂夫所害。若亡者有灵,当诉足下于皇天。夫婚姻者,祸福之机,今日著矣。曩为一体,今为血雠。亡人子二人,则君之甥,身没之后,慎勿令临仆尸骸也。"[①]其悲怆之意尽于言表,让人读之动容。

根据本人研究,这封信显然是作者谢承自己编造的,因为胡母班等人出使关东的时间在初平元年(190)六月,当时,汉献帝刚刚西迁关中,董卓诛杀太傅袁隗、太仆袁基,夷其族,双方军事斗争处在最为激烈的时刻。而赵岐出使关东,则是在两年后的初平三年(192)八月,此时,董卓已经被诛。其间还有司徒、录尚书事王允派遣使者张种抚慰山东这样的事,此事也发生在同一年。虽然他们同为朝廷使者,但是,胡母班等人出使在前,太仆赵岐等人出使在后,并不是一回事,是在不同背景下朝廷派出的两批人马,故不应该混为一谈。因此,根据该信中描述,将这两件事混为一谈,本人判断这是作者自己杜撰出来的。

而且,他们出使的任务也不尽相同。胡母班这批使者出使的任务是为了向关东义军主帅们解释迁都关中的原因和诛杀袁隗、袁基的理由,进而说服他们中的一些人听命朝廷息兵,以分化义军,减轻对董卓的军事压力,这也是作为盟主的袁绍最为害怕和担心的。此时,也正是袁绍兄弟对董卓最为恼恨的时期,故而他们被杀。而赵岐却没有那样的结果,反而得到袁绍、曹操和公孙瓒的热情招待,因为他是去调解袁绍与公孙瓒的战争。因此,他们的结果完全不同。

[①] 〔晋〕陈寿:《三国志·袁绍传》注引谢承《后汉书》,〔宋〕裴松之注,中华书局1959年版,第193页。

不管这封信的内容是真是假，本人推测，当时胡母班应该是给王匡写有类似的书信。据史料记载，王匡这个人一生"轻财好施，以任侠闻"，因此，他接到胡母班这封信之后，也是非常为难，抱着自己的外甥、胡母班的两个儿子泪流满面。然而，他并没有因为这封信而饶恕了胡母班，仍然坚持，遵照袁绍的指示，下令将其杀死，并用胡母班的人头给即将出征的大军祭旗。在杀了胡母班之后，随即宣布率领本部人马进军讨伐董卓。

他派自己的从事韩浩率军渡过黄河，进驻孟津，他本人则率军驻扎在河阳津，作为韩浩的后援。

孟津位于洛阳的北面，是黄河南岸著名的渡口之一，也是洛阳北部的重要门户，距离洛阳非常近，韩浩率军驻扎在那里，直接威胁着洛阳的安全。董卓当然不能等闲视之，为了逼韩浩投降或主动撤军，他立即下令将时任河阴县（今河南省洛阳市孟津区东北）县令韩浩的舅父杜阳抓了起来，将其扣押为人质，以逼迫韩浩。然而，令他没有想到的是，韩浩根本不理他这一套，态度十分坚定，仍然坚守在那里。董卓实在没有办法，决定亲自指挥大军对韩浩进行反击。他首先派出一支兵马作为疑兵，做出将在平阴渡河的样子，以迷惑韩浩和王匡，暗中却派精锐部队秘密从小平津渡过黄河北上，绕到王匡的背后，突然对其发起攻击。王匡对此毫无防备，顿时大乱，继而大败，选择逃跑。经此一役，王匡的兵马死伤殆尽，他只身逃回。王匡此举造成了驻守在孟津的韩浩腹背受敌，随即大败。他一时无法渡河，只得南逃投奔了袁术，后来，又转而投降了曹操，受到曹操的重用，成为曹操的得力干将之一。

为了填补王匡军败造成的防守缺位，袁绍只好紧急调冀州牧韩馥的都督从事赵浮、程奂等人率强弩万张进驻在河阳。这也是后来袁绍谋取冀州时，韩馥的部下都督从事赵浮、程奂等人从河阳紧急撤军，返回邺城，沿途向袁绍示威的原因所在。

本来曹操之前发起的汴水之战的失败，就加重了其他将领对董卓大军的惧怕情绪。而袁绍和王匡发动的河阳之战，造成王匡全军覆没，让袁绍和各路反董卓联盟的将领再次品尝到了董卓的军事实力和他用兵的厉害。于是，在是否出击攻打董卓这件事上，他们开始变得更加首鼠两端起来，谁也不肯、不敢出兵与董卓的军队进行正面对抗。尽管曹操曾极力劝说，但是，他们各自为了保存自己的实力，都不愿出兵，最后不了了之，只能作鸟兽散。

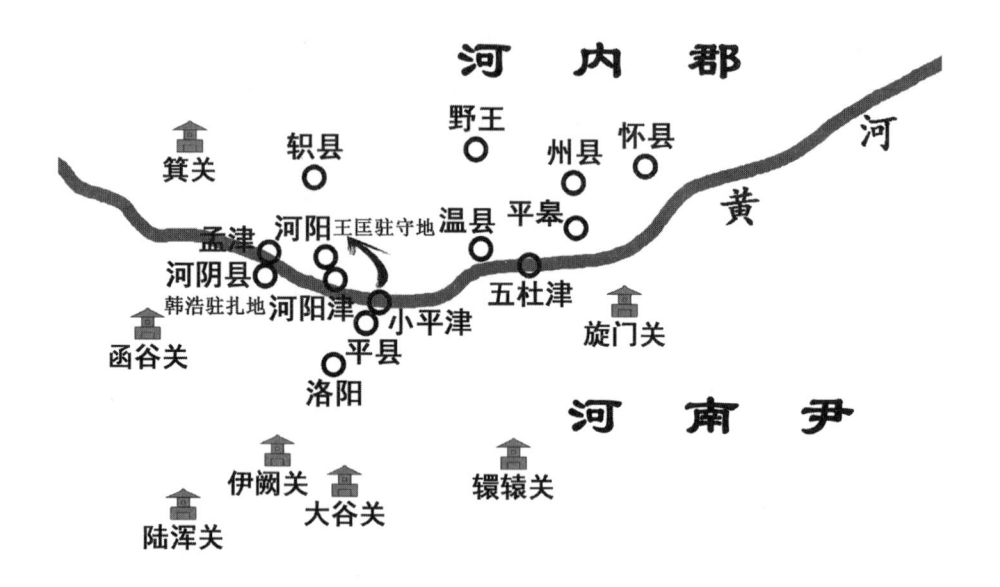

图十七　河阳津之战位置示意图

在众将领中，只有孙坚率领军队与董卓周旋，屡败董卓，一直攻进洛阳近郊，给董卓以巨大压力，让董卓苦恼不已，最终逼迫他不得不西逃，退守关中。由于伐董联盟众多将领的不作为，眼睁睁地看着董卓对洛阳进行烧杀抢掠，最后顺利将大军撤回关中。这一结果让曹操感到十分失望。

初平二年（191）四月，当董卓本人率大军撤入关中之后，前线的压力一下子减轻了不少，于是，袁绍便开始专心于谋取韩馥的冀州。他引军离开河内，先至延津，后进驻黎阳朝歌清水口，胁迫韩馥交出冀州牧印绶。同年秋七月，袁绍终于取得了冀州牧，随即进驻邺城。

王匡不甘心这次失败，他又返回了自己的故乡泰山郡，再次从老家招募到了劲勇之士数千人。因为袁绍已经率军北上去接管冀州，驻守在河阳的冀州都督从事赵浮、程奂等人因为不满而擅自撤军，率军回防邺城，造成河内防守空缺，王匡的回来及时填补了这一空缺，仍然任他的河内太守。由于上次王匡进攻董卓时，作为盟主的袁绍没有出手相助，王匡对袁绍深感失望，此时，他开始与张邈联合，准备伺机找董卓复仇。张邈与袁绍本来就貌合神离，王匡主动投靠张邈自然引起了袁绍的不满。

根据《常林传》记载，河阳大败之后，王匡性情大变，开始疑神疑鬼起来。他怀疑任何人，担心他们对自己不忠。为了在河内郡老百姓中重新树立自己的威信,搜集更多的军粮,王匡开始对河内的老百姓采取极端高压政策,进行残酷统治。比如,他派出一些儒生到河内所属诸县暗中监视吏民的一言一行,只要发现有人稍有犯错或被人举报,就下令将他们抓起来,关进监狱,进行严刑拷打,要求他们的家人拿出钱谷来赎罪,稍有迟缓就会被"夷灭宗族,以崇威严"。常林的叔父只是因为鞭打一个门客,结果被他所派出的儒生发现并告发。王匡闻听大怒,便下令将其收进监狱,进行惩治,造成了常林整个家族的惶恐。他们知道这一次自己家不出钱是不行了,如今遇到王匡这个主儿,不出钱赎身,便难逃被诛杀的命运。然而,其家里很穷,根本拿不出多少赎金,更为关键的是,他们也不知道太守王匡将会向他们要多少赎金,因此十分愁苦。此时,常林挺身而出,决心设法救出自己的叔叔。他打听到胡母彪是王匡的同乡兼好友,便前去拜访他,恳请他出面相救,向王匡通融一下。他对胡母彪说:"王府君以文武高才,临吾鄙郡。鄙郡表里山河,土广民殷,又多贤能,惟所择用。今主上幼冲,贼臣虎据,华夏震栗,雄才奋用之秋也。若欲诛天下之贼,扶王室之微,智者望风,应之若响,克乱在和,何征不捷。苟无恩德,任失其人,覆亡将至,何暇匡翼朝廷,崇立功名乎?君其藏之!"[①]说完这番大道理之后,顺便提及自己的叔父被王匡所拘这件事,请求他能够出面帮忙。胡母彪这个人也很仗义,当即写信斥责王匡不该如此。王匡看在老乡加亲戚胡母彪的分上,释放了常林的叔父。但是,遭此劫难之后,常林一家真的害怕了。为了躲避王匡再次迫害,他们举家外迁,离开了富裕的故乡温县,远避在并州的上党,选择一块山地进行开垦,以耕种为生。从这件事就可以看出王匡当时是多么的残暴和不得人心。老百姓动辄得咎,对其暴政怨声载道,噤若寒蝉,敢怒不敢言。

然而,相比于常林叔父这件事,他诛杀朝廷使者胡母班这件事性质实在是太恶劣了,常言道,两军交兵不杀来使,这是古今中外的传统,更何况胡母班是朝廷派来的使者,是朝廷的命官,又是自己的妹夫。王匡显然触及了这一底线,是不仁不义不慈不孝的行为,一下子将他多年努力所营造的美好形象彻底给毁掉了。许多人都看不下去,对他擅杀朝廷使者、无情无义的残忍行为多有诟病。就连与他一向交好的大学问家蔡邕都对他的这一不义之举提出了批评,对董卓出兵征讨他,将其击败的胜利高呼叫好。蔡邕在其所撰写的《表贺录换误上章谢罪》中如

[①]〔晋〕陈寿:《三国志·常林传》,〔宋〕裴松之注,中华书局1959年版,第659页。

此说道:"今月十八日,臣以相国兵讨逆贼故河内太守王匡等,屯陈破坏,斩获首级,诣朝堂上贺。"直接将自己的这位昔日好友斥为逆贼。

蔡邕在这里称王匡为故河内太守,说明王匡因为参加袁绍造反,反对执政大臣董卓,早已经被朝廷剥夺了太守的职位。然而,由于受到袁绍的袒护,他从老家招兵回来后,仍然以太守的名义治理河内郡,显然这是不为朝廷所认可的。此时,他变得愈加残暴无道,置河内郡老百姓的生活于水深火热之中,已经造成了天怒人怨,一定不会有好结果。

在此背景下,刚刚从扬州招募新兵回来、到河内准备投靠袁绍的曹操显然不能不管。当地老百姓看到曹操到来,纷纷找他诉苦。胡母班的亲属因王匡执杀胡母班这件事正不胜愤怒,于是,也找到了曹操向他诉说冤屈。了解到这一情况之后,曹操大怒,他决不能容忍王匡擅杀朝廷命官,于是,决定出手,为胡母班的亲属主持公道,替河内郡的老百姓剪除王匡这一祸端,解救老百姓于水深火热之中。因此,他趁袁绍率军北上,接管冀州之机,联合胡母班的亲属,一起击杀了王匡,老百姓无不对此拍手称快。

但是,此事刚刚解决,却又发生了新的状况。太行山上的黑山军早已经归顺了朝廷,他们见袁绍擅自窃取了韩馥的冀州,然后集中全部兵力与公孙瓒大战于冀州北部,造成冀州南部的魏郡、东郡各地空虚,认为机会难得,于是,组织于毒、白绕、眭固等各部兵马纷纷下山,多达十余万人,涌入魏郡、东郡,进行大肆攻掠。东郡为兖州所辖,而兖州刺史刘岱任命的东郡太守王肱根本抵抗不了,东郡的形势十分危急。曹操赶忙率自己的主力离开河内,紧急驰援东郡,在濮阳一举击败了黑山军白绕部。

然而,曹操的突然离开,造成河内郡守备的空虚。为了对付袁绍,朝廷又任命刚刚背叛袁绍、从邺城前线逃回到黎阳的张杨为新的河内太守。张杨随即率军进入河内,很快便控制住了河内郡。

三、占领东郡

初平二年(191)七月,袁绍从韩馥手中夺取冀州牧这一位置后,随即进驻邺城,忙于部署交接工作。然而,当初他写信要求公孙瓒带兵南下冀州,本想借此制造危机,逼迫韩馥将冀州牧的职位让与他。如今问题来了,已经南下的公孙瓒怎么办？常言道，请神容易送神难，如今袁绍自己如愿得到了冀州，成了冀州牧，麻烦也就成了他自己的了，他必须直接面对公孙瓒这位"大神"。如何处理已经南下的公孙瓒大军，是劝他撤军还是进行抵抗，成了摆在袁绍面前亟须解决的一大问题。要知道公孙瓒可是当时著名的猛将，曾将乌桓、鲜卑铁骑打得到处乱窜，最后被他赶出了山海关，再也不敢进入关内一步。于是，他开始将目光南向，一直在觊觎着冀州，希望将其收入囊中。如今他已经占领了冀州北部一些城池，尝到了甜头，想让他把吃进去的肉再吐出来，哪有这等好事。尤其是不久前，发生了公孙越被袁绍所任命的豫州刺史周㬂部下射死这件事，一下子激怒了公孙瓒，公孙瓒将怒火迁移到袁绍身上。为了平息公孙瓒的怒火，袁绍赶忙将自己的勃海郡郡守的印绶转交给公孙瓒的另一个堂弟公孙范。没想到公孙范接管勃海后，立即宣布与袁绍决裂，带领勃海郡的兵马帮助公孙瓒反过来对付袁绍。不仅如此，公孙瓒乘着刚刚在勃海境内击败黄巾军之威，向南驻屯在青州北部的磐河（今山东省德州市古磐河镇）一带，任命自己的部将分别为青、冀、兖三州刺史，开始向青州、冀州分派官员到各地前来接管，显然，其根本就没有半点收手后撤的意思。

因此，袁绍不敢怠慢，赶忙派主力北上，倾全力企图堵截公孙瓒大军南下，与公孙瓒大战于界桥（今河北省邢台市威县城东方家营以东，大葛寨村南）。公孙瓒军败退回到了蓟。袁绍遣其部将崔巨业率兵数万攻围故安，久攻不下，只得退军。公孙瓒又率步骑三万人追击袁绍于巨马水，大破袁军，死者七八千人。于是乘胜南下，攻下冀州北部郡县，遂至平原境内，派青州刺史田楷据有齐地。由于袁绍集中主力与公孙瓒大战，几度陷入危急，根本没有力量顾及自己的后方，这样也就造成魏郡防守空虚。

其实，战争之初，袁绍对邺城的安全也曾经做过部署。他率大军出发之前，派在河内投降自己的南匈奴于扶罗与山贼张杨率领自己的本部人马驻屯在漳水岸边，以确保邺城的安全。南匈奴单于于扶罗一向忠于汉室，他之所以流落中原，就是因为其国内反对派在他率军到中原帮助东汉政府平定黄巾军叛乱时趁机发动政变，攻杀了其父亲老单于羌渠，造成他有国不能归，他准备到洛阳找汉灵帝给评理，结果正赶上汉灵帝病死，朝中大乱，董卓专权，天下乱作一锅粥，造成他的这一计划落空，他不得已流落到太行山区。为了生存，他只好与河东郡的白波义军联合，不断寇扰河内及周边各郡，靠抢劫为生。

这直接威胁到了当时驻守在河内的袁绍的安全，于是，他派部下虎牙都尉刘勋率军进入太行山进行围剿，降伏了于扶罗和张杨，二人被迫投降了袁绍。于是，跟随袁绍来到冀州的邺城，被袁绍安排在邺城附近驻防。

袁绍采取阴谋手段夺取了自己的老乡韩馥的地盘，宣布自领冀州牧，最终造成了韩馥自杀，这一行为很是让于扶罗看不起，不齿于袁绍的不义之举。这一结果更让于扶罗感到袁绍很不可靠，认为他会为了达到自己的目的而不择手段。这不仅让他想到了自己的遭遇，感同身受，还让他对韩馥抱有深深的同情。如今袁绍又出兵与公孙瓒作战，而公孙瓒曾经击败乌桓、鲜卑，使自己的母国南匈奴免遭正在崛起的日益强大的乌桓和鲜卑侵扰。尤其重要的是，他的叔父左贤王去卑受其父羌渠单于的派遣，率军到幽州参与公孙瓒对叛贼张纯的平叛战争，去卑就归公孙瓒领导。因此，从心理上说，他对公孙瓒比较亲近，让他对袁绍这次出兵征讨公孙瓒的行为更加不满。于是，趁袁绍率主力北上、邺城防备空虚之机，他突然发动兵变，胁迫着一同投降袁绍的张杨放弃自己的防地南逃。他们摆脱了袁绍大将麹义的追剿，一路跑到黎阳，击败了驻守在那里的度辽将军耿祉，一举攻占了这一战略要地，邺城以南的形势一时变得岌岌可危。

袁绍逼迫同乡韩馥、窃取冀州的行为确实令人不齿，就连盘踞在太行山上的黑山军都看不惯，他们非常同情韩馥，痛恨袁绍，于是他们集体转向支持公孙瓒，希望将袁绍击败。因此，他们趁袁绍率军征讨公孙瓒，大规模下山侵扰冀州，以策应公孙瓒。黑山军于毒、白绕、眭固等十余万众侵掠魏郡、东郡，搞得袁绍首尾不能相顾。

不仅如此，为了与青、兖二州的黄巾军会合，共同对付以袁绍为首的山东军阀们，黑山军多部侵入东郡。相比之下，黄巾军队伍的规模更大，一旦他们联合起来，后果将不堪设想。而作为东郡太守的王肱不懂军事，根本抵挡不住黑山军的进攻，使他们很快就包围了东郡郡治濮阳，濮阳告急，东郡告急。而全力对付公孙瓒的袁绍自顾不暇，根本顾不上东郡，形势变得格外严峻起来。

在此危急时刻，为了确保东郡不会落入黑山军之手，刚刚击杀了王匡的曹操，果断地放弃了河内，率本部人马迅速东进，渡过黄河，进入东郡境内，在濮阳与黑山军白绕部遭遇，随即发生大战，一举将其击败，并占领了东武阳（今河南省濮阳市南乐县韩张镇一带），暂时稳住了冀州以东的形势，在邺城的东翼形成了一道安全屏障。在此情况下，东郡太守，曹操将治所设在东武阳，他率军镇守在顿丘，以

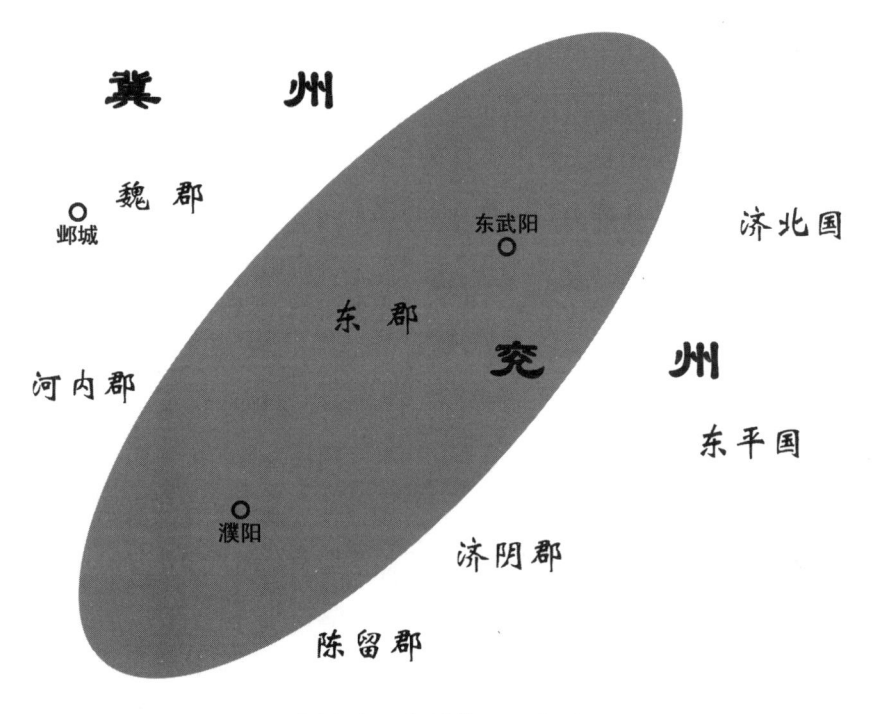

图十八　东郡位置示意图

确保东郡的安全。

占领和控制东郡，对曹操意义重大，由于其位于黄河之东，不在袁绍统治的核心区，袁绍无法掌控这里，终于实现了当初鲍信为曹操谋划的在大河之南发展的战略设想，从而彻底摆脱了袁绍的控制，为曹操后来的独立发展创造了条件。

就这样，经过几年的打拼，至此，曹操终于有了一块真正属于自己的地盘。很有意思的是，他过去曾经被朝廷委任为东郡太守，但是，由于他对朝政不满，当时没有前去上任。如今，折腾了一圈，多年之后，他又神奇地回到了原点。

想当初，朝廷曾经任命他为东郡太守，他因为担心自己过去得罪人太多，自己远离京师，会遭到仇人的暗算，向灵帝进谗言，因此不愿意前往就任。然而，时过境迁，此时的他是多么想拥有这一职位呀，好为自己一展报国宏愿创造一个稳定的根据地。因此，当袁绍正式表荐他为东郡太守时，他毫不犹豫地接受了袁绍对他的这一任命，并立即推荐自己的心腹鲍信出任济北国相。此举对他后来担任兖州刺史意义重大。

此时，他又有了意外收获，一个重要谋士，此人的到来为他日后事业的发达立下了汗马功劳，此人便是荀彧，后来成为曹操的头号智囊和左膀右臂。

荀彧，字文若，袁绍、韩馥、辛评、郭图的老乡，颍川颍阴（今河南省许昌市）人。其叔父荀爽，在朝中官居司空，为三公之一，因此，荀氏为颍川豪族。

少帝刘辩永汉元年（189），二十六岁的荀彧被举孝廉，官拜守宫令（少府属官，六百石，主管御纸笔墨、尚书财用诸物及封泥）。同年，董卓窃权秉政，荀彧敏锐地感到天下即将大乱，遂请求外出补吏缺，于是，被朝廷任命为亢父县令，得以离开洛阳。他并没有到亢父去就任，而是弃官归家，对家乡的父老乡亲们说："颍川，四战之地也，天下有变，常为兵冲，宜亟去之，无久留。"但是，同乡的人多心怀故土，犹豫不肯随他离去。此时，正好韩馥被任命为冀州牧，派骑兵赶到老家迎接乡邻，护送他们到自己的冀州去，同样没有人愿意跟随前往冀州。唯有年轻的荀彧眼光独到，毅然地率领宗族跟随韩馥派来的使者来到了冀州，以躲避灾难。可是，当他来到冀州时，袁绍已经夺取了冀州，由于其四兄荀谌帮助袁绍劝说韩馥交出冀州有功，成为袁绍的重要心腹之一，加上荀彧少小就有令名，南阳人何颙有识人之才，当他见到荀彧时，非常惊异，盛赞他将来必为"王佐才也"。因此，袁绍对刚刚到来的荀彧高看一眼，史载"待荀彧以上宾之礼"。

荀彧带领家人离开故乡不久，董卓果然派其部将李傕等出兵关东，所过肆意掳掠，至颍川、陈留二郡而还。留在老家的人多见杀戮。这件事足见荀彧的厉害，很有先见之明。

此时，袁绍的事业正处在上升期，老乡辛评、辛毗、郭图、荀谌均得到袁绍重用，成为他的重要智囊，他们都很看好袁绍，只有荀彧不这样认为。经过短暂接触，他便认定袁绍终不能成大事，因此，当他听说曹操取得东郡，被袁绍任命为东郡太守这一消息后，毅然选择离开袁绍，径直跑到东郡投奔了曹操。

此人十分了得，很有自己的主见。在普天下都看好袁绍，袁绍正在蒸蒸日上的情况下，只有他发现了袁绍身上的弱点，预估到其终不能成就大事，果断选择抛弃袁绍，毅然投奔并不被当时人看好的曹操。这既需要眼光，又需要勇气，因为若是一步选错，便会影响到自己的前途，甚至是家人的性命安危。事后证明他的眼光确实很准，判断十分正确。

当时曹操手下兵少将寡，更缺乏智囊，正是用人之时，闻听荀彧抛弃袁绍前来投奔自己，心中顿时大喜，盛赞他曰："吾之子房也。"毫不犹豫地任命他为自己的司马，相当于今天的参谋长，取代了夏侯惇原来的位置，足见曹操对他的器重。荀彧又向曹操推荐自己的同乡戏志才，此人善谋略，懂军事，精于谋划，成为曹操早期最器重的大谋士，为曹操早期事业的发展出了不少好主意。

四、保卫东郡

正如上文介绍，初平二年（191）冬，前往支援袁术的公孙越，在与袁绍所置的豫州刺史周㬂的作战中战死，消息传来，公孙瓒大怒，曰："余弟死，祸起于绍。"于是，初平三年（192）春，他上表朝廷，历数袁绍十大罪状，要求朝廷允许他出兵讨伐叛贼袁绍，为朝廷铲除这个逆贼。然后屯兵于槃河，准备找袁绍算账，为族弟公孙越报仇，并趁机夺取冀州。

面对来者不善、气势汹汹的公孙瓒，尚未在冀州站稳脚跟的袁绍真的有点害怕了。为了平息公孙瓒的愤怒，补偿公孙瓒因此而造成的损失，袁绍赶忙将自己的勃海郡让给了公孙瓒的另一位堂弟公孙范，想通过此举来收买公孙范，并希望他将来在关键时刻能够成为自己的内应。袁绍认为这是一箭双雕的计策。然而，令袁绍没有想到的是，公孙范得到了勃海领太守一职，掌握勃海郡实权后，便立即倒向了自己的族兄公孙瓒，背叛了袁绍，随即不费一枪一刀，勃海郡便成了人家公孙瓒的势力范围，结果袁绍落了个赔了夫人又折兵。恰在此时，北海在闹黄巾军，青、徐二州的大批黄巾军趁机大举北上，侵入勃海境内。黄巾军是这些军阀的共同敌人，作为公孙范族兄的公孙瓒自然不能坐视不管，于是，他亲自率军进入勃海境内，迅速击破了侵入勃海郡的黄巾军，其兵力和威望大增，于是，便有了南下与袁绍争夺冀州的野心。他率军进至青州北部的槃河，发檄文声讨袁绍的种种罪状，准备进入冀州，讨伐袁绍。

冀州的长吏们大多也不满于他们的老领导韩馥被袁绍所逼迫，让袁绍兵不血刃地窃取了冀州，对此心怀不平。听说公孙瓒率大军到来，各地的官员无不望风响应，开门受之，因此，公孙瓒一时威震河北。他见各地官员心向自己，心中大喜，随即任命自己的部下为官员，将他们分派到冀州各地去接收。

面对咄咄逼人的公孙瓒，袁绍终于放弃了幻想，紧急调兵遣将，他亲自率领前往讨伐公孙瓒。双方在界桥发生大战。

公孙瓒先胜后败，暂时选择退去。袁绍则率军南下，撤到薄落津休整。

可是，正当他与宾客诸将聚会，共同庆贺这一胜利的时候，一个不幸的消息突然传来：魏郡兵造反，他们勾结黑山军于毒部一起攻占了袁绍的大后方邺城，杀死负责邺城安全的魏郡太守栗成。黑山军共有十余部，众达数万人，会聚在邺城之内。在座的诸客有家在邺者，闻听这样消息，皆忧怖失色，或起啼泣，焦急不安，而袁绍坐在那里却容貌不变，表情自若。

读到这里，可能有人会问，上一次黑山军不是被曹操击败了吗？如今为何又卷土重来，连邺城都被他们给占领了呢，这到底是怎么回事？

原来，曹操击败的黑山军，只是那些侵入东郡境内的黑山军，解除了他们对东郡的威胁，而不是黑山军的全部。这些人不仅侵掠东郡，还侵入了魏郡，他们在东郡被击败后，为了继续策应公孙瓒，将进攻的主要方向全部转向了袁绍的魏郡。他们联合占据黎阳的南匈奴单于于扶罗部，在魏郡境内到处攻城略地。而刚刚在界桥取得胜利的袁绍却不依不饶，准备趁机收复冀州失地，派部将崔巨业率数万大军在后面紧紧追赶公孙瓒，一直追至故安，将其包围在城内，对其发动了进攻。但是，界桥失败并没有让公孙瓒伤筋动骨，他仍然实力雄厚，只是暂时策略性撤退，以吸引袁军主力北上，远离邺城，以配合黑山军对魏郡的侵扰。在此背景下，魏郡境内那些本来已经归顺袁绍的韩馥旧部，看到驻防在邺城漳河岸边的南匈奴单于于扶罗部和张杨部，离开邺城南逃，守备邺城的兵力薄弱，防备空虚，也开始不安分起来。他们勾结黑山军发动兵变，里应外合，击杀了驻守在那里负责邺城安全的魏郡太守栗成，一举攻占了邺城。

因为攻城不下，崔巨业只得选择撤军。公孙瓒发现袁绍要撤兵南下，岂能轻易放他们南撤，于是，率领三万步骑在后面对袁军一路掩杀，一直追击到巨马水，在此大破袁军，死者达七八千人。然后，公孙瓒乘胜而南，攻下沿途多个郡县，最后来到青州的平原郡，帮助青州刺史田楷占据了整个青州，袁绍陷入了深度危机。

要知道当时曹操和袁绍是一体的，袁绍的失败，也就意味着曹操的失败，魏郡的丢失，直接威胁到了东郡的安危。

占据邺城给了黑山军以极大鼓舞，他们顿时信心倍增，初平三年（192）春，黑山军中的于毒部联合南匈奴单于于扶罗，开始东下，再次入侵东郡，要为上次被曹操击败的白绕部复仇。于扶罗占领了内黄，于毒部更是一直攻到了东郡郡治所在地东武阳。当时，曹操驻守在顿丘，身边所带的兵马不多，一时间东武阳告急，东郡危急。

如何击破来势汹汹的黑山和匈奴联军，大家的意见产生了严重分歧。曹操手

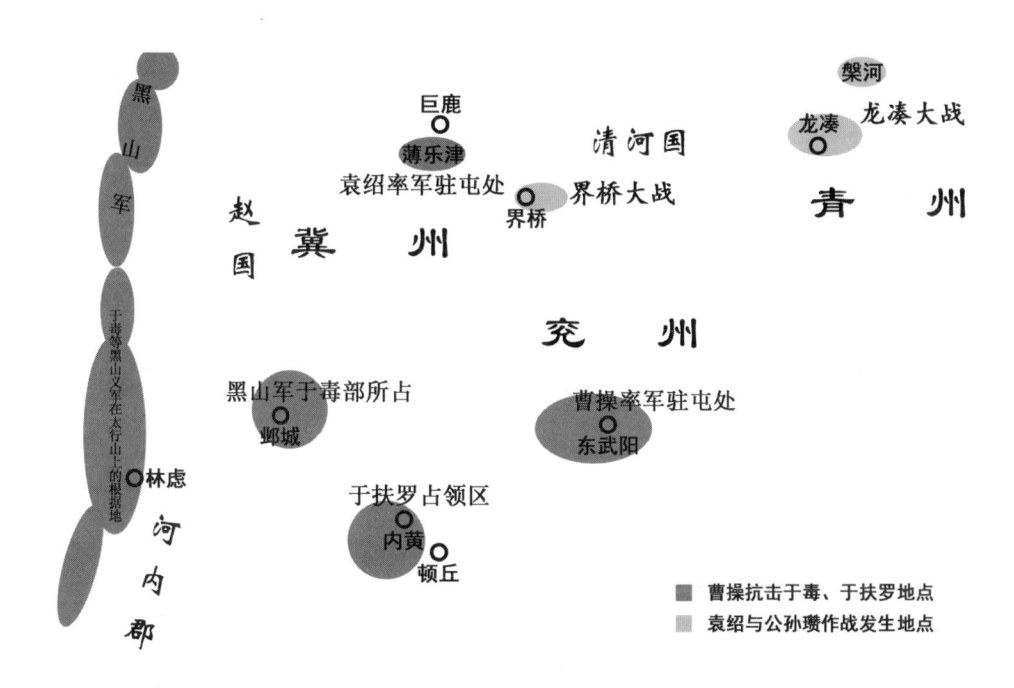

图十九　曹操保卫东郡及袁绍讨伐公孙瓒战争发生地位置示意图

下的将领们一致认为东郡的郡治东武阳不能丢,因为那里住着将士们的家属,更关乎着大家的士气,因此,主张应该立即回军前往解救,保卫东武阳。但是,曹操却不那样认为,他对大家说:"孙膑救赵而攻魏,耿弇欲走西安攻临淄。使贼闻我西而还,武阳自解也;不还,我能败其本屯,虏不能拔武阳必矣。"① 毕竟人家曹操才是军队的主帅,他做出的决策就是决定,大家不同意也得接受,必须严格执行。因此,大家很快便不再争执,在曹操的统率下,从顿丘出发,一路西进,径直向太行山方向进发,给人的架势就是他不顾一切地要去攻打于毒在太行山上的老巢。正如曹操所料,当于毒发现曹操根本没有率军前来解救东武阳,而是大张旗鼓地挥军西进,意图进攻自己的老巢时,立即慌了,他赶忙放弃对东武阳的围攻,紧急回师驰援,追击曹操,结果在半路上中了曹操设下的埋伏,大败其先头部队眭固部。眭固大败而逃,东武阳之围遂解。然后,曹操又回军乘胜讨伐内黄境内的匈奴于扶罗部,双方在内黄境内发生大战,于扶罗大败,从而解除了他们对东郡的威胁。

与此同时,袁绍也紧急从前线撤军,集中兵力对盘踞在太行山内的黑山军进

---

① 〔晋〕陈寿:《三国志·武帝纪》注引《魏书》,〔宋〕裴松之注,中华书局1959年版,第9页。

行大规模清剿。他首先率军到达朝歌的鹿场山苍岩谷，讨伐被曹操击败逃回老巢的于毒，围攻五日，破之，将其击杀。然后，沿着太行山一路北行，接连击破分散在那里的黑山军各部营垒，斩杀其首领左发丈八，眭固、刘石、青牛角、黄龙、左校、郭大贤、李大目、于氐根等人得以逃脱。此役共击杀黑山军数万人，使其一蹶不振，好几年后才喘过气来，逐步恢复。

  曹操配合袁绍取得的这些胜利，有力地策应了好友袁绍，保证了其大后方的安全。

第四节　锋芒初露

一、进军兖州

就在曹操刚刚取得东郡保卫战胜利时，天下发生了两件大事：一是初平三年（192）四月，司徒王允与吕布等人设计诛杀了奸贼董卓，王允总揽朝政；二是青州黄巾军众百万余人攻入兖州，击杀了任城国相郑遂，遂转入兖州的东平国境内。由于兖州刺史刘岱太过轻敌，不顾鲍信的阻拦，亲自率军前往迎击，结果他本人也被黄巾军击杀。

刘岱战死，影响很大，在兖州引起了巨大震动，尤其是郡内的达官贵人更是人心惶惶，不知道如何应对当前面临的危机。大敌当前，刺史被杀，兖州无主，群龙无首，形势变得异常严峻。他们一时找不到能够抵挡住黄巾军这股洪流冲击和肆虐的领导人，一时间整个兖州陷入混乱和恐慌之中。

常言道，别人的危机有时候也会成为成就某些人的机遇。刘岱的被杀，无意中却给曹操带来了人生的一大机遇，成全了曹操。

东郡本身就隶属于兖州，主官刺史遇害是州内的大事，消息很快就传到了东郡，曹操等人也感到十分震惊。震惊之余，谋士陈宫看到的却是机会。他主动对曹操说："州今无主，而王命断绝，宫请说州中，明府寻往牧之，资之以收天下，此霸王之业也。"他表示自己愿意前去做说客，游说兖州幕府的官员们，劝说他们迎曹操为兖州牧。这当然是曹操求之不得的。于是，曹操立即派其前往。

陈宫是东郡本地人，对州郡的情况十分熟悉。他紧急赶到兖州州治昌邑（今山东省济宁市金乡县西北，另一说在今山东省巨野县大谢集镇前昌邑村），首先拜访了兖州别驾王彧和治中等主事的官员，利用自己的三寸不烂之舌展开了游说工作。陈宫对他们说："今天下分裂而州无主，曹东郡，命世之才也，若迎以牧州，必宁生民。"济北国相鲍信本来就是曹操最要好的朋友，二人结为生死之交，他理所当然地第一个站出来举双手赞同。有了第一个表态，那些正在为此事犯愁的主事者也就没的说了。经过商议，他们也认为这是兖州当前的唯一办法。于是，他们便公推曹操的好友鲍信、万潜等人代表兖州的老百姓赶到东郡，恳请曹操尽快到兖州就任兖州牧，好带领大家击退黄巾军。

曹操当仁不让地接受了邀请。他迅速做出决定，在本郡开始紧急招募新兵，以扩充实力。这一点对于他来说并不困难，因为一方面他是郡守，有行政权力做支持；另一方面，保护自己的家园，老百姓最为积极。因此，很快就组建了一支新军。

因为救难如救火，曹操不敢做过多停留，他来不及对这些新兵进行训练，就率领他们匆匆忙忙地出发了。

为了保证大本营东郡的安全，出发之前，他任命做事稳重的猛将夏侯惇暂时代替自己为东郡太守，并升迁其为折冲校尉，驻屯在东郡西部的白马渡口，负责守卫东郡，主要还是防范太行山上的黑山农民军。

曹操首先来到昌邑，与州府的官员们见了面，以了解情况。同时，接受大家公推其领兖州刺史。在与当地官员的座谈中，他了解到当地有一位有谋略、能断大事的奇人名叫程立。其性格清高，一直不愿出仕。当初，刺史刘岱想请他出山做骑都尉，被他婉言谢绝，现隐居在家。曹操心中大喜，立即派人前去其家中邀他出山。没想到这次程立没有拒绝，非常愉快地前来报到，表示心甘情愿地接受曹操对他的工作安排。对他的这一表现，其乡人感到非常奇怪，临行之前，好奇地问他道："何前后之相背也？"意思是为何你前后不一呀？程立笑而不答。曹操经过与他一番交谈后，发现他确实是一位奇才，心中大悦，立即任命他代理寿张县（今山东省泰安市东平县新湖乡霍家庄）的县令。

曹操之所以把程立派到寿张去，是因为寿张是黄巾军的重灾区。因此，曹操决定将与黄巾军作战的主战场放在寿张境内，以便将其全歼在那里。这就需要有人为自己打前站，尽快恢复被黄巾军破坏了的当地行政机构，以便安抚和组织动员当地老百姓，支持官军即将对黄巾军发动的讨伐战争。程立有胆有谋，由其出任寿张县令，正合适不过。

二、大败黄巾

曹操从来不打无准备之仗，事后证明，他的这种前期准备工作十分重要。在程立的领导下，在整个战争中，寿张的社会秩序非常稳定，老百姓没有参与黄巾军的叛乱活动，为曹操以少胜多、顺利平定黄巾军、恢复社会安定提供了重要保障。

曹操对敌情进行了详细分析，认为敌军众多，经过上次胜利，变得恃胜而骄，必须设奇兵才能够击败他们。于是，将设伏地点选择在了寿张。

这一军事计划确定下来之后，曹操率军来到寿张，扎下大营，在鲍信的陪同下，带领一千多名步兵和骑兵亲自前去查看地形，选择最佳的设伏地点，侦察敌情，做到心中有数。

没想到由于距离敌营太近，结果被敌人发觉，大批敌人突然冲出，将他们团团包围。曹操等人发现后想突围却为时已晚，双方随即展开了近距离肉搏战。由于后面的步兵没有跟上来，此时曹操身边只有少数骑兵，初战不利，曹操损失了数百人。最让曹操痛惜的是，在突围过程中，鲍信为了掩护曹操不幸力战而死。

曹操突出重围后，只得且战且退，但是，黄巾军却紧追不舍。黄巾军的将士们有一个特点，那就是他们都久经战阵，作战顺畅时，打起仗来表现得十分强悍，一旦遇到失败，便作鸟兽散。由于他们最近接连取得胜利，斗志更加昂扬，因此，他们见到曹操大败撤退，便多次对曹操的大营发起冲锋。由于曹操所率领的大多数是新近招来的新兵，老兵很少，而这些新兵缺乏训练，更没有作战经验，看到主帅曹操狼狈败逃而回，身后是黑压压的黄巾军不断袭来，顿时慌了手脚，举军皆惧。为了稳定军心，曹操赶忙身披甲胄，亲自到各营巡视将士，向他们宣布军队纪律和赏罚制度，告诉他们勇于杀敌者将予以重奖，退却逃跑者将予以重罚。士卒们这才稳住了阵脚，并重新振作起来。

针对黄巾军的作战特点，曹操选择了避敌锋芒、寻找有利时机、再行出击的策略，不断给敌人以打击，以此来消耗敌军的实力。黄巾军看一时不能取胜，接连损兵折将，方才放缓了攻击的力度，稍稍向后撤退。

鲍信战死最令曹操感到痛心。在这里需要着重介绍一下鲍信这个人。

鲍信字叔业，泰山平阳人，为汉代司隶校尉鲍宣的八世孙，为泰山郡大族，灵帝时曾在大将军何进手下官拜骑都尉。东汉末年，为了反抗董卓暴政，他与弟弟鲍韬起兵以应曹操，二人作战十分勇敢，结果双双奉献出了自己年轻的生命。

其实，鲍信家族原本都是地地道道的读书人家，并不是行伍出身。鲍信治身至俭，却厚养将士，居无余财，士以此多归附之，在当地士民中具有极高的威信。他死时年仅四十一岁，他的突然战死，令大家既惋惜又伤心，战士们都非常悲痛。更令人痛心疾首的是，由于当时败退过于仓皇，竟然连他的尸体都没有能够抢回来。战后再去原地寻找时，早已经尸骨无存，众人想为他举行葬礼都不能够做到，这件事让人感到悲怆不已。为了完成他的葬礼，还他一个全尸，众人只能用木头按照他生前的模样刻了一个木偶，来代替他的遗体进行祭拜，曹操亲自为之主祭，泪洒现场，痛哭不能已，现场更是哭声一片。这件事反而激起了士兵们的斗志，大家纷纷声讨黄巾军的残暴，一时间群情激愤，表示要与曹操同仇敌忾，全力剿灭黄巾军，为鲍信报仇雪恨。常言说，哀兵必胜，骄兵必败。从此之后，曹操的军队一改原来畏敌怯战的面貌，在接下来的每次战斗中，将士们都表现得异常勇猛，战斗力陡然大增。

显然，曹操将坏事变成了好事，他利用鲍信之死，成功地搞了一次大内宣，一下子激发出了将士们的激情和战斗意志，提高了部队的战斗力。之后，曹操指挥这支军队连败黄巾军。

黄巾军虽然人数众多，众达百万，但是，纪律较差，大多由生活不下去的农民组成，携家带口。他们之所以选择造反，外出打仗，也就是为了抢一些粮食，让一家人暂时不挨饿，能够糊口而已，哪里有粮食就到哪里去抢，抢完一个地方又会换到另一个地方，到处流窜，没有稳定的根据地。当抢来的战利品多了，就会山吃海喝一通，为了行军方便，一时吃不完就将它们扔掉。当抢不到东西时，就只能忍饥挨饿，这已经成了他们这些年来养成的习惯。因此，平时他们手中并没有多少积蓄，更不事农耕，缺乏长期坚持战斗的能力和基础。故每到一地，他们只求速胜，不善持久地长期作战。所以，每逢作战时，他们往往一拥而上，顺利时显得十分勇猛，但是，当一时攻打不下来时，便会很容易气馁。曹操抓住他们这一弱点，避免与其硬拼，坚持打持久战、消耗战，敌退我追，敌驻我扰，就像一块橡皮筋一样紧紧地拴在他们身上，他们想与曹操决战，曹操却不给他们这样的机会，想逃走时，曹操又在后面穷追不舍，甩也甩不掉。这样一来，没过几个月，黄巾军终于受不了了。

黄巾军实在没有办法了，只好给曹操写了一封信，劝他道："昔在济南，毁坏神坛，其道乃与中黄太乙同，似若知道，今更迷惑。汉行已尽，黄家当立。天

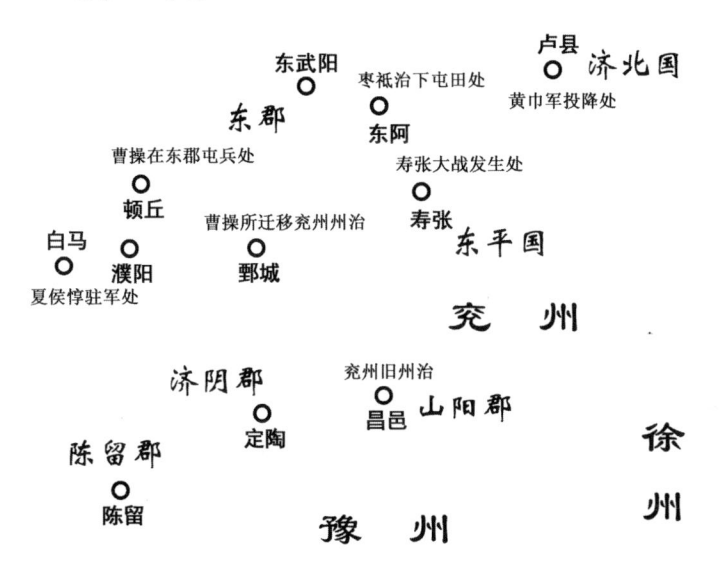

图二十　东郡、兖州位置及寿张大战位置示意图

之大运,非君才力所能存也。"想借用以前曹操在济南时所做过的事来拉近双方的关系,劝说曹操能够放他们一马。

曹操担任济南相时,在济南大肆毁坏神坛,其所推行的做法确实与黄巾军今天信奉的中黄太乙的做法相似,他们每到一处,首先也是毁掉当地的宗庙祠堂,令他们想不通的是,如今曹操为什么与他们过不去,坚持征讨他们。为了说明这一问题,在这里需要解释一下什么是中黄太乙,为什么黄巾军特别强调这一点。

所谓中黄太乙,又名中皇太一,指的是道教传说中的南华老仙。唐代之前,称之为南华真人。其主张天下太平,人人平等。黄巾军首领张角,本来是一个医生。相传一天他到山中采药,遇到一位老人,将其叫到一个山洞内,交给他一本《太平要术》的书,告诉他"汝得之,当代天宣化,普救世人;若萌异心,必获恶报"。张角感到十分奇怪,赶忙问他是谁,老人告诉他自己是南华老仙。然后,便化作一阵清风而去。相传张角得到此书后如获至宝,日夜苦读,按照书上所教的内容进行修炼,后来能够呼风唤雨,十分了得。于是,他见东汉朝廷十分腐败,老百姓生活在水深火热之中,便利用行医治病救人这一便利条件,到处联络老百姓,最后发动农民起义，自号天公将军，提出了"苍天已死，黄天当立"的政治主张。

张角这一招十分厉害，他主要针对的是汉武帝时，董仲舒提出的天人合一、天人感应，即皇帝是上帝的儿子，代表着上天来统治世界的神学思想和三纲五常，固化社会关系的封建伦理道德，用来维护西汉王朝统治的愚民思想体系。有了董仲舒所创建的神的概念和宗教信仰之后，自然也就有了家祠神庙和各种祭祀活动，当然，有资格立庙祭祀的人家，都是那些诸侯贵族特权阶层。他们利用这种宗教活动向自己的祖先祈福，保佑他们永远幸福，同时，演示给那些底层的平民看，要他们知道自己的富贵都是上天和祖先给予的，借此来销蚀平民的反抗意识，以达到奴化底层平民的目的，来维护自己的贵族地位和特权。

由于灵帝末年，东汉政治黑暗，官员腐败，对老百姓大肆盘剥，搞得民不聊生。穷则思变，张角提出的这种天下太平、人人平等的政治主张很容易打动人，老百姓很愿意接受他的这种思想。因此，当张角宣布起义时，各地底层民众便纷纷响应，参加起义军。这些人只信张角，相信南华老仙，不信其他鬼神，相信跟着他的旨意行事，将来就会出现天下太平、人人平等的美好生活。正是由于这一原因，他们每到一个地方，首先选择的就是大肆破坏象征着封建权贵地位、维护封建统治的那些神庙祠堂。

然而，他们所不知道的是，曹操在济南所推行的毁坏祠庙举动，与他们的这种行为有着本质的区别。曹操破坏祠庙，是因为朝廷不允许私建宗祠这一法律制度。因为祭祀往往是一种社会性质很强的宗教活动，尤其是对那些山川河流的祭祀，往往代表着某种神权，进而演变成话语权和对神懿旨的解释权，很容易为别有用心的人所利用。而对祖先的过分崇拜也会分化人们对皇家的忠心，因此，西汉王朝发现这一问题后，开始将祭祀山川河流的特权收归中央政府，严禁各地诸侯私下祭祀山川大河，并严禁民间进行过分的祭祀活动。曹操的破坏宗庙行为，正是为了维护东汉王朝的封建统治，依照当时的律令行事。

因此，当他们以此理由来劝说曹操，曹操自然不为所动，理所当然地遭到了曹操的严词叱骂。曹操多次指出，他们的唯一出路就是赶快投降，否则，等待他们的只能是被消灭。

黄巾军有自己的信仰，自然不愿意就这样轻易投降。为了促使他们尽快投降，曹操加紧了进攻，多次设下奇伏，昼夜与之会战，每战辄有擒获。黄巾军连遭挫败，不得已只好选择撤退，企图逃往济北国境内。曹操发现这一动向后，立即率军在后面紧追不舍，一直追击到济北地界。黄巾军都是拖家带口，老幼不齐，行进缓慢，最后，他们实在跑不动了，在走投无路的情况下，于初平三年（192）四月，最终选择了向曹操乞降。但是，他们提出了一个投降条件，即降曹不降汉，表示他们只会忠于曹操一个人。显然他们是被曹操打服了，他们提出这样的条件，既保全了性命，又坚守了自己的政治信仰。对于这一点，曹操自然很是乐意，没有不同意的道理，随即接受了他们的投降。

这些人说到做到，此后一直跟随曹操，忠心耿耿，不离不弃，作战一生。后来当曹操去世时，这些人十分悲伤，他们认为，既然自己所忠心的魏武王曹操去世了，他们已经完成了当初对曹操的承诺，遵守了双方的约定，绝不能再去保护刘家的汉室江山，于是，还闹出了擅自击鼓、相引而去的事件来。消息传到洛阳，众位大臣都十分吃惊和气愤，要求对他们进行镇压，禁止他们外逃。多亏贾逵坚决反对。贾逵力排众议，建议不仅不能对他们采取过激手段，激化矛盾，反而应该进行安抚劝解。通告各地州郡政府，为他们提供足够的廪食，这才避免了事态的进一步恶化，保障了曹操葬礼的顺利进行和曹魏权力的平稳过渡，为曹丕最终取代东汉、建立魏朝打下了良好基础。

曹操对这支军队进行了整编，从中挑选一批精锐，组成了一个独立编制，号称青州兵，使之成为一支只忠于曹操一人且战斗力极强的私人武装。将其余绝大部分人遣散，将他们重新编制起来实行屯田，让他们务农。自此之后，曹操才算真正有了自己打天下的家底。他们跟随曹操东征西讨，不为个人名利，仅仅是为了曹操一人，作战十分勇猛，是一支令人不可小觑的军队。

曹操历来都是执法如山，但是对这支部队却相当宽容，对他们十分信任。由于独立成军，长期以来，这些人仍然改不了过去劫掠的坏习惯，因此，还闹出了不少事件来。例如，后来他们跟随曹操征讨南阳的张绣，张绣先降后叛，导致曹军大败，曹操的长子曹昂、侄子曹安民，以及爱将典韦在此役中皆战死，曹操只身逃到了舞阴（今河南省泌阳县）。失去主帅后的各路军只能各自仓皇撤退，他们一边退一边在寻找主公曹操的下落，因此，当时军中非常混乱。在军队中，只有大将于禁非常沉着，他带领数百人且战且退，迟滞了张绣追兵对曹军的压力。在撤退的路上，于禁发现有十多个受伤的军卒皆赤身裸体地逃跑。他十分惊讶，于是，大声喝止住他们，追问为什么会成为如此狼狈不堪的样子。这些人十分悲愤，告诉他一个完全出乎大家意料的消息，他们说："为青州兵所劫。"于禁闻听顿时大怒，骂道："青州兵同属曹公，而还为贼乎！"于是，他赶忙指挥自己的部属前往征讨这些人，痛陈他们的这一罪行。这些青州兵见是猛将于禁，十分害怕，赶忙逃去，纷纷跑到曹操那里状告于禁。有人将这一情况告诉了于禁，说："青州兵已诉君矣，宜促诣公辨之。"劝于禁赶快去找曹操说明情况。但是，于禁不为所动。事后，曹操了解了真相，并没有责怪于禁，也没有处罚这批青州兵。曹操能对青州兵网开一面，足见他对他们是多么的重视和宽容。这也是他们如此忠于曹操、矢志不渝的原因。

三、巩固兖州

曹操迅速击败黄巾军，收获颇丰，不仅消除了黄巾军这个巨大隐患，还一下子收降了黄巾军士卒三十余万人，加上他们的家属，人数更是多达上百万。要知道，在当时军阀混战时期，人口就是一种财富，更是潜在的战斗力，因为拥有更多的人口就可以为军队提供足够的兵源。而如何安排这么多人，则成了曹操面临的一大问题。

此时，治中从事毛玠给曹操出了一个主意，他说："今天下分崩，国主迁移，生民废业，饥馑流亡，公家无经岁之储，百姓无安固之志，难以持久。今袁绍、刘表，虽士民众强，皆无经远之虑，未有树基建本者也。夫兵义者胜，守位以财，宜奉天子以令不臣，修耕植，畜军资，如此则霸王之业可成也。"建议曹操利用这些人进行农业生产，生产出来的粮食，可以资助军需。

这一建议被曹操采纳。曹操从这一百多万归降者中挑选出强健者数万人，编入自己的军队，其他老弱病残的战士，令他们解甲归田，全部编成屯田户，分散到兖州各地，进行农业生产。令羽林监枣祗为东阿令，具体负责安置这些人，建置屯田。

然而，一下子在兖州境内安置了这么多人，立即激化了曹操与兖州士族的矛盾。原因是，东汉时期实行的是地主庄园经济，尤其是到了东汉末期，土地高度集中在那些大地主、大官僚手中。在当地要安置这么多人进行农业生产，势必要侵占这些大地主和大官僚的良田，直接侵害他们的既得利益，这是他们无法容忍的。但是，在曹操的高压政策之下，他们又没有能力抵抗，只能忍气吞声地接受这一现实。因此，这种矛盾暂时被表面的胜利掩盖，并没有立刻爆发。不过，一场巨大的危机却在等待着曹操。不久之后，由于一件事，让这一矛盾突然爆发，几乎让曹操一夜之间变得一无所有。这是后话。

然而，这里的事情还没有安顿好，另一个地方又出事了。事情的经过如下。

前文已经交代，由于袁绍北与公孙瓒交战，与此同时，他见豫州刺史孔伷突然去世，不顾孙坚攻下洛阳已经控制豫州这一事实，派周㬂为豫州刺史，率军南下抢夺胜利果实。此举造成了其与袁术、孙坚之间的矛盾。他担心袁术和孙坚北上支援公孙瓒，便与毗邻南阳的荆州牧刘表结为同盟，在袁术的后方埋下了一颗炸弹。

初平三年（192），袁术率军击败周㬂后，重新控制了豫州。为了拔掉这颗炸弹，袁术派孙坚率军征讨荆州，刘表被打败，孙坚包围了襄阳城。为了解襄阳之围，刘表派遣手下大将黄祖逆袭袁术的樊城和邓县等地，进行反击，结果又被孙坚击破。孙坚渡过汉水，围攻襄阳。可是，当他单马巡视岘山时，不幸为黄祖的军士所射杀，袁术痛失手下第一猛将，战事逐渐陷入不利，便向公孙瓒求援。而此时的公孙瓒在与袁绍的战斗中也是屡吃败仗，为了抱团取暖，先消灭他们共同的主要敌人，公孙瓒派严纲为冀州刺史；刘备屯高唐（县治在今山东省德州市禹城市伦镇西）；单经为兖州刺史，屯平原（治所在今山东省平原县西南）；田楷为青州刺史；陶谦屯发干（县治在今山东省聊城市莘县河店镇马桥村）；要求袁术率军向自己靠拢，共同逼迫袁绍。而袁术失去手下最能打的战将孙坚，实力受到一定削弱，攻取荆州之路受阻，也有求于公孙瓒，于是，他便改变了进攻的方向，率主力北上，企图借助公孙瓒的实力南北夹击袁绍，等消灭了袁绍后，准备再回头去收拾刘表。这就是以下史料记载说法不一的原因所在："袁术与绍有隙，术求援于公孙瓒，瓒使刘备屯高唐，单经屯平原，陶谦屯发干，以逼绍。"① "初平三年，术遣孙坚击刘表于襄阳，坚战死。公孙瓒使刘备与术合谋共逼绍，绍与曹操会击，皆破之。"② "既与绍有隙，又与刘表不平而北连公孙瓒；绍与瓒不和而南连刘表。其兄弟携贰，舍近交远如此。引军入陈留。"③

初平四年（193）春，袁术率军进入陈留，驻屯封丘，派大将刘详驻屯匡亭（今河南省长垣县西南常村镇），以防备东面的曹操。然而，令他没想到的是，刘表

---

① 〔晋〕陈寿：《三国志·武帝纪》，〔宋〕裴松之注，中华书局1959年版，第10页。
② 〔宋〕范晔：《后汉书·袁术传》，中华书局1965年版，第2439页。
③ 〔晋〕陈寿：《三国志·袁术传》，〔宋〕裴松之注，中华书局1959年版，第207页。

不仅趁机占领了他的南阳，还切断了袁术的粮道，这注定了他失败的命运。

显然，这些人虽然名义上是在对付袁绍，实际上则是针对袁绍盟友曹操的兖州，比如刘备所屯的高唐，位于今山东省德州市禹城市伦镇；单经所屯的平原郡，下辖今山东省平原县、陵县、禹城市、齐河县、临邑县、商河县、惠民县、阳信县等地，治所在今山东省平原县西南。其中，尤其是徐州刺史陶谦也派兵进屯东郡的发干县，虽然在邺城以东，却深入兖州的腹地，加上袁术所进占的陈留，对曹操的兖州形成了包围状态，直接威胁到了兖州的安全。要想彻底击败主力袁术，必须首先剪除威胁最大的刘备、单经、陶谦这三个据点，因此，曹操与袁绍联合起来，对他们发起了大规模进攻，袁绍派其手下第一猛将麴义临阵斩杀公孙瓒所置冀州刺史严纲，生擒公孙瓒所置兖州刺史单经，在很短的时间内，将他们一一击破。

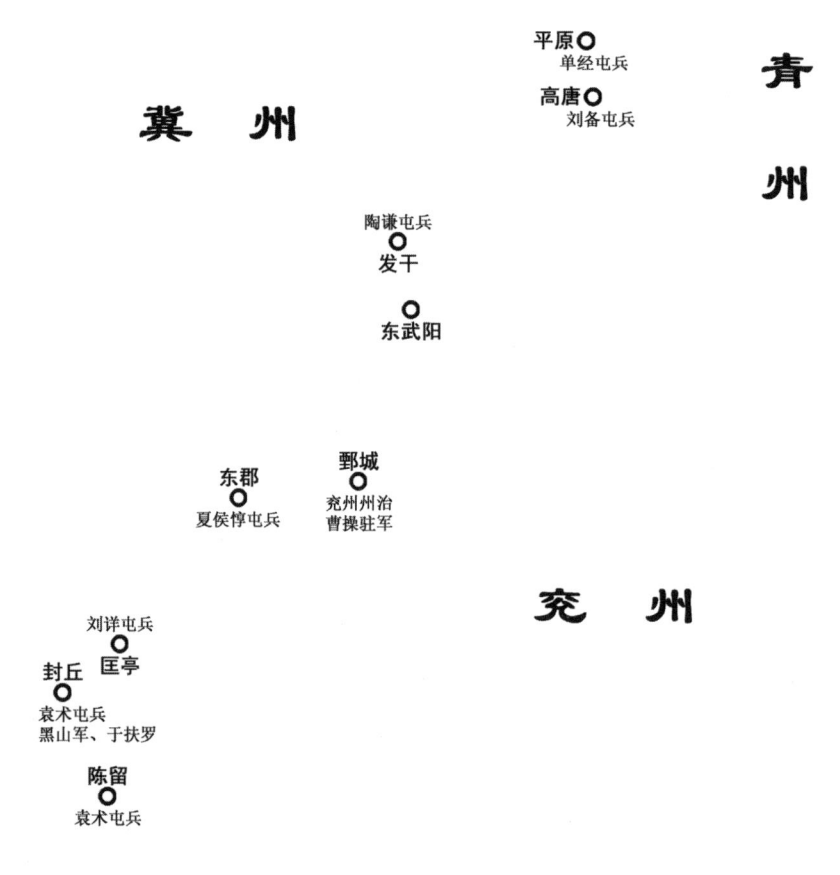

图二十一　袁术、公孙瓒部将刘备、陶谦侵入兖州形势示意图

此时，与袁绍、曹操结怨的黑山军余部和南匈奴于扶罗部也不甘寂寞，率军赶来帮助袁术。此时，袁绍正在龙凑与公孙瓒大战，后方的魏郡发生兵变，他们与黑山军于毒部等数万人联合，一举攻下了邺城，杀死了魏郡太守。消息传到身在薄落津的袁绍那里，"皆忧怖失色，或起而啼泣"，形势变得格外危急。

在此种情况下，作为盟友的曹操为了保卫兖州，将作战的主要目标选在了对其威胁最大的袁术身上，以解除袁术对冀州南线的威胁。曹操首先进攻驻守在匡亭的兵力较弱的袁术大将刘详。袁术见状，亲自率军前往救援，与曹操发生大战，结果大败。袁术只好西撤，退保封丘，结果被曹操大军包围，袁术心中害怕，赶忙利用曹操的包围圈尚未完全合拢的间隙逃走，向南逃到了襄邑，曹操乘胜率军

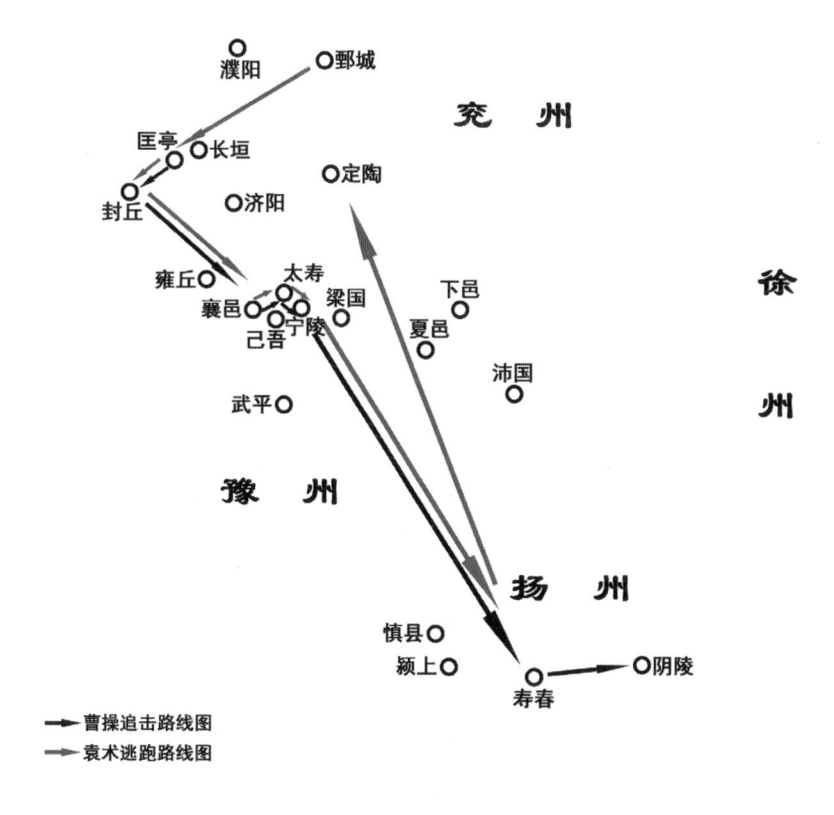

图二十二　封丘之战及袁术南逃、曹操追击线路示意图

在后面紧紧追赶，袁术无奈，只能继续南逃，一败于雍丘（今河南省杞县），二败于太寿，三败于宁陵（今属河南省商丘市），他原本想逃到太寿，龟缩在城内不出战，企图在此立足，但是，曹操采取掘渠水灌城的方式迅速将城池攻破。袁术不得已继续南逃，曹操仍然在后面紧追不舍，最后袁术只好远走九江（今安徽省寿县城关镇），曹操这才作罢。从此之后，袁术被曹操彻底赶出了中原地区。袁术到达九江后，杀死扬州刺史陈瑀，宣布自领扬州牧，又自称徐州伯。从此之后，他只能够偏居东南一隅，再也无力染指中原地区事务。这年夏天，曹操率领得胜之师回到了定陶（今山东省菏泽市定陶区）。

曹操与袁绍联手，接连取得胜利，巩固兖、冀二州这一胜利果实。

就在曹操刚刚击败黄巾军、取得胜利之时，朝廷突然派京兆人金尚为兖州刺史，前来接替曹操，接管军队。曹操听说这一消息后，十分愤怒，立即率军迎击。金尚不得已逃走，直接投奔了袁术。

四、迎接使者

此时，朝廷中又发生了大的变故，董卓被杀，引起了其部下的恐慌和不满。在贾诩的策划下，董卓的部将李傕、郭汜、樊稠、张济等人造反，攻入长安，赶跑吕布，诛杀了王允，重新控制了朝政。

初平三年（192）四月，王允诛杀董卓后，为了向各地军阀解释朝中的这一巨变，抚慰天下，同时寻找外援，李傕派张种为使者，代表朝廷巡视关东各地。

张种领命到了关东之后，没有到黄河以北去，只是到河南之地周游了一圈，便返回了长安，向朝廷举荐加封刘表、袁术、陶谦三人官爵。李傕为了拉拢这三人，让他们做自己的外援，分封袁术为左将军，封阳翟侯，假节；拜荆州刺史刘表为镇南将军、荆州牧，封成武侯，假节；升迁徐州刺史陶谦为徐州牧，加安东将军，封溧阳侯。与此同时，天子遣使者段训来到幽州，宣布增幽州刺史刘虞封邑，命其督六州；升迁公孙瓒为前将军，封易侯。其中，根本没有袁绍、曹操二人的份儿，他们没有得到任何封赏。

这样故意激化矛盾的做法显然是不行的，只能让袁绍等人更加不服，战火不可能消弭下去。因此，李傕、郭汜等人诛杀王允之后，为了宣扬皇恩浩荡，解释朝廷的新变化，劝解大家消弭战争。同年八月，朝廷重新派出重臣到关东巡视，任命太尉马日磾为太傅、录尚书事，持节尉抚天下，因循行拜授，命太仆赵岐为其副使。也就是说，这一次朝廷授予了马日磾封拜大权，可以根据实际情况，对地方军阀当场进行封官拜爵。

二人离开长安后，风尘仆仆地赶到旧都洛阳，马日磾考虑到需要巡视的范围太大了，短时间难以完成，于是他上表朝廷，要求将使团一分为二，他本人南下，负责巡视荆州、淮南和徐州；赵岐则北上，到冀州、幽州、兖州巡视，以宣扬国命。

这是朝廷自西迁关中之后第一次正式派出使团全面巡游关东各地，由于这些年来军阀混战，造成民不聊生，尤其是各地都遇到了旱灾、蝗灾，粮价奇高，出现了民相食的情形，人民生活在水深火热之中，大家都十分渴望和平。因此，使团所到郡县，当地老百姓看到朝廷的使者，皆喜曰："今日乃复见使者车骑。"

显然，他们这次巡视天下，顺应民心，受到各方的欢迎，自然也受到了曹操和袁绍的高度重视。当时，袁绍正与公孙瓒打得不可开交，难解难分，处于胶着状态，双方都很疲惫，都渴望有人出面调解。因此，当袁绍听说朝廷派赵岐前来巡视、调解他与公孙瓒之间的战争时，一改之前对朝廷的敌视态度，主动和曹操分别带兵跑出数百里之外奉迎。

双方见面之后，赵岐深陈天子恩德，讲解应该罢兵安人之道，劝他与公孙瓒休兵，袁绍深表赞同。然后，赵岐又移书给公孙瓒，向他解释战争所造成的危害，劝他尽快与袁绍休兵和解。

公孙瓒也被长期战争搞得筋疲力尽，自然对赵岐的这一要求非常重视，他主动给袁绍写信曰："赵太仆以周、邵之德，衔命来征，宣扬朝恩，示以和睦，旷若开云见日，何喜如之！昔贾复、寇恂争相危害，遇世祖解纷，遂同舆并出。衅难既释，时人美之。自惟边鄙，得与将军共同斯好，此诚将军之眷，而瓒之愿也。"于是，双方各自撤军，袁绍率军南返，双方获得了难得的短暂休整。

不仅如此，袁绍等人还与赵岐商定，大家将来到旧都洛阳相会，准备一起奉迎车驾返回旧都。此后，袁绍乘机重新收复了邺城，然后，集中兵力剿灭太行山上的匪患。曹操则准备出兵下邳，讨伐图谋不轨、擅自称帝的阙宣。

然而，世事难料，赵岐离开冀州之后，准备南下到淮南去与马日磾相会，行至陈留时，突染重病，竟然一病就是两年卧床不起。这一约定最终没有实现。不久之后，公孙瓒与袁绍之间战火又起，天下错失了重归和平的机会。

第五节　遭遇挫折

战乱年代，起兵的风险极大，这种风险不仅仅是对起兵者本人，往往还会祸及家人，既会遭到政敌的迫害，还会有军事对手的威胁。然而，中国自古就有忠孝不能两全的说法，成就大事业的人，往往顾及不了这些。因此，历史上不乏许多人英雄一世，最后事业取得了极大成功，甚至成为一代帝王，但是其家眷却死伤累累，所剩无几，成为孤家寡人，让人为之叹息。

然而，我们在这里不能指责他们薄情寡义，事实上，他们也是想尽量将自己的家眷保护好，之所以会出现上述情况，都是因为其他原因，在不得已的情况下所造成的结果。因此，如何保护好自己的家眷，使他们免受危险，也就成了这些人重点考虑的问题。比如袁绍起兵之初，为了能够全身心征讨奸贼董卓，以免有后顾之忧，他曾将自己的家人送到昌邑，让盟友兖州牧刘岱帮忙代为照料。而当时刘岱与袁绍、公孙瓒缔结姻亲，关系都不错，为了共同对付黄巾军，公孙瓒也曾派遣其从事范方率领骑兵前来帮助刘岱。后来，袁绍与公孙瓒交恶，最初，他被公孙瓒击败，于是，公孙瓒就派人前去找到刘岱，令他将袁绍的家眷交给自己，借此来逼迫刘岱与袁绍绝交，并敕令范方说："若岱不遣绍家，将骑还。吾定绍，将加兵于岱。"对刘岱进行威胁。这样一来，让刘岱陷入了左右为难的境地。他找部下开会商量此事，连日不决，不知道该怎么办。最后，其别驾王彧向刘岱推荐了程立，让程立出主意。程立对刘岱说："若弃绍近援而求瓒远助，此假人于越以救溺子之说也。夫公孙瓒，非袁绍之敌也。今虽坏绍军，然终为绍所擒。夫趣一朝之权而不虑远计，将军终败。"劝他虑事要长远一些。于是，刘岱听从了他的这一建议。最后，范方只好带领其骑兵撤走，准备回幽州，还没有回到幽州，公孙瓒就被袁绍大败。可见，将家室寄留在外面，掌握在别人手中是多么的危险。

在整个三国时期，这样的事例还有许多。有的人心底硬，为了事业，可以置家人生死于不顾，比如曹操的大将朱灵，原来是袁绍的部将，据《九州春秋》记载：清河人季雍以朱灵的老家鄃县（故城在今山东省平原县西南、夏津县东北）背叛袁绍而降于公孙瓒，公孙瓒派兵驻守在那里。于是袁绍派朱灵率军前往攻取。当时朱灵的全家都在城中，公孙瓒的守将便将朱灵的母亲和弟弟都押送到城墙之上，让他们向朱灵喊话，逼迫他投降。但是，朱灵望城而涕泣曰："丈夫一出身与人，岂复顾家耶！"遂全力攻城，最后攻下城池，生擒了叛徒季雍，但是，其家人全部被公孙瓒的士兵害死了。

当然，也有为家人所累者。其中，最著名的莫过于徐庶。他最初投奔刘备，当刘备听说曹操进攻荆州时，率其众南逃，徐庶与诸葛亮跟随刘备一块儿逃跑，结果被曹操追击，俘获了徐庶的母亲。徐庶听说后，便找到刘备告辞说："本欲与将军共图王霸之业者，以此方寸之地也。今已失老母，方寸乱矣，无益于事，请从此别。"然后径直投靠了曹操。后人演绎出了徐庶遂诣曹公、进曹营一言不发的故事来。其实，这根本不是历史事实。事实上，黄初中，徐庶在朝中官至右中郎将、御史中丞，如果他不为曹操出主意，表现出自己的才华来，唯才是举的曹操不可能让他尸位素餐，也就不会有后来曹丕建立魏朝后，还让他身居高位这一结果出现。

那么，曹操又是怎样对待自己的亲人的呢？

一、欲尽子孝

曹操也是一个凡人，一个充满着亲情的人物，因此，当他取得兖州，有了自己的根据地之后，便有了想将家人接到自己身边的想法。因为，自从曹操起兵讨伐董卓，他的整个家族因为担心遭到董卓的报复，便纷纷跑到乡下或偏远的地方进行躲避，已经七零八落。曹操的父亲老太尉曹嵩，当初不愿意跟随儿子。曹操起兵之后，他干脆带着全家人远走他乡，举家迁到了兖州琅邪附近的泰山郡费县（故城遗址在今山东省费县城西北十公里处的费县上冶镇南），以躲避祸端。

作为曹操的亲人，长期漂泊在外，到处躲藏，终究不是办法，因为在别人的地盘上，始终都存在着风险。因此，当曹操感到在兖州已经站稳了脚跟之后，便开始考虑将他们接到自己所在的鄄城来。

为了稳妥起见，曹操派人去与泰山太守应劭联系，命令他派兵将自己的家人平安护送到兖州的鄄城来。

那么，他为何不将家人接到兖州的治所昌邑，而是接到鄄城呢？

这里需要解释一下。曹操新近主宰兖州，但是他并不完全相信兖州本地人，原因是他心中明白，兖州的权贵和士大夫们对自己将他们的土地分给那些黄巾军的家属耕种心存不满，而昌邑长期作为兖州治所，是兖州贵族士大夫云集的地方，地方势力非常强大，为了避免受制于他们，曹操在占领兖州全境之后，便将兖州的治所向北迁到了鄄城，这里距离自己的盟友袁绍的邺城相对近一些，他把自己的老婆孩子及将士们的家眷都安置在了这里，尽量远离昌邑这个是非之地，以确保家人的绝对安全。事后证明，他的这种顾虑并非多余，因为不久之后，他的这种担心就变成了活生生的现实，把他惊出一身冷汗来。

曹操之所以自己没有直接派兵或亲自前往迎接父亲，而是令应劭派兵前往，一方面是因为泰山郡属于兖州管辖，应劭为泰山太守，曹操的父亲就在他的辖区内，他有责任护送老人；另一方面，当时他正忙于征讨袁术和接待天子的使者，自己抽不出身来。但是他过于轻忽，没有想到陶谦这一威胁。而这一疏忽，却给

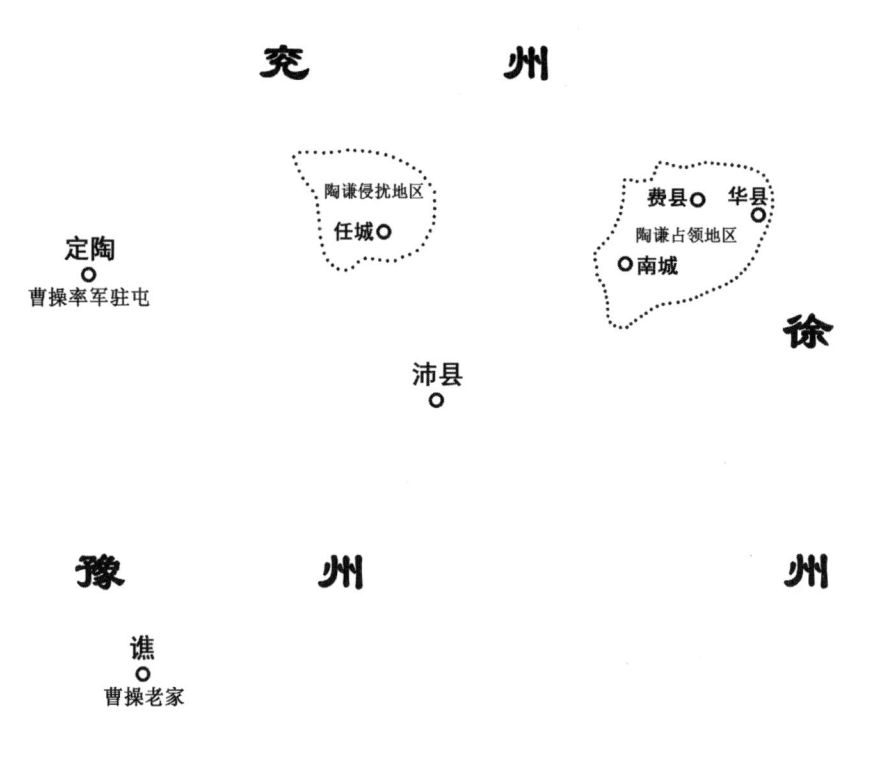

图二十三　陶谦侵入兖州，侵占地盘位置示意图

曹家酿成了无法挽回的大祸,让曹操痛惜一生。

二、出兵徐州

关于曹操第一次出征徐州、讨伐陶谦的原因,许多学者认为是曹操的老父亲曹嵩被陶谦所害,曹操为了报复陶谦而发动的军事行为。本人认为,这种认识是错误的,他出兵徐州的真正原因,是陶谦当时勾结在下邳自称天子的阙宣,如果认为他是为了报私仇,那就大大降低了曹操这次用兵的政治意义了。之所以会造成学者们的这一错误认知,主要是史料没有交代清楚曹嵩遇害的时间,甚至语焉不详,比较混乱,加上很多人没有深入研究,更不了解当时的历史背景,没有厘清事情发生的前后顺序。

关于曹嵩遇害的时间,有人认为发生在曹操攻打徐州之前的初平四年(193),有人将之提前到初平三年(192),有的人则认为是兴平元年(194),曹操从征讨下邳阙宣和陶谦的徐州回来之后。本人推测前两种说法是不对的,后一种说法将事件的顺序颠倒了,真正的事发时间应该是在曹操第一次征讨徐州的过程中,也就是征讨下邳阙宣和陶谦期间。理由如下:

本人认为,要想解答这一问题,就必须厘清曹操第一次征讨徐州的原因。

一、根据《武帝纪》记载,初平四年(193)秋,"下邳阙宣聚众数千人,自称天子;徐州牧陶谦与共举兵,取泰山华、费,略任城。秋,太祖征陶谦,下十余城,谦守城不敢出"[1]。这十分清楚地告诉我们,他这次出兵的理由有二。首先,阙宣于下邳自称天子;其次,陶谦与他共举兵,攻取了泰山的华、费二县。这里并没有提到任何为父亲复仇的字眼,说明这次征讨徐州陶谦与曹操的父亲遇害没有关系。

二、史料中第一次,也是最早出现"复仇"二字的时间是在兴平元年(194)夏,也就是曹操第二次出兵徐州之前。这就说明曹嵩遇害的时间不会早于初平四年(193)秋曹操第一次征讨陶谦之前,更不会发生在第二次出征之后,应该是介于二者之间,即曹操第一次出征期间至第二次出征之前这段时间。在这段时间内,又可以分为两个小时间段:第一个时间段是曹操第一次征讨陶谦的过程中;

---

[1] 〔晋〕陈寿:《三国志·武帝纪》,〔宋〕裴松之注,中华书局1959年版,第10页。

第二个时间段则是在曹操回来之后。那么，这件惨案最有可能发生在哪个时间段呢？本人倾向于认为应该发生在征讨陶谦的过程中，因为如果此时曹嵩还生存的话，即使泰山郡太守应劭没有派人前去保护曹嵩，曹操在回来的路上，也会将其平安地接回兖州去，不可能将其老父单独留在敌人地盘内，将老人家置于非常危险的境况中。此时，他自己的大军就在徐州，如果他令泰山郡太守应劭派人去接父亲及其家人，这是不符合常理的。也许正是他全力征讨陶谦，想将陶谦的注意力吸引到徐州西部彭城，好让应劭出兵去保护其父亲，将其安全地接到兖州去。结果弄巧成拙，造成了终身遗憾。

在这里，大家还应该注意《三国志·陶谦传》注引吴国重臣、史学家韦曜所撰的《吴书》中记载的一件事，其内容是"曹公父于泰山被杀，归咎于谦。欲伐谦而畏其强，乃表令州郡一时罢兵"[①]。为《三国志》作注的东晋史学家裴松之就怀疑这件事有假，如他评论这段史料时说："臣松之案：此时天子在长安，曹公尚未秉政。罢兵之诏，不得由曹氏出。"到底是不是有假？裴松之凭什么怀疑其有假呢？如果有假的话，陈寿为何还要将这段史料原话不变地照录在《陶谦传》中呢？

本人认为，作为吴国史学家的韦曜，认为这些事情确实存在，便将它们简要地记录了下来。但是，由于是事后追述，结果将两件事的时间顺序搞颠倒了。事情的真实情况应该是表令在前，曹嵩被杀在后。而撰写《三国志》的陈寿当时也相信这件事是真实存在的，由于他最初是在蜀汉做官，后来虽然归晋，也搞不清楚事情发生的先后顺序，所以只好将其照录了下来。而裴松之为之作注时，发现了其中存在的问题，认为当时曹操还没有秉政，不可能下这份罢兵诏令，故而提出了怀疑。

那么，这一诏令到底是不是真的存在呢？

本人认为，这件事应该是真实存在的，要想理解这一问题，就需要从事情发生的历史背景中去找答案。

曹操在征讨徐州之前，刚刚与朝廷的使者赵岐会过面，从他率兵跑到数百里之外迎接赵岐，就说明了他对朝廷使者的重视和积极态度。相较于袁绍，他更是真心地希望天下能够尽快休兵，还世界一个太平。他还希望将来能与袁绍、公孙

---

① 〔晋〕陈寿：《三国志·陶谦传》，〔宋〕裴松之注，中华书局1959年版，第249页。

瓒等人到旧都洛阳相会，共同迎接汉献帝东归。因此，他在平定黄巾军、取得兖州控制权之后，很快便派出使者前往长安联系，汇报这一胜利。故赵岐代表朝廷与大家约定旧都相会，共同出兵迎接汉献帝，这对曹操来说是一个充满着希望和令他振奋的决定，让他看到了汉朝复兴的希望。然而，恰恰在此时，却发生了阙宣在下邳宣布自立为天子，徐州牧陶谦与之相勾结，共同出兵北上，占领兖州南部一些地方这件事，使他有了想出兵剪灭伪天子阙宣和与之相勾结的徐州牧陶谦的想法。尽管陶谦后来又诛杀了阙宣，然而，他私通叛匪也是不能饶恕的罪过。因此，曹操在结束了与赵岐会晤之后，便决定出兵徐州征讨陶谦，以惩戒或趁机剿灭心存不轨的陶谦。

然而，徐州毕竟是一个大州。这几年虽然兵荒马乱，但是在陶谦的治理下，谷实甚丰，百姓殷盛，流民多归之，实力不可小觑。因此，曹操对陶谦一直心怀忌惮，担心斗不过他。于是，曹操极有可能利用与赵岐会面的机会，向朝廷提出这一动议，希望朝廷下诏，令各州郡一时罢兵，以便到时候出兵征讨阙宣和陶谦这两位朝廷的叛贼时，减少一些阻力。

由于这一主张是为朝廷着想，非常契合赵岐这次出使的任务和目的，退一步说，即使他知道曹操有可能会出兵征讨阙宣和陶谦二人，但也是在替朝廷平叛，他没有理由不支持。因此，曹操的这一主张理所当然地会获得赵岐的支持，于是他代表朝廷下诏曰："今海内扰攘，州郡起兵，征夫劳瘁，寇难未弭，或将吏不良，因缘讨捕，侵侮黎民，离害者众；风声流闻，震荡城邑，丘墙惧于横暴，贞良化为群恶，此何异乎抱薪救焚，扇火止沸哉！今四民流移，托身他方，携白首于山野，弃稚子于沟壑，顾故乡而哀叹，向阡陌而流涕，饥厄困苦，亦已甚矣。虽悔往者之迷谬，思奉教于今日，然兵连众结，锋镝布野，恐一朝解散，夕见系虏，是以阻兵屯据，欲止而不敢散也。诏书到，其各罢遣甲士，还亲农桑，惟留常员吏以供官署，慰示远近，咸使闻知。"[1]说白了，这其实就是针对徐州牧陶谦定制的，同时，也给了曹操征讨陶谦的尚方宝剑。一般情况下，往往是谁提出动议，也就意味着谁就占有了主动权。于是，赵岐便将这一诏令交给曹操，让他代表朝廷来处理这件事。曹操派人以朝廷使者的名义前往徐州，传达朝廷的这一指示。其实，曹操提出这一动议，让陶谦罢兵是假，寻找出兵徐州、征讨陶谦的理由是真。因

---

[1]〔晋〕陈寿：《三国志·陶谦传》，〔宋〕裴松之注，中华书局1959年版，第249-250页。

为陶谦在利用完阙宣、成功占领了兖州南部之后，毕竟又找理由杀死了阙宣，其自身的造反行为并没有彻底彰显出来。

但是，吴国史学家韦曜在撰写的《吴书》中将这封信照录下来，而裴松之在为《三国志》作注时，因为时代久远，弄不清楚这件事的历史关系和前后顺序，便将这封信直接放在曹操第二次围攻陶谦、为了促使其尽快投降这件事的注解上了，并提出了自己的怀疑，即这封信是曹操伪造出来的。

曹操之所以在此时算计陶谦，坚持攻打徐州，说来也全怪陶谦不能审时度势。这两年，他连出昏招，董卓之乱，州郡兵起，天子都长安，董卓专政，四方与之断绝，陶谦却遣别驾赵昱作为使者，奉章代表自己抄小道到长安去奉贡献，接受朝廷的册封。然后，他采用远交近攻的策略，与南阳的袁术和幽州的公孙瓒二人结盟，反对蒸蒸日上的袁绍、曹操和刘表集团。由于他北邻兖州，误认为曹操刚刚控制兖州不久，立脚不稳，便屡屡与曹操作对，在曹操击败黄巾军、刚刚控制兖州之时，他以支援公孙瓒为名，出兵北上，深入兖州腹地，驻屯在东郡的发干县，名为逼迫袁绍，实则想抢占兖州地盘，结果被曹操和袁绍联合击败。但是，他仍不甘心，第二年，趁曹操率军与袁术在陈留大战无暇东顾之机，竟然又与在下邳发动叛乱、自称天子的阙宣相勾结，派军北上，侵入兖州南部，攻取了隶属于兖州泰山郡的华县（故城遗址在今山东省临沂市兰山区方城镇华城村）、费县等大片地盘，势力发展到了任城一带，这不能不引起曹操的不满。如今，曹操赶走了袁术，有了朝廷的授权，开始腾出手对付这个强大的对手。那么，出兵就需要一个合适的理由，陶谦与叛贼阙宣相勾结，正是一个再好不过的理由。

陶谦并不傻，他接到曹操派人送来的诏书，眼看天下军阀们都没有罢兵的意思，只让他自己罢兵，他当然不会同意。于是就写了一份奏表，让使者带回去，其内容曰："臣闻怀远柔服，非德不集；克难平乱，非兵不济。是以涿鹿、阪泉、三苗之野有五帝之师，有扈、鬼方、商、奄四国有王者之伐，自古在昔，未有不扬威以弭乱，震武以止暴者也。臣前初以黄巾乱治，受策长驱，匪遑启处。虽宪章敕戒，奉宣威灵，敬行天诛，每伐辄克，然妖寇类众，殊不畏死，父兄歼殪，子弟群起，治屯连兵，至今为患。若承命解甲，弱国自虚，释武备以资乱，损官威以益寇，今日兵罢，明日难必至，上忝朝廷宠授之本，下令群凶日月滋蔓，非所以强干弱枝遏恶止乱之务也。臣虽愚蔽，忠恕不昭，抱恩念报，所不忍行。辄勒部曲，申令警备。出芟强寇，惟力是视，入宣德泽，躬奉职事，冀效微劳，以赎罪负。"① 找出各种理由进行推脱,不肯罢兵。

这样一来,曹操便拿到了陶谦抗旨不遵的把柄,心中有了底气,于是,他于初平四年(193)秋,名正言顺地从定陶出发,出兵徐州征讨陶谦,选择地点就是下邳、彭城一带,以进一步寻找陶谦勾结阙宣的证据,威逼陶谦就范。

与此同时,他命令应劭派兵从东面进入费县,负责保卫父亲曹嵩,将他平安地接回到兖州,安全送往鄄城去,并将这一消息提前派人通知了陪护在父亲身边的弟弟曹德,让他们早做准备。

曹操天生就是一位军事家,他兵分三路,一路由别部司马、厉锋校尉曹仁率领,督骑兵作为大军前锋,攻打陶谦将吕由;一路由军司马于禁率领,攻打广戚;自己则率李典、曹洪等主力直扑徐州西部重镇彭城。

曹仁进军顺利,一举攻破吕由部,还与大军合围彭城,大破谦军。于禁也按照预定计划攻下了沛国军事重镇广戚。由于曹操准备十分充分,因此,这次战争进展十分顺利,很快便接连攻下徐州西部的十余座城池。

面对气势汹汹的曹军,陶谦不敢怠慢,赶忙亲自率军前来抵抗,结果被曹操包围在了彭城之内。曹操是领有朝廷的尚方宝剑来问罪的,一对冤家终于见面了。

就这样,双方的主帅对垒于彭城之下,陶谦一定会质问曹操征讨他的原因,曹操一定会拿出朝廷的罢兵诏令给他看,责问他不遵守诏令之过,这就叫师出有名、兴师问罪。因此,也就有了陶谦再次上书朝廷,为自己辩解这件事。

他在上书朝廷奏表中为自己辩解曰:"华夏沸扰,于今未弭,包茅不入,职贡多阙,瘝寐忧叹,无日敢宁。诚思贡献必至,荐羞获通,然后销锋解甲,臣之愿也。臣前调谷百万斛,已在水次,辄敕兵卫送。"② 曹操截获了陶谦的这一奏表,知道他不肯罢兵,于是,下令攻城。

已经六十二岁垂暮老矣的陶谦,哪里会是年富力强只有三十九岁曹操的对手?几次交手,都被曹操击败,打得陶谦龟缩在城内,双方处于对峙的胶着状态。

为了解围,陶谦赶忙派人骑快马跑到青州,向盟友公孙瓒的部将青州刺史田楷求救,希望他赶快派兵前来救援自己。

---

① 〔晋〕陈寿:《三国志·陶谦传》,〔宋〕裴松之注,中华书局1959年版,第250页。
② 〔晋〕陈寿:《三国志·陶谦传》,〔宋〕裴松之注,中华书局1959年版,第250页。

然而，正在此时，曹嵩那里出事了，这一下子彻底改变了曹操的态度和战场态势。

三、阖门遇害

事情的经过是这样的，当时徐州的州治设在郯城，位于今山东省最南端的临沂市郯城县，其东临江苏东海，西邻邳州和山东的台儿庄、枣庄，南与江苏、临沂交界。上文说过，曹操出兵徐州之前，陶谦就已经占领了兖州泰山郡的华、费二县，控制着泰山古道南端出入口，甚至向西北侵扰兖州治下的任城国，已经深入兖州的腹地。而曹操的父亲曹嵩带领家人就隐居在兖州最南端泰山郡费县附近，徐州治下的琅邪国境内，也就是说，这里是在陶谦的实际控制范围内，而且离郯城非常近。费县属于兖州泰山郡的地盘，这也是曹操会让泰山郡太守应劭派兵前去迎接、负责护送其家人到兖州的主要原因。

费县西面不远处即微山湖，在微山湖的东侧便是海拔五百多米的莲青山、抱犊崮，而抱犊崮又有"沂蒙七十二崮之首"的说法，沿微山湖东岸与沂蒙山之间的狭长地带，地势平坦，自古就是兖州通往徐州的一条交通要道，其东端便是阴平，控制着这一交通要道的出入口。陶谦当时派都尉张闿率军在此把守。

曹操出兵东征徐州之前，已经派人通知了其父亲曹嵩做好准备，并告诉他泰山郡太守应劭将会派兵前来接应他们，好让他早做准备。

曹嵩可能是考虑到这里距离陶谦的治所郯城太近了，周围又都是陶谦的地盘，如今儿子曹操征讨陶谦，自己住在这里实在是太危险了。因此，当接到儿子的来信后，便和家人迫不及待地想离开这里，好尽快摆脱危险，早日赶到曹操控制的兖州去。所以当他和儿子曹德接到曹操的来信后，赶忙令家人收拾东西，等应劭派来保护自己的队伍一到，好立即出发。

然而，曹嵩父子在朝中为官多年，家资甚厚，仅辎重就装了百余辆车，因此，想低调都不行，目标非常大。后来，当他们听说曹操已经率大军前来攻打徐州，一路势如破竹，连下数城，更加担心陶谦会狗急跳墙，对他们采取报复，心中顿时害怕起来，于是，未等到应劭派出迎接和护送他们的军队到来，便提前动身，擅自出发了。

因为曹操攻打陶谦的主战场是在徐州西部，他们想避开徐州西部交战区，选择向东北去，想经过华县境内，通过泰山古道前往鄄城。

由于车辆众多，沿途浩浩荡荡，根本无法做到绝对保密，因此，这一情况很快便被陶谦的部下侦察到了。他们立即将这一情况向陶谦做了汇报。陶谦正被曹操打得焦头烂额，听说这一情报后，便密遣数千骑在后面掩捕，希望抓住曹嵩作为人质，以逼曹操退兵。这一任务就落在了驻扎在附近的都尉张闿头上。张闿领命之后，不敢怠慢，立即率军在后面追赶，搜索曹嵩一家的行迹。

然而，曹嵩一行人并不知道这一情况。当他们行进到华县和费县之间时，天色已晚，便找到一处空院落休息，准备第二天继续赶路。正在此时，陶谦的部将张闿率二百骑突然赶到，声称前来护送曹嵩一家，而曹嵩的家人也误以为是应劭派来接应他们的部队赶到了，于是，便放松了警惕，根本没有做任何防备。曹操的弟弟曹德听到下人禀报后，还兴冲冲地跑出来迎接，结果刚刚跑到大门口，便被迎面冲进来的士兵乱刀砍死在大门之内。

曹嵩听到门外一片嘈杂声，夹杂着喊杀声，顿感情况不妙，赶忙拉着自己的小妾跑向后院，企图翻过后墙逃走。他先让自己的小妾翻墙，可是，由于小妾太过肥胖，行动不便，加上慌乱，一时翻不过去，结果耽误了逃跑的最佳时机。后来，再想逃跑时，已经来不及了，情急之下，他只好转身逃进附近的厕所内躲藏，被冲进来的敌人搜到，遂将二人杀害。结果曹嵩及其家人全部遇害，财物也被洗劫一空。

陶谦本来是令张闿抓捕曹嵩，扣作人质想逼迫其儿子曹操撤军，如今，他们却被张闿的部下杀害了，究其原因，史料载"士卒利嵩财宝，遂袭杀之"，本人认为这一记载不无道理。因为曹嵩一家世代在朝中为官，多年积蓄，家中财力雄厚。据史料记载，灵帝末年，曹嵩为了出任太尉一职，就曾货赂中官及输西园钱一亿万，就是最好的例证。因此，其手中有不少宝货，随身携带。在慌乱年代，这些士兵哪见过这么多如此好的宝物，因此，便有了贪心，想据为己有，一时性起，便起了杀心，将其全部杀死，不留活口，好隐瞒罪证。要知道这些当兵的都是粗人，他们根本不去考虑此事会产生多么严重的后果。

张闿见自己的部下杀死了曹操的父亲老太尉曹嵩及其家人后，知道自己闯了大祸，他不敢去见陶谦，加上得到了这笔横财，便一不做、二不休，干脆带着这些财物径直投奔了淮南的袁术。

关于这件事，到底是不是陶谦主使部下杀害曹嵩及其家人，历史上说法不一。

如《后汉书·应劭传》中这样记载："兴平元年，前太尉曹嵩及子德从琅邪入太山，劭遣兵迎之，未到，而徐州牧陶谦素怨嵩子操数击之，乃使轻骑追嵩、德，并杀之于郡界。劭畏操诛，弃郡奔冀州牧袁绍。"①《魏晋世语》中也说："嵩在泰山华县。太祖令泰山太守应劭送家诣兖州，劭兵未至，陶谦密遣数千骑掩捕。"②认为陶谦杀曹嵩及曹德，是他故意为之，原因是"素怨嵩子操数击之"。该段文献证明了这件惨案正是发生在曹操第一次征讨陶谦的过程中。

而《三国志·武帝纪》注引韦曜《吴书》曰："太祖迎嵩，辎重百余辆。陶谦遣都尉张闿将骑二百卫送，闿于泰山华、费间杀嵩，取财物，因奔淮南。"③认为是陶谦派张闿领兵前去护送，张闿为了夺取财物擅自杀了曹嵩。

《后汉书·陶谦传》则记载："初，曹操父嵩避难琅邪，时谦别将守阴平，士卒利嵩财宝，遂袭杀之。"④认为是阴平守将张闿的部下杀了曹嵩，专门指出是那些底层的士卒"利嵩财宝，遂袭杀之"。

这几种说法到底哪种对？从张闿获得财产之后，逃往袁术处这一行为看，本人认为，最初陶谦并没有杀死曹嵩的意思，如果是陶谦指使张闿杀死曹嵩等人，他不一定会因此逃走，另投他人。至于陶谦派人护送之说，也不可信，否则，为了向曹操示好，就不用"密遣数千骑掩捕"和"使轻骑追嵩、德"，而应是堂堂皇皇地将老太爷礼送出境。如果他这样做，曹操一定会感激他，就会是另外一种结果。因此，张闿及其部下见财起意、袭杀曹嵩及其家人的可能性最大。

张闿这个人本来就不是什么好人，更不是什么正人君子，他投靠袁术不久，又奉已经自称天子的袁术之命，采用欺骗的手段混进陈国，趁机刺杀了不愿意借粮给袁术的陈国国相骆俊，帮助袁术灭了陈国。

因此，当应劭派来接应的人赶到时，看到的是满院尸体、血溅满地的凄惨场景。

应劭听到这一惨剧之后，顿时吓得目瞪口呆。因为自己没有完成曹操托付的任务，造成曹嵩满门被灭，他越想越怕，担心曹操会因此迁怒于自己，于是干脆弃官而逃，向北逃到了冀州，投奔了自己的老乡冀州牧袁绍。

那么，应劭是何许人呢？

---

① 〔宋〕范晔：《后汉书·应劭传》，中华书局1965年版，第1610页。
② 〔晋〕陈寿：《三国志·武帝纪》，〔宋〕裴松之注，中华书局1959年版，第11页。
③ 〔晋〕陈寿：《三国志·武帝纪》，〔宋〕裴松之注，中华书局1959年版，第11页。
④ 〔宋〕范晔：《后汉书·陶谦传》，中华书局1965年版，第2367页。

此人身份可不简单，他是汝南南顿（今河南省项城市）人，与袁绍同郡，其高祖父名叫应顺，曾任过河南尹，在朝中官至将作大匠；曾祖父名应叠，曾任江夏太守；祖父应郴，曾任过武陵太守；父亲应奉，也曾任武陵太守、从事中郎，最后官至汉司隶校尉。因此，应劭也是官宦世家，名门之后。

应劭本人以才学见长，灵帝时，被举为孝廉，被车骑将军何苗辟为府掾。中平三年（186），举高第，再度升迁，中平六年（189），官拜泰山太守。汝南应家甚是厉害，至应劭这一辈，其家族连续五世均为封疆大吏。

其弟应珣，官至司空掾。应珣的长子，也就是应劭的侄子应玚，曹操主政时，任丞相掾属，后转为平原侯庶子。曹丕任五官中郎将时，为曹丕的五官中郎将府文学。应玚之弟应璩，魏文帝、明帝在位时，官居散骑常侍。曹芳即位，升迁为侍中、大将军长史。

应劭一家，既是官僚世家，又是书香门第。比如应劭的父亲应奉，少年聪明，且博闻强记，读书时能够五行并下，他曾仿照屈原，著有《感骚》三十篇。应劭也是自幼笃学，博览多闻，能言善辩，为当世名人。他曾删定律令，编著《汉仪》一书。其侄子应玚，更是不简单，为建安七子之一。应玚之弟应璩，博学好作文，善于书记，以文章显著，曾著有养生诗《三叟歌》，广为流传。应璩的儿子应贞，少年时就以文才闻名，亦官至散骑常侍。

因此，应氏一门，真可谓地地道道的书香门第，太守世家，朝中为官，七世通显，代有才人。

因为自己的失职，造成曹嵩一家人被害，担心被曹操怪罪，应劭迫不得已选择了离职出逃，逃到了盟主、曹操好友袁绍那里，希望能够得到他的庇护，让袁绍为自己做主，向曹操通融通融。由此可见，应劭是非常机警和聪明的。

应劭逃到冀州后，专心著书，再也不敢从事政治。然而，因为看到经过董卓之乱，造成王室荡覆，典宪焚燎，靡有孑遗，旧章堙没，书记罕存，慨然叹息，他便根据自己过去跟随父亲到各地的所见所闻，开始集中精力编著《汉官礼仪故事》一书。机会总是留给有准备的人，建安元年（196），汉献帝迁都于许，曹操想恢复汉朝礼仪，却没有旧章所参考，他便上奏朝廷，及时地将自己所编著的这本书呈送给朝廷，作为曹操恢复汉室礼仪的参考。

他在给朝廷的奏章中说："今大驾东迈，巡省许都，拔出险难，其命惟新。臣累世受恩，荣祚丰衍，窃不自揆，贪少云补，辄撰具《律本章句》《尚书旧事》《廷尉板令》《决事比例》《司徒都目》《五曹诏书》及《春秋断狱》凡二百五十篇。蠲去复重，为之节文。又集驳议三十篇，以类相从，凡八十二事。其见《汉书》二十五，《汉纪》四，皆删叙润色，以全本体。其二十六，博采古今瑰玮之士，文章焕炳，德义可观。其二十七，臣所创造。……虽未足纲纪国体，宣洽时雍，庶几观察，增阐圣听。惟因万机之余暇，游意省览焉。"[①]

这些均成了后来朝廷重新恢复汉代礼仪的重要依据，故史料记载："凡朝廷制度，百官典式，多为劭所立。"[②]

这也算是他对自己过去造成的失误做的一点弥补吧。曹操也没有亏待他，建安二年（197），任命他为袁绍的军谋校尉，以示慰藉。

应劭的父亲应奉为司隶校尉时，曾下令各地官府和郡国，将各自收藏的前人像赞呈上来。应劭曾对这些像赞进行整理，写上各自的名字，将其编录为《状人纪》。他又将自己的时论文章编辑成《中汉辑序》。他根据自己的见闻和博闻强记，编有《风俗通》，以帮助人们辨物类名号，释时俗嫌疑。前后著述达一百三十六篇。又集解《汉书》，都流传于当时，后世服其见闻甚广。

应劭虽然幽居他乡，仕途不顺，仍不忘国家，根据自己的特长，竭尽全力为国家做出自己的贡献，所编纂的各种典章制度，解朝廷所急，应朝廷所需，为汉代礼仪的恢复提供了重要依据，这种虽身陷逆境矢志不渝，仍然不忘国家，尽自己最大努力为国家做出自己的贡献之精神值得我们后人好好学习。

四、血洗彭城

陶谦私通叛匪，与阙宣相勾连，本来就是大逆不道之罪，曹操第一次征讨他是顺天应民，征讨不法，为国除害，天经地义，每个忠于朝廷的官员都应该这样做，因此属于公事公办。孙盛在评价曹操此举时说"夫伐罪吊民，古之令轨"，认为这是正当行为。然而，令他没有想到的是，陶谦却公怨私报，趁机派兵缉捕其父亲曹嵩，造成了曹操全家被杀这一恶果，曹操岂能不恼怒？

因此，当这一悲惨的消息传到彭城前线时，曹操悲恸欲绝，气愤难当。立即

---

① 〔宋〕范晔：《后汉书·应劭传》，中华书局1965年版，第1613页。
② 〔宋〕范晔：《后汉书·应劭传》，中华书局1965年版，第1614页。

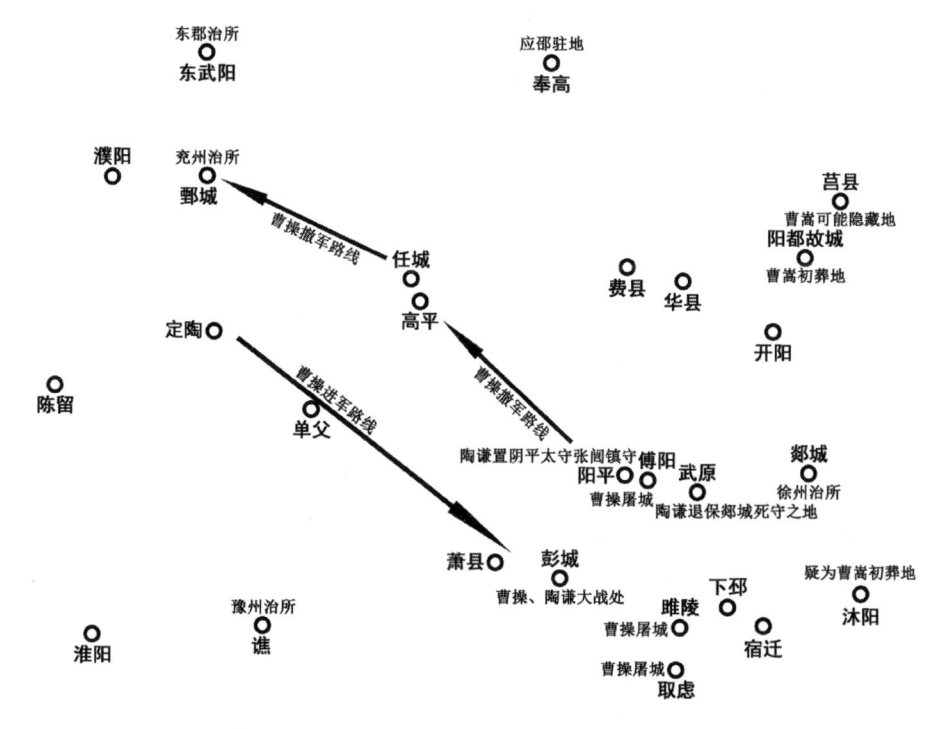

图二十四　曹操第一次征讨徐州及曹嵩遇害地点示意图

下令将士们进行疯狂报复，全力攻城，一定要将彭城拿下来，捉拿首犯陶谦，为自己的亲人复仇。

将士们闻听这一悲剧，更是群情激愤，要为老太爷报仇。随即而来的便是疾风迅雨式地攻打城池，将所有的怨气和怒气都发泄到了陶谦身上。本来就心怯，又加上心中有愧的陶谦再也抵挡不住曹军不要命的攻打，龟缩在彭城内，坚守不出。曹操见一时拿不下彭城，气恼不过，为了发泄心中的怒火，遂下令对彭城周围进行大屠杀。据《曹瞒传》记载："自京师遭董卓之乱，人民流移东出，多依彭城间。遇太祖至，坑杀男女数万口于泗水，水为不流。"[1]

面对曹军的不要命进攻和疯狂大屠杀，陶谦真的害怕了。屋漏偏逢连夜雨，负责向广陵、下邳、彭城督运粮草的陶谦同乡人笮融，见曹操攻打彭城，遂断了对上述三郡的粮草运输，让陶谦陷入了更大的困难之中。随着彭城之北的傅阳（今

---

[1] 缪钺主编《三国志选注·荀彧传》注引《曹瞒传》，中华书局1984年版，第243页。

山东省枣庄市峄县城南,故城在台儿庄区张山子镇、涧头镇之间,曾为傅阳国国都,东汉时属彭城国)丢失,感到大势已去的陶谦担心通往自己老巢郯城的道路被曹军彻底切断,只得弃彭城而走,向郯城方向逃去,准备退守郯城。为了避免郯城遭到曹军涂炭,他退守到了武原(属彭城国,治所在今江苏省邳州市西北五十里泇口乡),在那里拼死抵抗,以阻挡曹操继续东进、攻打其老巢郯城。

攻克彭城后,曹操下令血洗彭城。史载,彭城之役,徐州兵死者达数万人,其他死者更是无数。

曹操有所不知的是,他的这一快意恩仇报复的后果,却帮了陶谦的忙。因为曹操这次过度残暴滥杀,造成了徐州人的巨大恐慌,面对曹操无差别的屠杀,为了保命,他们只能背水一战,尤其是那些因为董卓、李傕之乱,从关中逃往徐州投靠陶谦的老百姓,因为对陶谦感恩戴德,反抗起曹军来最为激烈。当然,他们遭到了曹操军队更加残酷的对待,几乎被歼灭殆尽。消息传开,徐州的老百姓因为惧怕曹操,变得更加团结以对付曹军,拼命帮助陶谦守城,誓死抵抗曹军,守住了武原,曹操大军不得继续东进,曹操被堵在这里,久攻不下。此时,已经到了第二年的春天,进入每年最难熬的青黄不接季节,徐州老百姓更是坚壁清野,造成曹操军队粮草奇缺。更为严重的是,此时前来支援陶谦的公孙瓒部下、时任青州刺史田楷,携刘备等率领青州兵抵达徐州,帮助陶谦守城。形势变得对曹操越来越不利,最后,曹操不得不遗憾地选择从徐州撤军。

为出一口恶气,在撤军时,曹操顺路又攻取了取虑(故址在今安徽省灵璧县城东北高楼镇潼郡村,属泗水郡)、睢陵(今安徽省滁州市明光市)、夏丘(故址在今安徽省泗县城关镇东近一公里处,属沛郡)诸县,皆屠之。对于这次大屠杀,很多史料都有记载,如《曹瞒传》记载:"遇太祖至,坑杀男女数万口于泗水,水为不流。陶谦帅其众军武原,太祖不得进。引军从泗南攻取虑、睢陵、夏丘诸县,皆屠之;鸡犬亦尽,墟邑无复行人。"[1]

《三国志》亦云:"初平四年,太祖征谦,攻拔十余城,至彭城大战。谦兵败走,死者万数,泗水为之不流。谦退守郯。太祖以粮少引军还。"[2]

《后汉书》记载:"初平四年,曹操击谦,破彭城傅阳。谦退保郯,操攻之不能克,乃还。过拔取虑、睢陵、夏丘,皆屠之。凡杀男女数十万人,鸡犬无

---

[1] 缪钺主编《三国志选注·荀彧传》注引《曹瞒传》,中华书局1984年版,第243页。
[2]〔晋〕陈寿:《三国志·陶谦传》,〔宋〕裴松之注,中华书局1984年版,第249页。

余，泗水为之不流，自是五县城保，无复行迹。初三辅遭李傕乱，百姓流移依谦者皆歼。"①

曾任曹操秘书郎孙资之孙、东晋史学家孙盛在评价这件事时，先是充分肯定了曹操征讨陶谦为"夫伐罪吊民，古之令轨"，是正确的，但是，接下来话锋一转，又说："罪谦之由，而残其属部，过矣。"意思是说，讨伐有罪之人是古今以来的规矩，但是因为怪罪陶谦这个理由而残酷地杀害其部属，就有点过分了。

曹操没有能够亲手抓到陶谦，为父亲及家人报仇，仍然满怀愤懑，他心有不甘地回到了兖州。好友张邈前来迎接他，谈到此行未能为老父亲和亲人报仇，他仍然悲愤交加，难掩心中的怒火。史载，二人四目相对，垂泣不辍。

五、葬地疑云

曹嵩之死，是一个不幸事件，显然应劭应负有一定责任，虽然他因为害怕最后弃官而走。按理说，在他逃走之前，为了最大限度表示歉意，争取曹操的谅解，一定会将曹嵩的后事精心安排好，也许他还会派人去向曹操报告这一不幸消息，顺带征求曹操本人的意见。而按照古代的礼仪，主持老人丧葬事务的应该是主人的嫡长子，故本人认为主持安葬曹嵩及其家人的还应该是曹操本人。因为过分惧怕曹操怪罪自己，有可能在此之前应劭就已经逃走了。如果是曹操出面安葬父亲，

图二十五　据传为曹嵩初葬地臧墩遗址保护标示牌　　图二十六　据传为曹嵩墓初葬地沂南"曹嵩疑冢"出土画像石拓片

---

① 〔宋〕范晔：《后汉书·陶谦传》，中华书局1965年版，第2367页。

那么，一定是在他撤军途中，对凶死的父亲就地进行安葬，由于当时时间紧迫和形势所逼，这种安葬也只能是草草处理。

至于曹嵩死后葬在何地，史料上有不同的记载，说法不一。据《沭阳县志》记载，曹操父曹嵩避难于琅邪，别将陶谦守阴平，士卒图财，杀死曹嵩。曹嵩死后，曹操将其父尸体葬于阴平。当地有一高冈，名曰臧墩，高十余丈，四周皆封土，有人认为这就是曹嵩的初葬地。

但是，也有记载说是在山东沂南阳都故城西部。如《太平御览》"沂州沂水条"云："魏曹嵩冢在县南一百二十五里。"

曹嵩及家人死后，当时不具备将曹嵩安葬回老家的条件，曹操将他们临时葬在当地，也是无奈之举。本人认为沂南的可能性比较大，曹操不可能将自己的父亲葬在徐州境内，也就是陶谦的眼皮底下。

后来，一直到官渡之战胜利后，曹操临时返回老家亳州，才有机会将父亲迁葬于自己的老家亳州的祖茔中，使其终于得以叶落归根，陪葬在其祖父曹腾墓的旁边。从考古发掘资料看，曹嵩的葬礼规格非常高，是以侯爵的礼制进行安葬的，想必当时的葬礼非常隆重。曹嵩的陵墓规模宏大，结构复杂，其中随葬有玉衣，是汉代诸侯葬礼的标配，以示曹操对父亲的尊重。

1974年，安徽亳州的考古工作者曾经对亳州曹氏祖茔进行考古发掘，清理了几座墓葬，其中就有曹嵩墓（董园一号墓）和曹腾墓（董园二号墓），揭示和证明了他后来确实被迁葬到了其老家祖茔中这一历史事实。

曹嵩墓中还出土了237块带字的墓砖，其内容充满着对墓主人的祝福和敬仰，有"宜官延""奔马""为曹侯作壁""延熹七年""再拜再再""叩首死""谒商都"等。

本人推测，曹操将父亲迁葬到亳州祖茔的时间大概是在官渡之战胜利后的建安七年（202）。因为他在该年曾经抽空回家一趟，其间，还曾治理睢阳渠，遣使以太牢大礼祭祀过自己的好友桥玄，并下了一道《军谯令》。据《武帝纪》记载："七年春正月，公军谯，令曰：'吾起义兵，为天下除暴乱。旧土人民，死丧略尽，国中终日行，不见所识，使吾凄怆伤怀。其举义兵以来，将士绝无后者，求其亲戚以后之，授土田，官给耕牛，置学师以教之。为存者立庙，使祀其先人，魂而有灵，吾百年之后何恨哉！'遂至浚仪，治睢阳渠，遣使以太牢祀桥玄。"

本人认为，在此之前，他一直在外面征战，没有时间回老家，这一次他击败袁绍后，终于可以抽出空来轻松回家了。这一次的回家绝不会是无缘无故，一定有非凡意义，他下的这道《军谯令》也绝不是没有所指，一定有更深的含义。我们知道，曹操是一个严于律己的人，又是一个做事十分谨慎的人。在其担任丞相之前的早期阶段，朝中情况复杂，政治斗争激烈，这也正是为自己树立良好形象的重要时期，因此，曹操不会为自己搞什么特殊，以免给朝中的政敌留下攻击他的口实。

关于这一点，我们从他对待为个人立庙、私自进行祭祀这件事前后态度的变化上就可以看出一些端倪。他在济南国相的任上，对待这种现象是坚决打击、严格禁止的，他下令拆掉了许多祠庙。然而，这次他回到老家后，却一改过去的做法，下令"为存者立庙，使祀其先人"，并亲自带头去祭祀自己的好友桥玄，给出的理由也是相当奇葩，说他们之前曾经有过约定："殂逝之后，路有经由，不以斗酒只鸡过相沃酹，车过三步，腹痛勿怨。"这种死无对证的事情，谁会知道？这背后一定隐藏着更深的含义。不仅如此，此后他每次经过桥玄墓时

图二十七　亳州发现的曹嵩墓墓门

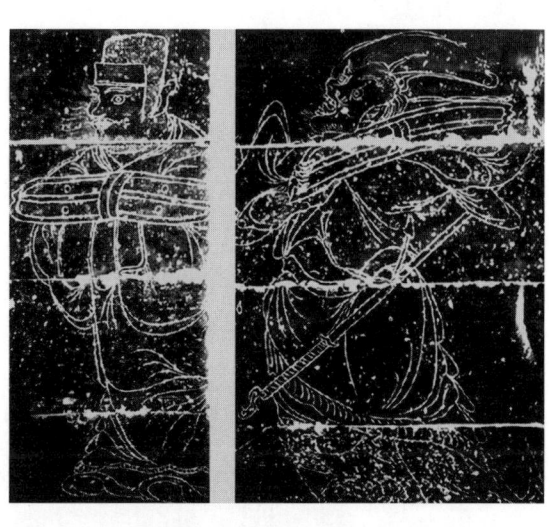

图二十八　亳州曹操祖茔内曹嵩墓内壁上出土的画像石

"辄凄怆致祭。自为其文",都亲自为桥玄撰写祭文,这带有很明确的政治导向。这也是他随着年龄的增长,思想和考虑问题日渐成熟的表现。他借此为父亲立庙建祠堂、进行祭祀打开方便之门。根据南宋洪适所著的《隶释》中对曹嵩碑的记载,当初曹嵩墓旁是有庙的,其文是这样记载的:"谯城南有曹嵩冢,冢北有碑,碑北有庙堂,余其尚存,柱础仍在。庙北有双阙对峙,高一丈六尺,榱栌及柱皆雕镂云矩,上罘罳已碎。"《水经注》卷二十三载:"城南有曹嵩冢,冢北有碑,碑北有庙堂,余基尚存,柱础仍在。庙北有二石阙双峙,高一丈六尺,榱栌及柱,皆雕镂云矩,上罘罳已碎。阙北有圭碑,题云:汉故中常侍长乐大仆特进费亭侯曹君之碑,延熹三年立。"这里不仅有庙,而且是两座:一座是曹嵩的,所立时代不详;另一座保存相对较好,是曹操的祖父曹腾的,所立的时间为延熹三年(160),从而证明了本人的推测。

图二十九 亳州曹操祖茔中曹嵩墓甬道壁上的画像

图三十 亳州曹嵩墓内出土的银缕玉衣

本人推测，曹操很早就有了将父亲迁葬到祖茔的计划，并开始了修建。经过几年的修建，官渡之战结束时，其父亲的陵墓刚好修建完成，他趁着胜利的喜悦抽空回家，亲自主持父亲的迁葬这件大事。通过反思，深感战争给人民带来的灾难，于是，下了一道《军谯令》。

本人推测是因为其父亲是被人所害，也就是说古代犯忌讳的凶死，当事人均已经死去，曹操也因为其父亲之死在徐州干出了令他后悔、被别人抓住把柄不放的很不光彩的大规模残杀事件，不想就此张扬，因为此事再次被人想起用来诋毁自己，于是尽量低调处理其父亲迁葬这件事，故史料中并没有明确记载此事也是情有可原。

当然，也不能完全排除其被封为魏公或魏王之后，进行迁葬的可能性。然而，从出土有银缕玉衣这一情况看，应该是曹操早期所为，不符合其后来的薄葬思想，因此，推测这应该是在曹操称魏公之前所建。

图三十一　亳州曹氏祖茔内的墓冢

六、怒征陶谦

如果说曹操会就此作罢，那你就是太小看曹操了。因为父亲及阖门被害这件事让曹操实在是太伤心，对于他的心理伤害和刺激特别大。如果说在起兵初期，自己弱小，不能保护家人，出现这种事尚情有可原的话，如今自己已经足够强大，成为列强中的一员，令所有军阀都不能小觑，却没能够保护好自己的亲人，遭到陶谦全家灭门，这一结果无论如何都让曹操无法接受。因此，没有亲手抓住陶谦，为自己的父亲及全家人之死复仇，曹操是绝对不会善罢甘休的。

上次虽然没能如愿，不得已返回了兖州，但是，曹操却始终不甘心，怒火一直在心中熊熊燃烧，对陶谦恨之入骨。如果说之前他与陶谦之间的恩怨仅仅是国恨，如今则是家仇。准确地说，此时的曹操与陶谦是国恨家仇俱在，不共戴天。因此，必须为自己的家人报仇，否则将枉为人子，无以立身于世，遭到世人耻笑，出兵征讨陶谦，已经势在必行，任何人也阻挡不了。

陶谦万万没有想到，自己的这个错误举动会招来灭顶之灾。

经过几个月的休整，粮草充足之后，这年秋天，曹操再次亲率大军东下徐州征讨陶谦，誓为父亲和家人报仇。

此次东征，痛彻心扉的曹操发誓，这一次一定要彻底消灭陶谦，否则，就不回来。因此，临行前，他与家人诀别曰："我若不还，往依孟卓。"对自己回不来做了安排，将自己的家眷托付给了好友张邈，做好了战死沙场、回不来的心理准备。

因此，出发前他对兖州人士进行了调整和安排，以应对不测。调派东郡太守夏侯惇镇守重镇濮阳，谋士陈宫率兵屯守东郡，好友张邈守陈留，吕虔带领其家兵据守湖陆（属山阳郡，治所在今山东省鱼台县东南），使临大事有决断的程立守卫州治所在地鄄城，军司马荀彧驻在鄄城主持全州政务，令骑都尉任峻负责督运粮草。然后，以别部司马曹仁、夏侯渊二人为先锋，于禁为军司马，史涣为中军校尉，丁斐为典军校尉，以总摄内外，他自己则率领大将曹洪、曹纯、李乾等将领浩浩荡荡地出发了。这一次曹操几乎是倾巢出动，打算一举消灭仇人陶谦。

如果说上一次出兵徐州，还是公事公办，按照江湖套路出牌、按照规矩行事，这一次则完全不同，他的目标很纯粹，就是为家人复仇，就是要杀人，要狠狠地杀人，杀人越多越能让他解气。因此，他倾全部兵力，大规模侵入徐州，要给陶谦以毁灭性的打击，不亲自抓住陶谦一雪前耻，决不收兵。

这一次出兵，他还得到了强大后援，盟友袁绍对曹操一家的遭遇很是同情，特意派大将朱灵率三营兵马，前来助阵。

这一次，曹操将突破口直接选择在了东线，他接受了上次东征陶谦时，陶谦向公孙瓒部将青州刺史田楷求救，致使自己功亏一篑这一教训，首先，派作为先锋的曹仁率军进入青州南部，攻占即墨县，切断徐州与青州之间的陆路联系；然后，让他挥师南下，迅速攻取泰山郡南部的费、华二县和徐州最北的琅邪郡，以扫除进攻徐州的障碍。曹操授予他便宜从事大权，以策应主力。而他自己则率大军仍然从西路进军，主攻方向是徐州北部、郯城所在地的东海郡。曹操以徐晃为先锋，派他提前进入徐州，先攻取广威，造成陶谦首尾难顾。

曹仁不愧为名将，他作战十分勇猛，有勇有谋，率领骑兵所向披靡。他首先进入孔融控制下的北海国，一举攻下了其境内的即墨城，控制住了青州进入徐州的这一交通要道。然后挥师南下，进入琅邪国境内，迅速占领了琅邪国北部，进而向南，接连攻破并占领了费、华二县。陶谦赶忙派骑都尉臧霸率孙观、吴敦、尹礼等人前往把守郯城北面的军事重镇、琅邪国国都开阳城，企图堵截住曹仁。曹仁所率的是曹军中的精锐督骑兵，战斗力极强，臧霸等人哪是他的对手，因此很快，曹仁便攻占了臧霸所据守的琅邪国国都所在地开阳城，占领了整个琅邪郡。这样一来，徐州的北大门顿时洞开，再也没有什么险要之地可以阻挡曹军了。

他充分发挥了曹操授予他的便宜从事权力，率领骑兵在徐州境内所向披靡，肆意横行，搞得徐州境内四处告急。陶谦手忙脚乱，赶忙调派其手下诸将前去救援各县。为了保证他所据守的郯城安全，他又将驻扎在小沛的刘备调回来，与其手下大将曹豹一起驻防在郯城东面。

而曹仁并没有去攻打郯城，却越过郯城，挥师西进，转向彭城，配合曹操的主力再次将徐州军事重镇彭城包围。曹操迅速再次攻克彭城，吓得陶谦龟缩在郯城内不敢出来接战。

上一次，曹操曾经对徐州进行过血洗，多座县城被屠，鸡犬不留，早已经元气大伤。这一次曹操并没有直接去攻打陶谦据守的郯城，而是与曹仁东西配合，重点是攻打徐州治下东海郡境内的剩余的其他重要城池，企图先清理郯城的外围，完全切断郯城的外援和陶谦南逃的线路，将陶谦困死在城内，最后，再攻打郯城，来个瓮中捉鳖。

按照这一计划，曹操顺利拿下了五座城池，迅速实现了自己的战略目标。这一气势可吓坏了另一个人，这个人就是在外负责从广陵、下邳、彭城三郡向郯城运送粮草的笮融，他是陶谦的老乡，又是他最信任的人。

这次他见曹操率大军再次袭来，气势如虹，知道大事不好，不仅不再供给陶谦粮草，还开启了坑其老乡之旅。他不仅留下自己的老上级兼老乡陶谦不管，而且接下来的行为更损，他干脆带领男女万余口、马三千匹向南逃去，一口气跑到了广陵郡。要知道，战争时期，人和战马都是重要的战略资源，尤其是战马，就如今天的坦克，在当时十分珍贵，在战争中能够发挥巨大作用。当年，中原地区缺少马匹，各王朝在北方开辟互市，主要目的就是为了用中原所产的粮食来换取北方草原地区的战马。后来，吕布占领徐州后，为了与袁术打仗，曾派人携带重金到河内买马，结果被刘备劫掠，惹恼了吕布，这给刘备带来了灭顶之灾。如今，笮融一下子拐走了陶谦的三千匹战马，这可要了陶谦的老命，让他这仗还如何打。

不仅如此，因为广陵太守赵昱知道他是陶谦的老乡，又是专门负责向郯城督运粮草的主官，误以为他的这次到来是为了督促自己向郯城运粮之事，因此对他不敢慢待，待之以上宾之礼。史载广陵太守赵昱赶忙设宴热情招待他。没想到笮融竟然在宴会上趁着大家耳热酒酣，对他毫无防备之机，突然出手刺杀了赵昱，然后放兵在广陵境内进行大肆抢劫，最后，载着抢来的大量财物继续南逃，渡江而去。广陵、下邳是徐州南部仅存的两个没有被曹操染指过、保存完好的大郡，经过笮融这番洗劫，结果被自己人给搞乱了，形势对曹操可以说是一派大好。看来不久之后，曹操就可以实现擒拿陶谦、攻取整个徐州、为自己父亲报仇雪恨的目的。

按道理讲，在这一危急关头，作为陶谦盟友的袁术不应该见死不救，他应该立即出兵前来救援陶谦，但是，他并没有出手相助，原因何在？

一是，袁术曾经与曹操交过手，被曹操击败，并赶到了九江，知道曹操这个人用兵的厉害，因此，不敢出兵相助。

二是，这一次毕竟是陶谦有错在先，竟然袭杀了曹操的老父亲及全家，实在是太过分了，这让袁术也看不过去，因为这件事让他想起了董卓当年诛杀自己叔父和大哥的这场悲剧，他感同身受。曹操毕竟从小与自己一起长大，是自己的发小，让他对曹操陡生起了一份同情，因此，不可能在这一刻出兵去救援陶谦。

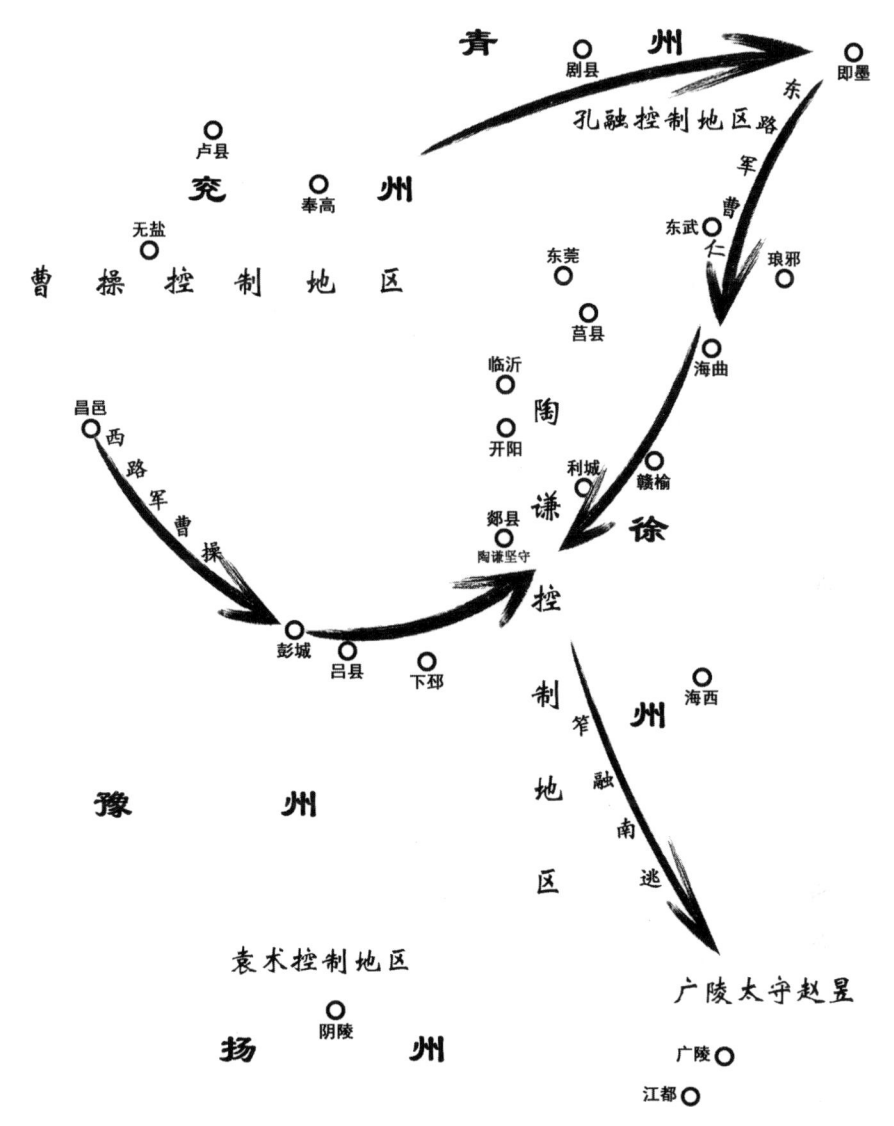

图三十二　曹操第二次东征徐州进军路线及徐州形势图

三是，说起来还是陶谦自己所为。原因是陶谦虽然是袁术的盟友，但是袁术一向觊觎陶谦的徐州地盘，他被曹操击败后逃到九江，却对徐州念念不忘。因此，对外自称徐州伯，就是对这一野心的最好写照。这让陶谦心中很是不爽，因此，对他防范甚严，甚至超过了对曹操的防范，总是担心自己的这位盟友哪一天突然出手，将自己的徐州夺去。

陶谦向来担心别人觊觎自己的地盘，不会轻易相信任何人，在这里举一个例子，就能说明这一问题。当年孙坚的部将督军校尉朱治曾受孙坚之命，前来帮助陶谦讨平了徐州境内的黄巾军，对陶谦有恩，按道理说，陶谦应该善待孙坚的家属，然而，事实却相反。比如孙坚死后，其长子孙策扶棺来到曲阿（今江苏省丹阳市），将父亲安葬在了那里。孙策之所以选择将其父亲葬在曲阿，主要是因为其舅父吴景当时为丹杨太守。孙坚死后，年少的孙策一时没了主意，带上母亲与好友吕范、孙河前去投靠其舅父是情理之中的事。为了给父亲复仇，孙策在丹杨招募数百人后，留下老母亲，自己选择到江都（江苏省扬州市）发展，目的也是避开陶谦的徐州，到扬州开辟一块新天地。兴平元年（194），孙策使母亲暂居江都，前去投奔了父亲的故主袁术。

后来，他派自己的好友吕范前来江都迎接老母亲。但是，陶谦却坚持认为吕范是袁术派来的觇候，也就是今天所说的刺探，因此，晓喻县令将其逮捕，严加掠考。多亏吕范亲近宾客中有一位勇健之人，将其营救出来，方才幸免于难，并保护着孙策的母亲回到了他的身边。陶谦对袁术防范如此之严，主要还是不相信袁术，担心他会染指自己的徐州，因此，袁术虽然名义上是陶谦的盟友，此时此刻，他不可能出兵前去救援。不仅不会救援，袁术还要站在一旁看陶谦的笑话，以给他一个教训。

此时，上次率兵前来驰援陶谦的青州刺史田楷已经返回了青州，同时曹操早已经提前派兵占领了琅邪郡，将青、徐二州隔离开来，田楷即使想再来救援陶谦也是无能为力，只能望洋兴叹。因此，这可苦了陶谦，陶谦再也指望不上别的外援。

现在陶谦唯一可以指望的便是之前跟随田楷到徐州来驰援他并被他留下来的刘备。刘备本部有兵马一千余人，还有公孙瓒分派给他的一部分幽州乌桓等杂胡骑兵，他当时带来的还有被他临时裹挟而来的饥民数千人。为了收买和留下刘备，当时陶谦专门拨付给他的四千兵马，虽然有一定的实力，但是全部加起来也不是曹操的对手。

通过上次战争，陶谦充分了解到曹操用兵的厉害和残酷，当他看到曹操大军再次杀来时，心中大为惊恐，于是，便产生了放弃郯城、避走长江之南丹杨的想法。因此，当时整个徐州大有崩盘之势。然而，他命不该绝，正在这一关键时刻，曹操的大后方出事了，他不得不选择紧急退兵。

七、丢失兖州

人算不如天算，正在形势一派大好之时，曹操的后方却出事了，而且出的是大事。原来，曹操最信任的战友、他自认为可以托付身家性命的好友张邈与曹操特别倚重的部将陈宫突然叛变了，他们趁曹操抽调大军深入徐州、兖州一时空虚的机会，暗中联络吕布，并将吕布迎到兖州，取代曹操担任新的兖州牧，在二人的操作下，兖州各郡县纷纷响应。整个兖州除了荀彧与程立坚守的鄄城和靳允驻守的范县、枣祗坚守的东阿三座城池尚在自己手中之外，全境一夜之间几乎丢失殆尽，一下子将曹操置于极度危险的境地。

其间，还充满着许多惊险。例如，张邈不仅暗中将吕布迎到兖州，还在鄄城留守人员不知情的情况下，派其手下刘翊前去通知荀彧说："吕将军来助曹使君击陶谦，宜亟供其军食。"企图欺诈荀彧，骗其打开城门，兵不血刃地占领鄄城，想一举俘获曹操和众将士的家眷，其用心之险恶可见一斑。

然而，令他没有想到的是，荀彧是何等聪明的人，早已经知道了他的阴谋，立即下令勒兵设备，以防不测。由于曹操和将士们的家眷都在鄄城之内，曹操又将主力全部带走，留下守城的兵丁不多，而城内的督将大吏们多与张邈、陈宫暗中通谋。荀彧担心有失，这样下去保不准早晚会出事，到时候在前线的将士军心涣散就不好办了，便驰召驻守在濮阳的夏侯惇率兵前来救援，帮助他们守卫鄄城，以确保鄄城的安全。

夏侯惇接到荀彧的通知后，心中非常着急，为了尽快赶到鄄城，他轻军往赴，行至不远，正好与吕布相遇，双方随即发生交战。但是，吕布并不恋战，迅速退去。没想到，他竟然抄近路，赶往濮阳，趁机袭占了濮阳，抄了夏侯惇的老巢，缴获了夏侯惇的全部辎重。搞得夏侯惇去也不是，留也不是。

不甘心失败的夏侯惇知道这一消息后，顿时大怒，他随即回军到了濮阳城下，准备攻城，打算重新夺回濮阳。吕布却派自己的部将前去夏侯惇大营诈降，夏侯惇不知是计，亲自接见他们，没想到这些人一拥而上，一起挟持住了夏侯惇，逼他交出宝货。消息传出，一时间军中震恐。多亏夏侯惇的部将韩浩临危不乱，勒兵把守住夏侯惇的营门，召军吏诸将，皆按甲坚守自己的驻地不要乱动，诸营乃定。然后，他亲自赶到夏侯惇的大营，叱骂劫持者道："汝等凶逆，乃敢执劫大将军，复欲望生邪！且吾受命讨贼，宁能以一将军之故，而纵汝乎？"说完，痛哭流涕地对夏侯惇说："当奈国法何！"然后立即督促部下冲进营帐内，对劫持者发起攻击。劫持者见没有吓住夏侯惇的部下，知道大事不好，赶忙惶恐地跪在地上叩头不止，求饶道："我但欲乞资用去耳！"韩浩数责之，下令将他们全部推出去斩首示众，夏侯惇才幸免于难。经过这次事件之后，夏侯惇不敢在此久留，立即离开濮阳，星夜赶往鄄城。

赶到鄄城后，夏侯惇当夜便诛杀了谋叛者数十人，众人的心才安定下来。

此事刚刚结束，新的危险又接踵而至。豫州刺史郭贡听说了兖州有变的消息后，也赶来凑热闹，他突然率领数万人马来到鄄城城下，要求开城投降。城中有人见状，传言他与吕布同谋，是来帮助吕布攻打鄄城的，这样一来，众人更加恐惧了。郭贡大军在城外跃马扬威，要求主事的荀彧亲自出城与他见面。荀彧并不慌张，准备前往与其相见。夏侯惇等人十分担心荀彧的安危，赶忙劝阻他道："君，一州镇也，往必危，不可。"然而，荀彧却毫无惧色地说："贡与邈等，分非素结也，今来速，计必未定；及其未定说之，纵不为用，可使中立，若先疑之，彼将怒而成计。"果然正如荀彧所推测的那样，郭贡见荀彧毫无惧意，认为鄄城未易攻取，遂引兵而去。

在此种情况下，曹操不得不做出艰难的决定：立即撤军，回援兖州。于是，在战场形势一派大好的情况下撤军，陶谦再次逃脱了覆灭的危险。

但是，要想顺利从徐州撤退也并非易事，从哪里撤回、半路上会不会遭到吕布的埋伏和阻击，都是曹操必须考虑的问题，也是决定能否顺利撤回的关键。最后，他决定从徐州东北部华县的泰山古道回撤。当时，正在闹大饥荒，根据地丢失后，大军的粮草都是一个大问题。于是，曹操派曹洪率军在前探路，令他有机会要先抢占东平、范县二县，准备好粮草，以供回撤的大军，并保证大军回撤路线的畅通，自己则率主力殿后。

曹洪侦察的结果让曹操大喜，原来吕布攻打下濮阳、控制住兖州之后，并没有派兵东下，把守泰山古道的关隘之处，以切断曹操的归路，更没有考虑到利用泰山古道的险要地势设伏，阻截和消灭曹操，反而率主力驻屯在兖州西部的濮阳城内。

曹操得知这一情况后，长出了一口气，曰："布一旦得一州，不能据东平，断亢父、泰山之道乘险要（邀击）我，而乃屯濮阳，吾知其无能为也。"

然而，当曹操大军在回撤路上经过郯城时，却遭到了驻屯在郯城东部的陶谦

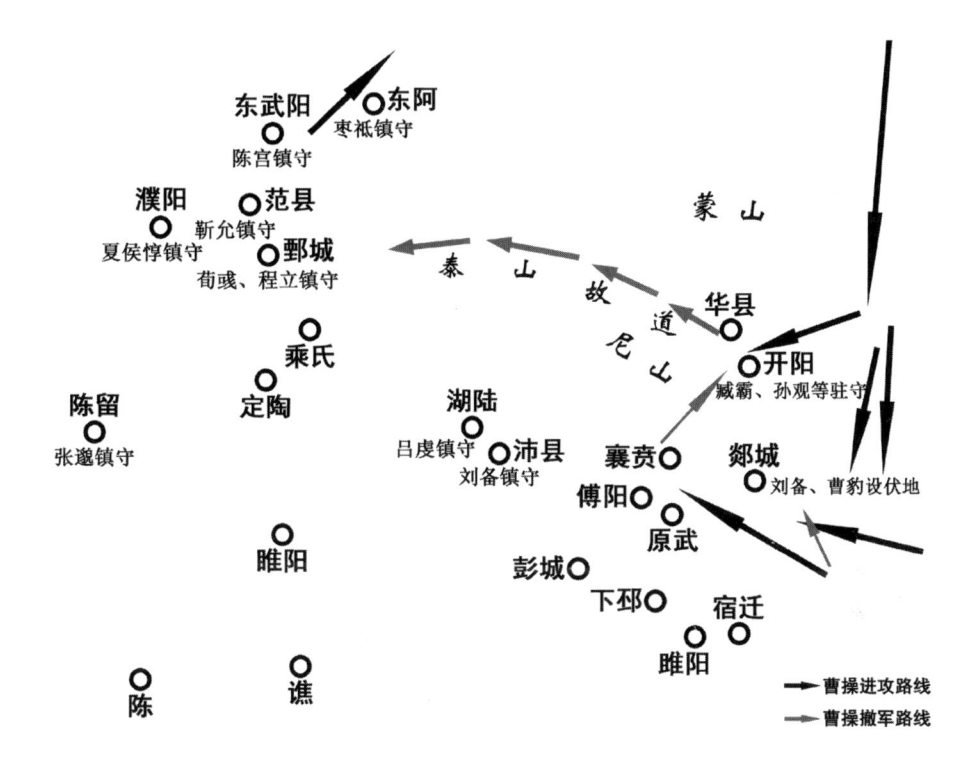

图三十三　第二次东征，曹操从徐州撤军线路示意图

部将曹豹和刘备的联合阻击。此二人显然犯了哀兵勿截、归军勿追的兵家大忌，他们见曹操无故急于撤军，猜测到曹操的大后方一定出了大问题，于是，便企图趁机堵截曹军，给曹操以重创。然而，他们哪里是曹操的对手，被曹操一举击破。不仅如此，余怒未消的曹操在盛怒之下，又顺路攻拔了襄贲县城（旧址在今山东省兰陵县城南的长城镇），对所经过的地方进行了更加残酷的杀戮。然后，方才下令全线撤退。

八、兖州丢失的原因

关于曹操为何会那么快丢失兖州这件事，当然与张邈、陈宫这两位内贼与吕布内外勾结有直接关系。有人看到这里不禁会问：张邈、陈宫二人不都是曹操的好朋友吗？为何他们会背叛曹操，反而去引吕布入主兖州呢？

关于这个问题，史料中有如下记载，如《后汉书·张邈传》曰："及袁绍为盟主，有骄色，邈正义责之。绍既怨邈，且闻与（吕）布厚，乃令曹操杀邈。操不听，然邈心不自安。"《三国志·张邈传》亦载："袁绍既为盟主，有骄矜色，邈正议责绍。绍使太祖杀邈，太祖不听，责绍曰：'孟卓，亲友也，是非当容之。今天下未定，不宜自相危也。'邈知之，益德太祖。"该书又给出了另一个理由："吕布之舍袁绍从张杨也，过邈临别，把手共誓。绍闻之，大恨。邈畏太祖终为绍击己也，心不自安。"认为张邈与袁绍结怨，曾经令曹操寻机诛杀张邈，但是曹操没有听，反而责怪袁绍，可是这件事却让张邈心不自安，担心曹操迟早顶不住袁绍的压力，寻机诛杀自己，因此干脆背叛曹操。根据上述两则文献，我们还知道陈宫在其中起到了推波助澜的作用，如《三国志·张邈传》记载："兴平元年，太祖复征谦，邈弟超，与太祖将陈宫、从事中郎许汜、王楷共谋叛太祖。宫说邈曰：'今雄杰并起，天下分崩，君以千里之众，当四战之地，抚剑顾眄，亦足以为人豪，而反制于人，不以鄙乎！今州军东征，其处空虚，吕布壮士，善战无前，若权迎之，共牧兖州，观天下形势，俟时事之变通，此亦纵横之一时也。'邈从之。太祖初使宫将兵留屯东郡，遂以其众东迎布为兖州牧，据濮阳。"《后汉书·张邈传》中亦有同样的记载，在这里就不赘述了。

但是，《三国志·袁绍传》却有另一种说法，如文中引《魏氏春秋》载《绍檄州郡文》曰："故九江太守边让，英才俊逸，天下知名，以直言正色，论不阿谄，身首被枭县之戮，妻孥受灰灭之咎。自是士林愤痛，民怨弥重，一夫奋臂，举州同声，故躬破于徐方，地夺于吕布，彷徨东裔，蹈据无所。"认为是曹操诛杀边让这件事引起的"士林愤痛，民怨弥重"所致。

后来的学者也有新的观点，认为陈宫看不惯曹操在徐州滥杀无辜，所以引吕布来对付曹操。

但是，根据史料记载，张邈与曹操、袁绍二人的关系都不错，尤其是他还和曹操在陈留首举义兵。如《三国志·张邈传》记载："太祖、袁绍皆与邈友。辟公府，以高第拜骑都尉，迁陈留太守。董卓之乱，太祖与邈首举义兵。"正因为这种关系，当袁绍成为盟主并有骄色时，性格刚直的张邈才敢于毫不客气地"正义责之"，也正是因为这个原因，当袁绍想借曹操之手诛杀张邈时，曹操才会极力保护他。按照一般人的理解，重义气的张邈不应该如此轻易地为陈宫所说动，背叛自己的老友曹操。然而，历史往往是残酷的，总会发生一些出乎意料的事，张邈确实背叛了曹操，这一历史事实是不能改变的。

本人认为上述说法都有可能是事实，然而，如果仅仅从上面几点来推测，未免太过肤浅，其中一定会有更深层的原因。那么，真正促使张邈背弃曹操的原因到底是什么呢？本人有以下观点。

一、嫉妒心使然。虽然曹操与张邈过去关系不错，起点也差不多，都"以高第拜骑都尉"，但是，在起兵反对董卓时，二人的地位明显被拉开了，当时，张邈以陈留太守的身份起兵，既有地盘又有身份，更有威望，为几大巨头之一，并成为酸枣盟军的首领，整个反董卓同盟的副首领。而曹操起兵时，既无地盘，又无身份，为一名平民百姓。但是，后来曹操一仗翻身，成为兖州刺史，曾经的老领导张邈突然成为曹操治下的一郡郡守，变成他的下级，这或多或少地会在张邈心中埋下不服的种子。

二、不可调和的矛盾使然。我们知道张邈与袁绍不和，这早已经成为公开的秘密。因此，以侠义著称的张邈才会在吕布逃离冀州前往投奔张杨路过酸枣时，出面盛情接待吕布，临别时还与他把手共誓，以故意气袁绍。而曹操自幼与袁绍就是好友，如今又成为亲密战友，相互配合，互相支持。在袁绍密友曹操的手下做事对张邈始终是一个威胁，尤其是袁绍曾经密令曹操诛杀自己，虽然被曹操拒绝，但是，杀不杀他，何时杀他，都凭曹操的心情，因此，他才会变得心不自安起来。

三、曹操在徐州大开杀戒、残杀无辜的不当行为所造成的恶果使然。我们知道，汉代是一个以儒家思想治国的朝代，培养出来了一大批忠实的儒家士族阶层，而儒家理念中的重要一条就是仁爱，坚决反对滥杀无辜。而且这些人往往为了理念而不惜舍身成仁，故敢于仗义执言。东汉末年几次党锢，就是因为这个原因。曹操在徐州所采取的这种快意恩仇对付陶谦的残酷手段确实触到了一些人的道德底线，负面作用很快就显现出来了，它对曹操的个人形象造成了极大破坏。随着曹操第一次从徐州撤军，曹操在徐州所犯下的暴行迅速传遍了整个兖州，引起了兖州士族阶层的极大震动。他们认为曹操过于残暴，严重违反了儒教所提倡的仁义治国理念，给了一些人攻击曹操的口实，一些不利于曹操的传闻在民间迅速传播，双方矛盾开始激化。因为曹操当时正在气头上，一定会加强舆论控制，容不得对自己的诽谤，为了稳定局面，严厉打击诽谤自己的异见者。他下令诛杀了屡屡攻击自己的名士边让，为日后这些人发动叛乱埋下了伏笔。

四、最关键的原因，还是曹操收降黄巾军这件事。前文已经说过，东汉末年，土地兼并特别严重，绝大多数土地都集中掌握在那些豪强大地主手中，之所以会爆发黄巾军起义，也和这种状况有关。他们因为失去土地，生活无所依靠，只能选择造反。而当初兖州士大夫们欢迎曹操前往，只不过是想利用曹操的能力来赶跑或消灭入侵兖州的强大的青州黄巾军，以保护自己的既得利益。但是，令他们没有想到的是，曹操在击败了黄巾军之后，竟然收降了黄巾军上百万人口，开始在兖州地盘上尝试屯田，让黄巾军从事农业生产。一下子安置这么多人，就需要大量土地。那么，土地从哪里来？势必会通过行政手段或其他强制手段从那些豪强地主手中征用，这样一来就严重侵害了豪强地主们的切身利益。我们知道，中国传统上是农业社会，农民们往往视土地为自己的生命，地主们也是一样。因此，这便引起了豪强地主们对曹操的极大不满，造成了曹操与兖州士族阶层关系十分紧张。在这批人中，很多都是当初欢迎曹操到兖州主政的地主和官僚，比如陈宫，他本人就是东郡东武阳人，家境殷实，属于士族阶层。张邈则是东平寿张人，为当地的大地主，跻身士族阶层，故得以官拜陈留太守。他们刚开始时对曹操安置流民的政策采取隐忍态度，完全是因为没有办法，因为曹操掌握着兖州的行政大权，手中又有军队，尤其是那么多投降曹操并忠于曹操的黄巾军，成了曹操手中的王牌，这些人都是利益的获得者，故对曹操感恩戴德，坚决拥护曹操。曹操倚重黄巾军之力来对付不听话的本地士族豪强，打压那些反对他推行这一政策的人，这让本地士族豪强如何能接受？然而，面对曹操的高压政策和他手中百万黄巾军这股巨大力量所形成的强大压力，失去了行政权的这些豪强地主根本没有任何反抗能力，只能暂时选择忍气吞声。而这股怒火总会爆发的，只是早晚的问题、时机的问题。

如今，当他们听说曹操在徐州滥杀无辜的残暴行为时，开始坐不住了，终于找到了攻击曹操最好的借口。于是，以边让为首的文人们开始制造各种舆论，不断诋毁曹操。而此时曹操正处在为父亲报仇心切的特殊时期，根本容不下他们这样的诋毁，于是采取严厉镇压，打击带头者，诛杀边让就成了他的不二之选，已成必然。史载："陈留边让言议颇侵太祖，太祖杀让，族其家。"也就成了这些人背叛曹操的导火索。

那么，边让又是何许人也，为何曹操诛杀他会在兖州引起如此大的震动？

这就要从边让这个人说起。虽然边让是一个文人，但却不是简单的文人，更不是一般的文人。

边让，字文礼，兖州陈留郡浚仪县（治所在今河南省开封市）人氏，与东汉学者边韶为同族，又是曹魏时期名臣杨俊的老师[1]，曹魏后期曾任中书令的虞松的外祖父[2]。

根据有关史料记载，边让才华横溢，英才俊逸，天下知名，以直言正色，论不阿谄，善谈论，少年时就名博天下，与汝南召陵人谢甄、平原人陶丘洪、鲁国人孔融齐名。史载："大将军何进闻让才名，欲辟命之。恐不至，诡以军事征召。既到，署令史，进以礼见之。让善占射，能辞对。"[3] 就连当时的大学问家蔡邕都对他的才华推崇备至，还曾专门写文章盛赞他。如他在文章中是这样夸赞边让的："窃见令史陈留边让，天授逸才，聪明贤智。髫龀夙孤，不尽家训。及就学庐，便受大典。初涉诸经，见本知义，授者不能对其问，章句不能逮其意。……心通性达，口辩辞长。非礼不动，非法不言。若处狐疑之论，定嫌审之分，经典交至，捡括参合，众夫寂焉，莫之能夺也。使让生在唐、虞，则元、凯之次；运值仲尼，则颜、冉之亚，岂徒俗之凡偶近器而已者哉！阶级名位，亦宜超然。若复随辈而进，非所以章瑰伟之高价，昭知人之绝明也。"[4] 他对边让的才华简直是佩服得五体投地，对于本身就才华横溢的蔡邕来说，能够如此夸奖一位后生，是不多见的。

既然对他如此赏识，举荐他也就是情理之中的事。因此，蔡邕等人向大将军何进大力推荐他。于是，边让以高才擢进，职务在朝中屡屡升迁，后来，出外为九江太守。但是，在郡守的位置上，他并不适应，没有什么作为。初平年间，发生了董卓专权、朝中大乱这一局面。一向恃才傲物的边让不肯侍奉奸贼、与董卓为伍，于是，他选择了辞官归家。

边让这个人的名气实在是太大了，当年，他受到大将军何进的盛邀，入京到大将军府做客。当时，宾客满堂，初到洛阳的他并没有半点拘谨，表现得洒脱俊逸，令在座者莫不羡其风度。即使孔融、王朗这些当时的才子名士，也都纷纷拿着特意制作的名刺排着长队等候着他的接见。

史载，边让少辩博，能属文，有文采。但其作品绝大多数都已遗失，现留存

---

[1] 〔晋〕陈寿《三国志·杨俊传》："杨俊字季才，河内获嘉人也。受学陈留边让，让器异之。"（〔宋〕裴松之注，中华书局1959年版，第663页）
[2] 〔晋〕陈寿《三国志·钟会传》注引《魏晋世语》："松，字叔茂，陈留人，九江太守边让外孙。"（〔宋〕裴松之注，中华书局1959年版，第785页）
[3] 〔宋〕范晔：《后汉书·边让传》，中华书局1965年版，第2645页。
[4] 〔宋〕范晔：《后汉书·边让传》，中华书局1965年版，第2646页。

于世者，仅《章华赋》一篇。后人评价它："虽多淫丽之辞，而终之以正，亦如相如之讽也。"[1]这可能是他行文之特点，也是他惹祸的原因之所在。

　　清谈这种文风往往脱离社会现实且恃才傲物，是当时文人的一大通病，边让也有这样的缺点。当年他和好友谢甄经常去拜访以善识人而闻名天下的大儒郭泰郭林宗，每次都是"未尝不连日达夜"。可是，当他们走后，郭林宗对他们二人的评价却并不高。比如，一次郭林宗对其门人说："二子英才有余，而并不入道，惜乎！"意思是说，这两个人虽然英才有余，却不知道入世之道，也就是说不懂得如何融入这个社会，实在是太可惜了。郭林宗一针见血地指出了这两个人的缺点，对他们将来的命运颇为担忧。最终，二人都没有逃脱郭林宗的这一预测。后来，谢甄因为不拘细行，也就是说不注意自己的行为细节，为时人所毁；而边让则以轻侮当权者曹操，被曹操所杀。边让被杀之后，被埋在了其老家浚仪。[2]

　　因此，本人推测，边让被杀是由他个性的缺陷造成的。他可以说是东土名士的代表、兖州士族的骄傲，令人无比尊崇。然而，这样的人物竟然被曹操杀害了，不能不让东土名士和兖州士族感到震惊和愤怒。在古代是忌讳诛杀名士的，他们认为，既然曹操能够诛杀像边让这样的名士，那么，曹操将来会如何对待他们呢？这个问题令他们越想越感到害怕。因此，最终边让被杀这件事成为点燃兖州士人与曹操矛盾的导火索，导致了积攒已久的矛盾的总爆发。

　　因此，这一矛盾的爆发并不是偶然的，有着深层次的原因。要对付曹操这样的强人，只能引进比曹操更猛的人，于是，流亡在外、居无定所的吕布也就成了陈宫等人的最佳人选。然而，从陈宫劝说张邈的话语可知，他们选择吕布也仅仅是权宜之计，真正的目的是利用吕布击败曹操后，再设计除之，然后让张邈这样的本地人士出任兖州刺史。因此，张邈才会同意他的这一计划，死心塌地地跟随他背叛了曹操。

九、险象环生

　　兖州的局势之所以能够勉强支撑下来，还为曹操保存下来三座城池作为据点，

---

[1]〔宋〕范晔：《后汉书·边让传》，中华书局1965年版，第2640页。
[2]〔北齐〕魏收：《魏书·地形志》浚仪条："浚仪州、郡治。二汉、晋属，后罢，孝昌二年复。有信陵君冢、张耳冢、董仲舒冢、樊於期冢、边让冢、仓垣城。"

多亏了两个人。一位是荀彧。他作为主事者遇事不乱，十分镇定，发现危险后，立即招大将夏侯惇前来鄄城镇守，迅速铲除内奸，又孤胆出城，会见豫州刺史郭贡，表现镇定自若，毫不露怯，吓退了郭贡数万大军，成功地保住了鄄城，保护了将士们的家眷，从而稳住了跟随曹操作战的众将士的心，可谓功不可没。另一位就是程立。此时的他表现出了足智多谋、胆识过人的特点。在除了鄄城、范、东阿三座城池之外，其余的百座城池皆降，整个兖州几乎全都落入吕布、陈宫、张邈之手的情况下，当荀彧从吕布的降卒口中得知陈宫准备亲自率军前去攻取东阿，又派氾嶷攻取范县，二地吏民都非常惊恐的消息后，对程立说："今兖州反，唯有此三城。宫等以重兵临之，非有以深结其心，三城必动。君，民之望也，归而说之，殆可！"因为东阿是程立的老家，荀彧希望他能够返回老家，去稳定当地局势，领导当地的老百姓抵挡陈宫的大军，以避免东阿也丢失。程立胆略过人，他毫不犹豫地前往二地。

要知道鄄城、范县都在濮阳附近，只有东阿距离濮阳有一定距离，当时到处都是吕布的势力范围，只身前往东阿更是充满危险。程立不仅顺利抵达了老家东阿，中途还主动派人提前赶到仓亭津，切断了仓亭津的交通，让陈宫的人马一时

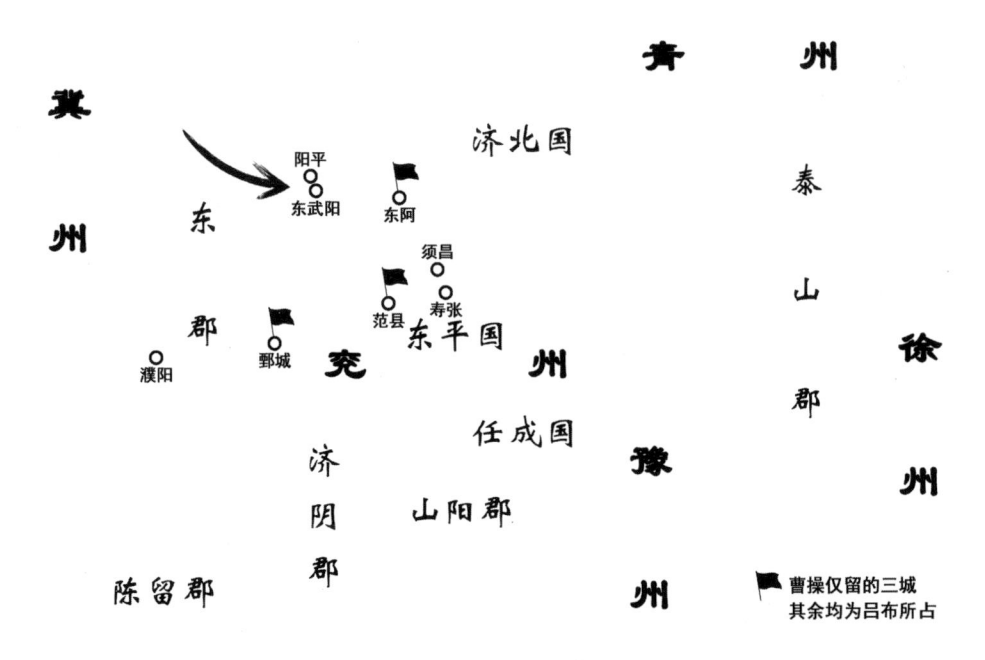

图三十四　吕布窃取兖州后曹操所面对的形势

不得渡河，从而迟滞了陈宫进攻东阿的步伐，为自己赶往东阿进行部署赢得了宝贵的时间。最后，他与东阿令枣祗一起协力成功地守住了东阿。他在前往东阿的路上，还顺路赶到范县，成功地劝说范县令靳允，坚定了他抵抗吕布的决心。当时吕布派去的主将氾嶷已经赶到了范县，就驻扎在范县城外。于是，靳允设伏兵刺杀了氾嶷，造成敌军大乱。然后，靳允整顿军队，严加防守，最终保住了范县这一重要据点。

在兖州从事薛悌的大力配合下，程立成功保住了仅有的三个县，以待曹操大军归来。有了这三城作为战略支点，曹操才有了后来翻盘的机会。因此，当曹操回来，听说了程立的功劳后，激动万分，紧紧地抓着程立的手感激地说："微子之力，吾无所归矣。"

此时，荀彧又告诉曹操一件事，说程立曾经向他讲过，他自己少年时经常做同一个梦，梦境十分奇特，他经常梦到自己登上泰山，站在山顶，两手捧着一个太阳。联想到这次陈宫、张邈之乱，全凭程立的努力，才得以保全这三座城池，曹操心中顿时大喜，对程立说："卿当终为吾腹心。"说完，他握笔在手，挥笔在其名"立"字上添加上了一个"日"，对他说自今以后，你改名叫程昱吧。从

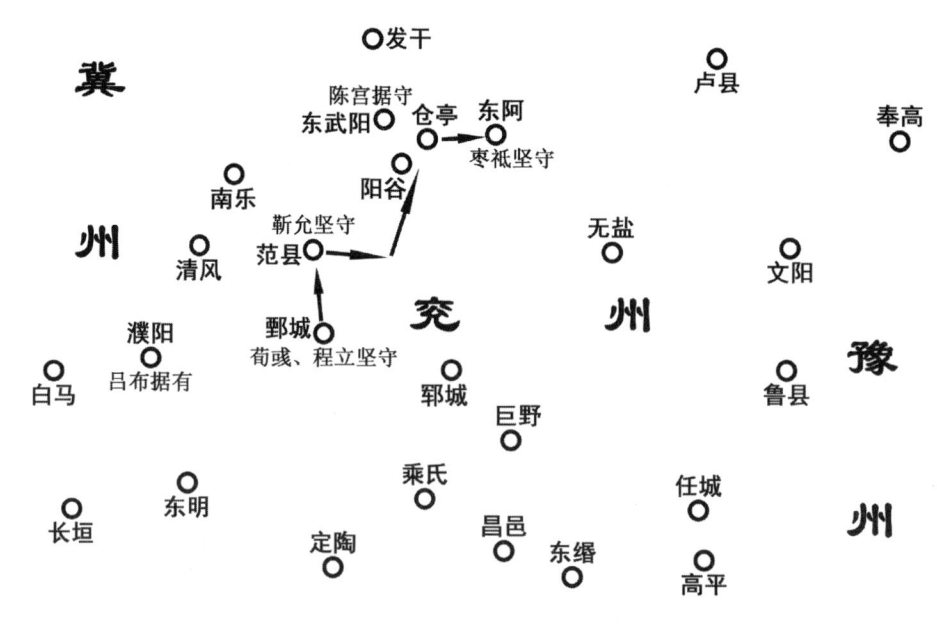

图三十五　程立稳定兖州三城位置示意图

此之后，程立遂更名为程昱，这就是程昱名字的来历。后来程昱果然死心塌地地跟随曹操，成为曹操最信任的心腹之一，并为曹操立下赫赫战功，更是青史留名。

然后，曹操任命程昱为东平国相，率军驻屯范县。

曹洪作为先锋，迅速抢占了战略要地东平，保障了曹操大军的归途。然后，又率军直接开到了距离濮阳最近的范县，控制住范县，一举稳定了范县的局势，他在这里筹集粮草，同时对盘踞在濮阳城内的吕布造成威胁，有效牵制住了吕布的兵力，使其不敢分兵东顾，成功掩护了曹操大军从泰山古道顺利回撤兖州境内。

在这里，我们不能不多说几句，吕布只是一个猛将，不是一个战略家，战略家考虑的不仅仅是如何将每一场战争打胜，还要眼光远大，考虑到全局的情况。在形势一派大好的情况下，如果他派兵甚至自己亲自前往扼守住东平，阻断曹操的归路，将曹操拒之于境外，而不是龟缩到濮阳城内，那么，就会将曹操置于前有阻截后有追兵的极为不利局面。虽然最终不一定能够彻底阻挡住曹操大军的回归，但是，最少可以迟滞他回到兖州的时间。这样一来，吕布完全有时间整合内部资源，集合兖州的反曹势力，全力对付疲惫不堪的曹军，达到彻底消灭曹操的目的。然而，历史的发展没有假设，事实上，吕布确实没有那样做。他选择了据守濮阳，至于真正的原因，后面还会谈到，在这里就不多做分析了。

曹操大军一到，随即直扑吕布盘踞的濮阳，在濮阳周围扎下几座大营，将濮阳团团围住，然后，对濮阳城展开了大规模进攻，企图速战速决，一举将吕布围歼在濮阳城内，以最短的时间夺取这一战略要地。

十、濮阳之战

吕布毕竟是一名著名战将，他虽然没有军事家的谋略才华，但是在具体的战场上，他却也了得。当时濮阳城内有一大姓田氏，使用反间计，诱使曹操从东门进入城内。也许是太过自信，也许是收复濮阳心切，聪明异常的曹操对这一点没有任何怀疑，便率领大军跟随田氏派来接应他的人悄悄摸进城内。为了表示不占领全城决不收兵的决心，曹操进入城内后，立即下令放火烧了东门。

然而，令曹操没有想到的是，吕布早已经在城内设下了埋伏，待曹操进入城内之后，他一声令下，精锐尽出，杀了曹操个措手不及。吕布亲自带领骑兵突入曹军，专门进攻组织纪律比较涣散的青州兵，青州兵抵挡不住，随即狂奔而逃，一下子冲垮了曹军的阵营，曹军顿时大乱，到处逃窜，将在后面指挥的曹操身边的卫队冲垮。曹操见状，只好也掉转马头，向东门逃去。吕布率骑兵在后面追杀，混乱中其部下将曹操俘获，但是，这些人并不认识曹操，因此就问曹操道："曹操何在？"曹操急中生智，用手向旁边一指，说："乘黄马走者是也。"吕布的骑兵来不及分辨真假，随即释放了曹操，转头去追骑黄马者，曹操才得以逃脱。曹操骑马飞奔到东城门前，此时火势正盛，为了逃命，他再也顾不了那么多了，拍马冲进大火之中。由于战马遇火受惊，一下子将他摔于马下，造成曹操左手被火烧伤。在此危急关头，多亏时任司马的楼异眼疾手快，将曹操重新扶上战马，迅速突出城外，败逃而去。

由于受伤，需要包扎，曹操没能够及时返回大营。这可吓坏了众位将领，他们以为曹操被吕布所俘或被杀，心中充满了恐惧。曹操返回大营之后，为了稳定军心，让大家知道自己平安无恙，他带伤亲自到各营中慰劳将士，并令大家不要气馁，赶快准备攻城器具，准备继续攻城。随后，又对濮阳城发动了第二次进攻。

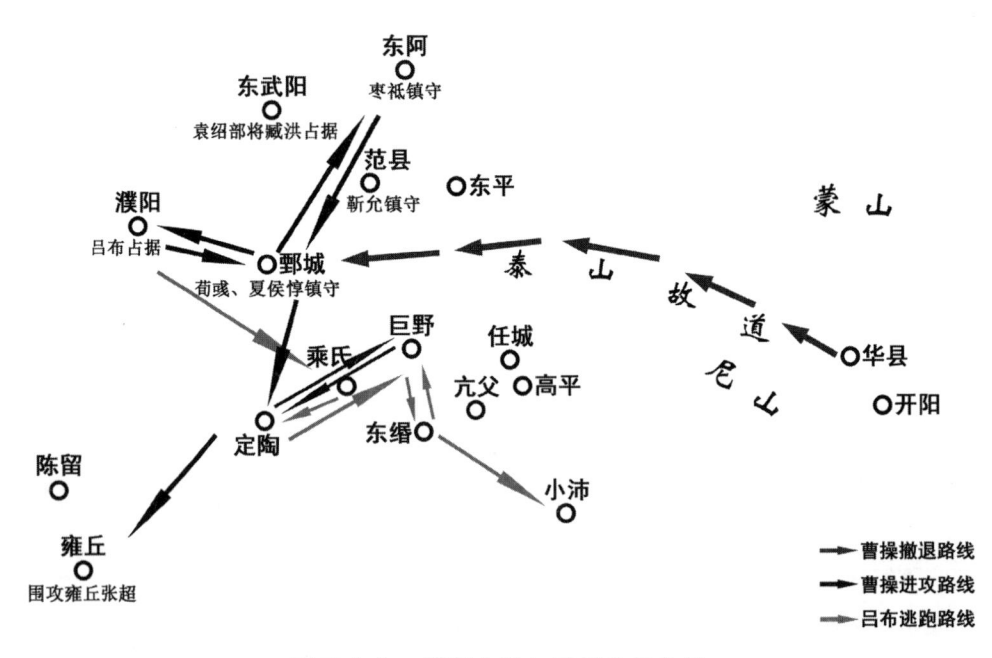

图三十六　濮阳大战与重新收复兖州

然而，由于城墙高大，十分坚固，这一次攻城又没有成功。此后，双方围绕濮阳城展开了拉锯战，曹操始终没有能够拿下濮阳城，双方陷入了对峙状态，时间持续达百日之久。

曹操见濮阳城高墙厚，久攻不下，便改变了策略，决定从濮阳的外围着手，想首先清除掉其外围据点，使濮阳陷入孤立无援状态，然后再与城内的吕布决战。

为了应对曹操对濮阳的围攻，吕布在城外设置了几座大营，与濮阳形成掎角之势。其中，一处位于城南不远处，共有两座军营；一处位于城西部四五十里处，为吕布最主要的军营之一。考虑到那里没有像濮阳那样高大的城墙，相对好打，于是曹操将进攻的重点选在那里。

为了分散吕布的兵力，曹操先派于禁率军攻破城南那两座军营，以吸引吕布的注意力，他则亲自率主力趁着夜色偷袭城西那座军营，经过一夜血战，当天蒙蒙亮时，终于将其攻破。但是，在还没有来得及撤退时，吕布率领的增援军队却突然赶到，从外围又对曹操来了个反包围，从三个方向对曹军展开了进攻。吕布亲自上阵，双方展开了肉搏战，战斗十分激烈，从早晨至中午，交战数十回合，在拼杀中，夏侯惇被流矢所中，伤及左眼，造成左眼失明，形势十分危急。为了打破相持局面，曹操招募敢死队，夏侯惇的部下典韦挺身而出，夺得头筹，他率领应募者数十人，皆身穿重衣两铠，为了行动方便，干脆抛弃了用于防护的盾牌，每人手中只拿着长矛、撩戟，与敌人进行近搏战。典韦身形魁梧，膂力过人，爱好持一双大戟与长刀等兵器，军中传说："帐下壮士有典君，提一双戟八十斤。"可见他的膂力是多么惊人。哪里有危险，典韦率领敢死队就出现在哪里，进行抵挡。每次典韦总是冲在最前面，面对矢至如雨，他都是视而不见，下令将敌人放到近处来打，直到距离自己五步远时，方才下令突然出击。只见典韦双手持十余戟，大呼而起，或投或刺，面对者无不应手倒地。

双方一直激战到天黑，最后，吕布实在抵挡不住了，只好选择撤退，曹操才得以撤军。由于典韦在此次战役中表现勇猛，深得曹操的赏识，曹操立即将他提拔为都尉，拨给他亲兵数百人，留在自己的身边，专门负责自己的安全。典韦的部下都是那些经过精挑细选的军卒，每逢战斗，常先登陷阵。后来，曹操又升迁他为校尉。

由于失去了士族阶层的支持，造成了地方政权机构的全面瘫痪，令曹操这位兖州刺史的政治优势和行政优势全部丧失，使他对吕布的这场战争完全变成一场纯粹的军事行动。这对曹操十分不利,甚至连军粮都无法保证供给。

曹操围攻吕布长达百余日,却愣是没有攻下来,其间还不断遭到吕布的袭击,兵力损失很大。在一次失败后,他不得已向盟友袁绍求援,袁绍派来了五千精兵助战,却仍然没能拿下濮阳城。这正是后来袁绍与曹操关系闹掰之后,于官渡之战的前夕,在其发出的讨伐曹操的檄文中提到"故复援旌擐甲,席卷赴征,金鼓响震,布众破沮,拯其死亡之患,复其方伯之任,是则幕府无德于兖土之民,而有大造于操也"这件事的原委。

双方谁都不能迅速取胜,形成了曹操最为担心的长期对峙状态。因为在此之前,关东各地就已经开始闹蝗灾,造成这年夏秋两季庄稼的绝收,百姓饥饿难耐,哀鸿遍野,造成双方都征集不到军粮。因此,曹操和吕布军中都缺乏粮食,士兵饥饿,无力再战,战争再也无法进行下去了。

第二章

逆势崛起

在此种情况下，曹操于当年九月，率军回到了鄄城休整。吕布也趁机离开濮阳，率军跑到乘氏就食。

第一节　收复兖州

一、李乾之死

在此种情况下，曹操于当年九月，率军回到了鄄城休整。吕布也趁机离开濮阳，率军跑到乘氏（治所在今山东省菏泽市巨野县龙固镇一带）就食。但是，乘氏当地的老百姓也缺少粮食，在事关生存的问题上，当地人对吕布是不会妥协和让步的，结果，曹操费尽心机想击败的强敌吕布，被饥饿打败，主动放弃了濮阳，在乘氏又栽了一个大跟斗，竟然被乘氏县的大户李进击败。

事情的经过是这样的：曹操有位部下名叫李乾，其老家在山阳郡钜野的乘氏县，是当地的大户，李乾很有英雄气概，他纠合宾客数千家，在当地形成一股非常强大的势力，他自然也就成了他们家族的领袖。由于势力很大，整个乘氏县都在他们李家的掌控之下。初平中，他率领众人投靠了曹操，一直跟随曹操南征北战，先后击破了黄巾军、袁术，东征徐州陶谦，成为曹操手下著名战将。曹操从徐州撤军后，为了安抚乘氏县的老百姓，派李乾返回乘氏，慰劳周边诸县，利用李乾在当地的巨大影响力来争取这些县反正。吕布的别驾薛兰、治中李封二人当时已经率军抵达，就驻扎在当地。他们听说李乾突然回来了，便招李乾到他们军营去，想争取甚至胁迫他投降吕布。李乾当然不会听从，这让二人十分恼怒。濮阳之战结束后，吕布率军跑到乘氏。当时，守城的是李乾的老本家李叔节和李进兄弟二人，因为畏惧吕布的强大，担心惹恼他会进攻自己的县城，给城内的老百姓造成灾难，于是，李叔节决定采用讨好吕布的策略，尽量阻止他入城。因此，他杀了数头肥牛，令人赶制出来一万多张胡饼，数十石酒，留下李进守城，他亲自带上这些慰问品到城外犒劳吕布。为了一探吕布军队的虚实，胆大的李乾也跟随他一同前往。李乾是当地名人，也是李姓的首领，大家都认识他，薛兰和李封二人因为不满当初李乾不买他们的账，不听从他们的召唤，在酒宴上，趁机杀死了李乾。

消息迅速传到了城中李进那里。他立时大怒，迅速发动起族人，率领他们冲出城外，对吕布展开了疯狂的报复。结果将立足未稳的吕布打了个措手不及，吕布被他们击败。由于当地都是李家的人，他们听说自己的首领李乾被害，气愤难当，到处袭击吕布的军队，搞得吕布在当地无法存身。因此，吕布只好又跑到了山阳，才在那里稳住了阵脚。

吕布无论如何都不会想到，杀死一个李乾，一下子捅了李氏的马蜂窝。这就是当时地方大地主宗族势力影响力之大的典型事例，也是军阀们一般都不敢轻易招惹他们、尽量不触动他们利益的原因。

李乾被害的消息传到了鄄城，曹操非常悲痛，为了给李乾报仇，将李乾所统率的部队交给了他的儿子李整统领。在李整的带领下，大军前往那里寻找薛兰、李封二人报仇，最终将他们二人彻底击败。后来，李整跟随曹操在与吕布作战和收复兖州的战役中屡立大功，被曹操升迁为青州刺史。李整战死后，曹操又将李乾的部队交给了他的侄子李典统领。李典跟随曹操出生入死，成为曹操手下的著名将领之一。

二、艰难抉择

经过濮阳一战的拼杀，曹操的部队只剩下一万余人，使他十分沮丧，情绪低落到了极点。他加紧到处征召新兵，又为大家的生计发愁。就在此时，袁绍突然派使者来到鄄城，与曹操商量双方进一步联合的事，为了安全，他建议曹操将家眷迁到邺城居住。

由于曹操刚刚失去兖州，军队受损严重，又缺少粮食吃，陷入极大的困境。因此，他准备答应袁绍的这一建议。消息一出，却遭到了程昱的强烈反对。他担心如果听从袁绍的建议，将家眷送到邺城去，将来一旦有变，这些人会成为袁绍挟制曹操的人质，并举了许多历史事例来说明这件事的利害关系，千方百计地鼓励曹操，说眼前的困境是暂时的，很快就会过去。

曹操认为程昱说得非常有理，于是，就谢绝了袁绍的好意，并很快又重新振作起来。

由于这么多人全都集中在鄄城这一个小地方，根本养不起，因此，仅仅一个月，当地的存粮便消耗殆尽。为了生存，解决大家的吃饭问题，当年十月，曹操不得不率军又转移到了东阿县。因为东阿县一向盛产谷米，县令枣祗是跟随曹操的老部下，他一向重视农业生产，致力于劝课农桑，积谷屯粮，并且勤修武备。两年来，曹操令他在当地负责屯田，确实也积存了一定的粮食。而且这里城高墙厚，易于防守。还有一个重要的原因，东阿是程昱的故乡，群众基础比较好。

然而，到了这年的冬天，粮荒变得更加严重，谷价一斛（量器名，亦用作容量单位，古代以十斗为一斛，南宋末年改为五斗）猛涨到了五十余万钱，老百姓根本承担不起，一些地方开始出现了人食人的惨况。

因此，这里的粮食很快也被耗完了，为了节省粮食，曹操不得不下令裁减军队人数，将新近招募的士兵及官吏遣散。

为了生存，必须继续筹粮，曹操将这个艰巨的任务交给了程昱。程昱是当地人，由他出面负责这项工作相对容易一些，不至于与当地老百姓产生太大的矛盾。虽然程昱在全县进行了大力搜刮，所得到的粮食也仅仅勉强维持三天时间。为了让大家能够多支撑几天，程昱竟然暗中在这些粮食中夹杂了一些人脯，冒充猪肉来供大家充饥。什么是人脯呢？说白了就是死人的肉干，可见曹操当时已经困难到了什么程度。这是非常不人道的，这件事便成了伴随程昱一生的污点，经常遭到人们的诟病，史载"由是失朝望，故位不至公"。程昱为曹操鞠躬尽瘁，立了大功，然而，仕途却因此受到影响，既让人同情，又令人为之惋惜。

好不容易度过了冬天，第二年春天，曹操决定偷袭吕布所占有的大城市定陶，以摆脱眼前的困境。

定陶城墙高大，人口多，储存的粮食相对较多，当然也最难攻。当时，防守定陶南城的是吕布所置的济阴太守吴资。此人非常难以对付，曹操多次攻打，都没有攻破。于是，曹操决定采用围点打援的办法，尽量消耗吕布的兵力。双方围绕该城的攻防，持续了整个春天，曹操多次击败前来支援吴资的吕布，消耗了他不少兵力。

到了这年夏天，因为夏收在即，占领更多的地盘就意味着会掌控更多的粮田，将来收获的粮食也就会更多，因此，曹操决定改变之前的策略，放弃了继续围攻定陶，转而进攻其他地方，想尽量多地抢占地盘。为了赶在麦收之前尽量占有更多的地盘，袁绍特地派军队前来支援曹操。在进攻驻守在山阳郡钜野的薛兰、李封时，吕布再次率军赶忙救援，结果被曹操击败，薛兰被杀。

就在曹操刚刚占领钜野之时，一个爆炸性的消息突然传来，曹操的仇人徐州牧陶谦病死了，曹操闻听这一消息后显得异常激动，他认为夺取徐州的最好机会终于来了，于是，他准备暂时放弃与吕布争夺兖州，率主力再度东下远征徐州，想趁陶谦刚死、徐州内乱之时，一举拿下徐州，然后再回过头来对付吕布。

有人会问，陶谦为什么会突然病死呢？这一问题其实很好理解。一方面是因为他年事已高，病死时已经六十有三，在当时已经属于高寿了；另一方面，还是与曹操的两次东征有关，陶谦这个人性格刚直，要强了一辈子，没想到老了遭到曹操这位后生的讨伐，给他本来治理得很好的徐州的老百姓带来了深重灾难，大批老百姓被杀，尸骨遍野，路无行人，许多城池遭到严重破坏，从此凋敝下来，令他痛心不已，这对他的心理打击特别大。他本人也多次被曹操大军包围，差点成为曹操的俘虏，险象环生，惊险无比，年迈的陶谦哪里能够经受住这样的沉重打击呀。更严重的是，这一状况还没有改变，不知道哪一天曹操这位"瘟神"又会出现在他的面前，令他忧虑不已。加上在关键时刻，他最为信任的负责督运广陵、下邳、彭城三郡粮草的同乡笮融背叛了他，不仅断绝三郡粮运，后来又离他而去，带走了男女万口、马三千匹，要知道当时南方马匹不多，多从北方贩卖而来，在战争中作用巨大，这无异于砍掉了陶谦的左右手，缺乏骑兵的徐州兵战斗力大大降低。笮融还接连刺杀了广陵太守赵昱、豫章郡守朱皓，成为地方一害。没有被曹操屠城、保存得相对较好的这两个郡的地方主官接连被笮融所杀，城池遭到大肆劫掠，变得十分混乱，陶谦却无力剿灭，直接威胁到了陶谦对徐州统治的根基，这对他的心理又是一个沉重的打击。

因此，当曹操撤军之后，陶谦禁不起这种心理上的折磨，很快便病倒了，而且，一病不起，不久就病死了。

由于当时兖州正陷入激烈的战火之中，阻碍了两地的交通，因此，当这一消息传到兖州时，已经是第二年夏天的事情了。

然而，当曹操提出再次出兵徐州这一想法时，却遭到了其第一谋士荀彧的强烈反对。荀彧这个人头脑十分冷静，这是他最难能可贵的地方。他清醒地认识到徐州并不好征服，而兖州才是曹操的大本营，是他重新崛起、将来成就大业的根本，更是其托命之地，决不能轻易放弃。如果放弃兖州，徐州又没有迅速拿下，那么，曹操也就危矣。

因此，他赶忙劝阻曹操说："昔高祖保关中，光武据河内，皆深根固本以制天下，进足以胜敌，退足以坚守，故虽有困败而终济大业。将军本以兖州首事，平山东之难，百姓无不归心悦服。且河、济，天下之要地也，今虽残坏，犹易以

第二章　逆势崛起

自保，是亦将军之关中、河内也，不可以不先定。"他坚决反对曹操放弃兖州、先取徐州的想法。

然后，他进一步为曹操分析道："今以（已）破李封、薛兰，若分兵东击陈宫，宫必不敢西顾，以其间勒兵收熟麦，约食畜谷，一举而布可破也。破布，然后南结扬州，共讨袁术，以临淮、泗。"

最后，他指出："若舍布而东，多留兵则不足用，少留兵则民皆保城，不得樵采。布乘虚寇暴，民心益危，唯鄄城、范、卫可全，其余非己之有，是无兖州也。若徐州不定，将军当安所归乎？且陶谦虽死，徐州未易亡也。彼惩往年之败，将惧而结亲，相为表里。今东方皆以收麦，必坚壁清野以待将军，将军攻之不拔，略之无获，不出十日，则十万之众未战而自困耳。前讨徐州，威罚实行；其子弟念父兄之耻，必人自为守，无降心；就能破之，尚不可有也。夫事固有弃此取彼者，以大易小可也，以安易危可也，权一时之势，不患本之不固可也。今三者莫利，愿将军熟虑之。"荀彧的这一段话，一下子点到了要害之处，很有说服力。

曹操本来就是一个善于纳谏之人，他见荀彧说得很有道理，于是放弃了远征徐州的想法。此后，他将自己的部队全都派了出去，利用战争间隙，集中所有力量抢收麦子。大灾之后，人们充分认识到粮食是最重要的战略物资，也是决定战争胜败的关键，因此，也就成为双方争夺的重点。

就在曹操全力抢收麦子的时候，吕布与陈宫从东缗突然率万余兵马再次赶来，探马报来这一情报时，曹操感到十分吃惊，因为留在大营驻守的兵力不足千人，想再召回分散到各地去抢收麦子的部队已经来不及了，如何击退兵力多于自己十倍的敌人呢？这难不住曹操，他立即将军营内的家属全部组织起来，把她们赶上城墙，装扮成士兵把守在女墙的后面；他自己则率领仓促组织起来的所有士兵埋伏在营垒西侧的一座大堤后面，堤南便是幽深的树林。

吕布率军赶到后，发现曹操大营中平静如初，没有一点慌乱的样子，知道他早有准备，担心中了曹操的埋伏，因此并没有立即发动进攻，而是向南退到了十里之外的地方扎下营寨。第二天方才向曹操发动进攻。当他们穿过茂密的树林，看到只有少量曹军在大堤之南活动时，才放下心来，指挥军队继续向前逼近。双方接近之后，吕布让轻兵上前挑战，以作试探。吕布之所以如此小心谨慎，是因为他知道曹操用兵多谲，善设伏兵，之前在濮阳时就没少吃过曹操这方面的亏，就连他的许多部下都知道曹操这一点，吃过曹操的大亏，因此，对曹操心存忌惮。

没想到双方刚一交手，曹操果然率领伏兵从堤后突然杀出，步骑并进，向吕布的阵营冲杀过来。吕布及其部下顿时大惊失色，他们也不知道敌军到底有多少人，吓得扭头就跑，结果造成大败。吕布自己用来指挥的鼓车都被曹操缴获了。由于事发突然，吕布也来不及弄清楚曹操到底有多少人，要是他知道曹操的底细，一定会后悔死。这一次惨败对吕布打击实在太大了，从此，他变得一蹶不振，在战场上处于守势。

三、收复兖州

曹操乘胜挥师南下，顺路一举收复了定陶，占领了济阴郡。曹操之所以坚持不懈地攻打定陶，是因为定陶为济阴郡的郡治所在地，一旦占领了这里，就可以与濮阳、鄄城等地连成一片，整个兖州西部都会牢牢地控制在自己的手里。

与此同时，曹操分兵攻掠各地，派曹仁率领骑兵顺利攻破句阳（今山东省菏泽市牡丹区小留镇），生擒了吕布的大将刘何。派曹洪率军从东阿出发，占领了济阴、山阳二郡的多个县城，夺取了吕布驻守的东缗和昌邑。派于禁率本部兵马进攻须昌（今山东省东平县东宿城镇西北），击败吕布守将高雅，先后占领了寿张、定陶、离狐。然后，在盟友袁绍的大力支援下，又分兵平定了兖州东部各县。在曹操各路大军的不断打击下，吕布只能抱头鼠窜。随着吕布在兖州的最后一块根据地丢失，他更没有了与曹操争夺兖州的资本，在兖州再也没有了立锥之地。于是，他只得带领着张邈、陈宫等人东下，逃进了徐州境内，准备继续南逃，投靠曹操的死敌袁术。最后，他们投奔了刚刚接替陶谦任徐州牧的刘备。

曹操随即挥军南下，进入陈留郡境内，包围了张邈的老家。经过数月苦战，于同年十二月，一举攻破了张邈之弟张超所据守的雍丘，张超不得已选择了自杀。曹操诛杀了张邈三族，彻底收复了兖州全境。

经过艰苦卓绝的斗争，曹操用了两年的时间，终于从吕布手中重新夺回了兖州，军事力量也重新得到了恢复。

经此一役，尽管损失惨重，但是曹操也有不少收获，不仅锻炼了自己的队伍，打出了军威，还赢得了将领们对曹操的崇拜。比如，收复兖州的战争结束后，曹操让前来支援自己的袁绍的将领们回去时，主帅朱灵却说："灵观人多矣，无若曹公者，此乃真明主也。今已遇，复何之？"坚持不走，坚决表示要留下来。其所率领的士卒们也对曹操崇拜有加，都不愿回去，皆随朱灵留在了曹操的队伍中。后来，朱灵成为曹操手下的一员优秀将领，名望仅次于大将徐晃，官至后将军，被封为高唐亭侯。

兴平二年（195）十月，朝廷终于正式任命曹操为兖州牧，曹操向天子上《领兖州牧表》，其文照录如下：

入司兵校，出总符任，臣以累叶受恩，膺荷洪施，不敢顾命。是以将戈帅甲，顺天行诛，虽殪夷覆亡不暇。臣愧以兴隆之秩，功无所执，以伪假实，条不胜华，窃感讥请，益以惟谷。

他派出使者出使朝廷，送去兖州地方的土特产，以表达谢意。这是他第一次正式以兖州牧的名义上书天子，清楚地罗列了所上礼品的种类和数量。其文曰："兖州牧上书，山阳郡有美梨，谨上缝帐二，丝缕十斤，甘梨二箱，椑枣二箱。"

这是朝廷正式认可曹操对兖州的统治权，也是曹操跻身封疆大吏之列的正式开始。从此之后，他终于有了与袁绍、刘表、刘虞等人平起平坐的资格。

四、吕布失败的原因

上文已经谈到，在形势一派大好的情况下，吕布没有抓住时机抢先控制住东平这一战略要地、阻断泰山古道，缺乏战略考量，这是为将者和战略家的区别。那么，这是不是吕布最终失败的原因呢？即使吕布缺乏这方面的战略考量，其谋士陈宫、张邈为何也没有想到这一点呢？针对这一问题，我们不妨进行一些深入的探讨。

首先，从吕布的个性谈起。吕布心胸狭窄，是一个多疑多变的人。他总是怀疑别人会害自己，屡屡背叛自己的主子就是典型的事例。这样性格的人往往会有一个特点，以己度人，也就是说，他会以同样的度量看待别人。也许他认为张邈和陈宫既然能够背叛他们的好友曹操，他们将来也一定会背叛与他们没有交情的自己，因此，虽然他们背叛曹操，出面迎接自己，但是从骨子里吕布对这两人并不放心。后来吕布对陈宫只是敬而远之，对他的建议从来都不采纳，这就是最好的证明。代理东郡太守的陈宫率军驻扎在白马，陈留郡太守张邈根据地在浚仪，濮阳正好介于二者之间，将他们区隔开来，而且这两个地方距离濮阳城都不远，因此，濮阳城居于战略要冲位置，如果他掌控住濮阳，就会有效地防范这两个人联合起来对自己图谋不轨。用人不疑是取胜的关键，而吕布在这方面却犯了大忌，要知道陈宫、张邈在选择背叛曹操的那一刻起，就决定了他们已经没有了退路，唯一可以依靠的就是吕布，尽管他们可能会有其他打算，但是，此时此刻这两个人不可能，也绝对没有其他想法，只能一心一意地辅佐吕布，对付共同的敌人曹操。然而，吕布却没有认识到这一点，没有很好地利用陈宫、张邈这两个资源，将他们白白浪费掉了。

其次，从现实情况看，当吕布掌控兖州后，作为曹操的盟友袁绍立即任命部下臧洪为东郡太守，迅速率军进驻到东武阳，距离濮阳不远，与东阿一河之隔，既有力支持了东阿县令枣祗，保证东阿不致落入吕布之手，又威胁着在濮阳的吕布，严重牵制了他的用兵，使他无力分兵东顾，去切断曹操的归路。这也是吕布失败的重要原因。

再次，吕布失败的关键原因就是只看到局部，缺乏全局观念。他看到了濮阳的重要性，重点布兵，但是，缺乏保护兖州全境的战略考量，不采纳谋士们的好意见好建议，没有与徐州的陶谦、荆州的刘表、幽州的公孙瓒等反曹势力相联合，共同夹击曹操，轻易放曹操大军回归兖州境内，为兖州的得而复失埋下了伏笔。

最后，吕布缺乏政治头脑，他不知道如何利用手中的政治优势，加强政治宣传，充分发动兖州境内反对曹操的力量，借助他们的力量拧成一股绳，共同对付曹操，只知道逞自己之勇武，来对付曹操，这才是他最终失败的根本原因。

第二节　控制河南

经历过这几年的挫折,让曹操学会了许多,也成熟了不少。他开始放弃个人恩怨,胸怀天下,将目光放得更远,视野放得更大。随着地位的提升、自信心的增强,他开始有了志吞天下的雄心壮志。因此,他开始向外扩张,拓展自己的势力范围,最先选择的是黄河以南的广大地区。

在收复兖州的过程中,他已经派遣大将曹洪率军向西进攻,夺取了河南尹管辖的原武、阳武,然后,继续向西南进攻,一举占领了京、密二县等黄河南岸的广大地区,将自己的势力范围扩展到了洛阳附近的虎牢关以东,进而占领了河南郡全境。此时,适逢汉献帝东迁,曹操命令曹洪继续西进,前往迎接汉献帝东归。但是,却遭到了袁术的洛阳守将苌奴的堵截,止步于虎牢关外。

在攻破雍丘之后,曹操马不停蹄地向南进攻,出兵豫州,进攻被袁术所胁迫的邻居陈国。

出兵之前,为了保证兖州的安全,他命亲信夏侯惇领陈留、济阴太守,加建武将军,封高安乡侯,以镇守兖州西南部,派吕虔领泰山太守,镇守兖州东部,将兖州牢牢地掌控在自己的手里。

建安元年(196)春正月,曹操军临豫州汝南郡陈国的武平(今河南省鹿邑县),威逼袁术控制的陈国。在大军的威逼下,陈相袁嗣选择了投降。曹操为陈王刘宠安排了新的国相骆俊,进而分兵迅速占领了汝南、颍川二郡,与河南郡连成一片。

曹操占领淮、汝、陈、梁的过程中,获得了猛将许褚。史载:"许褚,字仲康,谯国谯人也。长八尺余,腰大十围,容貌雄毅,勇力绝人。"汉末,黄巾军起,许褚曾经聚众自保,抵抗住了汝南葛陂黄巾军万余人的进攻,其勇武传遍淮、汝、陈、梁之间,皆畏惮之。

曹操在巡行淮、汝之间时,许褚率其众人归降了曹操,曹操一见他就喜欢上了,惊喜地夸赞他曰:"此吾樊哙也。"即日就拜他为都尉,让他统领禁军,专

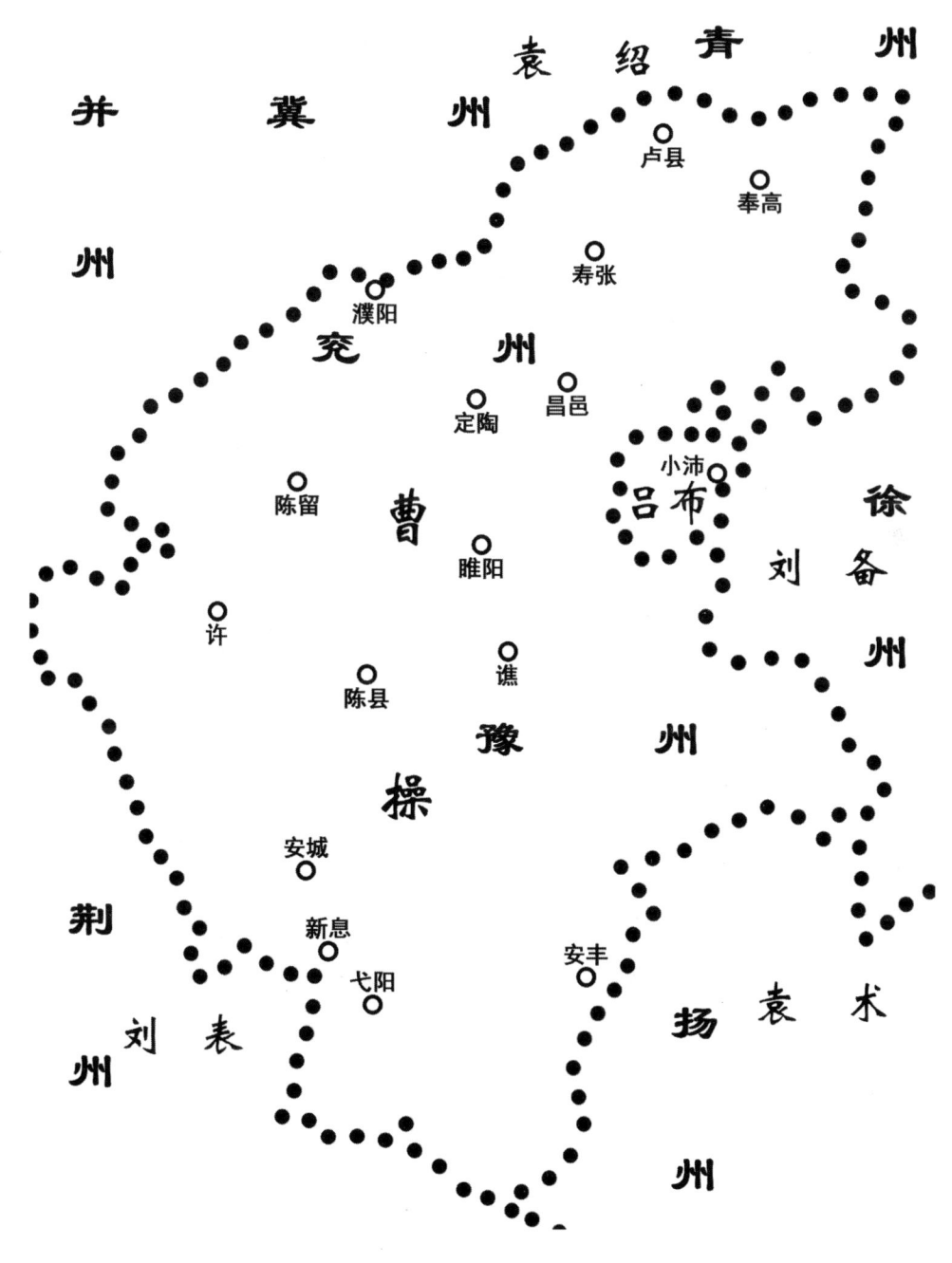

图三十七　抢占豫州，扩大地盘

门负责自己的安全。

当曹洪成功占领原武、阳武、京、密四县后,曹操将夏侯惇调来,让他领河南尹,负责河南郡的安全。夺占颍川郡之后,又任命猛将夏侯渊领陈留、颍川二郡太守,以巩固新近占领的地区。曹操的这种任命,打破了各州郡的界线,使自己的亲信跨州连郡,分领重要郡的郡守,这标志着他战略思想的重大转变。

曹操一路畅通无阻,仅用了一个多月的时间便迅速占领了豫州全境,从而掌控了河南、河东大片领土,成为仅次于袁绍的军事集团。

曹操所掌控的地区处于中原腹地,控制着东、南、西、北四方的交通要道,袁绍等人与之相比,皆为边鄙之地,这一区位优势决定了他必将成就一番大事业。他派曹洪率军西上,去迎接汉献帝就是这一思路的反映。

建安元年(196)春,曹操听说汉献帝一行到达安邑的消息后,再次命曹洪率军继续西进,前往迎接汉献帝。由于上次被苌奴阻挡在虎牢关前,这一次曹洪决定改变线路,从东郡西进,准备借道河内郡前往安邑,却又遭到了董承的阻击,结果再次失败。

控制了这些地盘之后,曹操开始集中兵力讨伐盘踞在汝南、颍川二郡的黄巾军余部何仪、刘辟、黄邵、何曼等部。

这些人都是曹操当年的老对手,早在汉灵帝末期,汝南黄巾军声势浩大,其首领波才非常强悍,兵多将广,屡败左中郎将皇甫嵩和右中郎将朱儁。中平元年(184),他们曾经将皇甫嵩的数万人包围在长社城内,搞得皇甫嵩十分狼狈。为了解救皇甫嵩,灵帝紧急提拔曹操为骑都尉,命他率兵前去救援。结果曹操和皇甫嵩里外配合,大破波才,一举击败围困长社的黄巾军,斩首数万级。之后,曹操又与皇甫嵩、朱儁二人乘胜进讨汝南、陈国的黄巾军,追击波才于阳翟(今河南省许昌市禹州市),击彭脱于西华,皆大败之。余贼降的降散的散,三郡悉平。因此,这些人都是当年曹操的手下败将。如今,曹操军力和气势正盛,这些人更不是曹操的对手。

董卓之乱后,天下陷入大乱,各地黄巾军趁机死灰复燃,汝南、颍川黄巾军残余在何仪、刘辟、黄邵、何曼等人的带领下重新举起了造反大旗,再次起义。这些人也打着反对董卓的旗号,先是依附于袁术。后来孙坚被袁术任命为河南牧,他们又归附于孙坚。董卓胁迫汉献帝西迁后,造成这两地防守空虚,给了他们快速发展的契机,因此他们的势力发展非常快,到了建安元年(196)初,他们各自己经拥有部众达数万人。孙坚战死后,他们便成了无头苍蝇,各自占山为王,或者联合行动,祸害一方百姓。

建安元年(196)二月,曹操进军汝南、颍川二郡,开始讨伐他们。曹操驻屯在版梁。黄邵等人先下手为强,率军夜袭曹操大营,结果被猛将于禁率麾下击破,斩杀黄邵、何曼等人,尽降其众。何仪、刘辟等人见大势已去,只好率众全部投降,曹操一举平定了这两郡内的黄巾军余部。

经此一役,天下形势焕然一新,曹操所占地盘大大增加,控制着兖、豫二州,东汉十三州,曹操拥有其二,加上司州的河南尹地盘,成为面积仅次于袁绍的一股重要力量,令天下任何人都不敢小觑,甚至可以影响天下发展格局,为日后的发展壮大打下了坚实基础。

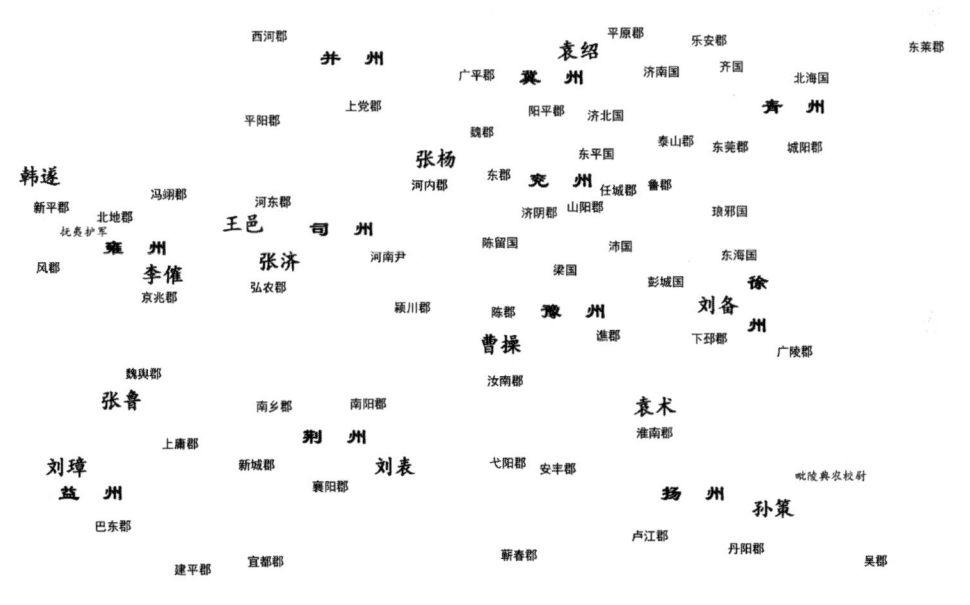

图三十八　建安元年形势图

第三节　移治于许

许昌位于河南中部，古称"许"，其名称源于帝尧时当地高士许由曾经牧耕于此。夏朝时曾短暂建都于这里的阳翟。商朝在此处分布着历（今河南省禹州市境内）、有熊氏（今河南省长葛市境内）、昆吾（今河南省许昌市建安区境内）、康（今河南省禹州市境内）等部落和一些方国。到了西周，实现分封制，这里的诸侯国有历、康、许、鄢等。春秋战国时期先后为郑、韩、楚所据。秦王政十七年（前230），秦置颍川郡，治阳翟下辖12县，包括许县、阳翟县、长社县、鄢陵县、襄城县等。汉高祖六年（前201），析许县，置颍阴县，下辖许、颍阴、阳翟、长社、鄢陵、襄城等县。曹魏黄初二年（221），魏文帝曹丕以"汉亡于许，魏基昌于许"，遂改许县为许昌。许昌之名沿用至今。

许昌西依伏牛山脉、中岳嵩山，北邻郑州，东、南接黄淮大平原，境内有汝河、颍河、双洎河和清潩河四条大河，西部山区为淮河上游几大支流的发源地，地势开阔，水陆交通便利，进可攻，退可守，地理位置十分优越。而且，这里又与黄河有一定的距离，与黄河北岸势力最为强大的友军袁绍之间具有一定的战略缓冲区，距离不远不近，曹操将此地设为自己的根据地，既避免了与袁绍发生冲突的可能性，又在危险时可以相互照应。曹操深知"得中原者得天下"这个道理，建安元年（196）六月，曹操在平定了汝南、颍川二郡的黄巾军后，干脆将大本营从偏东的鄄城迁到了许县。

汉献帝听说曹操平定了黄巾军的消息后大喜，下诏拜曹操为建德将军，正式承认了曹操对豫、兖二州的实际统治权。

曹操将大本营移到许县之后，着手办了几件大事。

一是为了感谢天子拜自己为建德将军，曹操上《陈损益表》，提出了十四条治国方略和建议。其中开篇是这样说的："陛下即祚，复蒙试用，遂受上将之任，统领二州，内参机事，实所不堪。昔韩非闵韩之削弱，不务富国强兵，用贤任能。

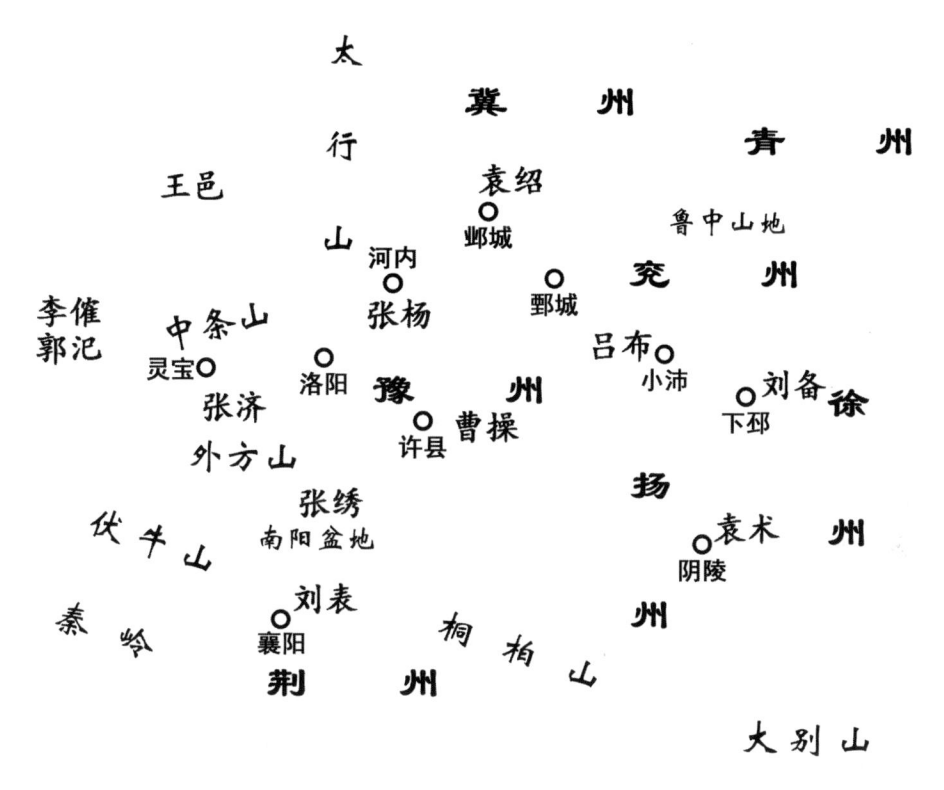

图三十九　许昌的地理位置、山川形势及周边环境

臣以驱驱之质，而当钟鼎之任；以暗钝之才，而奉明明之政。顾恩念责，亦臣竭节投命之秋也。谨条遵奉旧训权时之宜十四事，奏如左，庶以蒸萤。增明太阳，言不足采。"表露出了自己不甘于此的雄心壮志。

二是此时的他深感人才奇缺，身边急需谋臣。在此之前，曹操身边有一位重要谋士，名叫戏志才，与荀彧是老乡，也是颍川人，被荀彧推荐给曹操。此人善于筹划，曹操对他十分器重，作为军师经常带在自己身边，为曹操出了不少好主意。可惜其过早去世，曹操深感惋惜。虽然荀彧也是他的重要谋士，深受曹操倚重，为曹操筹划大事，然而他经常坐镇后方，主持政务，不能时常跟随曹操出征。因此，选拔谋士已经成了曹操此时的当务之急、首选之事。

于是，他写信给尚在大后方鄄城的荀彧，对他说："自志才亡后，莫可与计事者。汝、颍固多奇士，谁可以继之？"征求荀彧的意见，希望他能够给自己再推荐一个人才。荀彧不愧有识人之才，他遂向曹操又推荐了一个奇才，此人名叫郭嘉。

郭嘉，字奉孝，颍川阳翟人。史载他"少有远量，汉末天下将乱，自弱冠匿名迹，密交结英隽，不与俗接，故时人多莫知，惟识达者奇之"①。最初，他也和荀彧一样，跑到冀州投靠了老乡袁绍，然而，很快他就发现袁绍这个人不足以成大器，因此，他对袁绍的重要谋臣辛评、郭图二人说："夫智者审于量主，故百举百全而功名可立也。袁公徒欲效周公之下士，而未知用人之机。多端寡要，好谋无决，欲与共济天下大难，定霸王之业，难矣！"②然后，毅然离开，归隐在家。

曹操闻听后大喜，赶忙派人拿着自己的手书前去征召他，也许是荀彧提前给郭嘉打过了招呼，总之，当郭嘉接到曹操的书信后，便立即赶到许县来拜见曹操。二人关上房门，进行了一次密谈，像诸葛亮当初与刘备在隆中相见时那样，也来了个"许县对"。曹操问郭嘉曰："本初拥冀州之众，青、并从之，地广兵强，而数为不逊。吾欲讨之，力不敌，如何？"对曰："刘、项之不敌，公所知也。汉祖唯智胜，项羽虽强，终为所擒。嘉窃料之，绍有十败，公有十胜，虽兵强，无能为也。绍繁礼多仪，公体任自然，此道胜一也。绍以逆动，公奉顺以率天下，此义胜二也。汉末政失于宽，绍以宽济宽，故不摄，公纠之以猛而上下知制，此治胜三也。绍外宽内忌，用人而疑之，所任唯亲戚子弟，公外易简而内机明，用人无疑，唯才所宜，不间远近，此度胜四也。绍多谋少决，失在后事，公策得辄行，应变无穷，此谋胜五也。绍因累世之资，高议揖让以收名誉，士之好言饰外者多归之，公以至心待人，推诚而行，不为虚美，以俭率下，与有功者无所吝，士之忠正远见而有实者皆愿为用，此德胜六也。绍见人饥寒，恤念之形于颜色，其所不见，虑或不及也，所谓妇人之仁耳，公于目前小事，时有所忽，至于大事，与四海接，恩之所加，皆过其望，虽所不见，虑之所周，无不济也，此仁胜七也。绍大臣争权，谗言惑乱，公御下以道，浸润不行，此明胜八也。绍是非不可知，公所是进之以礼，所不是正之以法，此文胜九也。绍好为虚势，不知兵要，公以少克众，用兵如神，军人恃之，敌人畏之，此武胜十也。"曹操闻听笑道："如卿所言，孤何德以堪之也！"郭嘉回答说："绍方北击公孙瓒，可因其远征，东取吕布。不先取布，若绍为寇，布为之援，此深害也。"③郭嘉之所以这样说，原因是吕布被曹操赶出兖州后投靠了刘备，但是，他很快又背叛了刘备，趁着刘

---

① 〔晋〕陈寿：《三国志·郭嘉传》注引《傅子》，〔宋〕裴松之注，中华书局1959年版，第431页。
② 〔晋〕陈寿：《三国志·郭嘉传》注引《傅子》，〔宋〕裴松之注，中华书局1959年版，第431页。
③ 〔晋〕陈寿：《三国志·郭嘉传》注引《傅子》，〔宋〕裴松之注，中华书局1959年版，第432页。

备与袁术作战之机,偷袭了刘备的大后方,从刘备手里夺取了徐州,取代刘备成为徐州的实际控制者。曹操认为郭嘉的思路十分清楚,对当前的形势看得很是透彻,非常赞同他的这一建议,于是高兴地答道:"然。"

史载,经过这次交谈,曹操大奇之,感叹曰:"使孤成大业者,必此人也。"郭嘉从曹操大营中出来后,也惊喜地说:"真吾主也。"①

曹操随即任命郭嘉为军师祭酒。所谓祭酒,就是首席、主管的意思,也就是说任命郭嘉为军师中的负责人,亦谓之首席军师,是曹操为郭嘉专门创设的一个职位,足见曹操对郭嘉的重视。于是,郭嘉也就成了继戏志才之后曹操身边最重要的谋士。

既然郭嘉"自弱冠匿名迹,密交结英隽,不与俗接,故时人多莫知",那么,荀彧为何会知道郭嘉这个人才并对他如此了解呢?原来,这和后来在朝中任少府的阴脩有关。阴脩,南阳人,史书上没有记载其出身,估计应该出自光武帝刘秀皇后阴丽华的家族。后来,董卓当政时,他以少府的身份与大鸿胪韩融、执金吾胡母班、将作大匠吴脩、越骑校尉王瑰等人受董卓之命,出使关东,企图游说袁绍、袁术等人休兵,结果被后将军袁术、河内太守王匡等人逮捕并杀害。

阴脩当年曾在颖川做太守,他以旌贤擢俊为要务,推举五官掾张仲方、察功曹钟繇、主簿荀彧、主记掾张礼、贼曹掾杜祐、孝廉荀攸、计吏郭图等人为吏。这些人都是颖川才俊,一同在阴脩手下为吏。作为同事,他们之间自然就非常熟悉和了解。然郭嘉虽然不与俗接,但是其密交结英隽,而荀彧为颖川郡的主簿,就是太守阴脩属下掌管文书的佐吏,当然对郡内的人才非常了解。在众人的举荐下,郭嘉年二十七即被辟为司徒府中的属官。

荀彧这个人举贤不避亲,他还向曹操推荐了自己同族兄长,与自己齐名的荀悦,被镇东将军曹操辟为将军府掾,后迁为黄门侍郎,陪伴在汉献帝身边。

三是大力进行屯田。曹操在兖州就已经开始实行屯田了,并取得了很好的效果,保证了军粮的供给,这是他最终能够战胜吕布的关键因素。曹操充分认识到屯田的重要性,也总结出来一套成熟的经验。曹操在建安元年(196)二月进军汝南、颖川二州,迅速击败黄巾军余部,收降了大批黄巾军战士,也俘获了大量农具和物资。当时正值春季,正是抢种秋庄稼的关键时节,于是,曹操决定在许县周围

---

① 〔晋〕陈寿:《三国志·郭嘉传》注引《傅子》,〔宋〕裴松之注,中华书局1959年版,第432页。

的占领区大面积推行屯田。

恰在此时，已经升任羽林监、曾经在东阿负责屯田工作的枣祗找到曹操，也向曹操提出了这一建议，希望借助屯田来缓解粮食压力。枣祗的这一建议理所当然地引起了曹操的高度重视，他立即召开专门会议商议。参加会议的人一致认为"当计牛输谷，佃科以定"，遂定下来这一募百姓屯田、计牛收租的规章制度。

那么，由谁来负责这项工作呢？曹操想到了一个人，此人名叫任峻。任峻，河南中牟人，原来在中牟令杨原手下为官，董卓窃取朝政大权之后，关东陷入大乱，中牟令杨原担心中牟地处四通之地，将来必为群雄争夺的战场，十分愁恐，欲弃官走，被任峻劝阻。在任峻的建议下，杨原宣布自任河南尹，任命任峻为主簿，传檄各县，要求各县官吏坚守岗位。同时，任峻组织了一支部队，准备保境自卫。正在此时，已经在己吾起兵的曹操，率军西上，来到中牟境内。任峻与同郡张奋商量后，他们赶跑了杨原，率其军投靠了曹操，将整个河南郡全部交给了曹操，使曹操暂时有了一块属于自己的地盘。不仅如此，任峻还召集宗族及宾客家兵数百人参加了曹操的部队。这是曹操起事后第一个率军投靠曹操的地方名人，曹操自然非常高兴，随即表任峻为骑都尉，并将自己的堂妹嫁给了他。于是，任峻也就成了曹操的堂妹夫，从此他一直跟随曹操。曹操对任峻也格外信任，派他专门负责军队的后勤工作。任峻表现出了卓越的组织能力。

为了抓好这项工作，曹操便又想到了自己的这位堂妹夫，任命任峻为典农中郎将，亲自抓这件事，足见曹操的重视程度。与此同时，还任命有屯田经验的枣祗为屯田都尉，作为任峻的副手，辅佐任峻开展工作。他们先在许县周围屯田，然后逐渐向外扩展。在枣祗的建议下，屯田制度不断得以完善，因此，枣祗在屯田制度的实施中立下了汗马功劳。关于这件事，后来曹操在追封枣祗的政令中说："故陈留太守枣祗，天性忠能。始共举义兵，周旋征讨。后袁绍在冀州，亦贪祗，欲得之。祗深附托于孤，使领东阿令。吕布之乱，兖州皆叛，惟范、东阿完在，由祗以兵据城之力也。后大军粮乏，得东阿以继，祗之功也。及破黄巾定许，得贼资业。当兴立屯田，时议者皆言当计牛输谷，佃科以定。施行后，（枣）祗白以为僦牛输谷，大收不增谷，有水旱灾除，大不便。反复来说，孤犹以为当如故，大收不可复改易。祗犹执之，孤不知所从，使与荀令君议之。时故军祭酒侯声云：'科取官牛，为官田计。如祗议，于官便，于客不便。'声怀此云云，以疑令君。祗犹自信，据计画还白，执分田之术。孤乃然之，使为屯田都尉，施设田业。其时岁则大收，后遂因此大田，丰足军用，摧灭群逆，克定天下，以隆王室。祗兴其功，不幸早没，追赠以郡，犹未副之。今重思之，祗宜受封，稽留至今，孤之过也。祗子处中，宜加封爵，以祀祗为不朽之事。"①曹操有一个最大的优点，对任何人的功劳都不埋没，决不贪到自己的头上，因此，当屯田效益彰显之后，虽然枣祗已经去世了，曹操当时忙于在外地带兵打仗，没有来得及对其分封，但是几年过后，他还是不忘枣祗当年的这一功劳，心中很是不安。建安十一年（206）二月，在彻底消灭袁绍集团之后，曹操决定大力分封有功之臣二十余人，他在令文中解释道："昔赵奢、窦婴之为将也，受赐千金，一朝散之，故能济成大功，永世流声。吾读其文，未尝不慕其为人也。与诸将士大夫共从戎事，幸赖贤人不爱其谋，群士不遗其力，是夷险平乱，而吾得窃大赏，户邑三万。追思窦婴散金之义，今分所受租与诸将掾属及故戍于陈、蔡者，庶以畴答众劳，不擅大惠也。宜差死事之孤，以租谷及之。若年殷用足，租奉毕入，将大与众人悉共飨之。"②特意上表天子，充分肯定了枣祗在屯田中的功劳，对他的早逝感到十分惋惜，为已死多年的枣祗请功，建议对其进行封赏，追封枣祗为侯爵。由于其早死，便封他的儿子枣处中为侯爵，以祀枣祗为不朽之事。

曹操任命任峻和枣祗显然又用对了人，当年屯田就获得了大丰收，收获谷物上百万斛。有了这一成功经验，曹操才下令各郡国都列置田官，数年之中所在积粟，仓廪皆满。屯田制的实施，不仅一举解决了当时许都众人云集的口粮问题，还极大地缓解了军队打仗缺粮的压力。官渡之战，曹操使任峻典军器粮运，保障了战争的胜利。因此，史料评价这件事时认为"军国之饶，起于枣祗而成于峻"。曹操以任峻功高，表封其为都亭侯，邑三百户，后升迁为长水校尉（汉武帝置。八校尉之一，掌屯于长水与宣曲的骑兵。东汉时属北军中候，秩比二千石）。

四是确立了迎接汉献帝迁都于许的大政方针。不久之后，荀彧随大本营从鄄城也搬到了许县。同年七月，汉献帝在韩暹、杨奉等人的护卫下来到了洛阳，各方对此都视而不见，贡赋不继，生活十分艰难。

曹操一面积极进行各种准备，一面在观察形势。不久之后，曹操接到了朝廷的诏书，要求他尽快到洛阳来，名义上是帮助朝廷，暗中他又接到了董承通过董昭送来的密信，要求他尽快出兵到洛阳去勤王。

---

① 〔晋〕陈寿：《三国志·任峻传》注引《魏武故事》，〔宋〕裴松之注，中华书局1959年版，第490页。
② 〔晋〕陈寿：《三国志·武帝纪》，〔宋〕裴松之注，中华书局1959年版，第29页。

这毕竟是大事，曹操必须征得大家的同意和支持。为了统一大家的思想，他赶忙召集部下开会，商量到洛阳去这件事。为了保密，他当然隐去了奉迎天子到许都这个细节。与会者闻听这一消息，意见不一，争执很大，有人"以山东未平，韩暹、杨奉新将天子到洛阳，北连张杨，未可卒制"，认为现在自己的实力还不行，不会有好的结果，因此，表示反对前往。

但是，荀彧却坚决支持。他对曹操说："昔晋文纳周襄王而诸侯景从，高祖东伐为义帝缟素而天下归心。自天子播越，将军首倡义兵，徒以山东扰乱，未能远赴关右，然犹分遣将帅，蒙险通使，虽御难于外，乃心无不在王室，是将军匡天下之素志也。今车驾旋轸，东京榛芜，义士有存本之思，百姓感旧而增哀。诚因此时，奉主上以从民望，大顺也；秉至公以服雄杰，大略也；扶弘义以致英俊，大德也。天下虽有逆节，必不能为累，明矣。韩暹、杨奉其敢为害！若不时定，四方生心，后虽虑之，无及。"这些话正说到了曹操的心坎上，很有说服力，最后，曹操奉迎天子的想法获得了其心腹，时任司马的荀彧、幕府功曹毛玠、东平国相程昱和大将曹仁、曹洪等核心圈成员的支持。荀彧说的都是公理，别人也不好再说什么了。于是，曹操当即决定率军到洛阳去，准备寻机将汉献帝迎接到自己的地盘许县来。

第四节　曹操与汉献帝的互动

荀彧所说的那番话都是事实。当初山东扰乱，曹操虽然首起义兵，但是一直忙于征战，没有时间和机遇到关中去辅佐汉献帝，而他却无时无刻不心系王室。刚刚击败黄巾百万大军，在兖州站稳脚跟之后，他便立即派人蒙险前往，联系朝廷。

曹操与朝廷一直保持着联系。汉献帝刚刚动身准备东迁时，曹操还专门派人送去了一些山阳郡当地产的美梨，以表示自己的心意。建安元年（196）二月，曹操平定汝南、颖川黄巾何仪、刘辟、黄邵、何曼等人，向已经抵达安邑的朝廷报喜。汉献帝闻听后大喜，认为曹操立下了大功，下诏拜曹操为建德将军。同年六月，汉献帝从安邑移驾闻喜，准备重返洛阳时，特意又下诏升迁曹操为镇东将军，封费亭侯。诏书的原文是这样写的：

> 诏书拜行镇东将军袭费亭侯曹操，业履忠贞，辅干王室，顷遭凶暴，海内离析，操执义讨截黄巾，为国出命，夫禄以赏功，罚以绌否，今以操为镇东将军，领兖州牧，袭父费亭侯嵩爵，并印绶符策。[1]

在此之前，只有征东将军、征南将军、征北将军和征西将军，并没有镇东将军这个名号，这是汉献帝到关中之后的初创，他最初封张济为镇东将军，并封列侯；并设置了镇西将军，拜韩遂为镇西将军；刘表为镇南将军；河东太守王邑为镇北将军。此后成为惯例。从字面上看，有镇抚一方的意思。

此次，汉献帝特意晋升曹操担任这一职务，有镇守东方的意思，显然也赋予了曹操征伐不法的大权，这也是对曹操能力的充分肯定，对他寄予了厚望。

---

[1]《艺文类聚》卷五十一。

对于镇东将军这一职务，曹操欣然接受，但是，对于封他为费亭侯这件事，他认为自己还不够资格，深感惭愧，于是多次上书辞让。曹操在《上书让封》中辞让道：

臣诛除暴逆，克定二州，四方来贡，以为臣之功。萧相国以关中之劳，一门受封；邓禹以河北之勤，连城食邑。考功效实，非臣之勋。臣祖父中常侍侯时，但从辇扶翼左右，既非首谋，又不奋戟，并受爵封，暨臣三叶。臣闻《易·豫卦》曰："利建侯行师，有功乃当进立，以为诸侯也。"又《讼卦·六三》曰："食旧德，或从王事。"谓先祖有大德，若从王事有功者，子孙乃得食其禄也。伏惟陛下垂乾坤之仁，降云雨之润，远录先臣扶掖之节，采臣在戎犬马之用，优策褒崇，光曜显量，非臣尪顽，所能克堪。[1]

汉献帝不许，再次下诏曰："诏敕镇东将军领兖州牧费亭侯故特进，显授上将，铁钺之任，复食旧土双金之宠，董统一州委成之重，荣曜昭示，亦以优崇，投节效命自白之秋也。"[2] 坚持要分封曹操为费亭侯，要求他为国效命。

曹操接连上了两道奏表，进行辞让，如在一份奏表中曰：

无非常之功，而受非常之福，是用忧结。比章归闻，天慈无已，未即听许。臣虽不敏，犹知让不过三，所以仍布腹心，至于四五，上欲陛下爵不失实，下为臣身免于苟取。[3]

汉献帝不许，曹操再次上书让费亭侯，说：

臣伏读前后策命，既录臣庸才微功，乃复追述先臣，幽赞显扬，见得思义，屏营怖惧，未知首领所当所授。故古人忠臣，或有连城而不辞，或有一邑而违命，所以然者，欲必正其名也。又礼制，诸侯国土以绝，子孙有功者，当更受封，不得增袭；其有所增者，谓国未绝也。或有所袭者，谓先祖功大也，数未极，无故

---

[1]《全三国文》卷一。
[2]《艺文类聚》卷五十一。
[3]《全三国文》卷一。

断绝，故追绍之也。臣自三省，先臣虽有扶辇微劳，不应受爵，岂逮臣三叶？若录臣关东微功，皆祖宗之灵祐，陛下之圣德，岂臣愚陋，何能克堪！①

这一次，汉献帝不仅下诏，坚持分封曹操为费亭侯，还直接派使者送来了印绶，当面授予曹操费亭侯印绶，宣读诏书说："诏书拜镇东将军袭费亭侯曹操，业履忠贞，辅干王室，顷遭凶暴，海内离析，操执义讨截黄巾，为国出命，夫禄以赏功，罚以绌否，今以操为镇东将军，领兖州牧，袭父费亭侯嵩爵，并印绶符策。"②虽与第一封诏书只有一字之差，却明显不同，前一封诏书称曹操为行镇东将军，而这一封诏书直接称其为镇东将军，语气坚决，不容有半点推脱。

事不过三，于是，曹操只好接受了这一封爵。然后，他上书对汉献帝对自己的厚恩表示感谢，在《谢袭费亭侯表》中写道：

不悟陛下乃寻臣祖父厕豫功臣，克定寇逆，援立孝顺皇帝，谓操不忘，获封茅土。圣恩明发，远念桑梓，日以臣为忠孝之苗，不复量臣才之丰否。既勉袭爵邑，悉厥祖考，复宠上将铁钺之任，兼领大州万里之宪。内比鼎臣，外参二伯，身荷兼绂之荣，本枝赖无穷之祚也。昔大彭辅殷，昆吾翼夏，功成事就，乃备爵锡。臣束脩无称，统御无绩，比荷殊宠，策命褒绩，未盈一时，三命交至，双金重紫，显以方任，虽不识义，庶知所尤。③

从这一过程来看，曹操非常在意和重视这种程序问题。尽管在动乱之时，大家都在向朝廷求封拜，甚至为此胁迫朝廷。但是，曹操却仍然坚持按照程序办事，一点也不含糊。最难能可贵的是，他还一直坚守着古人所推崇的君子三让之礼。曹操的每一次晋升和分封，并不像有人认为的那样，都是自己的巧取豪夺。

在后来晋升他为武平侯时，曹操仍然坚持了辞让这一程序，如他在《让增封武平侯表》中说："伏自三省，姿质顽素，材志鄙下，进无匡辅之功，退有拾遗之美。虽有犬马微劳，非独臣力，皆由部曲将校之助。陛下前追念先臣微功，使臣续袭爵士，祖考蒙光照之荣，臣受不赀之分，未有丝发以自报效。昔齐侯欲更

---

① 《全三国文》卷一。
② 《艺文类聚》卷五十一。
③ 《全三国文》卷一。

晏婴之宅，婴曰：'臣之先容焉，臣不足以继之。'卒违公命，以成私志。臣自顾省，不克负荷，食旧为幸。虽上德在弘，下有因割，臣三叶累宠，皆统极位，义在陨越，岂敢饰辞！"这些资料至今还能从《全三国文》中查到。

同时，大家需要了解一个历史事实，尽管是在汉献帝漂泊之时，他们之间仍然有如此紧密的联系，说明当时曹操与汉献帝之间的沟通是没有问题的。

第三章

志吞天下

汉献帝于建安元年（196）七月甲子这天，「车驾至洛阳」，「是时，宫室烧尽，百官披荆棘，依墙壁间。州郡各拥强兵，而委输不至，群僚饥乏，尚书郎以下自出采稻，或饥死墙壁间，或为兵士所杀」，生活十分不堪。

第一节　迁都许昌

汉献帝于建安元年（196）七月甲子这天，"车驾至洛阳"，"是时，宫室烧尽，百官披荆棘，依墙壁间。州郡各拥强兵，而委输不至，群僚饥乏，尚书郎以下自出采稆，或饥死墙壁间，或为兵士所杀"①，生活十分不堪。八月辛丑日才入住杨安殿。第三天，开始封拜，拜安国将军张杨为大司马，韩暹为大将军、司隶校尉，杨奉为车骑将军。"韩暹矜功恣睢，干乱政事，董承患之，潜召兖州牧曹操，操乃诣阙贡献。"②

在这种背景下，在董承、董昭等人的帮助和袁绍的大力支持下，曹操率军顺利抵达洛阳，前去勤王。

根据史料记载，时间是在汉献帝抵达洛阳后的第四十八天，入住杨安殿第十一天的辛亥日，镇东将军曹操自领司隶校尉，录尚书事。就在上述事件发生的九天之前，汉献帝抵达洛阳后进行首次封拜时，受封人员中尚没有曹操的名字，说明当时曹操并没有在场，尚未抵达洛阳。

那么，仅仅过了八九天时间，为何朝政变化这么大，政权便从大将军兼司隶校尉韩暹手中转移到了镇东将军曹操手里呢？

原因是大将军韩暹执政没几天，便将朝政搞得乌烟瘴气，惹得天怒人怨，引起董承、董昭等人的不满，于是，他们给汉献帝出主意，诏镇东将军、兖州牧曹操到洛阳来。曹操到达洛阳后，汉献帝迅速任命曹操为司隶校尉，录尚书事，假节钺，掌握了行政、弹劾和代表皇帝征讨的大权。

曹操当即出面行使司隶校尉权力，禀公卿以下，因奏韩暹、张杨之罪。韩暹惧诛，单骑奔杨奉。于是，曹操迅速接管和掌控了朝政大权。鉴于洛阳早已经破败不堪，他与董昭密谋迁都事宜。十天之后，即九月庚申日，车驾出镮辕关东下，

---

① 〔宋〕范晔：《后汉书·孝献帝纪》，中华书局1965年版，第379页。
② 〔宋〕范晔：《后汉书·董卓传》，中华书局1965年版，第2342页。

正式迁往许县。十天之后的己巳日，汉献帝幸曹操许县大营，随即改许县为许都。

迁都于许，对曹操意义重大，不仅巩固了其在朝中的地位，将朝政大权牢牢地掌控在自己手中，而且，他可以利用汉献帝，实现自己"奉天子以令不臣"的愿望，在政治上占有了绝对优势。

从此以后，曹操征伐大权集于一身，代表朝廷可以名正言顺地征讨其他地方割据势力。

汉献帝迁都许都，宣告了东汉王朝的再次回归，宣告了一个新时代的开始，也宣告了之前所形成的关东反对董卓军事同盟时代的彻底结束，其他地方割据政权和军阀必须做出政治选择，要么归顺朝廷，要么成为朝廷的叛贼，遭到的将是朝廷大军的无情讨伐，而代表朝廷进行征伐的正是曹操。同时，也宣告曹操时代的来临。

第二节　辅佐汉帝

刚刚执政的曹操雷厉风行，立即便对自己昔日的领导兼盟友、当时天下最大的军阀袁绍开刀，下诏书斥责他"以地广兵多而专自树党，不闻勤王之师而但擅相讨伐"之罪。此时的袁绍虽然心中有一百个不愿意，但是，他必须做出回应，再也不能以讨伐奸贼董卓的名义号召群雄来与朝廷相对抗，再也没有什么正当理由来拒绝朝廷对他的责难，一时处于十分尴尬的境地。于是，他不得不赶忙上表为自己过往的行为进行辩解。他在上表中如是说：

臣闻昔有哀叹而霜陨，悲哭而崩城者。每读其书，谓为信然，于今况之，乃知妄作。何者？臣出身为国，破家立事，至乃怀忠获衅，抱信见疑，昼夜长吟，剖肝泣血，曾无崩城陨霜之应，故邹衍、杞妇何能感彻。……时进既被害，师徒丧沮，臣独将家兵百余人，抽戈承明，抹剑翼室，虎叱群司，奋击凶丑，曾不浃辰，罪人斯殄。此诚愚臣效命之一验也。

……会故冀州牧韩馥怀挟逆谋，欲专权势，绝臣军粮，不得踵系，至使猾虏肆毒，害及一门，尊卑大小，同日并戮。鸟兽之情，犹知号乎。臣所以荡然忘哀，貌无隐戚者，诚以忠孝之节，道不两立，顾私怀己，不能全功。斯亦愚臣破家徇国之二验也。

……社稷未定，臣诚耻之。太仆赵岐衔命来征，宣明陛下含弘之施，蠲除细故，与下更新，奉诏之日，引师南辕。是臣畏怖天威，不敢怠慢之三验也。

……臣闻守文之世，德高者位尊；仓卒之时，功多者赏厚。陛下播越非所，洛邑之祀，海内伤心，志士愤惋。是以忠臣肝脑涂地，肌肤横分而无悔心者，义之所感故也。……若使得申明本心，不愧先帝，则伏首欧刀，褰衣就镬，臣之愿也。惟陛下垂《尸鸠》之平，绝邪谄之论，无令愚臣结恨三泉。

满篇都是表忠心，为自己辩解，尽管满篇都是不服。

而曹操要的不是别的，正是他的这个态度，是对自己的尊重。袁绍表现的慌乱和为自己辩解在政治上就是一种表态，表明了他对朝廷从之前的无视变成了重视，这样一来，曹操的目的便达到了。因此，曹操对此暗自得意。

然后，就是对袁绍的册封，以朝廷的名义拜他太尉，封邺侯，曹操自己为大将军。先打后拉，曹操表现出了高超的政治手腕。

然而，袁绍对此很是不服，他耻为位在曹操之下，上表推辞不受。于是，曹操又将大将军之位让给了他，自己则担任司空一职。尽管是讨价还价，袁绍最终还是接受了朝廷的这个封拜，表明他接受了曹操的领导，从此曹操一夜翻身，终于站在了自己的老上司袁绍的头上，成了他的领导。

这样一来，其他事情就好办了。因为袁绍在各地方割据势力中势力最大，实力最强，对其他人很有示范意义，其他人更不敢对朝廷的命令再有任何忽视了。除桀骜不驯、早有异志的袁术之外，吕布、孙策、刘表等一众军阀先后都接受了朝廷的册封，亮明了自己的态度，一举改变了汉献帝初到洛阳时出现的那种军阀集体选择无视、委输不至的局面，以袁绍为首的军阀们开始定期向朝廷纳贡，奉献方物。而桀骜不驯、不肯就服的袁术自然也就成为曹操重点打击的对象，遭到曹操所领导的众多军阀的群殴。

建安二年（197），袁术果然在淮南称帝，公开造反，与朝廷作对，在曹操的号召下，袁术便成了群雄围猎的对象，生存环境迅速恶化，不久之后，只得自去帝号，呕血而死。

曹操表现出了杰出的政治能力和军事才能，令他在群雄中脱颖而出。在他的拥戴下，年轻的汉献帝的权威在诸侯们心目中得以重新树立，在曹操的眼里，也不容许他们对天子和自己忽视。因此，他奉天子以令不臣，不断兴兵征讨敢于以身试法者和不听朝廷诏令者，汉献帝也就成了他不断取得胜利的重要法宝。

曹操在政治上取得了绝对优势，这让实力强大的袁绍深感不安，于是，袁绍决定采取一切措施改变这一不利局面。袁绍的行为也造成了他与曹操多年来形成的亲如弟兄的关系彻底走向了决裂，官渡之战也就不可避免。曹操虽然实力远逊于袁绍，但是，他凭着政治上的巨大优势，将袁绍置于反叛者的角色，加上曹操高超的战争指挥艺术，经过官渡一战，曾经不可一世的袁绍迅速崩盘，和其弟弟袁术一样，呕血而死。曹操遂收复了冀州、青州、并州、幽州等大片领土，并将其置于朝廷的管辖之下，统一了北方广大地区。

然后，他不畏险阻，排除巨大阻力，出人意料地决定远赴东北，前去讨伐一直威胁中原北部安全的辽西乌桓，并亲自率军远征，一举击败了自东汉以来不断侵扰中原北方边境地区，东汉政府长期想解决却无力解决，对北方地区老百姓的生命和财产安全造成巨大威胁和伤害的乌桓、鲜卑等少数民族政权，使他们不得不对自己俯首称臣，并派兵入关跟随自己作战，成为自己争霸天下的一支生力军，从此在曹操的麾下，乌桓铁骑闻名天下。

这件事不仅显示出了曹操巨大的政治勇气，更反映出他高超的军事指挥才能，不愧"历史上最为杰出的军事家"这一高度评价。

随后，曹操又派人持节入关，不费一兵一卒轻松平定了关中各路军阀，消灭了把持朝政并祸害朝廷多年的董卓凉州军事集团残余势力。仅用了十年左右的时间，便迅速统一了长江以北的广大地区，使汉朝有了中兴的大好局面。

从此以后，曹操以冀州为自己的根据地，开启了统一全国的战争。

为了集中全国之力，实现一举统一江南的宏大目标。建安十三年（208）春正月，曹操远征乌桓归来之后，在邺城附近的讲武城马不停蹄地加紧操训军队，并作玄武池以肄舟师。与此同时，他还立即着手内部政治改革，上书天子请求废除东汉以来实行的三公制，重置丞相、御史大夫二职位，以加强中央集权。他自领丞相，将朝廷的军政大权集于一身。经过半年休整和准备，汇集了国家的力量和资源，又匆匆地踏上了南征之路，于同年七月，亲自率军南征刘表，迅速占领荆州。然后，他想趁热打铁，不顾北方士兵不适应南方气候这一事实和部下们的反对，继续挥师南下，企图一举平定东吴，彻底统一全国。

然而，此举却遭到了孙权和从荆州南逃的刘备联军的激烈抵抗。此时适逢暑夏，瘟疫大作，北方士兵因不适南方湿热气候，死伤甚众，随着赤壁之战的失败，曹操不得不选择撤军，他统一全国的梦想破灭，从此形成了三国鼎立的局面。

此后，尽管他曾经不懈努力，劳军远征汉中、合肥等地，与刘备、孙权两方作战，然而，直到建安二十五年（220）他去世为止，这一宏愿最终都没能实现，成为他一生的憾事。

三国鼎立局面的形成，使中国再次陷入了长期分裂状态，也将摇摇欲坠的东汉王朝彻底推向了不归路，使其最终走向了毁灭。

从此之后，中国进入了三百六十多年混战不止的至暗时期，政治上南北对峙，军事上相互征伐不断，严重削弱了国家实力，给人民带来了深重的灾难，严重阻碍了社会的进步，这是我们每一个中国人都不愿意看到的历史悲剧。

曹操倾其一生，尽其全力，想辅佐汉献帝以实现中兴大汉，完成国家的重新统一。虽然最后没有能够实现这一宏愿，但是在他的努力下，还是部分实现了自己的目标，因此，从这个角度上讲，也可以说其死而无憾了。

曹操一生表现出了强烈的忧国忧民情怀，为了拯救摇摇欲坠的东汉王朝，他意志坚定、目标不移、愈败愈勇、百折不挠的斗争精神和强烈的社会责任感，以及他不顾自己安危，敢于为社会先，首倡义兵，举起反对权臣董卓义旗，并为了自己的这一理想奋斗终生的表现，很是值得我们大家学习。在"天下咸知汉祚已尽，异代方起"、人们公认汉室气数已尽的历史趋势之下，他凭一人之力，逆势而动，力挽狂澜，挽救了岌岌可危的汉室江山，打破了袁术所谓"曹操欲扶衰拯弱，安能续绝命救已灭乎"的质疑，使东汉王室的寿命又向后延续了二十多年。

第四章
挟天子以令诸侯

「挟天子以令诸侯」显然不是一个褒义词,有胁迫天子之意,被演化成奸贼的代名词,后用来专指曹操,这种说法当然对曹操本人的形象十分不利。

"挟天子以令诸侯"显然不是一个褒义词，有胁迫天子之意，被演化成奸贼的代名词，后用来专指曹操，这种说法当然对曹操本人的形象十分不利。那么，这一说法是如何产生的，这一说法又是谁最先提出，最初所指的对象到底是不是曹操呢？当时曹操一方对这一说法的表述及提出的口号又是什么？弄清楚这一问题，就可以解决围绕在曹操身上的许多历史问题。因此，本章就这一问题进行深入讨论。

第一节　"挟天子以令诸侯"一说的肇始者

一、"挟天子以令诸侯"说法的最早提出者

查遍所有历史文献，"挟天子以令诸侯"这一说法最早的提出者均与曹操无关，最初也不是指向曹操。根据《三国志·袁绍传》注引《献帝传》记载，这一说法的最早提出者是袁绍的谋臣沮授。当汉献帝从关中逃出，来到河东郡时，沮授曾经主张将汉献帝迎到冀州的邺城，他劝袁绍说："将军累叶台辅，世济忠义。今朝廷播越，宗庙残毁，观诸州郡，虽外托义兵，内实相图，未有忧存社稷恤人之意。且今州城粗定，兵强士附，西迎大驾，即宫邺都，挟天子而令诸侯，畜士马以讨不庭，谁能御之！"这是"挟天子以令诸侯"一语的最早出处。

另根据《献帝春秋》记载，曹操在征讨盘踞在南阳的张绣时，有袁绍的叛卒跑去向朝廷告密，说："田丰使绍早袭许，若挟天子以令诸侯，四海可指麾而定。"这是史料中第二次提及这一说法。显然，此时这一说法所指的是袁绍。曹操得到此密报后，立即释张绣而去，迅速返回许都，积极进行布防，以防袁绍趁机偷袭许都，将汉献帝劫持而去，实现"挟天子而令诸侯"的目的。

"挟天子以令诸侯"与"挟天子而令诸侯"虽然指同一个意思，二者仅一字之差，但是，意味却很不同。前者凸显了天子地位的重要性和权威性，对其他诸侯有一种强迫的意味；而后者却大大减弱了这种强迫的意味，同时也弱化

了对天子的尊重。

沮授是袁绍的谋士，他对袁绍的这一建议显然很有政治远见。由于这是沮授在袁氏集团内部说出的话，因此他可以毫无顾忌，话里充满着对汉献帝的不屑和不恭，尽显他这一主张的真实目的，就是挟持汉献帝，以天子作为招牌，来命令各地军阀服从袁绍，为自己的发展赢得政治上的优势。当时，袁绍鼠目寸光，并没有采纳他的这一计策。

因此，从以上史料来看，"挟天子以令诸侯"所指的对象均为袁绍，与曹操毫无关系。

使这一词语与曹操相关联的说法始于诸葛亮，他在《隆中对》中对刘备说："自董卓以来，豪杰并起，跨州连郡者不可胜数。曹操比于袁绍，则名微而众寡，然操遂能克绍，以弱为强者，非惟天时，抑亦人谋也。今操已拥百万之众，挟天子而令诸侯，此诚不可与争锋。"①

在这里，诸葛亮客观地指出了曹操取胜的根本原因，"非惟天时，抑亦人谋"，其中的"天时"就是指曹操拥有汉献帝，而"人谋"则是曹操的这一正确决策和杰出的政治能力及军事才能。在此，诸葛亮也认为这是一种人谋。

《晋书·乐志》也有"魏武挟天子而令诸侯，思一戎而匡九服，时逢吞灭，宪章咸荡"的记载，不过，此时西晋已经取代曹魏王朝，对曹操充满着敌意，有此表示也属正常。

孙吴著名将领陆逊的孙子、东吴大司马陆抗之子陆机，入晋后身居高位，曾写有一篇《辩亡论》，曾提到孙策趁曹操与袁绍在官渡对峙之机，企图率兵北上偷袭许都，准备劫持汉献帝这件事，其中也提到这一说法，其文如下："（孙策）将北伐诸华，诛锄干纪，旋皇舆于夷庚，反帝坐于紫闼，挟天子以令诸侯，清天步而归旧物。戎车既次，群凶侧目，大业未就，中世而殒。"②

此后，这一提法屡屡见于南北朝的文献中，如《梁书·武帝纪》中记载，南齐时，南梁开国功臣王茂曾对梁武帝萧衍的从舅张弘策说："我奉事节下，义无进退，然今者以南康置人手中，彼便挟天子以令诸侯，而节下前去为人所使，此岂岁寒之计。"③他劝时任梁王的萧衍迎东昏侯的弟弟南康王萧宝融于襄阳称帝，

---

① 〔晋〕陈寿：《三国志·诸葛亮传》，〔宋〕裴松之注，中华书局1959年版，第912页。
② 〔晋〕陈寿：《三国志·孙皓传》，〔宋〕裴松之注，中华书局1959年版，第1179页。
③ 〔晋〕陈寿：《三国志·孙皓传》，〔宋〕裴松之注，中华书局1959年版，第1179页。

以与朝廷对抗，然后挟天子以令诸侯，进军讨伐昏庸的齐后主萧宝卷，认为这样做才最稳妥。

再如《北史》卷二十三《于谨传》中记载："及贺拔岳被害，周文赴平凉。谨言于周文曰：'关中秦汉旧都，古称天府。今若据其要害，招集英雄，足观时变。且天子在洛，逼迫群凶。请都关右，然后挟天子而令诸侯，千载一时也。'周文大悦。"

又如《南史》列传第四十七《范云传》记载："伯翳曰：'今天文显于上，灾变应于下，萧征东以济世雄武，挟天子而令诸侯，天时人事，宁俟多说。'云曰：'此政会吾心，今羽翮未备，不得不就笼槛，希足下善听之。'及入城，除国子博士，未拜，而东昏遇弑。"

《旧五代史》卷八十九列传四《桑维翰传》载："马希范入觐，途经淮上，时桑维翰旅游楚、泗间，知其来，遽谒之曰：'仆闻楚之为国，挟天子而令诸侯，其势不可谓卑也；加以利尽南海，公室大富。足下之来也，非倾府库之半，则不足以供刍粟之费。今仆贫者，敢以万金为请，惟足下济之。'"

可见，无论是"挟天子以令诸侯"或"挟天子而令诸侯"都应该是一种纯粹的政治权谋和策略，在这里并没有半点贬义，更不是专门针对曹操个人。

这一词语之所以频频出现在东汉末期和南北朝时期，之前和后来都很少出现，可能和这段历史时期的特殊性有关。我们知道，在东汉末期至魏晋南北朝时期各个朝代的后期，都曾经历过君轻臣重的时代，权臣专政，架空皇帝是这两个时期政治的一大特征。因此，谁掌控皇帝谁就控制了朝政，就会拥有巨大权力，可以看出这是一种典型的权谋，并没有任何对某个人的贬恶之意，更不是专指曹操专权的政治术语。

但是，后来罗贯中在《三国演义》中，却将这句话直接演绎到了曹操身上，用来指责执政者曹操的种种专权行为，就完全变了味，变成了特定的贬义之词，用在曹操个人身上，这对曹操本人显然是不公的。

曹操的专权与上述这些人的时代背景都不同，原因后面还有详细分析，在此不作赘述。那么如何评价曹操的专权？用荀彧的话说，那就是："昔晋文公纳周襄王，而诸侯景从；汉高祖为义帝缟素，而天下归心。自天子蒙尘，将军首唱义兵，徒以山东扰乱，未遑远赴，虽御难于外，乃心无不在王室。今銮驾旋轸，东京榛芜，义士有存本之思，兆人怀感旧之哀。诚因此时奉主上以从人望，大顺也；秉至公以服天下，大略也；扶弘义以致英俊，大德也。四方虽有逆节，其何能为？"①

二、"挟天子以令诸侯"的实质和真正始作俑者

从上述分析来看，所谓"挟天子以令诸侯"，是斗争中的一方利用皇帝的权威来对付和压制敌对一方，以使自己取得政治优势的战略方法，进而达到揽权、专权的目的，并不是以推翻皇室为目的。因此，"挟天子以令诸侯"只是一种政治斗争的策略和权谋。而这种说法最早出现于东汉末期。那么，既然是一种权术，就不应该仅仅出现于这一历史时期，因为在之前的历史上并不乏权臣，更有不少专政者，准确地说，这些人才应该是这一权谋的始作俑者。

若论专权，远的不说，秦汉时期就有不少典型事例，比如秦有吕不韦、赵高等，西汉时先有高皇后吕氏专权，后有外戚霍光、王莽等人。到东汉，专权者就更多了，尤其是在东汉的中后期，外戚与宦官集团轮番上阵，出现了不少政治牛人，他们在取得皇帝的信任后，将朝政大权集于一身，架空皇帝，利用手中的权力残酷迫害政治对手。那么，同样是专权，为什么到了东汉末期，袁绍、曹操生活的时代会出现这一政治术语，以前却没有呢？

关于这个问题，其产生应该具备以下特殊历史条件：一是国家处于动荡之中，皇权式微，皇帝缺乏依靠；二是出现多股相互敌对的政治派别和一批军事集团，群雄并起，相互不服，而他们之间开始形成某种相互制衡或暂时的力量平衡；三是这些军事集团最初均没有皇室背景的支持，亟须扩大自己的权力，以打破这种平衡；四是这些军事集团虽然强弱不一，但是，有几支相对强势，基本上势均力敌，如果某一方控制了皇帝，掌握了朝政，便会打破这种平衡，使政治天平偏向于自己一方；五是由于没有皇室背景，又以军事力量做后盾，他们中的某一方一旦取得对皇帝的掌控，取得政治上的绝对优势，便会被人质疑有凌主的权臣嫌疑。

之前，虽然也曾有权臣当政，但是只具备其中的一条或两条。例如，东汉中后期宦官和外戚之间的斗争，在某段时间某一方实现了集体专权，但是，他们都是依附于皇权生活的寄生者，都没有自己的军队做支撑，不以推翻朝廷为目的，仅依靠皇帝的专宠而欺压政治对手，最终都会因为皇帝的不满，一句话或一个暗

---

① 〔宋〕范晔：《后汉书·荀彧传》，中华书局1965年版，第2284页。

示,专权者便会土崩瓦解。而东汉末期却完全具备了上述的所有条件。

东汉末期,汉灵帝去世后,同样寄生于皇权的外戚集团何进与宦官集团为了争夺权力,开始了激烈的你死我活的斗争,双方血拼的结果造成了两败俱伤,给了董卓窃取朝政的机会。在没有制约的情况下,他将皇权视为自己的玩物,不仅靠武力取得专权,还擅自废立,不顾群臣的反对,坚持并轻而易举地废掉了少帝刘辩,立年幼的汉献帝刘协,以增加自己的权威,从而裹挟着年幼的刘协,以皇帝的名义下诏,对天下发号施令,使各地的诸侯听命于自己,借机达到把持中央政权和号令天下的目的,从而开启了"挟天子以令诸侯"的局面,靠暴政维护自己的权威。

他的这种专断和暴行自然引起了关东那些势力强大的地方实权派的不满,于是,他们便打着诛董卓清君侧的旗号割据一方,形成群雄并起、割据林立、天下大乱的局面。董卓打着天子的旗号,对反对自己的那些地方割据势力强势镇压,使他在斗争中取得一定的政治优势。致使当时不少割据势力因为拘于君臣之礼和各种考虑,不得不听命于由董卓掌控的东汉朝廷的命令。比如徐州牧陶谦、幽州牧刘虞、荆州牧刘表等,皆接受朝廷的任命和封爵,定期向朝廷输送贡赋。即使是反对董卓最坚定的曹操,在董卓被诛、自己取得了对兖州的控制权之后,也曾经派遣使者前往长安,企图与朝廷建立联系,希望获得朝廷对自己所取得的兖州实际控制权的认可和支持,正式任命自己为兖州牧。

事情的经过是这样的,曹操控制兖州后,派遣其从事王必作为自己的使者,借道河内到长安去,上书朝廷,通禀兖州情况,希望朝廷正式下文任命他为兖州牧。当时董卓被诛,王允已死,朝中主政的人换成了董卓的旧部李傕、郭汜等人,由于长期与关东关系断绝,他们二人均认为"关东欲自立天子,今曹操虽有使命,非其至实",因此,最初拒绝了曹操这一请求,并准备将王必给扣留下来。多亏时任黄门侍郎的钟繇从中周旋,劝阻他们道:"方今英雄并起,各矫命专制,唯曹兖州乃心王室,而逆其忠款,非所以副将来之望也。"加上河内太守张杨也派人在他们面前为曹操说好话,最终李傕、郭汜同意了钟繇的这一建议,正式下文拜曹操为兖州牧。从此,曹操才与长安小朝廷建立起了顺畅的联系。可见,掌控朝廷,取得朝廷的支持,对当时的地方军阀是多么重要。

正因为如此,在董卓死后,各方势力围绕着对天子的控制权而进行了血腥的厮杀,最后,王允失败被杀,吕布外逃,董卓的部下李傕、郭汜、樊稠重新获得了对汉献帝的控制权。他们继续着这种营生，依靠天子的权威，对天下发号施令，使关东的徐州牧陶谦、袁术、刘表等地方诸侯相继归附于他们，持续发挥着政治影响力。

然而，在围绕着谁掌控朝政的权力分配这件事上，他们内部也很快产生了严重的矛盾，进而发展到内讧，李傕杀死樊稠，继而李傕和郭汜又闹起了矛盾，一方私自扣押皇帝，将汉献帝一行拘禁在自己的军营中，另一方扣押朝廷大臣，双方相互不服，都不肯做出让步，最后，竟然大打出手，造成长安城内许多无辜平民伤亡、君臣长期不能见面的悲剧。掌控皇帝的李傕根本不将天子放在眼里，甚至不供给随行大臣们的吃喝，对他们随意羞辱。控制大臣们的郭汜则动辄威逼大臣，大臣们各个感到岌岌可危。

更有甚者，在汉献帝东返途中，他们仍然心有不甘，还出兵进行截杀，企图再次劫持汉献帝，继续掌控朝政大权，许多大臣都死于他们的屠刀之下。他们之所以拼命抢夺汉献帝，无外乎想重新控制汉献帝，凭借天子的权威，以达到继续号令天下的目的。这才是那种为了个人或自己集团的私利，"挟天子以令诸侯"的典型行为。虽无其名，却有其实。

因此，准确地说，开创"挟天子以令诸侯"并将之付诸实施的人，应该是将东汉政权推进黑暗深渊的权臣董卓及其部下李傕、郭汜二人，真正的始作俑者并非曹操。

三、"挟天子以令诸侯"在曹操一方的正确表述

其实，早在兴平二年（195）十月，天子正式拜曹操为兖州牧时，恰逢汉献帝从关中起驾东归的逃难途中，消息传到曹操那里，曹操的老部下兖州牧治中从事（刺史的高级佐官之一，主众曹文书，居中治事）、颇有政治见解的陈留平丘（治所在今河南省封丘县东南四十六里的平街村）人毛玠便对曹操建议道："今天下分崩，国主迁移，生民废业，饥馑流亡，公家无经岁之储，百姓无安固之志，难以持久。今袁绍、刘表，虽士民众强，皆无经远之虑，未有树基建本者也。夫兵义者胜，守位以财，宜奉天子以令不臣，修耕植，畜军资，如此则霸王之业可成也。"[①]建议曹操将汉献帝迎接到自己的地盘来，这是曹操阵营内的人首次提出"奉

---

① 缪钺主编《三国志选注·毛玠传》，中华书局1984年版，第292页。

天子以令不臣"这一概念。史载"太祖敬纳其言,转幕府功曹"[1],也就是说曹操非常认可毛玠的建议,并从中发现毛玠是一个很有政治头脑的人,随即将毛玠转任为幕府功曹,专门主管人事工作,负责遴选人才,并参与兖州的政务。

从后来的发展事实来看,这无疑是一个非常正确的策略,因此才会得到具有远见卓识的政治家曹操的高度重视。当曹操听说汉献帝一行出发东返,抵达安邑的消息时,他刚刚击败吕布,重新夺回了兖州全境,正在清剿吕布的残余势力,全力围攻坚守在雍丘的张邈的弟弟张超,并准备乘胜向黄河以南豫州各地发展。[2]在自己当时实在抽不出身的情况下,他赶忙派时任扬武中郎将的曹洪率军一路向西攻打,迅速攻占中牟、阳武、京县、密县等县,负责前往迎接大驾。但是,由于种种原因,曹洪被提前赶到洛阳的董承和守卫洛阳的袁术旧部苌奴给堵截在了虎牢关外,不得西进,这一计划最终被迫流产。但是,从此以后,西进迎接汉献帝到自己阵营中来,已经成了曹操的重要战略之一。

因此,当后来汉献帝返回到洛阳,其他人都不愿意前去勤王时,刚刚平定颍川、汝南二郡的黄巾军余党,占领陈国和许昌的曹操,便将这一问题重新提上了议事日程。他召集众位将领开会,重点商议此事,却引起了一些部将的疑虑,原因无外乎和袁绍当初与其部下商议迎接汉献帝到邺城时大家所担心的一样:"若迎天子以自近,动辄表闻,从之则权轻,违之则拒命,非计之善者也。"(淳于琼语)然而,在这一问题上,曹操却有自己的主见,他最终获得了荀彧和程昱的支持,毫不犹豫地率军前往洛阳,将汉献帝迎接到了自己的地盘许县,将都城迁到这里。可以说,自从毛玠提出"奉天子以令不臣"的主张后,这一思想便成为曹操的重要战略思想和指导方针。

不可否认,"奉天子以令不臣"同样为一种政治权谋,虽然与"挟天子以令诸侯"只有几字之差,其意义却大相径庭。后者为一种阴谋,充满着对天子的不恭,拿不到桌面上来,只能在自己阵营内部说说而已,一旦被公开,一定会遭到列强们的一致反对,遭到大家的诟病;而前者则为阳谋,可以作为一种政策公开

---

[1] 缪钺主编《三国志选注·毛玠传》,中华书局1984年版,第292页。
[2] 《后汉书·孝献帝纪》:"八月甲辰,幸新丰。……十二月庚辰,车驾乃进。……乙亥,幸安邑。"《三国志·武帝纪》:"秋八月,围雍丘。冬十月,天子拜太祖兖州牧。十二月,雍丘溃,超自杀。夷邈三族。邈诣袁术请救,为其众所杀,兖州平,遂东略陈地。……天子东迁,败于曹阳,渡河幸安邑。建安元年春正月,太祖军临武平,袁术所置陈相袁嗣降。太祖将迎天子,诸将或疑,荀彧、程昱劝之,乃遣曹洪将兵西迎,卫将军董承与袁术将苌奴拒险,洪不得进。"

向外宣示，即使被列强们看到，也不敢提出异议，反对它就是不臣，就是朝廷的叛逆和奸臣，必然会遭到舆论的指责和征讨。因此，两者之间绝不仅仅是字面上的差异那么简单。

精明的曹操虚心纳谏，接受毛玠的建议，采用和推行"奉天子以令不臣"的决策，无疑是一个正确选择。为了使这一决策得到顺利贯彻执行，他召集部下开会，听取大家的意见，充分协商并做了大量说服工作，使大家思想达到高度统一，在获得一致支持的情况下实施。这也是他能够成功的关键。在当时各地列强都不尊重皇室、不愿意将天子迎接到自己地盘的情况下，曹操却特立独行，是非常不容易的。

天子迁许之后，在曹操的推荐下，支持他迎接汉献帝的荀彧立即被汉献帝晋升为侍中，代理尚书令。同样支持他迎接汉献帝主张的程昱也被升拜为尚书，以保证这一政策继续顺利执行下去。但是，由于当时兖州尚未完全安定，不久曹操又改任程昱为东中郎将、领济阴太守，负责都督兖州之事。这无疑是曹操对这两位功臣的褒奖和信任。

第二节 "挟天子以令诸侯"产生的历史背景

历史给予曹操成为英雄的机会，他生逢乱世，采用"奉天子以令不臣"的策略，异军突起，讨伐不法，一举改写了历史。然而，从另一方面说，这一过程对于汉献帝来说却导致了不幸的人生。他被董卓胁迫上位，一生都不能主宰自己的命运，终其一生屡屡被权臣所挟持，令人同情，扼腕叹息。

汉献帝虽然贵为天子，却被剥夺了应有的权力，权臣们打着他的旗号，"挟天子以令诸侯"，号令天下，讨伐异己，征战不休，最终将东汉王朝推进了万劫不复的深渊。那么，汉献帝是如何失去权力，权臣们又是如何"挟天子以令诸侯"的呢？

一、天子受制，遍尝凌辱

提起汉献帝刘协时，人们经常会说他是一位小皇帝、傀儡皇帝，这一点并不为过。首先，他是被董卓强迫拥立，即位时年仅九岁；其次，他从继位的第一天起就受制于董卓，没有一天自由，被董卓玩弄于股掌之间。已经升任太师之位的董卓，认为汉献帝年少可欺，甚至还曾想当汉献帝的尚父，成为汉献帝的父辈，好骑在汉献帝头上作威作福、胡作非为，多亏被蔡邕给谏阻了。回到洛阳时，汉献帝刘协方才十五岁。

汉献帝刘协的生母王美人早在他幼年时便被皇后何氏害死，后来，养育他的祖母董氏又被新晋太后的何氏逼死，哥哥少帝刘辩被董卓废掉，不久之后又被董卓诛杀。经过张让等太监发动叛乱，后宫内的太监被袁绍、袁术等人诛杀殆尽。经历了如此多的打击，即位之后的刘协身边没有一个可以值得信赖的人，年幼的汉献帝内心的孤独感可想而知。除了拥立自己的权臣董卓之外，他没有任何人可以依靠。慑于董卓的淫威，更没有老臣们敢于为其说话，因此，虽然贵为天子，但他不得不听任权臣董卓的摆布，成为真正的孤家寡人，成为董卓手中一个彻头彻尾的傀儡皇帝。

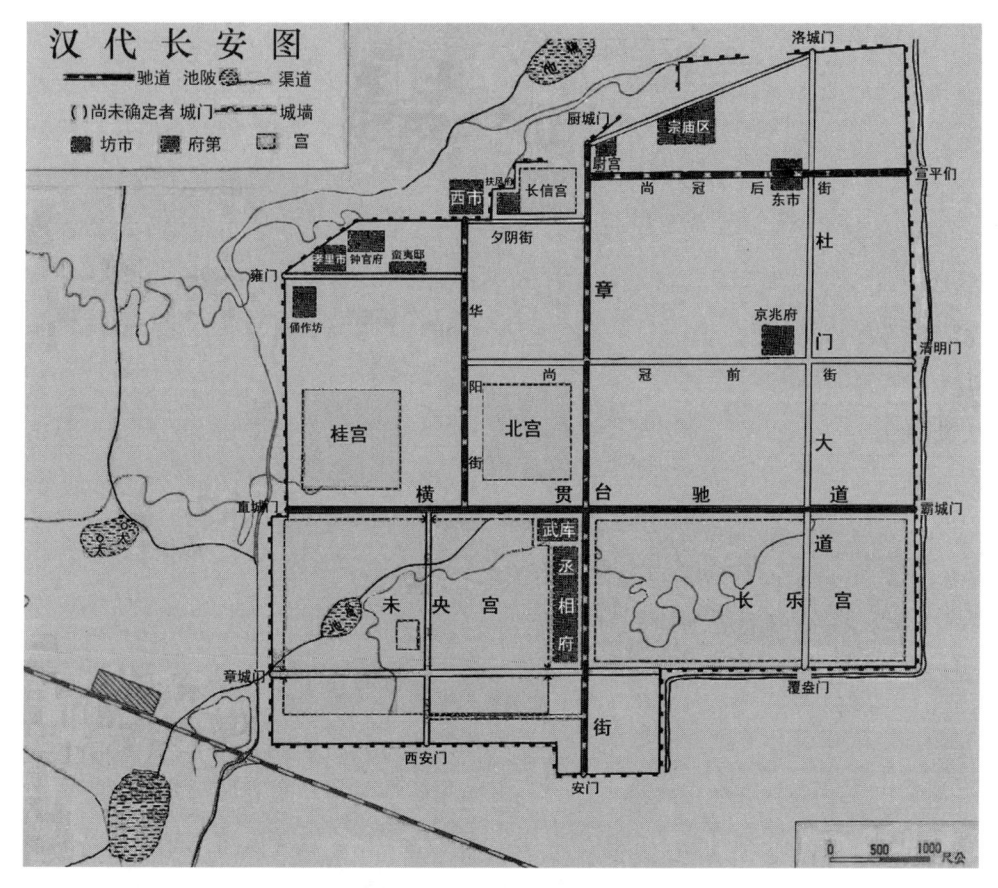

图四十　西汉长安城布局平面图

虽然汉献帝年幼势孤，受制于董卓，朝政全部由董卓把持，但是由于他是董卓亲手拥立的，因此，在董卓当政时，生活上还不成问题，作为天子，表面上还受到大臣们的敬重。然而，当董卓被诛杀，其部将李傕和郭汜等人夺得政权之后，由于他们与汉献帝没有任何感情可言，汉献帝才算真正跌进了生不如死的深渊之中。

董卓虽然出身行伍，但是其为官甚久，知道一些办事程序和官场礼制，因此在大多数情况下，遇到大事还会召集大臣们进行议事，做一做表面文章。尽管其十分跋扈，但是，他还能顾及君臣之分，表面上对自己所扶持的小皇帝还有几分敬重。然而，李傕和郭汜等人却大不相同了，他们出身低贱，皆为下级军官，一介武夫，举止粗鲁，毫无教养和礼仪可言，他们只知道大权在握，便可肆意妄为，崇尚暴力，不行就打，靠拳头说话。因此，他们办事的作风是，凡事在我，任意行事，遇事根本就没有与大臣们协商的道理。甚至对作为天子的汉献帝也是极尽凌辱之能事，根本不听皇帝的旨意。据《三国志·董卓传》注引《献帝纪》记载：由于迁都长安十分仓促，当时宫人们大多遗失了衣服，后来天气转冷，他们皆破衣褴褛，形象不堪，少年天子汉献帝对这些人十分怜悯，想将御府内储存的缯赐给他们，好让大家做几件像样的衣服穿。但是，李傕却坚决不同意，他蛮横地说："宫中有衣，胡为复作邪？"汉献帝没有办法，万般无奈之下，只得下诏将宫内马厩中所养的马挑出一百多匹来出卖，以换取一些钱，同时命御府、大司农各自捐出一部分杂缯，总共凑了二万匹，再加上卖马所得的那些钱，赏赐给公卿以下及贫民中那些不能自存者，以解决他们的燃眉之急。李傕发现后却蛮横地说："我邸阁储偫少。"意思是我的仓库中储备得也不多。于是，他派兵强行将这批物资扣留下来，将它们全部运到了自己的大营中。李傕的老乡、时任尚书贾诩闻听此事后，赶忙提醒和劝阻他道："此上意，不可拒。"劝他不要这样做。但是，李傕根本就不予理会。

再如因为争权夺利，他们内部纠纷不断，相互火并，结果西凉集团内部的重要成员右将军樊稠在开会时被李傕当场刺杀。这引起诸将之间的相互猜疑，李傕和郭汜二人更是相互猜忌，双方不顾老百姓死活，开始在长安城内大打出手，相互攻伐，造成老百姓死伤无数。在分不出输赢的情况下，双方便都拿皇帝出气，都希望将天子劫持到自己手中作为人质，来号令对方。首先有这个想法的是凉州集团另一重要成员安西将军杨定，他惧怕李傕残忍好杀，便与郭汜合谋，打算将皇帝迎到郭汜的军营内。但是，由于谋事不周，消息不慎走漏，却被李傕抢先，他赶在郭汜动手之前，派自己的侄子李暹率军卒数千人连夜包围了皇宫，径直冲进宫闱禁地，强行驱赶，准备将汉献帝一行押走。老臣太尉杨彪见状，赶忙出面劝阻，苦苦哀求李暹道："古今帝王，无在人臣家者。诸君举事，当上顺天心，奈何如是！"但是，李暹根本不理这一套，傲慢而冰冷地回复了一句："将军计决矣。"然后，准备了三辆车，让天子、贵人伏氏各乘一辆，贾诩、左灵共乘一辆，载着他们扬长而去。杨彪等大臣十分无奈，只好赶忙徒步跟了上去，随汉献帝到了李傕的大营。然后，李暹放任部下冲进宫内，抢掠宫人什物，将御府内的金帛乘舆器服全部搬到了李傕的大营内。为了掩盖罪行，他下令放火焚烧宫殿，史载:"略官寺,尽收乘舆服御物,置其家。"

郭汜听说被李傕抢了先,立时暴跳如雷,马上下令集结人马,准备攻打李傕,将汉献帝给抢回来。

为了打消他的怒气,李傕赶忙派去一批公卿大臣代表自己到郭汜那里请和,结果全都被郭汜给扣留下来。最后,汉献帝不得不亲自出面调和他们二人之间的矛盾,派太尉杨彪、司空张喜亲率十余名大臣前去郭汜大营说和,希望他能够息兵。但是,郭汜却坚决不答应,他一不做,二不休,干脆将前来负责说和的这些大臣又全都给扣留了下来。

这样一来,一方将天子扣作人质,另一方将大臣们扣作人质,双方互不相让,出现了君臣分离、不得相见这一千古未闻之奇观。

据华峤的《汉后书》记载,郭汜设宴招待被他扣押的公卿大臣们,想争取他们支持自己出兵攻打李傕,以夺回汉献帝。在宴会上,朝中主管军事的最高长官太尉、录尚书事杨彪出面质问郭汜道:"将军达人间事,奈何君臣纷争,一人劫天子,一人质公卿,此可行邪?"

郭汜闻听大怒,拍案而起,拔出身上的佩剑,欲亲手斩杀杨彪。面对暴虐跋扈的郭汜,杨彪大义凛然地说:"卿尚不奉国家,吾岂求生邪!"多亏中郎将杨密及其左右赶忙出面谏阻,郭汜方才息怒,没有诛杀杨彪。时任河南尹的东汉著名将领朱儁竟然为此而被气死。试想当时作为三公之一的杨彪,无论地位还是职权都高于郭汜,郭汜竟敢凭借自己手中有兵,欺下犯上,气焰何等嚣张?

郭汜仍余怒未消,他干脆不再征求其他人的意见,直接领兵攻打李傕。一时间矢如雨下,箭头竟然射到了汉献帝的面前,形势极度危险,李傕的耳朵也被流矢给射穿了。多亏杨奉率领援军及时赶到,郭汜的部众方才退却。经此一役,李傕开始感到害怕,当日,他便匆忙胁迫着汉献帝等人又转移到了北坞,随行汉献帝的只有伏皇后、宋贵人和皇帝身边的少数几个随从。李傕派校尉严密把守着坞门,监视里面的一举一动,将内外隔绝。经过这一番厮杀,长安城内被杀的老百姓多达一万余人。

李傕仍然担心郭汜不会善罢甘休,早晚会将汉献帝抢走,于是,他准备将汉献帝一行再次转移到自己的老巢池阳黄白城内。汉献帝等人听说这个消息后,君臣变得格外惶惧。因为池阳为李傕的封地,远离长安,如果汉献帝进入这一虎穴,再想出来就是痴心妄想。因此,汉献帝才会显得如此恐惧。

司徒赵温听说这一消息后，赶忙写信给李傕，批评和劝阻他道："公前托为董公报雠，然实屠陷王城，杀戮大臣，天下不可家见而户释也。今争睚眦之隙，以成千钧之雠，民在涂炭，各不聊生，曾不改寤，遂成祸乱。朝廷仍下明诏，欲令和解，诏命不行，恩泽日损，而复欲辅乘舆于黄白城，此诚老夫所不解也。于《易》，一过为过，再为涉，三而弗改，灭其顶，凶。不如早共和解，引兵还屯，上安万乘，下全生民，岂不幸甚！"这一下可惹恼了李傕，他接到此信后勃然大怒，打算派人进入坞内谋害赵温。汉献帝时年十四岁，虽然年轻，但是他十分聪明，当他听说赵温写信指责李傕时，就预感到大事不好，十分担心这位老臣的安全，忧虑地对侍中常洽说："傕弗知臧否，温言太切，可为寒心。"意思是说，李傕这个人不知道好歹，赵温说的话太过激烈，让人寒心，他不会轻易放过赵温。

那么，黄白城在哪里，为什么汉献帝等人如此惧怕被李傕迁到那个地方去呢？

黄白城，又名曲梁宫，建于秦代，为当初秦始皇在咸阳周围二百里内所修建的二百七十座别宫离馆之一。具体位置在今天的咸阳市东北、铜川市西南耀州区小丘镇独冢村一带，当时属凉州北地郡池阳县。到了西汉，改名为祋祤(duì yǔ)宫，东汉时更名为黄白城，是朝廷重要的储粮和屯兵之处，如今遗址犹存。

当时，李傕被汉献帝封为池阳侯，故这里也就变成了他的封地，是他的大本营，距离西京长安还有一定距离。

汉献帝君臣知道他们一旦离开京师长安，被李傕转移到那里，无异于刚离开狼窝又进入了虎穴，再想出来就不容易了，毕竟在长安城内还有郭汜等将领在掣肘着李傕，到了那里可就完全是李傕的天下了。故他们听到这一消息后才会显得如此恐慌，司徒赵温才会反应如此剧烈。

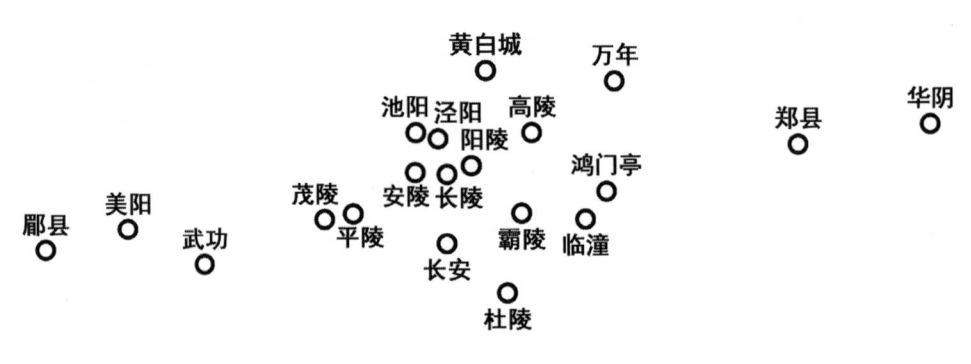

图四十一　黄白城位置示意图

幸亏李傕的从弟李应过去曾经在赵温手下任过职，出面极力保护自己过去的老上司，不断地替赵温说好话，一连苦劝了李傕好几天，李傕才算是消了气，最后，他放弃了加害赵温的想法，也放弃了将汉献帝一行迁往黄白城的计划。

虽然李傕最终放弃了将汉献帝迁往黄白城，但是，汉献帝一行被囚禁在北坞之内，情况也好不到哪里去，由于内外隔绝，连吃饭都成了大问题。据《献帝起居注》记载："诸侍臣皆有饥色，时盛暑热，人尽寒心。帝求米五斛、牛骨五具以赐左右，傕曰：'朝铺上饭，何用米为？'乃与腐牛骨，皆臭不可食。帝大怒，欲诘责之。侍中杨琦（杨奇）上封事曰：'傕，边鄙之人，习于夷风，今又自知所犯悖逆，常有怏怏之色，欲辅车驾幸黄白城以纾其愤。臣愿陛下忍之，未可显其罪也。'帝纳之。"说的是，汉献帝和一些近臣被囚禁在北坞中，食不果腹，经常忍饥挨饿，让人实在难受。在万不得已的情况下，汉献帝亲自出面乞求李傕，希望他能够给自己五斛米、五具牛骨，好让他用来赏赐给饥饿难耐的身边随从们，结果李傕却仅给了他们一些已经腐烂、臭不可食的牛骨。被激怒的汉献帝刚想阳刚一把，欲诘责之，却被侍中杨奇的一句话吓得立马噤声，噤若寒蝉，再也不敢抱怨一句。因为他知道，他和群臣的小命掌握在军阀李傕的手中，每时每刻都在遭到威胁，因此，不得不忍受他的不断侮辱和折磨。

不仅如此，李傕还多次故意在"朝廷"的大门前为已被王允诛杀的奸贼董卓举行祭祀活动，如《献帝起居注》记载："傕性喜鬼怪左道之术，常有道人及女巫歌讴击鼓下神，祠祭六丁，符劾厌胜之具，无所不为。又于朝廷省门外，为董卓作神坐，数以牛羊祠之。讫，过省阁问帝起居，求入见。"李傕祭祀董卓完毕后，要求进入省阁之内，面见汉献帝，问天子起居。可是他却全副武装，身上竟然佩带着三把钢刀，另外，一手还拿着利刃，另一手拿着马鞭，一副颐指气使的样子。朝臣觐见天子，是不允许佩带武器的，李傕根本没有半点臣子的样子。侍中和侍郎们见状，顿时恐慌起来，他们担心皇帝的安全，于是，就纷纷操起自己的佩刀佩剑，抢先跑到汉献帝的身边进行护卫，唯恐李傕做出伤害皇帝的行为。好在李傕见到汉献帝后，只是控告郭汜的罪状，说了一番郭汜的不是，汉献帝也只能随着他的意思唯唯诺诺地随便答应了几句。李傕见状，对汉献帝的表现非常满意，方才离去。直到此时，众人才松了一口气。

然而，侍中和侍郎们的举动和表现还是引起了李傕的极大不满，出来之后，他对手下人抱怨说："此曹子将欲图我邪？而皆持刀也。"怀疑他们带着武器护卫在汉献帝身边，是想图谋他，因此，准备禁止接近皇帝的近臣们携带刀剑。侍中李祯是他的老乡，与他关系一直不错，在他面前还能说上几句话，于是，李祯赶忙向李傕解释说："所以持刀者，军中不可不尔，此国家故事。"意思是说，这是国家的传统制度规定的，是朝廷的惯例，并不是故意针对他，这才消除了他的疑心。

考虑到李傕、郭汜二人互不相服，一人扣押着皇帝，一人扣押着大臣，造成君臣分离，朝政大事陷入瘫痪，这样终非长久之计。汉献帝决定亲自出面解决这一问题，再次派人去说和二人，做他们的调停工作。派谁去呢？他突然想到了一个人，此人便是在朝中任谒者仆射的皇甫郦。皇甫郦是凉州旧姓，与李傕、郭汜二人是老乡，并有专对之才，汉献帝认为派他去最合适。

皇甫郦领命之后，首先去拜访了郭汜，经过反复做郭汜的工作，郭汜终于答应愿意与李傕和解。然后，皇甫郦又兴冲冲地去见李傕，告诉李傕郭汜的这一态度，没想到却遭到了李傕的一口回绝。李傕说："我有（讨）吕布之功，辅政四年，三辅清静，天下所知也。郭多（郭汜，本名郭多），盗马虏耳，何敢乃欲与吾等邪？必欲诛之。君为凉州人，观吾方略士众，足办多（郭汜）不？多（郭汜）又劫质公卿，所为如是，而君苟欲利郭多，李傕有胆自知之。"李傕自恃皇帝在自己的手中，不仅指责郭汜不该劫质公卿，还指责皇甫郦是在左右逢源，他这样做是在替郭汜说话，来讨好郭汜。

这不是不知道好歹吗？因此，皇甫郦闻听非常生气，双方遂发生了争执，皇甫郦反驳他道："昔有穷后羿恃其善射，不思患难，以至于毙。近董公之强，明将军目所见，内有王公以为内主，外有董旻、承、璜以为鲠毒，吕布受恩而反图之，斯须之间，头县竿端，此有勇而无谋也。今将军身为上将，把钺仗节，子孙握权，宗族荷宠，国家好爵而皆据之。今汜劫质公卿，将军胁至尊，谁为轻重邪？"指出他有勇无谋，虽强盛一时，如果不知好歹，下场将非常危险，并指责他如今胁迫天子的行为比郭汜扣押大臣的行为性质更加恶劣，并指出"张济与郭多、杨定有谋，又为冠带所附。杨奉、白波帅耳，犹知将军所为非是，将军虽拜宠之，犹不肯尽力也"。

李傕闻听顿时大怒，呵斥他赶快滚出去。皇甫郦回去复命，向朝廷汇报了李傕不肯从诏，词语颇为不顺。侍中胡邈是李傕眼中的红人，他担心皇甫郦和李傕的交谈言辞过于激烈，汉献帝听后心中不悦，特意将传诏者叫到面前，叮嘱其在回禀天子二人谈话的内容时，尽量用和缓一点的语气。然后，他又劝说皇甫郦，念在与李傕是老乡，李傕对他还不错的分上，要皇甫郦顺从李傕。皇甫郦闻听十分生气，指责他道："胡敬才（胡邈，字敬才），卿为国家常伯，辅弼之臣也，语言如此，宁可用邪？"胡邈听后，颇为担心地对他说："念卿失李将军意，恐不易耳！我与卿何事者？"皇甫郦却义正词严地回答他道："我累世受恩，身又常在帷幄，君辱臣死，当坐国家，为李傕所杀，则天命也。"

这件事很快便传到汉献帝耳朵里，他担心皇甫郦回答胡邈的话如此恳切，如果传到李傕的耳朵里，他一定不会放过皇甫郦，于是急忙下诏，敕令皇甫郦赶快逃走。

果然不出汉献帝所料，皇甫郦刚刚走出营门，李傕派来缉拿他的虎贲王昌便赶到了。王昌知道皇甫郦为人忠直，便故意释放了他，还催促他快快逃走。然后，王昌对李傕复命，说他赶到那里时，为时已晚，皇甫郦已经逃走，自己没有追赶上。这样，皇甫郦才幸免于难。

为了稳住李傕，不让他再追究此事，汉献帝赶忙派左中郎将李固持节奉诏封拜李傕为大司马，位在三公之上。

如此不堪的生活，汉献帝与朝臣们竟然忍受了四年之久。如果从中平六年（189）受董卓胁迫即位时算起，至兴平二年（195）汉献帝东迁，彻底摆脱李傕、郭汜的控制，前后更是长达六年时间。此时，汉献帝已经从初即位时的九岁幼童，成长为一个十五岁的翩翩少年，长期的磨难和隐忍让他变得过于早熟。

二、艰难脱困，君臣团聚

常言道，多行不义必自毙。李傕的暴行终于引起了众怒，就连他的部下宋果和部将杨奉等人都看不下去了。尤其是将军杨奉，原本是白波旧帅，后来选择投降了朝廷，成为李傕的部将，即使这样的人尚知道基本的礼仪和对天子的尊重，其他将领更是对李傕的恣意妄为感到不满，他们准备发动政变，刺杀李傕。但是，由于谋事不密，计划败露，杨奉等人干脆率兵叛他而去，并成为他的死对头。其他人见状也纷纷效仿，相继背叛李傕，引军而去，致使李傕的实力遭到了很大削弱。

其实，早在李傕准备将汉献帝劫持到自己军营时，他曾经与自己的谋士、时任宣义将军贾诩商议过这件事，当时贾诩就劝他说："不可。胁天子，非义也。"但是，李傕不听，坚持将汉献帝劫走，最终落了个众叛亲离的结果。

第四章　挟天子以令诸侯

张济的侄子张绣本来也在李傕营中，为他的部下，张绣也对李傕的行为感到非常不满，他准备离开李傕。临行前他对同乡贾诩说："此中不可久处，君胡不去？"劝他与自己一起离开。贾诩则苦笑着说："吾受国恩，义不可背。卿自行，我不能也。"张绣见状，果断地离开了李傕，前往弘农，选择投靠驻守在弘农的叔父张济。

然而，李傕并不甘心就这样认输，为了击败郭汜等人，他心生一计，召来数千名居住在长安城内的羌人和胡人，送给他们一些从宫中抢来的御用之物及缯彩等贵重物品，以收买他们，希望他们武装起来，帮助自己攻打郭汜，同时许下重诺，等将来胜利后，他会将宫中的那些美妇人赠送给他们。这些人居然径直闯到汉献帝居住的宫门外，向里面窥视，高呼道："天子在中邪！李将军许我宫人美女，今皆安在？"直接向汉献帝索要李傕许给他们的所谓的宫中美人。

由于这些人多次前来骚扰，搞得汉献帝心烦意乱，实在没有办法，只好将贾诩找来，让他想办法处理好这件事。于是，贾诩出面，设下酒席，将羌、胡的大帅秘密招来，好好招待他们，要求他们不要再来骚扰天子，并许诺将来可以给他们封爵并赐予重宝。这些人信以为真，果然领兵而去。这无异于又砍去了李傕的左膀右臂。失去了胡兵的支持，李傕的实力大减，再也没有实力和信心与众人对抗。

李傕与郭汜的不断争斗造成了严重内耗，引起了镇守在陕州的凉州军事集团中的另外一个重要将领镇东将军张济的担忧。他从张绣那里了解到长安城内发生的事变之后，决定亲自赶到长安，出面调解李、郭二人之间的矛盾，并希望说服他们将汉献帝暂时迎接到他驻守的弘农郡去。于是，他率军赶到长安，开始做二人之间的调停工作。

汉献帝早就想摆脱眼前的困境，尽快离开这个是非之地，此时的他更思念的是旧都洛阳，希望有朝一日能够回到洛阳去。

早在初平二年（191），勃海太守袁绍与冀州刺史韩馥计划拥立幽州牧刘虞为皇帝，结果遭到刘虞拒绝。为了避嫌，刘虞赶忙派田畴和从事鲜于银绕道朔方，蒙险间行，赶到长安，向朝廷解释这件事。献帝因为渴望东归，专门出面接见了田畴，与他交谈以了解幽州的情况，知道宗室刘虞心向王室，在刘虞的治理下，幽州民悦年登，非常不错，心中大悦，更勾起了他东返的渴望。当时，刘虞的儿子刘和在汉献帝身边任侍中，于是，汉献帝便派遣刘和从武关潜出关外，让他通知刘虞率兵前来迎接自己。

因为武关位于关中盆地东南,从这里出关到幽州去必须经过南阳,而南阳是袁术的地盘。刘和好不容易来到南阳地界,心中感到特别畅快。说来还是他太年轻,缺乏政治经验,误将关东这些反对董卓的军阀全都看成了自己人,于是,他竟然主动去拜访盘踞在那里的袁术,亮明了自己的身份,并将汉献帝的意思和盘托出,全都告诉了袁术,劝他与自己的父亲刘虞一块儿出兵,西迎汉献帝东返。

阴险狡诈的袁术随即将刘和软禁起来,骗他写信给父亲,许诺等刘虞的大兵一到,双方一起西进。刘和不知是计,遂按照袁术的意思给父亲写信。敦厚的刘虞得到儿子的书信后,竟然信以为真,便决定派数千幽州铁骑前往南阳,划归儿子刘和指挥,让他与袁术一道前往关中奉迎天子。

刘虞的部将、时任奋武将军的公孙瓒知道袁术有异志,不同意派兵,并极力劝阻。但是,刘虞救主心切,更关心自己儿子的安全,坚持派兵前往,因此,二人在这件事上产生了矛盾。在对待袁绍的问题上,公孙瓒与袁术是盟友,但是,在其他问题上,他还是处处提防着袁术这个人。他见说服不了刘虞,便担心袁术将来知道自己曾经从中作梗,阻碍刘虞出兵,从而怨恨自己,于是,他也赶忙派自己的从弟公孙越率领一千多名骑兵赶到南阳,以进一步加强与袁术的关系,同时,暗中劝说袁术趁机将刘和抓起来,夺取他的兵权。

果然,当刘虞的部队抵达南阳后,袁术就变卦翻脸了,他不仅找各种借口,阻止大军西进,还从刘和手中夺取了这支军队的指挥权。刘和发现事情不对头,瞅准机会只身逃了出去。他继续北上,准备返回幽州,回到父亲的身边去。结果在途经冀州时,又被袁绍给扣留了。因此,这一计划便就此搁浅。当时,董卓刚死,天下大乱,汉献帝错过了东返的最佳时机。不久之后,朝政又被李傕、郭汜等人夺取,汉献帝不得不继续隐忍下去。

如今张济的到来,终于又让他看到了东返的机会,汉献帝岂能轻易放过,因此,双方一拍即合。于是,他开始主动作为,多次派使者反复找到李傕商量此事,请求他能够放自己东归。

上文说过,杨奉过去曾经是白波义军的旧帅,投降朝廷后归属于李傕部,在与郭汜的战斗中,曾经率军救过李傕,但是,由于他不是凉州集团出身,并不受凉州军事集团出身的李傕、郭汜等人的信任,因此,其部下兼同乡徐晃此时也劝说他应奉天子还洛阳。杨奉采纳了他的这一建议,坚决要求李傕释放汉献帝。

由于有西凉集团重要将领张济的大力支持,为大家撑腰,加上郭汜、宋果、杨奉等将领带来的巨大压力，实力已经大不如前的李傕再也不敢有所造次。在时任廷尉兼黄门侍郎钟繇和尚书郎韩斌的共同策划下，在侍中兼卫尉杨奇的帮助下，经过十多次的反复协商谈判，最终李傕不得已只得同意天子东迁的要求。与此同时，郭汜也释放了被其扣押的大批朝廷大臣。历经磨难，君臣们终于又团聚在了一起。然后，郭汜、李傕和众将领达成一致意见，由他们二人与众将领一起亲自护驾，共同将汉献帝一行护送到弘农郡张济那里去。

可能是出发太过匆忙，中间沟通出现了问题，队伍还没有出城就出现了差池，预示着这次东归之路不可能顺利。

三、东迁弘农，懈怠生变

兴平二年（191）七月甲子这一天，众将领一起来到北坞，将汉献帝迎接出来，准备护送天子东行。汉献帝非常高兴，立即下诏升任郭汜为车骑将军，拜在这件事中起决定性作用的张济为骠骑将军，杨定为后将军，杨奉为兴义将军，董承为发集将军。董承原为牛辅的家奴，因为是汉献帝的舅父，其女儿又嫁给了汉献帝，被立为贵人，因此，也被晋升为将军。然而，董承突然富贵，有了兵权，开始恃宠而骄，在此后的一路上惹出不少事情来。

为了避免夜长梦多、迟则生变，大家决定当天就出发，尽快离开长安这块是非之地，起驾东进。

车驾离开北坞，浩浩荡荡地开往长安城东北角的宣平门，准备从这里出城。

在这里需要说明的是，长安城共有十二座城门，其中，东城墙上有三座，自北向南依次为宣平门、清明门、霸城门。那么，他们为什么要选择从这里出城呢？

原来，该门又称东都门。西汉时，朝廷外出征战、得胜班师回朝时，多从此门入城，故曰"宣平"，寓意甚好。该门在众多城门中地位特别。

另外，这里离通往函谷关的道路较近，是汉代出城前往关东最为便捷的路线。当年太傅疏广上疏乞骸骨回归故里时，公卿大夫故人邑子为之设祖道，供帐东都门外，就是指这里，从此门出城，返回东海故里。

据《献帝起居注》记载，也许是启程太过匆忙，来不及与郭汜的部下沟通，当他们抵达宣平门，穿门而出，准备通过城外护城河上的阳桥时，迎面突然冲过来数百名士兵，一下子挡住了去路。他们站在桥上不让车驾过桥，并大声喊道：

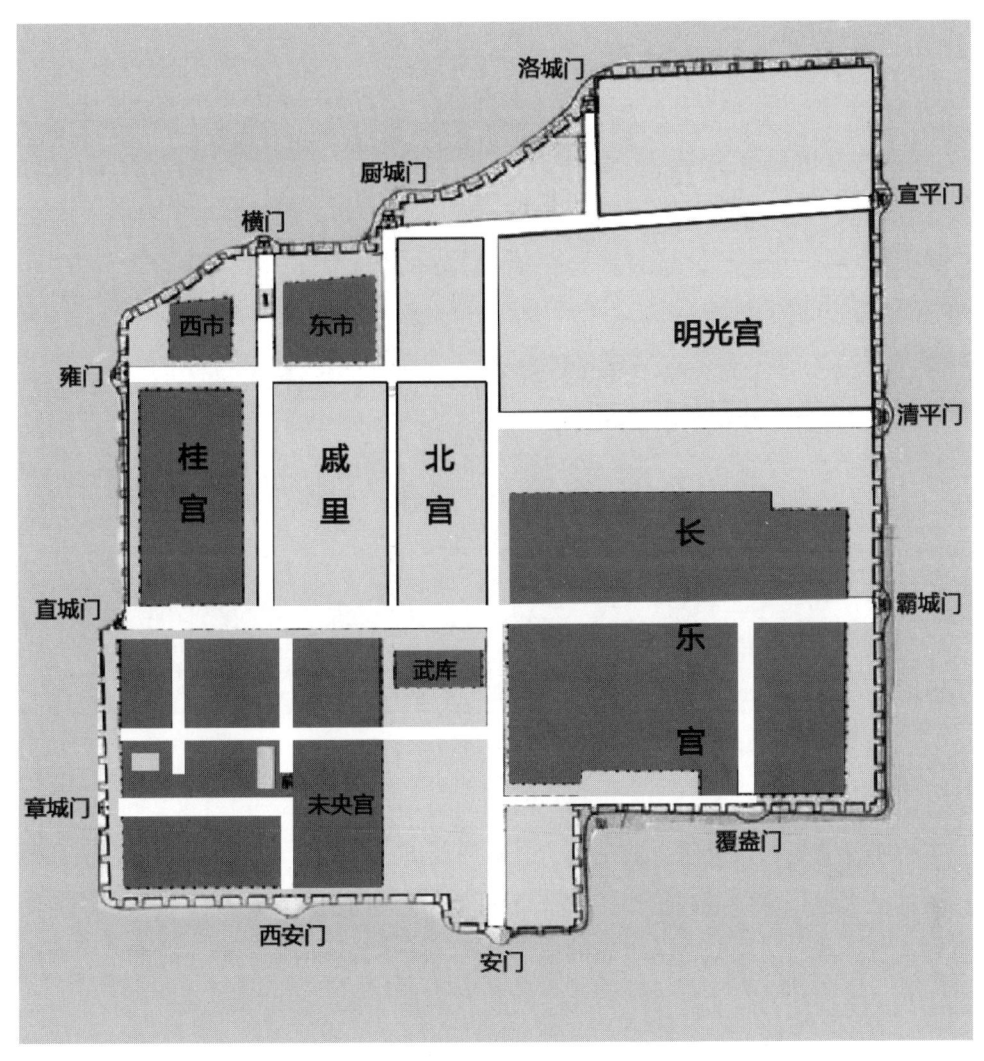

图四十二　东汉长安城布局平面图

"是天子非？"原来他们是驻守在城外的郭汜部下，显然，他们虽然已经提前得到了通知，但是却没有想到汉献帝一行来得这么快，突然发现有一队人马冲出城门，准备出城，于是便前来堵截，详加盘问。从这件事上我们就可以看出，汉献帝的启程是多么仓促，估计他一分钟都不想待在长安城内了。

突然发现有军队堵在面前，护驾的众人顿时紧张起来，担心情况有变、郭汜再次反悔。负责护送汉献帝的数百名李傕的部卒立即警觉起来。他们各个手持大戟，环卫在乘舆的周围，警惕地注视着对方，双方大战一触即发。

第四章　挟天子以令诸侯

图四十三　宣平门遗址发掘现场

　　侍中刘艾见状，突然上前一步，高声回复道："是天子也。"为了证明乘舆内坐的是天子，说完他赶忙让侍中杨奇将遮挡在车门上的帷幕高高举起，让他们查看究竟。此时，汉献帝厉声质问他们道："汝不却，何敢迫近至尊邪？"堵路的士兵见里面坐的确实是汉献帝，赶忙退了下去，让开了道路。

　　平安过了阳桥，大家终于松了口气，史载："既度桥，士众咸呼万岁。"[①]庆贺这是一场虚惊。

　　车马继续前行，当夜行至霸陵，决定在此歇息。第三天，天子下诏，命李傕率军出屯池阳，张济则提前返回陕州，为天子大驾即将到来做好各项准备工作。

　　由于在封赏中，随行的人都有所获，唯独没有李傕的份儿，他还被剥夺了车骑将军，由郭汜代替，颜面尽失的李傕接到诏令后，灰溜溜地率军离开，前往自己的封地池阳。

---

①〔晋〕陈寿：《三国志·董卓传》注引《献帝起居注》，〔宋〕裴松之注，中华书局1959年版，第186页。

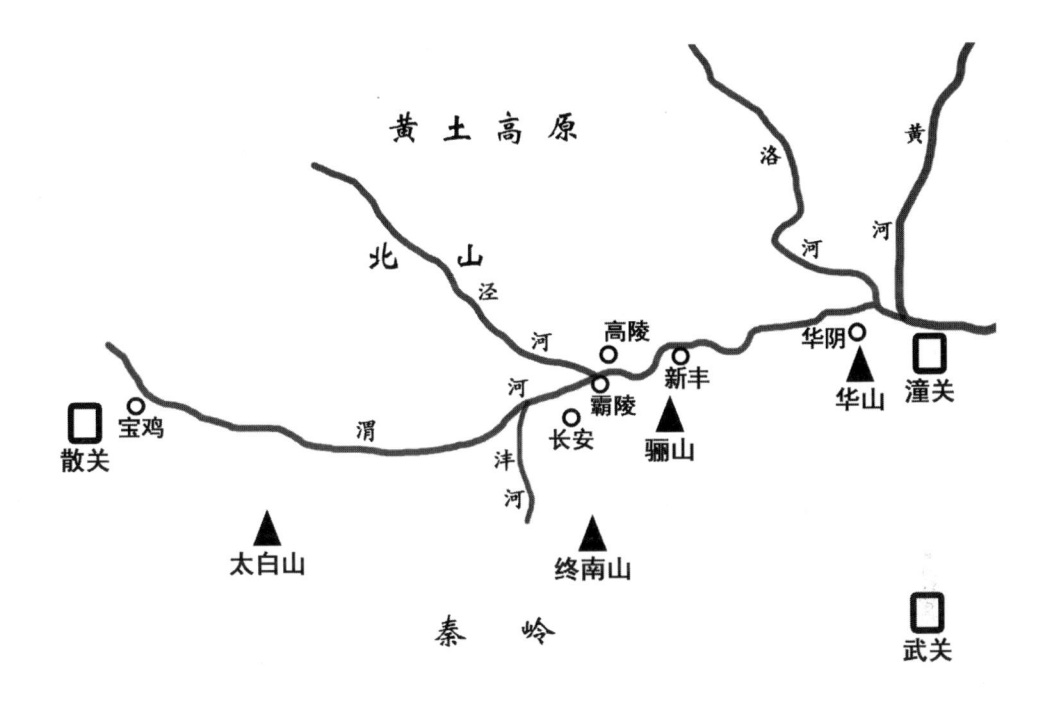

图四十四　关中盆地地形图

池阳在今陕西省泾阳县和三原县的部分地区，汉惠帝四年（前191）改为池阳县，汉景帝二年（前155）属左内史，太初元年（前104）属司隶校尉部左冯翊，东汉属司隶校尉部左冯翊池阳、云阳县和京兆尹阳陵县。后由于羌族作乱，东汉永初五年（111）之后，北地郡内徙池阳县。初平三年（192），汉献帝封李傕为车骑将军、开府，领司隶校尉、假节、池阳侯，位于长安城以北。

贾诩见天子已经被释放，李傕大势已去，于是就上还印绶，离开李傕，跑到华阴去投奔他的老乡段煨。只有郭汜仍然跟随着队伍继续前行。

然而，令汉献帝没有想到的是，这才是他们悲惨命运的真正开始。以前他们所遭遇的各种遭遇与之相比，简直是小巫见大巫。

由于没有了外部压力，大家开始懈怠起来，队伍行进的速度十分迟缓，走走停停，从长安至新丰（今西安市临潼区新丰镇）仅六十多里的路程，他们竟然用了四十一天，至八月甲辰日，方才来到新丰地界。

常言道，日久生变。当他们行进到新丰时，果然出现状况了：郭汜突然反悔了。原来郭汜跟随队伍没有离去是有自己想法的，他后悔当初同意让汉献帝东行，

第四章　挟天子以令诸侯

不愿意就这样轻易放弃对皇帝的控制权。因此,到了新丰后,他突然提出想让汉献帝到高陵县去。他之所以会选择高陵,是因为那里距离李傕的大本营池阳比较近。虽然二人之前曾经因为争夺汉献帝打得不可开交,但是,他相信在这个问题上,二人应该能够达成一致。因为他明白,汉献帝在他们手中,他们还是个人物,如果失去汉献帝这棵大树,他们将什么都不是。他坚信李傕一定也明白这个道理。

杨定、杨奉和董承等将领自然不肯答应。于是,他们紧急召开会议商议此事,结果大家也都不同意,汉献帝遣使晓谕郭汜曰:"弘农近郊庙,勿有疑也。"说弘农郡距离洛阳和长安的郊庙都比较近,请他不要怀疑。然而,郭汜仍然不同意,最后,汉献帝甚至以绝食相抗争。说来也是宿命,当年身为沛公的汉高祖刘邦曾冒险赴项羽的鸿门宴,所在地就在新丰县鸿门坂这个地方,没想到四百零一年之后,其后代汉献帝刘协也在同一个地方面临着生死考验。

双方为了这件事争吵不断,从八月甲辰抵达新丰至十月,在这里滞留两个多月。最终郭汜表面上虽然让步,同意乘舆继续东下,按照原来的计划到弘农去,然而,他内心中始终不甘心,于是,决定发动兵变,准备再次武力劫持汉献帝。

十月戊戌日,汉献帝住在新丰学舍内。当天晚上,郭汜指使其部将伍习等人于深夜突然放火烧新丰学舍,打算逼迫汉献帝出逃,好在混乱中趁机将其劫持到他的大本营郿县(今陕西省宝鸡市眉县)去。好在汉献帝十分机灵和沉着,发现火起有变后,并没有手足无措地随意出逃,而是在董承的保护下迅速逃进了杨奉的军营内。

杨奉等人发现之后,赶忙率军出营迎战,一举将郭汜、伍习等人击败。郭汜担心自己人少吃亏,只身逃走,跑进了南山之中。但是,他很是不甘心,径直前往池阳,去投奔昔日的政敌李傕,争取与他重归旧好,说服他与自己一起前来阻止汉献帝东归。

四、临时变卦,东归旧都

这件事让汉献帝和群臣突然明白了一个道理,凉州军事集团的这些人都不可靠,张济也是董卓的凉州军事集团中的重要人物,即使他们到了弘农,也仍然摆脱不了他们的控制，这些人反复无常，像郭汜这样，一旦翻脸，自己还是不会有什么好结果。如今既然好不容易逃了出来，岂能再入狼窝。于是，他们临时决定，干脆直接前往旧都洛阳。因此，他们不敢在那里久留，立即启程，在杨奉、杨定和董承等人的保护下，一改先前的高调和拖沓迟缓，以急行军的方式继续东下。

然而，他们不得不面对一个现实，就是要想东下回到洛阳，必须经过弘农郡和函谷关，而函谷关分为新旧两个，其中，旧函谷关为秦朝所置，故称秦函谷关，位于今灵宝市北15公里处的王垛村。汉武帝元鼎三年（前114），车船将军新安人杨仆因耻为关外民，向武帝提出自己出资，将函谷关东移至自己的家乡以东，让自己成为关内人，获得了汉武帝批准，于是，他在新安东界修筑新关，故称汉函谷关。汉政府在原函谷关的旧址置弘农县，并将弘农郡郡治迁往那里。因此，汉献帝一行要想东下，就必须经过弘农郡地界，然后才能穿过汉函谷关。而弘农郡驻屯着张济，因此，一旦张济出兵阻拦，前途必将十分凶险。

这一次，他们不敢怠慢，仅用了五天时间，便行进了一百二十里，于壬寅日这天，抵达华阴县境内。他们十分低调，悄然露宿在大路旁边。

但是，由于先前的大肆张扬，许多人都已经知道天子在东进途中，尤其是贾诩提前来到了段煨营中，对汉献帝一行的行踪早已掌握，因此，这一消息岂能瞒得过驻扎在这里的宁辑将军段煨？段煨对天子的驾到十分重视，他早已做好了迎接汉献帝一行的一切准备，只等天子临幸。史载"宁辑将军段煨乃具服御及公卿以下资储，请帝幸其营"。

这本来是件好事，但是，坏就坏在护驾的后将军杨定身上，由于他与段煨历来不和，于是就联合同党种辑、左灵诬陷段煨意欲谋反，坚决不同意让汉献帝搬进段煨的大营中去。尽管太尉杨彪、司徒赵温、侍中刘艾、尚书梁绍等都表示段煨不会反，愿以自己的生命做担保，但是，杨定、董承还是坚持不同意。更有甚者，杨定为了诬陷段煨造反，竟然胁迫弘农督邮造谣说郭汜已经回来，现在就潜藏在段煨的大营内，这引起了汉献帝的怀疑，不敢搬进他的大营内，宁愿露宿于道路之南。

丁未日这天，杨定、董承、杨奉等人在未经请示汉献帝的情况下，悍然率军攻打段煨，双方发生了严重内讧。

事端挑起后，他们方才想到没有得到皇帝的诏令，感到私自对段煨采取行动很是不妥，于是，便派种辑、左灵二人恳请汉献帝下征讨段煨的诏书。汉献帝年纪虽小，但他是一个明白人，在这个节骨眼上不想节外生枝，因此，他十分为难地说："煨罪未著，奉等攻之而欲令朕有诏耶？"坚持不肯下诏。种辑固请，一直耗到半夜，汉献帝仍然不同意。

杨定等人擅自出兵，全力进攻段煨大营，连攻十余日都没有攻下。事实上，段煨根本没有反心，杨定越是攻打他，他对待汉献帝和随行百官越是殷勤，史载，"煨犹奉给御膳，禀赡百官，终无二意"。这感动了汉献帝及众位大臣，最后，还是汉献帝下诏，派侍中、尚书告谕杨定等人，令他们与段煨和解，杨定才奉诏率军还营。

然而，这样的内讧不仅严重影响了大家的团结，削弱了护驾队伍的实力，还耽误了行程。更为严重的后果是，给了郭汜、李傕二人重新和好足够的时间和再次反叛的机会。

因为段煨也是凉州军事集团的重要人物之一，其与董越、牛辅都是当初董卓留下来镇守东方、防范关东的三大军事巨头之一，理所当然也是董卓最为信任的将领之一。而李傕、郭汜、张济又同在董卓的女婿牛辅手下做校尉，对董卓忠心不贰。因此，当他们听说杨定等人攻打段煨时，立即赶来支援段煨，共同对付杨定，欲趁机夺回汉献帝，将之劫持西去。

杨定听说李傕率兵赶来，最先慌了，赶忙往回跑，准备前往蓝田，结果被率军赶来的郭汜拦截，单骑亡奔荆州，后来不知所终。

司徒赵温、太常王伟、卫尉周忠、司隶荣邵在抵抗中不幸被俘，被押往段煨大营。这几个人都是李傕最嫌弃的人，因此，他准备将他们全部杀死。贾诩赶忙劝李傕说："此皆天子大臣，卿奈何害之？"李傕乃止，这些人才勉强捡得一条性命。

段煨是武威姑臧（今甘肃省武威市）人，虽然史料中没有说他与东汉著名将领、号称"凉州三明"的武威姑臧人新丰县侯段颎的关系，但推测段煨应该是其族人。由于他出身于武威姑臧大姓，传统上就有忠君思想，做人也比较正派，他并没有难为汉献帝等人，因此，汉献帝一行趁郭汜、李傕全力追击仇敌杨定的机会得以脱身，一路向东逃去。

前面是函谷古道，道路狭窄，十分难走，峡谷幽深，谷底宽不过十米，最窄处只有二至三米，古人云，"车不分轨，马不并鞍"，道路蜿蜒曲折，人行其中，如入函中，故曰函谷。关道两侧，绝壁陡起，峰岩林立，地势险恶，长五六公里，其东端就是秦函谷关关隘。自古就有"一泥丸而东封函谷"的说法，足见其险要。然而，为了逃命，尽快返回洛阳，这些人不顾一切，拼命逃跑，一口气就冲了出去，来到了弘农郡郡治所在的秦函谷关。

自从杨定逃走后，兴义将军杨奉、发集将军董承二人成了汉献帝最为倚重的对象，成了天子眼中的红人，凡事都要听从他们二人的话，这二人都曾经在凉州集团中待过，深知凉州集团都是一些军痞子，根本没有任何信誉可言，随时都会翻脸，尤其是经过这次事变之后，他们再也不信任凉州集团中的任何人，其中自然也包括张济。为了尽快摆脱西凉集团的控制，他们哪里还敢在张济的弘农郡停留，因此，他们穿城而过，直接越过秦函谷关的弘农郡治所，继续向东逃窜。

这给了一直在此恭候汉献帝一行、满心希望汉献帝能够留在弘农郡的张济一个措手不及。他不明就里，来不及做出任何反应，眼睁睁地看着这些人穿城而去。当他反应过来时为时已晚，汉献帝早已经被人簇拥着狼狈地向东逃去。

秦函谷关城东门。此图案系从汉墓中出土的画像砖拓出，现函谷关城楼即依此恢复。

图四十五　秦函谷关画像

第四章　挟天子以令诸侯

1923年的魏函谷关。关门上"天下为公"四字系康有为登游函谷关后所书。

图四十六　1923年魏函谷关关楼旧照

图四十七　笔者在灵宝秦函谷关前留影

张济很不甘心，寻找杨奉、董承二人打听原因，得知汉献帝准备直奔洛阳，不会在弘农郡停留。张济毕竟是汉献帝亲口所封的骠骑将军，说好了的事怎么就突然变卦了呢？这引起了他心中的极大不满，双方不欢而散。

李傕、郭汜二人来救段煨是假，其真实的目的是要劫持汉献帝，如今这一目的没有达到，岂能善罢甘休？于是，他们在击败了杨定之后，率军在后面紧紧追赶。当他们追到弘农郡时，正遇到为此事而怒不可遏、心生闷气的张济，问明情况，得知汉献帝一行早已经穿城而过，便是一顿埋怨，然后双方一拍即合，兵合一处，来不及休息，继续追击下去。

得到张济生力军的支持，这一次李傕、郭汜实力大增，追击速度也显著加快。十一月庚午日，在弘农涧东岸终于追上了汉献帝一行，双方随即展开了厮杀。

这一次王师败得非常惨，史载："百官士卒死者不可胜数，皆弃其妇女辎重，御物符策典籍，略无所遗。"专职负责宿卫皇帝安全的射声校尉沮儁受伤坠马被俘，不屈被杀。光禄勋邓泉、卫尉士孙瑞、廷尉宣播、大长秋苗祀、步兵校尉魏桀、侍中朱展等人皆被叛军所杀。所幸汉献帝等人得以突出重围，继续向东奔逃。李傕、郭汜和张济得胜后，押解着大批俘虏和缴获的辎重返回弘农城内，将他们关押在那里，并做短暂休息。

由于一路溃逃，长途跋涉，且战且走，加上沿途道路十分艰险，汉献帝一行吃尽了苦头。三天之后，十二月壬申日这天，好不容易跑到了距离弘农城东十三里的曹水西岸的曹阳亭，此时，大家实在走不动了，只好在此做短暂歇息，汉献帝只能露宿于曹阳的田野里。但是，很快后面的追兵又追了上来。

考虑到前有曹水、崤函道等艰险相阻，汉函谷关雄关当道，后有追兵，此时

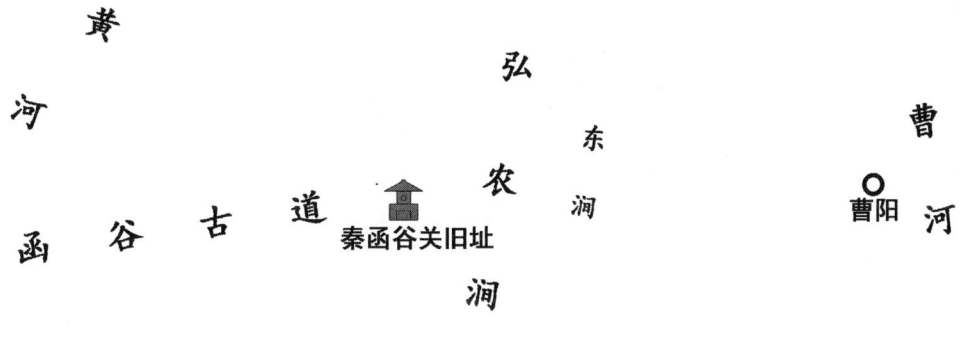

图四十八　东涧、曹阳之战发生地示意图

的汉献帝一行几乎陷入绝境，在万般无奈的情况下，董承、杨奉决定采用诈降，假装与叛军讲和，请求他们暂缓攻击，以作缓兵之计。而叛军也早已经筋疲力尽，因此，李傕便答应了他们的这一请求，双方难得有了一个喘息的机会。

五、危急时刻，山贼救主

非常具有讽刺意味的是，在这一危急关头，最后帮助汉献帝解困的竟然是那些原本造反、反对朝廷的山贼草寇。

事情的经过是这样的：双方在曹阳暂时讲和，汉献帝一行获得了宝贵的短暂休息机会。然而，如何摆脱眼前困境，仍然是他们面临的现实问题。怎么办呢？大家一时愁眉不展。

常言道，急中生智。在万般无奈的情况下，杨奉忽然想到了自己的战友，那些盘踞在黄河北岸太行山区的白波义军。

杨奉原本是白波义军的将领之一，后来归附朝廷。如今在众人走投无路的情况下，他决定死马当作活马医，利用与追兵讲和这一短暂的宝贵机会，派人秘密渡过黄河，到今天的山西省境内，急招盘踞在河东郡占山为王的白波匪首及流落在河内郡的南匈奴残部率兵前来救驾，希望他们还能够念及旧情，向自己施以援手。

果然，他的这一计策奏效了，在许以高官厚禄的诱惑下，白波军统帅韩暹、胡才、李乐等人和南匈奴左贤王去卑相继率数千骑兵赶到。这样一来，杨奉等人算是又有了底气，他们随即对尾随的叛军展开了突然反击，将毫无防备的郭汜、李傕和张济等人杀得大败，斩首数千级，汉献帝才得以趁机脱身，继续东下。

看到这里，大家可能就不明白了，白波军既然是义军，那么，他们就与朝廷不是一路人，一定是反对朝廷，怎么会在这一关键时刻出面前来援救汉献帝呢？另外，南匈奴不是在遥远的北方吗，他们怎么会跑到中原来，为何也会在这一关键时刻及时赶来救驾呢？

要想讲清楚上述问题，在这里我们就不得不多说几句。

首先是白波军的问题。汉灵帝中平元年（184）春二月，巨鹿人张角造反，将青、徐、幽、冀、荆、扬、兖、豫八州的信众分为三十六方，每方设一渠帅，他们皆着黄巾，同日造反，这就是著名的黄巾军大起义。为了筹措镇压黄巾军起义的经费，东汉政府开始在全国增加税赋，这样一来，那些本来没有意愿造反的老百姓负担加重，听到这一消息后，于第二年二月，也开始纷纷造反。太行山中有十余股义军同时举起义旗。其中，博陵人张牛角自号将兵从事，占据黑山，大家推举他为主帅，号称黑山军。大帅下面设立小帅，分别为张燕、孙轻、王当、左校、郭大贤、左髭丈八、于毒、白绕、眭固、杨凤、陶升、刘石、青牛角、黄龙、李大目、于氐根等人。但是，他们与其他地方的黄巾军有所不同的是，黄巾军都是流寇，没有固定的根据地，而这些人都是自立山头，依山设寨，凭险据守，都有自己的根据地。他们的名字也千奇百怪，来源各不相同，有的以起义地点来命名，有的则以自己首领的个人特点来命名，如声音大者自称雷公，骑白马者自称张白骑，行动轻快便捷者自言为飞燕，胡须茂盛者号称于氐根，眼睛大者自称为大目，如此等等，称号繁多。人数多的有二三万人，少的也不下数千人。他们或独立作战，或联合出击。

由于这些人均盘踞在深山老林中，占山为王，相对分散，官军想剿灭他们十分困难。而且他们只是在当地劫富济贫，不像其他地方的黄巾军那样具有明确的政治口号和目标，流动性不大，对朝廷的危害性相对于平原地区动辄数十万、到处流窜的黄巾军要小许多，朝廷统一称其为山贼。当时，官军正在倾全力对付黄巾军，根本无暇顾及这些所谓的山贼。因此，他们才得以生存并不断壮大。

不久之后，他们联合攻打麖陶县（故城在今河北省平乡县田付村乡艾村附近），主帅张牛角在战斗中不幸被流矢所中，很快病死。临死时，他指定褚燕为义军主帅，继承自己的统领位置。褚燕为了表示感谢，遂将自己的姓氏改为张，故史称张燕，由于张燕剽悍捷速过人，故军中也称其曰飞燕或张飞燕。自此以后，各部均服从张燕的领导。

张燕这个人狡猾异常，很会笼络人，善得士卒心。他与中山、常山、赵郡、上党、河内等地境内的各股山贼联系非常紧密，其总人数多达百万，他们对外统称黑山军。在张燕的领导下，这些人忽合忽散，四处出击，河北各郡县并受其害，朝廷一时讨伐不了，拿他们没有办法。

第二年春二月，其他地方的黄巾军主力相继被朝廷镇压，张燕见大事不好，便派使者至京师，向朝廷上奏书乞求投降。灵帝正愁没有办法对付他们，见他们主动选择投诚，于是顺水推舟，对他们采取招抚政策，遂拜张燕为平难中郎将，另一位义军首领杨凤为黑山校尉，使他们二人统一领导黄河以北诸山贼事务，允许这些归降的山贼每年推举一些孝廉，出来担任诸如郡县计吏这样的小官吏，这些人也就暂时不闹腾了。然而，表面的平静，并不能真正解决隐藏的深层次的社会问题，因此，这些人表面归顺了朝廷，但是在暗中仍然活动，不断相互联络，势力继续扩散，与官方进行对抗。到后来，暗中参加义军的真实人数已经无法统计了。

到了中平五年（188）春，黄巾军的余部郭泰等人又在西河白波谷起兵，因地名原因号称白波军。周边地区的农民也纷纷效仿，因此，很快就出现了黄龙五鹿、羝根、苦蝤、平汉、大洪、司隶、缘城、罗市、雷公、浮云、白爵等多支义军。他们联合起来，向北攻打太原，向西侵扰河东郡。

关于白波谷的具体位置，有学者认为在山西省襄汾县永固乡，那里各处山头上至今还保留有五处古城堡遗址，可能就是白波军遗留下来的白波垒。至于西河这一概念，有人说是指冀州之西，但是，应该是指其位于汾水的西岸，故称河西。

第二年，汉灵帝去世，朝中大乱，董卓专权，关东各地军阀均举旗讨伐董卓。白波军趁机攻破河东郡，随后向西发展，队伍发展到了十多万人，东郡的大批百姓被迫逃往关中。而董卓为陇西郡临洮（今甘肃省临洮县）人，发家于凉州，所带的兵马均为凉州人，号称凉州兵，因此，凉州是他的根据地。此时，董卓正面对着关东各地军阀纷纷起兵讨伐自己的巨大军事压力，突然听说河东郡丢失，白波军有向关中发展的倾向，因为惧怕自己的后路被白波军切断，于是，赶忙派自己的女婿、时任中郎将的牛辅带兵前往镇压，结果被白波军击败。于是董卓更害怕了，他不顾朝中大臣们的反对，慌忙决定迁都，从洛阳迁到关中西汉时的旧都长安。

张燕等黑山军旧部见董卓胁迫天子迁往长安，天下兵数起，于是，他又开始率领旧部与豪杰相结交，起兵与关东军阀首领袁绍为敌。张燕的黑山军与白波军目标不同，他们成为太行山中不可小觑的两股势力。他们或相互支援，或协同作战，分别给董卓和山东反对董卓的盟主袁绍带来巨大威胁。

为了对付河东的白波军，防止他们渡河进入关中，威胁刚刚迁到长安的朝廷，造成关中不稳，董卓派前将军赵谦率军前往进击白波军，这一次给了白波军以重创。

杨奉为河东郡杨县（今山西省洪洞县）人，本来是白波义军中的渠帅，其同乡徐晃亦为杨奉的部下。也许正是在这一次征讨中，因为失败，杨奉率领其部将徐晃投降了朝廷，成为赵谦的部下。他与白波军反戈相向，帮助赵谦讨伐白波军有功，被朝廷任命为将军。其部将兼老乡徐晃也因为讨贼有功，被拜为骑都尉。郭汜、李傕等入长安后，司徒王允被杀，赵谦升任司徒，失去了兵权，杨奉遂又转为李傕部下。

杨奉投降朝廷后，在朝廷中混得应该还算不错，对白波军的将领们有着很好的示范作用，在他的感召下，这些人念及旧情，并希望自己也能够像杨奉那样立功，将来在朝廷中谋得一官半职，所以才会听从杨奉的召唤，率军及时赶来，出手援救他们。

那么，本来在北方的匈奴人为什么会流窜到中原，并和白波军共同赶来救助汉献帝一行呢？

要讲清楚这一问题，还要从汉灵帝末年，边章、韩遂等在凉州发动叛乱说起。为了平定这次叛乱，朝廷派太尉张温调集诸郡兵步骑十余万人前往讨伐。张温领命之后，便以朝廷的名义行文幽州，调发乌桓突骑三千人前来助战，原中山国相渔阳人张纯一直有野心，他见有机可乘，便向统帅张温请求带领这三千乌桓骑兵前往。但是，张温却没有答应，而是选派涿县令辽西人公孙瓒统领这支部队，这引起了张纯的极大不满。

中平四年（187）六月，当军队行至蓟中时，因为当地政府的粮草供给迟缓，这些乌桓骑兵多叛还本国。

张纯趁机挑拨乌桓与朝廷的关系，与同郡人原泰山太守张举勾结乌桓大人丘力居等结成联盟，开始举兵造反。他们劫掠蓟中，杀死乌桓校尉公綦稠，相继攻杀右北平太守刘政、辽东太守阳终等，很快兵众便发展至十余万，驻屯在肥如，推举张举为天子，张纯自称弥天将军、安定王，不断侵扰青、冀二州，与朝廷相对抗。

为了平定张纯叛乱，灵帝一方面下令公孙瓒留在当地参与平叛，同时，派曾任幽州刺史的宗室成员刘虞担任幽州牧，全权负责平叛工作。为了尽快扑灭张纯叛乱，朝廷还下诏征发南匈奴出兵到幽州帮助朝廷平叛。于是，南匈奴单于羌渠派遣其弟左贤王去卑率骑兵到幽州来参与平叛。

羌渠能够登上南匈奴单于大位，完全是由于汉中郎将张脩的大力支持，因此，他对汉室十分忠心，在出兵帮助朝廷平叛乱这件事上表现得非常积极。

由于在此之前，羌渠单于就曾派其子右贤王带兵前往中原协助朝廷讨伐黄巾，因此，这次当他又征兵派自己的弟弟左贤王去卑前往幽州平叛时，在匈奴国内引

第四章　挟天子以令诸侯

起巨大震动。国人害怕从此之后，单于羌渠会为汉室发兵无已，于是，右部醢落部便联合休屠各胡白马铜等十余万人，于当年十二月发动背叛。

第二年正月，休屠各胡寇西河，杀死西河郡守邢纪。同年二月，黄巾余党郭泰等人在西河白波起兵造反，联合休屠各胡寇略太原。三月，休屠各胡攻杀并州刺史张懿，然后，他又与南匈奴左部胡合兵，攻杀南匈奴单于羌渠，共立须卜骨都侯为单于。九月，南单于须卜骨都侯宣布与汉朝决裂，联合白波军寇略河东郡。

羌渠单于被杀之后，正在中原地区帮助汉室全力对付黄巾军余部的其子于扶罗闻听这一噩耗，立即宣布自己为新单于，史称持至尸逐侯单于。

由于南匈奴各部落贵族均已反叛，其国内又立了新的单于，拒绝于扶罗入境，自立为新单于的于扶罗的地位就变得非常尴尬了。因此，他不能归国。数百年来，南匈奴一直是汉室的附庸，这也是他们会听命于汉灵帝诏令、愿意出兵帮助汉室平叛的原因，于扶罗的父亲羌渠正是因为大力支持汉室而蒙冤被杀的，因此，于扶罗有家不能回，只能率领本部前往京师洛阳去找朝廷告状，希望朝廷为其父亲被杀这件事主持公道，帮助自己平定国内的叛乱，助其回国就位。

然而，当他于中平六年（189）四月赶到洛阳附近时，正好赶上汉灵帝突然驾崩，天下一时陷入大乱，朝廷为了争权，相互残杀，没有人再顾得上他。一怒之下，他率数千匈奴骑兵与白波军联合起来寇略河内诸郡。但是，当时这些地方的老百姓为了避难，皆聚居起来据险自保，他们的抄掠无利可图，兵马却屡遭挫伤，不得已，只好流落在河东郡境内的太行山区。

率军帮助刘虞平定张纯叛乱的于扶罗的叔父左贤王去卑本来是单于的第一顺位继承人，由于侄子抢先宣布为新单于，为了避免亲人互残，造成匈奴进一步分裂，只得放弃这一想法。但是，他同样因为是羌渠单于的至亲这一原因，无法归国，沦落在中原。

为了自保，他们合在一处，以太行山为根据地，依托白波军和黑山军，在军阀的夹缝中求生存，深度介入中原军阀的混战中。

初平元年（190），袁绍驻军在河内郡时，曾经派兵前往进剿他们，迫于反董卓盟主的强大压力，义军之一的张杨和于扶罗曾选择暂时依附于袁绍。

初平二年（191），袁绍从韩馥手中窃取冀州。同年冬，他亲率大军北上征讨准备南下的公孙瓒时，曾经派南匈奴单于于扶罗和张杨一起驻屯漳水。于扶罗趁机发动兵变，胁迫张杨背叛袁绍，向南逃到黎阳，攻破驻守在那里的度辽将军耿祉，军力复振。

此后，在袁绍与公孙瓒的斗争中，其基本立场都是站在公孙瓒一方，多次联合黑山军策应公孙瓒，进攻袁绍的大后方。比如初平二年（191）七月，于扶罗趁袁绍与公孙瓒在冀州北部杀得难解难分之时，与黑山军于毒、白绕、眭固等部共计十余万众略魏郡、东郡，深入濮阳，结果被曹操率军击败。

初平三年（192）春，公孙瓒派兵进至龙凑，再次向袁绍发出挑战，于扶罗与黑山军于毒、眭固等又大举进入冀州。于毒等部出兵攻打东武阳，于扶罗率领匈奴兵攻占了内黄。暂领东郡太守的曹操采取围魏救赵的策略率军向西，深入太行山，佯装进攻于毒的老巢。于毒放弃围攻武阳返回途中，中了曹操的埋伏而大败。随后，于扶罗在内黄境内也被曹操大败，实力受到一定损伤。

初平四年（193）春，为了支援与袁绍对垒中处于不利地位的公孙瓒，袁术率军北上，驻屯在封丘，陶谦也派军北上，从背后威胁袁绍，黑山军和于扶罗等也出兵策应公孙瓒。三月，魏郡留守的袁绍部队勾结黑山军于毒等数万人共覆邺城，杀死魏郡太守栗成，朝廷派壶寿为冀州牧到邺城接替袁绍，一度造成冀州恐慌。

袁绍不得已只好回军，在曹操的帮助下收复了邺城，斩杀了壶寿。为了报复黑山军，六月，袁绍率军深入太行山腹地进行征讨，斩杀于毒、左髭丈八及壶寿等，然后循着太行山一路北行，一连击败刘石、青牛角、黄龙、左校、郭大贤、李大目、于氐根等部，破坏其壁垒，共斩首数万级，与黑山军首领张燕及四营屠各、雁门乌桓战于常山。张燕拥有精兵数万、骑数千匹，双方连战十余日，张燕兵死伤虽多，袁绍的军队也非常疲惫，遂各自撤退。在这次战役中，于扶罗和袁术均被曹操击败。这一次失败，对黑山军和南匈奴无疑是最为沉重的打击，从此，于扶罗远遁河东郡，与这里的白波军渠帅韩暹、胡才、李乐等人会合，凭险据守，再也不敢介入中原军阀间的斗争中了。

从上述的表现来看，虽然白波军和黑山军在刚起兵时，也是反对朝廷、痛恨官府，但是，他们是在朝廷横征暴敛政策的逼迫下才选择了造反，从他们后来的举动来看，他们所反对的仅是贪官污吏和军阀割据势力而已，政治立场上还是同情东汉朝廷的，这也是黑山军、白波军与誓死不降朝廷的黄巾军最大的不同之处。

而南匈奴单于更是对朝廷没有敌意，他们常常以汉室外甥自居，所反对的仅仅是祸害东汉的权臣董卓，以及与朝廷作对的袁绍等人。因此，才会出现攻陷邺城后，迎接朝廷所派的新冀州牧壶寿到冀州邺城就任这种怪现象。

那么，这里就存在一个问题：南匈奴左贤王去卑率兵前去救援汉献帝一行，去卑又是什么时间投奔于扶罗的呢？

从以上种种迹象来看，南匈奴左贤王去卑率军投奔于扶罗的时间，应该是在初平二年（191）初，也就是南匈奴单于于扶罗驻军在漳河这段时间。理由是在此之前，于扶罗和张杨一起归附了袁绍，但是，不知道什么原因，他突然背叛袁绍，挟持着张杨逃走了，这是一个分水岭，从此之后，他与袁绍彻底决裂，转而支持袁绍的死敌公孙瓒，屡屡与袁绍作对。之所以会出现这一状况，有以下原因。

一是中平六年（189），幽州牧刘虞平定了张纯等人发动的叛乱，去卑完成了自己的任务，有理由离开幽州的刘虞。故国发生的变故使他无心再留在刘虞身边，要与自己的侄子合兵自保，共同去向朝廷讨要说法，帮助他们回国讨伐叛乱。于扶罗之所以先投降袁绍，后来在漳河岸边突然发动叛乱，与去卑的来奔有直接关系。因为公孙瓒一直与乌桓、鲜卑人作战，保护南匈奴免受其侵扰，对南匈奴有恩。左贤王去卑曾经与公孙瓒共同讨伐过朝廷的叛贼张纯。《后汉书·公孙瓒传》记载："诏拜瓒降虏校尉，封都亭侯，复兼领属国长史。职统戎马，连接边寇。"这里有"职统戎马"一句，可以肯定的是，在这一平叛过程中，公孙瓒是去卑的老领导，两个人曾有上下级的隶属关系和战友情谊。也许在他的影响下，于扶罗才改变了自己的立场，开始站在了坚决反对袁绍的阵营中去。

他后来之所以反对袁绍，支持公孙瓒，可能是他认为公孙瓒的骑都尉、中郎将、奋武将军和前将军的官职，以及蓟侯、易侯等爵位均为朝廷正式任命，具有法律依据。而袁绍虽为反对董卓联盟的盟主，但是，他私自逃离京师，随着他的逃离和反叛，朝廷对他之前的任命应该自动失效。其窃取韩馥的冀州，自任冀州牧，并没有得到朝廷的认可和正式任命，不具有合法性。这无疑是造反，是对朝廷的背叛。这对一向重视程序的匈奴人来说是无法接受的。

二是袁绍出身世家贵族，一向讲究社会等级，看不起黑山军这些出身草莽的人，一直想消灭黑山军，并利用南匈奴，这也是黑山军和于扶罗等无法接受的。同时，他们这些权贵也是农民起义军所反对的对象。

三是南匈奴的一部分人也在张燕所领导的黑山军中任职，其手下有四营屠各，均为匈奴兵。故张燕与南匈奴有着很深的关系，他们坚决反对袁绍，与袁绍势不两立。因此，建安三年（198），当公孙瓒被袁绍大军包围在易京、形势危急时，派其儿子公孙续前往求救于黑山军各位将领。第二年春，黑山军将领张燕才会亲率兵十万与公孙续一起，三道前来救援公孙瓒。据《三国志·张燕传》记载："袁绍与公孙瓒争冀州，燕遣将杜长等助瓒，与绍战，为绍所败，人众稍散，太祖将定冀州，燕遣使求佐王师，拜平北将军；率众诣邺，封安国亭侯。"也就是说，后来，在曹操与袁绍的斗争中，张燕毫不犹豫地站在了曹操一边，主动派使者前去求见曹操，表示愿意佐助王师，平定冀州。

四是于扶罗单于本身就不反对朝廷，不仅不反对，此后对汉室表现得更加敬重。根据《晋书·刘元海传》记载，刘元海，新兴匈奴人，冒顿之后。其父亲名刘豹，其曾祖父为羌渠单于，祖父就是于扶罗，由于当初汉高祖刘邦以宗女为公主，以妻冒顿，双方约为兄弟，故汉室灭亡后，其子孙遂冒姓刘氏。根据史料记载，于扶罗去世后，其兄弟呼厨泉继位，于扶罗的儿子刘豹被任命为左贤王，说明在此之前他已经开始改姓刘氏了。于扶罗的孙子刘豹之子刘渊起兵灭掉西晋，企图恢复刘汉王朝，所建立的国号也是汉。左贤王去卑的儿子刘猛，还有两个儿子分别叫刘诰升爰、刘诰汁爰；刘猛曾为匈奴北部帅，去卑之孙、刘诰汁爰之子名叫铁弗氏刘武，他们均改为刘姓。十六国时期，胡夏的开国皇帝赫连勃勃，原名刘屈孑，亦为去卑的后代，其父名叫刘卫辰。刘屈孑后来才改姓赫连。这些都说明了南匈奴与东汉朝廷的亲密关系。因此，上述种种充分反映了他们本质上并不反对汉室本身，只是反对祸乱汉室的权臣董卓和军阀袁绍而已。

其实，初平四年（193）黑山军与南匈奴于扶罗攻覆邺城，迎接和保护朝廷任命的冀州牧壶寿到邺城就位，就说明其一直与朝廷保持着联系，也证明了他们并不反对汉室朝廷这一事实。

由于有以上基础，当汉献帝一行在东返途中遇到危难，杨奉派人与白波军和南匈奴联络时，他们才会毫不犹豫地带兵赶来救驾。

十二月庚辰，白波军渠帅韩暹、李乐、胡才和南匈奴右贤王去卑突然赶到，他们立功心切，随即对包围汉献帝一行的追兵展开了进攻，打了叛军一个措手不及，被击杀数千人，李傕等大败而回，乘舆才得以继续前进。也就是说，从庚午到庚辰十天左右的时间内，形势来了个大逆转。

由于有了生力军，并且刚刚打了个大胜仗，使大家又充满了信心。因此，这一次出发时，董承和李乐安排由他们二人率领残部护卫着汉献帝的乘舆前进，保护汉献帝的安全，留下胡才、杨奉、韩暹、去卑等率领本部人马在后面断后，以防叛军再来追击，他们认为这样就可以确保汉献帝等人万无一失。

然而，令他们没有想到的是，麻烦远没有结束，更倒霉的事还在等着他们。

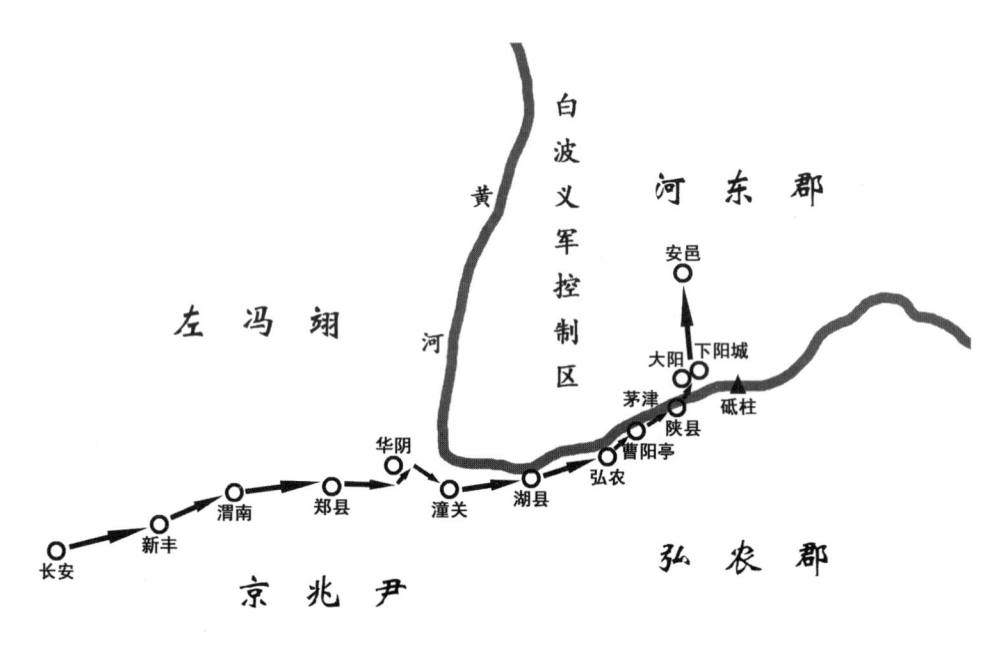

图四十九　汉献帝一行东逃线路示意图

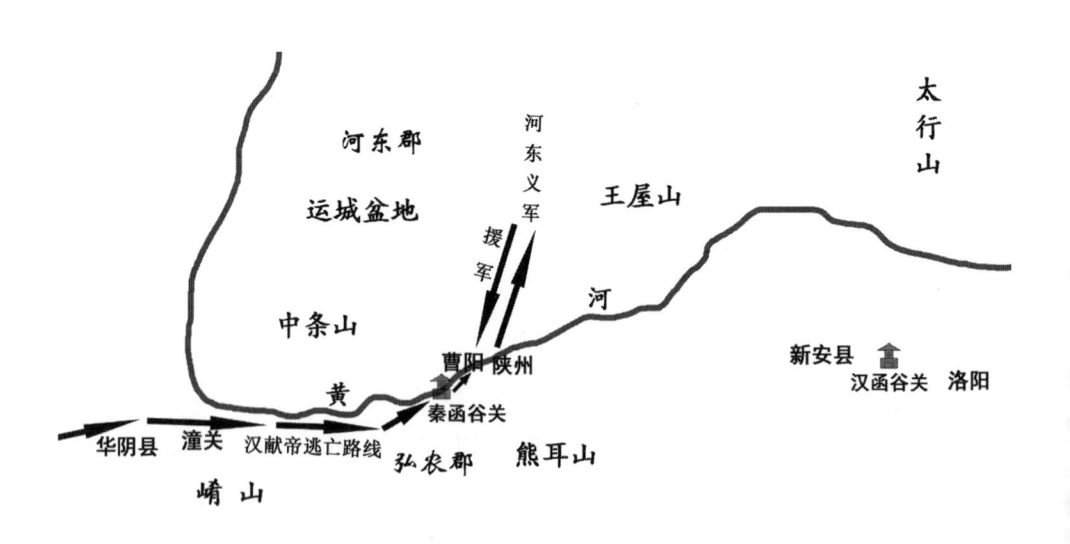

图五十　汉献帝一行东逃线路沿线地形示意图

六、匈奴抽兵，落荒而逃

离开曹阳，向东行走便是著名的崤函古道，从东涧至陕州长达四十余里，均为羊肠小道，两侧大山夹持，道路凹凸不平，更加崎岖难走，有的地方连车马都无法顺利通过，只能靠人推肩挑，行进速度明显放缓。然而，由于刚刚取得胜利，大家心情特别好，又有新加入的白波军和南匈奴骑兵做保护，随之也就放松了警惕。

但是，令他们没有想到的是，刚刚出发不久，叛军又卷土重来，很快追了上来。原来，这里是张济的地盘，曹阳失败之后，他们很不甘心，于是很快便又集中更多的兵力，对汉献帝一行进行更加疯狂的追杀。

然而，正在这一关键时刻，令大家没有想到的是自己的队伍又出状况了，南匈奴骑兵在左贤王去卑的带领下突然撤走了。原因是南匈奴单于于扶罗在此时突然病死，消息传到前线，作为单于第一顺位继承人的左贤王去卑当然开始着急了，因为他不在扶罗身边，恐怕单于的位置会旁落，为了赶回去抢夺继位权，他封锁了这一消息，在没有和任何人打招呼的情况下，突然擅自从前线撤军，急匆匆地返回了河东郡的驻地去了。去卑所率的匈奴骑兵是当时护驾队伍中最有战斗力的部队，他的突然离去，造成了断后兵力的严重空缺，对士气也造成了巨大打击，李乐、韩暹、胡才三人所率领的白波军都不是正规军，没有经过正规训练，面对李傕、郭汜、张济等凉州军团这些虎狼之师的冲击，根本抵抗不住，很快就溃不成军。因此，李傕等叛军很快就突破了防线，追上了逃跑的队伍，对那些手无寸铁的大臣和宫女展开了残酷的追杀。

关于这次战役的惨状，有不少史料都有过记载，如《后汉书·献帝纪》载："李傕等复来追战，王师大败，杀掠宫人，少府田芬、大司农张义等皆战殁。"《三国志·董卓传》记载："奉兵败，傕等纵兵杀公卿百官，略宫人入弘农。"《后汉书·董卓传》记载得更加具体："傕等复来战，奉等大败，死者甚于东涧。自东涧兵相连缀四十里中，方得至陕，乃结营自守。时残破之余，虎贲羽林不满百人，皆有离心。"

这一次战败的损失比上一次更加惨重，死者甚于东涧之战。不仅少光禄勋邓渊、廷尉宣璠、少府田芬、大司农张义等大臣皆战殁，司徒赵温、太常王绛、卫尉周忠、司隶校尉管郃均被李傕所拦截住，意欲杀之，贾诩赶忙阻拦道："此皆大臣，卿奈何害之！"李傕才没有那样做。从东涧至陕州四十里，在狭窄的道路上，到处都是喊杀声。李乐曰："事急矣，陛下宜御马。"汉献帝曰："不可舍百官而去，此何辜哉！"在杨奉、董承的保护下，汉献帝一口气跑了四十里，来到了陕州，停下来清点人数时，发现汉献帝身边负责警卫的虎贲、羽林剩下的不满百人，皇帝的乘舆车马尽失，李傕将宫人全部劫掠到了弘农郡。最为严重的是，这些人还来不及集中，紧接着叛军又追了上来，他们只能结营自守。据《资治通鉴·孝献皇帝》记载："傕、汜兵绕营叫呼，吏士失色，各有分散之意。"大家的自信心开始崩溃，皆有离散之心。

在这种危急的情况下，继续东行显然已经不现实了。因为这才是崤函古道的一小部分，前面像这样险峻的路还更长，更难走，他们行进缓慢，根本不是李傕等人所率军队的对手，如果继续东下，只有面临被他们追杀和俘获的命运。更何况前面还有新安县境内的汉函谷关。该关隘当时为张济部下所掌控，成了他们东进难以逾越的最大障碍。

怎么办？怎样才能跳出当前的困境，成了摆在众人面前的最大难题。于是，他们连夜紧急召开了一个小范围的秘密御前军事会议，商量能够脱离眼前险境的办法。

会议上，大家议论纷纷，各种意见都有，有人主张干脆下到黄河里，乘船顺流东下，过砥柱，出孟津。这一建议当即被太尉杨彪给否定了，他说："臣弘农人，从此已东，有三十六滩，非万乘所当从也。"曾做过陕县令的侍中刘艾深谙此段黄河之险，也提出了反对意见，他说："臣前为陕令，知其危险，有师犹有倾覆，况今无师，太尉谋是也。"

去过那里的人都知道，中流砥柱就伫立在今天三门峡市黄河段的正中间，这段河道很窄，水流湍急，河道里矗立着许多石头，暗礁密布，在这里漂流是非常危险的，极易造成船翻人亡的惨剧。更何况当时是寒冬腊月，如果遇到上述情况，他们还会有活的希望吗？因此，这一主张遭到了大家的一致否决。

杨奉、董承二人主张趁着夜色偷偷北渡黄河，进入今天的山西省境内，获得了大家的一致认同。于是，派熟悉情况的白波军将领李乐先行渡河，到对岸寻找船只等渡河工具，然后，举火为号，大家再一起行动。

计议已决，立即行动，当天夜里李乐就秘密地渡过黄河，准备好了船只，随即向黄河对岸发出了可以出发的信号。

图五十一　崤函古道留下的车辙痕迹 　　图五十二　新安县境内的汉函谷关

图五十三　新安县境内的汉函谷关关楼

第四章　挟天子以令诸侯

图五十四　汉函谷关发掘暴露的遗迹现场

图五十五　黄河滩内的中流砥柱及石滩暗礁

图五十六　中流砥柱

于是，大家立即行动，为了不惊动敌人，他们放弃了一切辎重，徒步摸黑秘密向黄河岸边行进。

史载："天子走陕，北渡河，失辎重，步行，唯皇后贵人从，至大阳，止人家屋中。"①《后汉书·董卓传》记载："帝步出营，临河欲济，岸高十余丈，乃以绢缒而下。余人或匍匐岸侧，或从上自投，死亡伤残，不复相知。争赴舡者，不可禁制，董承以戈击披之，断手指于舟中者可掬。同济唯皇后、宋贵人、杨彪、董承及后父执金吾伏完等数十人。其宫女皆为催兵所掠夺，冻溺死者甚众。"

关于这一惨景，《三国志·董卓传》注引《献帝纪》记载得更加具体："天子步行趋河岸，岸高不得下，董承等谋欲以马羁相续以系帝腰。时中宫仆伏德扶中宫，一手持十匹绢，乃取德绢连续为辇。行军校尉尚弘多力，令弘居前负帝，乃得下登船。其余不得渡者甚众，复遣船收诸不得渡者，皆争攀船，船上人以刃栎断其指，舟中之指可掬。"②

《资治通鉴·孝献皇帝》记载："上与公卿步出营，皇后兄伏德扶后，一手挟绢十匹。董承使符节令孙徽从人间斫之，杀旁侍者，血溅后衣。河岸高十余丈，不得下，乃以绢为辇，使人居前负帝，余皆匍匐而下，或从上自投，冠帻皆坏。

---

① 〔晋〕陈寿：《三国志·董卓传》，〔宋〕裴松之注，中华书局1959年版，第186页。
② 〔晋〕陈寿：《三国志·董卓传》注引《献帝纪》，〔宋〕裴松之注，中华书局1959年版，第187页。

既至河边，士卒争赴舟，董承、李乐以戈击之，手指于舟中可掬。帝乃御船。同济者，皇后及杨彪以下才数十人，其宫女及吏民不得渡者，皆为兵所掠夺，衣服俱尽，发亦被截，冻死者不可胜计。卫尉士孙瑞为催所杀。催见河北有火，遣骑候之，适见（皇）上渡河，呼曰：'汝等将天子去邪！'董承惧射之，以被为幔。"其狼狈凄惨之状可见一斑。

上文还记载了一件事，在大家摸黑向黄河岸边赶路的过程中，作为董贵妃父亲的董承还不忘搞小动作，他见伏德搀扶着中宫伏皇后，为了将自己的女儿董贵妃扶上皇后宝座，竟然暗中指使符节令孙徽趁着夜色在人群中用刀砍死伏皇后，结果误杀了伏皇后身边的一名侍者，血溅在皇后的衣服上，可见此人之阴险和歹毒。

最后，虽然经历了万般风险，汉献帝等少数人总算是潜渡黄河成功，顺利抵达了黄河北岸，终于摆脱了叛军的追击，彻底脱离了险境。

然后，他们来到了河东郡的大阳邑（今山西省运城市平陆县），停歇在一户老百姓家中，稍事休息。随后，为了安全起见，他们又转移到了一个叫李东营的地方。此时百官饥饿，多亏河内太守张杨听说之后，及时派出数千人负米贡饷，让大家能够饱餐一顿，恢复了一些体力。

七、偏安安邑，受制白波

为了确保更加安全，杨奉、韩暹等人商量后，决定奉天子都安邑。于是，队伍继续北上，史料记载，由于乘舆尽失，"帝乃御牛车，因都安邑"，于兴平二年（195）十二月乙亥日，终于来到了河东郡的郡治所在地安邑。此时，正值隆冬时节，大家缺衣少穿，冻馁难耐，河东太守王邑见状，赶忙送来绵帛，发放给公卿以下做衣服以抵御严寒，大家总算是安顿下来。

汉献帝非常感动，立即下旨，封王邑为列侯，拜胡才为征东将军，张杨为安国将军，皆假节、开府。

那么，安邑在哪里，他们为什么会想到逃往那里去安身，并将之作为临时首都呢？

要想讲明这一问题，就必须了解安邑的历史。

安邑位于今山西省运城市夏县埝掌镇，自古隶属于冀州，历史十分悠久。

相传早在公元前 21 世纪，夏朝的开国之君夏启平定"有扈之乱"后把国都从阳翟西迁至大夏，在此建立都邑，至今还有禹王城遗址。西周时属晋国管辖，进入战国之后，开始称安邑。该地盛产铁、盐，为当时的冶铁和制盐中心。根据《史记·魏世家》记载，晋悼公十一年（前 562），大臣魏绛徙治安邑。

韩、赵、魏三国分晋后，这里成了魏国的都城，魏国在此立都长达 223 年。直到魏惠王三十一年（前 339），才将都城从这里迁往大梁（今河南省开封市）。秦统一六国后，在此置安邑县，汉因袭之，仍为安邑县，隶属冀州河东郡，但是，一直是河东郡的郡治所在地。因此，这里自古就是古代著名都邑和北方军事重镇之一。

其具体位置在今天山西省运城市夏县埝掌镇东下冯村青龙河南北两岸。这里至今还保存着大量早期遗迹，如东下冯遗址，为夏商时期二里头文化，距今 4100—3700 年，与夏启生活时代相同。附近的禹王台遗址，为历代祭祀大禹的场所。

在当地目前仍保留有大、中、小三座城垣残迹，其年代各不相同。其中，较大的城址遗迹，时代为战国前期，推测应该是魏国的都城遗存。在大城的中部，有一座正方形的小城，推测是当时的宫城区域。在大城的西南部，为一座中型

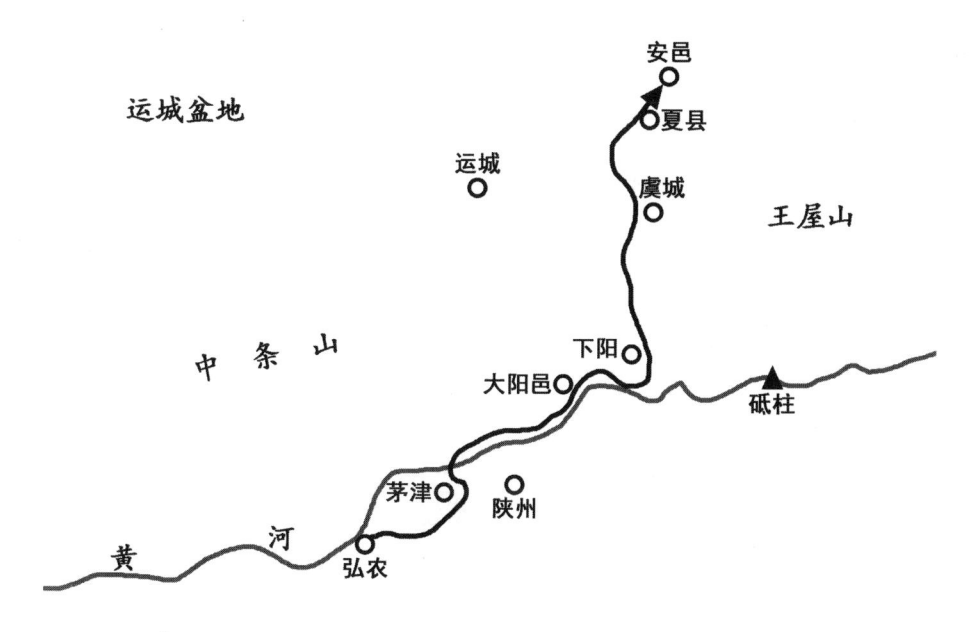

图五十七　汉献帝一行越过黄河逃入河东郡安邑线路周围地形示意图

城池遗迹，有学者认为，可能是秦汉时期所筑的安邑县及东汉时的河东郡郡治遗存。

从地理上说，安邑地处运城盆地的东部边缘。其东依太行群山中的王屋山，南携中条山，北凭吕梁山，东、南、北三面均为大山怀抱；西面则为高原，一直延伸到黄河东岸，隔河与陕西关中相望。

其南面的中条山与黄河并行，呈东北—西南走向，中间仅有一个山口通向黄河岸边，可以与陕州相通，只要派兵守住此山口，基本上无法逾越，易守难攻，为黄河北岸一道重要屏障，地理位置十分优越。

加上这里曾经做过古都，又是河东郡的郡治，城池坚固，足以防守御敌，即使遇到危险，还可以向东撤退到王屋山上，甚至隐藏于太行山深处。另外，这里一直是白波军掌控的地盘，周围山头都有他们的人所建的城寨，有义军在值守，基本上可以确保万无一失。因此，从安全上说，这里不失为汉献帝一行暂时落脚的最佳场所。所以，杨奉、韩暹才会选择逃往这里，并在这里安顿下来，将其作为大汉的临时首都。

至此，他们才彻底摆脱了李傕、郭汜的威胁，大家终于可以真正地喘一口气了。

一切稳定下来之后，汉献帝开始对这次救驾有功的人员进行封赏，被封赏的

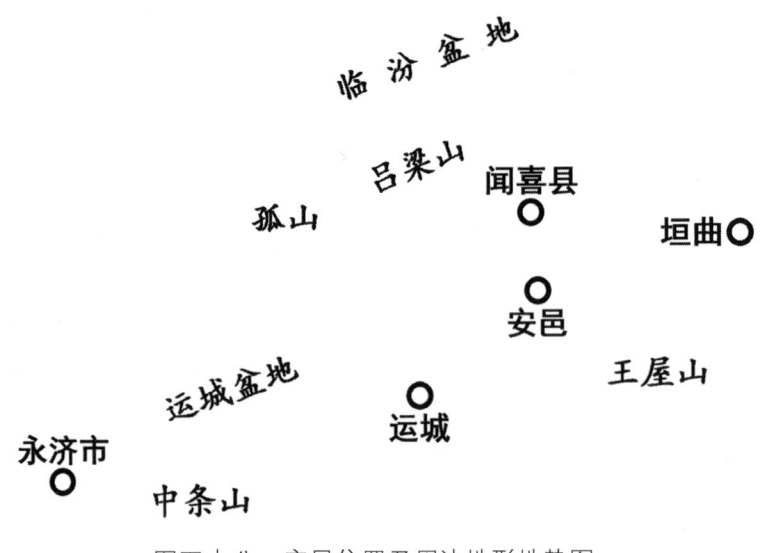

图五十八　安邑位置及周边地形地势图

是在这次救驾中起到关键作用的白波军渠帅们，汉献帝下诏拜韩暹为征东将军、胡才为征西将军、李乐为征北将军，让他们与发集将军董承、兴义将军杨奉二人共同执政，授予五人假节、开府等特权。杨奉的手下徐晃也被封为都亭侯。其中，唯一没有得到封赏的将领就是南匈奴左贤王去卑，推测是因为他中途擅自撤军，造成朝廷蒙受巨大损失，同时，也有他此时并不在现场等原因。

经过一路叛军的追杀，大臣们死伤太多，朝中出现了许多位置空缺，为了补充这些空缺，不得不重新招录大量人才，才能保证朝廷各机构恢复工作，保证朝政的正常运转。然而，这样一来，却造成了更大的混乱。

由于这里是白波军的根据地，韩暹、胡才、李乐等人均为白波军的渠帅，每个人手下都有不少弟兄。占山为王的那些白波军的弟兄见自己的统帅被皇帝封侯拜将，在朝中身居高位，突然飞黄腾达起来，顿时也都坐不住了，无论品行好坏，有没有能力，都纷纷下山投奔自己的首领，竞求官职。这样一来，韩暹、胡才、李乐等人都有不少的人需要安排。

于是，这三个人为了安排自己过去手下的弟兄们，便开始竞相向朝廷上表，各拜自己原来的部下为官吏，将他们安排在朝中任职，并借此机会大肆收受他们的贿赂，一时间，行贿纳贿现象十分严重。据《后汉书·董卓传》记载："其垒壁群竖，竞求拜职，刻印不给，至乃以锥画之。"于是，便出现了医师、走卒皆为校尉这一奇特的现象，以至于负责铸印的工匠供应不及官印，为了赶工，工匠们只好用锥子在印面上胡乱刻画，只要能够显示出这些人所任官职的字样即可，即使是这样，有些人还是不能及时得到印绶。

这还是小事，更严重的是没有任何礼法，官场十分混乱，朝政无序。因为韩暹、胡才、李乐等人过去都是匪首，从来没有受过正规教育，更没有在朝中做过官，根本不懂什么王朝礼制，他们出任高官之后，仍然按照当年自己做山大王时的做法行事，凭哥们儿义气办事。关于这一点，《三国志·董卓传》是如此描述的："乘舆时居棘篱中，门户无关闭。天子与群臣会，兵士伏篱上观，互相镇压以为笑。诸将专权，或擅笞杀尚书。司隶校尉出入，民兵抵掷之。诸将或遣婢诣省合，或自赍酒唊，过天子饮，侍中不通，喧呼骂詈，遂不能止。"

翻译成今天的文字，其意思是，当时皇帝住在一座荒芜的院子里，周围用篱笆围绕，院子没有门可以用来关闭。每当天子与群臣朝会时，士兵们便会趴伏在篱笆墙上向内观望，为了争抢有利位置，他们互相以把对方压在下面为乐。各位将领专权，十分跋扈，有人竟然敢因为不满某位尚书，将其擅自笞杀。司隶校尉出入因为没有卫队护卫，民兵根本不知道回避，为了抢夺道路，竟然敢将司隶校尉抬起，抛掷于地。甚至有些将领竟敢将一些婢女带进各省台自己办公的场所进行交合，有的将领带上一些下酒菜，前去找天子宴饮，侍中不为其通禀，他们便在门外喧哗怒骂，竟然不能够制止。如此，搞得朝廷乌烟瘴气，混乱不堪，天子威仪、君臣秩序皆荡然无存。朝中老臣们看在眼里，急在心中，然终究无计可施，只能忍着，不敢有所抱怨。

由于先前逃跑时一路上十分仓皇和狼狈，辎重全都丢弃，被李傕缴获，剩下的这些人在逃往河北的过程中，都是从高高的黄河岸上慌乱地跳下来，或滚落下来，造成身上的官服严重破损，"冠帻皆坏"，大家都没有像样的官服可穿。不要说官员出行没有车马，就是贵为天子的汉献帝出行都没有乘舆可用，手边的其他用品也严重短缺。既然决定在这里立都，没有这些东西，官民不分，皇室礼仪不能彰显，这怎么能行？一时间愁坏了众人。

为了解决这一问题，汉献帝不得不派遣颇有辩才，又不拘泥于儒家经典，善于权变的太仆韩融作为自己的使者赶到弘农去，代表朝廷与李傕、郭汜等人谈判讲和，协商释放被俘人员和归还朝廷辎重等问题。结果还不错，韩融不辱使命，经过他的不懈努力，最终说服了李傕，他释放了被俘的公卿百官和所掠的部分宫人，以及皇室所用的部分乘舆器服，其中包括皇帝的乘舆和车马数乘。

有了乘舆和器服，暂时缓解了这一危机，汉献帝顿时来了精神，开始谋划在安邑进行郊祀，祭拜上帝，告慰上天大汉尚安在，君臣平安，并祈求上天能够佑护自己，不要再出什么乱子。与此同时，宣布大赦天下，改元为建安元年，乞求通过改元来给东汉王朝带来好运，构建新的和平与安定。

为了参加皇帝的祭天仪式，河内太守兼安国将军张杨带着自己的亲信骑都尉董昭特意亲自从野王（今河南省沁阳市）赶到安邑，朝见汉献帝。除了参加上述活动，他这次来朝是带着目的而来的，他想谋划让汉献帝尽快还都洛阳。因此，郊祀结束后，他随即将这一想法提了出来，但是，遭到了韩暹等人的坚决反对。因为诸将不听，张杨见自己人单势孤，没有办法，只好留下董昭在汉献帝身边伺候，自己则又返回了野王。

然而，事情的发展往往事与愿违，由于诸将专权，多头政治，势必会引起他们之间的争权夺利，形成了将领之间和将相之间争权、相互倾轧的局面。

首先，发集将军董承与征东将军韩暹之间爆发了激烈矛盾，甚至发展到兵戎相见、董承不得不出逃的地步。

八、董承受宠，修复南宫

董承何许人也，为什么他会首先发难，敢于和韩暹发生矛盾，产生了哪些严重后果呢？

董承，河间（今河北省献县）人，其父董宠，为汉灵帝母亲董氏的兄长，因此论辈分他是汉灵帝的表兄弟、汉献帝的表叔。灵帝时，董宠曾被汉灵帝接到长安，委任他为执金吾。执金吾可不是一般的职位，担负着京城内的巡察、禁暴、督奸等任务，掌北军，手下有千余骑兵，皇帝出行时，执金吾率领缇骑、步卒组成仪仗在前面引路，负责警卫，很是威武。《续汉书·百官志》刘昭注引《汉官》记载："执金吾缇骑二百人，持戟五百二十人，舆服导从，光满道路，群僚之中，期搂壮矣。"当年光武帝刘秀到京师游学，看到执金吾出行，十分羡慕，曾说道"仕宦当作执金吾，娶妻当得阴丽华"，足见其如何光鲜。汉灵帝给他这一重任，足见对他是多么的器重。

董宠的儿子、董承的兄长名叫董重，曾被汉灵帝任命为骠骑将军。因此，董承是名副其实的皇亲国戚，汉灵帝在世时，也曾经兴盛一时。

河间董氏家族的兴衰与汉灵帝有着密切关系。为什么这样说呢？这还要从汉桓帝说起，从汉桓帝和汉灵帝二人的出身说起。

汉桓帝名叫刘志，是东汉第三任皇帝汉章帝之子河间孝王刘开的孙子，本来他与皇帝无缘，但是，一个偶然的机会，让他成为皇帝。

汉章帝去世后，年仅十岁的儿子刘肇继位，也就是汉和帝。由于其年幼，太后窦氏专权，临朝称制。但是，他享国日短，在位仅十七年便去世了，当时年仅二十七岁。刘肇驾崩时，其小儿子刘隆刚刚出生仅一百余天，汉和帝的皇后邓绥为了专权，排除了嫡长子刘胜继位的权利，立尚在襁褓中的刘隆为帝。刘隆在位仅二百多天便夭折了，是为汉殇帝。这样一来，皇胤便出现了断档。邓太后为了继续把持朝政，便从皇室旁支中选皇位继承人。于是，邓太后便与其兄车骑将军邓骘做主，定策禁中，选择了汉章帝之子清河孝王刘庆的儿子、章帝之孙、年仅十三岁的刘祜为继君，是为安帝，邓太后得以继续临朝称制。安帝在位十九年，去世时年仅二十二岁。其皇后阎氏为了专权，模仿当年邓太后的作为，剥夺了和帝长子太子刘保的皇位继承权，再次从旁系中选择皇位继承人，选立章帝之孙济北惠王刘寿的儿子北乡侯刘懿为帝，其在位不到七个月，同年十月得瘟疫病死，是为少帝。阎太后之兄车骑将军阎显及江京，与中常侍刘安、陈达等白太后，秘不发发，不让太子刘保继位，而欲更征立诸国王子为新君。这一行为引起了太监们的不满，于是，中黄门孙程等十九人共斩江京、刘安、陈达等人，迎济太子、被废为阴王的刘保于德阳殿西钟下，即皇帝位，当时年仅十一岁，也就是孝顺帝。

也就是说，从章帝开始，由于继皇位者都是幼君，出现了外戚和宦官轮流专权的局面。他们为了更好地掌控年幼的皇帝，控制朝政，皇帝去世后，故意挑选那些年幼的孩童继位，这些人一般在位时间短，年纪轻轻的便去世了，多没有后代，经常造成皇位继承人的断档，他们死后，新掌权的外戚们往往不是从国家安定考虑，而是故意排挤正统，特意从旁系中挑选新皇帝。而决定由谁继位的大权，往往掌握在新晋皇太后或太皇太后等外戚手中，甚至一些太监手中，政权自然也就落在他们手中。比如质帝驾崩后，新晋皇太后梁氏与大将军梁冀定策禁中；孝灵帝去世后，新晋皇太后窦氏与其父城门校尉窦武定策禁中，这几乎成为一种惯例，没有哪位大臣提出疑问，大家都认为这是皇室的家事，他们不便插手。

这些新晋权贵为了更好地控制新君和尽量延长自己对朝政的掌控时间，专门从先帝旁支中挑选年幼的王子继位，这也就给了一些本来与皇位毫无关系的诸侯王继承皇帝位的机会。特别是到了东汉的中后期，这一情况更加严重。比如殇帝刘隆即位时刚刚出生一百多天，就被推上了皇帝宝座，而汉和帝的嫡长子刘胜则被剥夺了继位的权利。殇帝在位一年多，去世时尚不足两岁。继位者孝安帝刘祜为清河孝王刘庆的儿子，即位时十三岁，去世时年仅三十二岁。其死后，阎太后与其兄阎显做主，故意排除了年纪稍长的嫡长子刘保继位，选择了济北惠王刘寿之子北乡侯刘懿继位，其即位不足七个月便病死了。顺帝刘保即位时年纪不过十一岁，去世时也只有三十岁。只留下一个儿子刘炳，年纪幼小，继位时年仅两岁，在位一年便去世了，是为冲帝。皇太后梁氏与其兄梁冀定策禁中，迎勃海孝王刘鸿之子刘缵继位，即汉质帝，即位时年仅八岁，在位一年不到，便被大将军梁冀鸩弑，改立新的皇帝。

因此，这种现象也就给了那些本来没有机会当皇帝的旁系宗亲的后代当皇帝的机遇，不知道什么时候，天上突然掉下馅饼，砸在某位年幼的诸侯王身上，一夜之间来个华丽转身，便成为天下的最高统治者。

质帝刘缵被弑杀之后，在太后梁氏和大将军梁冀的策划下，光环突然就照到了汉章帝第六子河间孝王刘开这一支，刘开的儿子刘翼被封为蠡吾侯，其死后，儿子刘志继承了父亲的爵位，被封为蠡吾侯。结果他被梁太后看中，被扶上了皇位，即汉桓帝，时年仅十五岁。从此，河间孝王这一支得以继承大统。梁太后可以继续临朝听政，大将军梁冀得以继续专权。

桓帝刘志去世后，其皇后窦氏升任为太后，按照祖制，其临朝称制。桓帝刘志虽然在位较久，长达二十二年，去世时三十六岁，但是，由于他生前玩物丧志，无子，没有继承人，需要重新选定新的皇位继承人。窦太后理所当然地要从桓帝最近支系的晚辈中挑选皇位继承人，于是，在窦太后与其父城门校尉窦武的策划下，选定了章帝的玄孙、河间孝王刘开的曾孙、解渎亭侯刘苌的儿子刘宏，是为孝灵帝。刘宏当时年仅十二岁，因此，窦太后依惯例继续临朝称制，其父城门校尉窦武则晋升为大将军，成为执政大臣。而汉灵帝的母亲董氏，便是董承的姑姑。灵帝继位后，窦太后下诏，依照先例追尊灵帝刘宏的父亲刘苌为"孝仁皇帝"，夫人董氏为"慎园贵人"。

读到这里，可能有人会问，既然刘宏的父亲刘苌被尊为孝仁皇帝，为什么窦太后不下诏封其夫人董氏为皇后或皇太后，而是称其为慎园贵人呢？

这里需要解释一下其中的原委。窦太后之所以选择刘宏，主要原因是刘宏按照辈分低桓帝一辈，选他继承皇位，也就意味着刘宏过继给了她的儿子桓帝刘志，成为刘志的儿子，与其生身父母脱离了父（母）子关系，已经不是董氏的儿子了。按照当时的宗法关系，刘宏成为桓帝之后，是窦太后的亲孙子。由于当时刘宏的父亲刘苌已经去世，对窦氏造不成任何威胁，出于对他的补偿，窦太后才下诏追尊其为孝仁皇帝。但是，董氏就不一样了，她还健在，如果封她为皇后或皇太后，窦氏自己的位置将放在哪里？就会直接对窦氏的位置产生威胁和挑战。故而，窦氏仅仅给了她一个贵人的称号。因为刘苌的陵号曰"慎园"，故封号为慎园贵人，等于说董氏是早已死去被追尊为孝仁皇帝刘苌的贵人，意思是让她永远在老家为其丈夫刘苌守护陵墓，与现实政治不能有任何关系。

这当然引起了已经懂事的汉灵帝的不满，出于礼制和慑于窦氏的权威，汉灵帝对窦氏的这一决定当时也没有敢说什么，也不可能说什么。不过当窦氏集团被铲除之后，汉灵帝于自己亲政的第二年，便下诏上尊号称自己的生身母亲董氏为孝仁皇后，并派中常侍作为朝廷的使者，赶往自己的老家河间国，将母亲董氏接到了京师，将其安排在南宫嘉德殿，称永乐宫。

其实，按照他的本意，是想将自己的母亲董氏直接晋升为皇太后的，奈何遭到了群臣的激烈反对，原因还是上面所提到的封建宗法制度的制约，大臣们认为他已经过继给了先帝汉桓帝。灵帝拗不过这些固执的大臣，实在没有办法，只能委屈自己的母亲，心中却升腾起怅然若失的感觉。

为了补偿对母亲的歉疚，灵帝下诏征召自己的舅父、董氏的兄长董宠入京，任命他为执金吾。董氏家族从此飞黄腾达，晋升权贵阶层。

但是，可能是因为家族陡然富贵，董宠兴奋得不知道所以然，也许是他缺乏教育的成长背景使然，突然当上高官的他并不知道朝廷中各种规矩的厉害，认为既然外甥已经是当今的皇帝，灵帝的母亲、也就是他的妹妹董氏理应也应该是皇太后，因此，每每称妹妹董氏为太后。结果遭到了朝臣们的弹劾，他因矫称董氏为永乐太后获罪，被下狱处死。

虽然如此，灵帝对董宠的儿子、自己的表兄董重还是不错的，任命他为骠骑将军，依然是关爱有加。

由于灵帝始终认为这种安排委屈了母亲，对母亲董氏表现得更加孝顺，甚至有点骄纵，企图从财富上补偿对母亲的亏欠。因此，他与其母亲合伙卖官求货，由其母亲负责在永乐宫收受金钱，灵帝则按照贿赂钱的多寡来授予给钱人以官职，因此，董氏的宫殿中金钱盈满堂室。由于董氏借助儿子干预朝政，影响朝中用人，一时间董氏权势熏天，官场上被他们母子搞得乌烟瘴气。这样一来，便与另一个外戚集团产生了很深的矛盾，这个集团就是灵帝皇后何氏家族。尤其是在立皇储这个问题上，太后董氏与皇后何氏集团产生了不可调和的矛盾，她和儿子灵帝喜欢幼子刘协，刘协的母亲王美人在其幼年时便被皇后何氏毒死，因此，刘协一直由祖母董氏抚养，汉灵帝一直想废掉太子刘辩，改立刘协，这就威胁到了灵帝的长子、皇后何氏儿子刘辩的地位。结果，灵帝一死，皇后何氏晋升为太后，临朝称制，掌握了大权，在其兄长大将军何进的大力支持下，立自己的儿子刘辩为皇帝，是为少帝。

董太后的侄子骠骑将军董重对此心中不服，经常与大将军何进在权力问题上发生冲突，董太后也经常出面干预朝政，每每都被何氏给堵塞过去，城府不深的董氏气愤不过，竟然不顾眼前何氏兄妹掌权这一现实，口出狂言，威胁何太后曰："汝今辀张，怙汝兄耶？当敕骠骑断何进头来。"何进遂举兵包围了骠骑将军府邸，逮捕了董重，董重被免官自杀。此时的太后董氏才知道政治之残酷，随即因忧伤和惊恐，染病暴崩。作为董氏侄子的董承在这次政变中得以逃脱，幸免于难。受此沉重打击，河间董氏从此衰落下去。

董承隐瞒了自己的身份逃走之后不久，张让等宦官发动政变，轻易便诛杀了不可一世的大将军何进，董卓趁机入京，窃取了政权，南阳何氏集团在这场政变中彻底覆灭。董承为了复仇，选择了从军，投靠了董卓，成为董卓的女婿牛辅手下的一名部曲，在其手下混口饭吃。

董卓掌权后，为了抬高自己的身份和提高自己在朝中的权威，他自以为与永乐太后董氏为同族，决意为已死去的董太后复仇，遂废掉了少帝刘辩，改立被董太后收养的号曰"董侯"的陈留王刘协为帝。并以"太后蹙迫永乐太后，至令忧死，逆妇姑之礼，无孝顺之节"为理由，将何氏逐出永乐宫，迁往永安宫，不久派人将其杀死，为河间董氏报了仇。因此，董卓对河间董氏一门有大恩。

然而，不知道出于何种原因，也许是当时政局动荡、形势不明的缘故，董承一直没有亮明自己的身份，因此，并没有得到董卓的重用，一直在牛辅的手下当一名普通的士兵。估计经历过这场大难之后，董承也学聪明了，他看到自从董卓不顾众臣反对，坚持废掉少帝刘辩，引起群情激奋，天下汹汹，担心董卓不能长久，如果自己亮明身份，将来会受到其株连，给自己再次带来风险，因此，一直未敢暴露自己的真实身份。

初平三年（192）四月，董卓被王允联合吕布诛杀，董承的主子牛辅在逃跑中也被部下杀死，没有任何依靠的董承便跟随李傕、郭汜等人反攻长安，帮助他们夺回了政权，从而被李傕等人认可。这一次，他有了与汉献帝见面的机会，被汉献帝认出，方才现出了自己的真实身份，从而将其留在了自己身边，加以重用。因此，董承也是一位经历过大风大浪之人。

兴平元年（194）春，汉献帝已年满十五岁，始加元服，意味着已经成年，可以亲政了，同时，也开始为自己选妃子，自然他要从自己的亲戚和德高望重的大臣家族中挑选。最后，挑选出数位，并立为贵人。其中，一位是汉桓帝女儿阳安公主刘华之女，名叫伏寿，其父亲为不其侯、时任侍中的伏完。史载，伏完深沉大度，其祖上为阳都侯伏湛，既是东汉名儒，又是光武帝时的老臣，曾在朝中任大司徒。另一位便是董承的女儿董氏。还有一位是宋贵人,不知所出。第二年,伏氏被立为皇后,董氏被晋升为贵妃。

从此之后,董承又攀上了皇室,成为汉献帝的岳父,贵为外戚。因此,他既是汉献帝的表叔,又是汉献帝的岳父,自然对汉献帝怀有一种特别的感情,故一路上他忠心护卫在汉献帝的周围,几乎寸步不离。汉献帝也对他特别倚重,在封拜别人的时候,也总忘不了他的这个老岳父,先拜其为发集将军,后来又提升他为卫将军、车骑将军等,当然这是后话。

董承一夜富贵,志得意满,有点小人得志的感觉,他岂能看得起草莽出身的韩暹?

然而,董承不知道世异时移也,此时的汉献帝早已经没有了任何权威,完全是在仰人鼻息生活,愚蠢的他依然想遵循以往的规矩,依仗自己是皇帝岳父这一特殊身份,经常与骄横的韩暹作对,这在当时是非常不明智的。要知道,安邑是白波军的地盘,是韩暹的老巢,韩暹代表的可不仅仅是他个人,而是整个白波集团众多将领和他们任命的众多朝中官员的利益,连汉献帝都对他们礼让三分,这些人岂能容忍董承对自己傲慢无礼?如此必然会遭到他们群起而攻之,董承很快便被他们孤立了起来。二人矛盾不断升级,最后竟然到了不可调和的程度。

张杨为了参加天子举办的郊祀上帝仪式来到安邑,与董承一起准备劝众人奉天子还洛阳,这一建议自然遭到了杨奉和李乐等白波将领的坚决反对,张杨不得不返回野王。这件事让诸将更加相互猜忌,对主谋之一的董承更加怀恨在心。

建安元年(196)二月,韩暹竟然率军攻打董承。可怜的董承突然发现没有任何人敢于出面帮助他,他一个人根本不是韩暹等人的对手,不得已,只好选择出逃。到哪里去呢?他想到了张杨,于是,就逃到了野王投奔河内太守张杨。而张杨也害怕因为此事会得罪大权在握的韩暹等人,不敢将他留在自己身边,只好给了他一个任务,派他到旧都洛阳去负责为天子修缮宫室,为汉献帝将来返回洛阳做准备。

从这件事可以看出,像董承这样特殊身份的人,韩暹都不放在眼里,一言不合,就兴兵攻打,可见当时朝廷里是多么混乱,韩暹有多么嚣张跋扈,根本没有什么法制可言。

韩暹的霸道和无法无天引起了一个人的不满,这个人就是白波集团内重要将领、时任征东将军的胡才。韩暹擅自兴兵攻打董承,让胡才实在看不下去了,他准备出面为董承主持公道，打算率领本部人马攻打韩暹。这可把汉献帝给吓坏了，他赶忙派人谕止了胡才。

为了避免类似事情的发生，汉献帝赶忙下诏，让韩暹出屯闻喜，胡才、杨奉二人出屯坞乡，名义上是为了保卫安邑，实则是将他们分隔开来，防止内讧，造成不可收拾的局面。显然，汉献帝不想让这件事闹大。因为这件事，让胡才对韩暹意见很大，后来汉献帝一行返回洛阳时，胡才和李乐都留在了安邑，没有跟随大驾前往。

董承从张杨处带了一批人来到洛阳，发现到处都是瓦砾，野草丛生，用后来曹植的诗来描述，再贴切不过了，其诗曰："步登北邙阪，遥望洛阳山。洛阳何寂寞，宫室尽烧焚。垣墙皆顿擗，荆棘上参天。不见旧耆老，但睹新少年。侧足无行径，荒畴不复田。游子久不归，不识陌与阡。中野何萧条，千里无人烟。念我平常居，气结不能言。"（《送应氏》）

面对如此残破局面，董承一时无从下手，不知道如何是好，最后选择先修复保存相对较好的南宫。但是，缺人、缺钱、缺物，如何修缮，这是一个现实问题。

此时，多亏老臣赵岐及时赶到，他对董承说："今海内分崩，唯有荆州境广地胜，西通巴蜀，南当交阯，年谷独登，兵人差全。岐虽迫大命，犹志报国家，欲自乘牛车，南说刘表，可使其身自将兵来卫朝廷，与将军并心同力，共奖王室。此安上救人之策也。"建议向荆州牧刘表求助，并自告奋勇地表示自己愿意前往，去做刘表的工作。董承认为很有道理，于是，就上表朝廷，建议派赵岐前往。赵岐不辱使命，很快便说服了刘表。刘表随即遣兵诣洛阳助修宫室，军资委输，前后不绝。因此，修复南宫的工作得以顺利开展。

那么，赵岐何许人也，他为何会在这个时候来到洛阳呢？

赵岐，京兆长陵人，少明经，有才艺，娶扶风马融兄女为妻。此人刚正不阿，一生多难。永兴二年（154），被辟为司空掾。后为大将军梁冀所辟，任皮氏县长，因得罪中常侍唐衡的兄长、时任京兆尹的唐玹，不得已逃难四方，江、淮、海、岱，靡所不历，自匿姓名，在北海集市中卖饼度日。结交当地好汉孙宾石，遂成为至交，为躲避中常侍唐衡的追杀，被孙宾石藏在房屋夹壁中长达数年。后诸唐死灭，因赦乃出。三府闻之，同时并辟，却又赶上党锢之祸被免官，被禁十年。中平元年（184），朝廷征赵岐出山，拜为议郎，任车骑将军张温的长史。大将军何进推举其为敦煌太守，当其行至襄武，为贼人边章等叛匪所执，后逃回长安。

及汉献帝西入关中，迁都长安，复拜赵岐为议郎，不久升迁为太仆。李傕专政时，于初平三年（192）八月，朝廷派太傅马日䃅为朝廷使者抚慰天下，赵岐为其副手。当他们行至洛阳，马日䃅上表朝廷，让赵岐另到其他郡国宣扬国命。从此二人分开，分别代表朝廷巡视天下。马日䃅巡视东南，赵岐巡视北方各郡县，所到郡县，百姓皆喜曰："今日乃复见使者车骑。"赵岐赶到冀州，前去调解袁绍与公孙瓒之间的矛盾。袁绍、曹操听说后，皆自将兵数百里奉迎，最终成功说服袁绍、公孙瓒二人息兵，并与二人约定不久之后将在洛阳相会，到时候大家一起奉迎车驾返回故都。然而，当他向南巡视到陈留时，突然得了重病，一病就是两年。因此，原来约定的洛阳之会大家都没有去，这件事随之也就黄了，这不能不说是一个巨大的遗憾。

兴平元年（194），汉献帝下诏征赵岐到长安。他接到诏令后，赶忙动身。此时，汉献帝一行已经东下，准备东返洛阳。当其赶到洛阳时，正好在那里遇见董承前来为天子修理宫室。于是，他放弃了去安邑与汉献帝会面的想法，准备帮助董承完成这一任务，遂上表天子，暂时留在了洛阳。赵岐赶到荆州，成功地说服荆州牧刘表遣兵诣洛阳助修宫室。

九、曹洪勤王，中途受阻

董承出走后，汉献帝的处境更加艰难。为了摆脱眼前的困境，此时的汉献帝是多么希望关东那些有实力的地方军阀能够前来帮助自己。可是，除了河东郡太守王邑、河内郡太守张杨外，其他人对汉献帝的处境全都视而不见，再没有人主动前来。尤其是作为关东"义军"盟主的冀州牧袁绍，表现得最为差劲。由于安邑隶属于冀州管辖，也就是说汉献帝就在袁绍的地盘上，按道理说，袁绍有义务和责任派兵前来勤王，帮助危难中的汉献帝，确保朝廷的安全。然而，袁绍只是派了谋士郭图代表自己前来参加郊祀大典，表面上是来慰问，实则是来探听朝廷的消息。回去以后，便再也没有动作，对汉献帝的艰难处境无动于衷，对汉献帝的死活置之不理。

其实，早在汉献帝准备东返时，便想到了曾经在与王允一起铲除董卓这件事上立下大功的吕布，派人前去游说吕布，希望他能尽快赶过来护驾，并亲自给吕布写了一封信，召他前去勤王。然而，当时吕布正在与曹操争夺兖州，双方打得不可开交，自顾不暇，加上适逢天灾，他自己的人马都没有粮草可吃，哪有心思和力量前来救援危难中的朝廷呢？于是，吕布以天下正在闹灾荒，自己也没有什么积蓄，军队还在闹粮荒，无力迎接大驾为由，不肯前来。汉献帝对吕布十分失望，因此，当后来听说曹操已经完全收复兖州这一消息后，汉献帝立即下诏，正式任命曹操为兖州牧，这也是对吕布没有应召赶来救驾的不满的一种情绪宣泄和报复。

其间还发生了一件事。吕布派一名使者来到安邑，向汉献帝解释自己不能前来迎接大驾的原因。汉献帝虽然对他心怀不满，但还是下诏拜吕布为平东将军，晋封其为平陶侯，以示安抚。说来也该是吕布倒霉，当这位使者走到山阳地界时，听说吕布在与曹操争夺兖州中失败逃走，心中慌乱，竟然在半路上将这份对吕布的任命诏书和印绶全都给弄丢了。

除了上面这几位，汉献帝还能指望谁呢？指望袁术，更是不可能。一方面，他远在淮南，山水阻隔，不可能赶到安邑来保卫汉献帝；另一方面，袁术早就心怀异志，有取代汉献帝当皇帝的野心。因此，当袁术听说汉献帝在曹阳一战大败，不是心怀悲伤，而是暗中窃喜。袁术立即召部下开会，对群下说："今刘氏微弱，海内鼎沸。吾家四世公辅，百姓所归，欲应天顺民，于诸君意如何？"和他们商量自己如何才能够取代汉朝，自立为帝。史载，众人闻听，莫敢回答。其主簿阎象劝诫他道："昔周自后稷至于文王，积德累功，三分天下有其二，犹服事殷。明公虽奕世克昌，未若有周之盛，汉室虽微，未若殷纣之暴也。"史载，袁术听后默然不悦。袁术内心里恨不得汉献帝早点死掉，故根本不可能会来救他。

最后，倒是汉献帝从来没有想到的两个人准备前来救助他们。一个人是曾经在半路撤军的南匈奴左贤王去卑，他因为回去争夺单于位置在关键时候撤军，然而，当他赶到驻地时为时已晚，被其侄子于扶罗的弟弟呼厨泉抢了先，提前宣布自己继承单于位，去卑陷入了非常尴尬的境地。新单于呼厨泉对他这位叔叔十分忌惮，开始有意排挤他，将去卑的职位从左贤王降级为右贤王，即使这样，仍然对他不放心，便派他率军赶到安邑，重新回到汉献帝的身边，以保护汉献帝。正是去卑的出现，使韩暹等人不敢再造次。后来，他一直将汉献帝护送到洛阳，并帮助曹操铲除了以韩暹为首的白波军事集团，与曹操一起保护着汉献帝迁都到许县，然后，在曹操的支持下返回到故国，说服国内反对派接纳新单于呼厨泉重新回到故土。

另一个人便是新近晋升为兖州牧的曹操。建安元年（196）春正月，他兵临陈国的武平县，一举逼降了袁术所置的陈国国相袁嗣，形势一派大好。与此同时，曹操派曹洪率领一支军马从兖州向西一路攻打，很快便占领了河南尹治下的中牟、阳武、京、密等县。曹操交给曹洪一个重要任务，就是率军西上，到安邑去迎接汉献帝。

关于这件事，还有一个插曲。史载，曹操将自己想迎接汉献帝的想法与自己的部下商量时，"诸将或疑，荀彧、程昱劝之，乃遣曹洪将兵西迎"。这说明，最初大家是想不通的，最后，在荀彧、程昱二人的劝说下，才说通了众人。

曹操之所以没有亲自率军前往，主要原因是当时曹操正在全力清剿汝南、颍川二郡境内的黄巾军残部，准备乘势一举收复这两个郡，巩固新占领的大片领土，战事太忙，实在抽不开身来。在曹洪率军向西攻打时，曹操进讨汝南、颍川二郡境内的黄巾军残余何仪、刘辟、黄邵、何曼等部，占领并牢牢控制了许县。

但是，令曹操没有想到的是，张杨听说曹洪率军西进，赶忙派逃到野王的发集将军董承与袁术的旧将苌奴二人率军拒险坚守，以堵截曹洪。曹洪不得前进，最终不得不放弃，这件事最后只能作罢。

关于这件事，史料只是简略地介绍了上述事件，并没有说当时曹洪到底是从什么地方出发前往安邑去迎接汉献帝，据推测其极有可能是从原阳出发。理由如下。

所谓京、密二县，就是指今天河南省的荥阳市和新密市，它们均在黄河南岸。如果是从这里西进的话，只能先到洛阳，然后通过孟津渡口渡过黄河，进入今天的温县或济源市，沿着太行山八陉之一的轵关陉穿越太行山，通过垣曲县抵达运城盆地东缘的安邑。史料只说曹洪当时占领黄河南岸最西的地方京密二县，并没有说他曾经进入过洛阳盆地。而且，建安元年（196）正月，董承一直在安邑，他尚没有抵达洛阳，不可能凭借虎牢关等险要来拒绝曹洪西进。因此，这条路线基本上可以排除。

所谓阳武，就是指今天的原阳县。如果从原阳出发西进，越过黄河，就可以直接进入焦作境内，然后一路向西南前进，通过武陟、沁阳，抵达济源境内，再通过轵关陉，这是通往安邑的最近路线。然而这条线存在几个困难，一是要想西进，就必须渡过黄河；二是要想到达济源，就必须经过武陟和沁阳市，这里是张杨河内郡的地盘，河内郡郡治野王，就在今天武陟县大虹桥乡一带，没有经过他的同意，是不可能通过的。

卫将军董承在建安元年（196）二月之前一直在安邑，如果此时曹洪西进，首先面对的是张杨，不可能会出现董承和苌奴拒险坚守、其不得过的情况。董承能够拒险坚守，阻挡曹洪，只有在当年二月他出逃到河内郡之后。而他拒险坚守之险，一定是在河内郡的东面，地点极有可能是在黄河上原阳段对岸的某个渡口。此后，董承到洛阳去为汉献帝修复宫殿，就不在河内了。

那么，曹洪西进迎接汉献帝这件事会不会发生在汉献帝回到洛阳之后呢？

这种可能性是不存在的。一方面，《三国志·武帝纪》中明确将这一事件归在建安元年（196）正月，当曹洪占领阳武，接到曹操西进的命令时，时间正好到了二月；另一方面，汉献帝于当年七月甲子日抵达洛阳，八月辛丑，入住南宫杨安殿。同月，曹操便自己亲率军队前往，已经轮不上曹洪单独率军前往安邑了。而且，汉献帝抵达洛阳后，有韩暹、杨奉等将领，董承是他们防范的主要对象，根本轮不上一个手中没有兵的空头将军董承率军前去抵抗曹洪。因此，这件事应该是发生在汉献帝到安邑后不久，不可能是到达洛阳之后。

曹操闻听曹洪西进受阻，感到十分无奈，遂写了一篇《善哉行》，以表达自己痛苦和无奈的心情。其文如下：

自惜身薄祜，夙贱罹孤苦。
既无三徙教，不闻过庭语。
其穷如抽裂，自以思所怙。
虽怀一介志，是时其能与！
守穷者贫贱，惋叹泪如雨。
泣涕于悲夫，乞活安能睹。
我愿于天穷，琅邪倾侧左。
虽欲竭忠诚，欣公归其楚。
快人由为叹，抱情不得叙。
显行天教人，谁知莫不绪。
我愿何时随？此叹亦难处。
今我将何照于光曜？释衔不如雨。

虽然这次勤王行动失败了，但是，曹操的这份心意汉献帝还是知道的。因为，曹操在二月彻底击败黄巾军旧部,斩杀黄邵,收降刘辟、何仪等部众后,汉献帝立即下诏拜曹操为建德将军,以示嘉奖。同年夏六月,在返回洛阳途中,行进到闻喜的汉献帝又接连下诏,升迁曹操为镇东将军,封费亭侯。

十、无法存身,还都洛阳

常言道,福无双至,祸不单行。朝政刚刚走向正轨,当地却又闹起了旱灾,旱灾又引发了大规模蝗灾,一时之间,蝗虫大起,将田地里的五谷禾苗全给吃掉了,到了五月麦收时节,许多地方都是颗粒无收。府库内的粮食不够吃,不得不节约再节约,下级官员们只能靠采集野枣野菜来度日,即使贵为皇后的伏氏,也只能穿破旧的衣服,终日以枣栗为食。在这种情况下,诸将不能共度时艰,相互争抢粮食,上下开始大乱。于是,汉献帝便派使者分别到韩暹、杨奉、李乐的军营中去商量,请求他们允许朝廷回到洛阳去。但三人还有些犹豫,还在观望。

这样勉强又坚持了一个月,到了六月,不仅府库中粮食吃光了,当地的粮食也已经食尽,大家的生存已经成了严重问题。直到此时,韩暹、杨奉、李乐等人不得不面对残酷的现实,答应奉诏送汉献帝到洛阳。当初反对汉献帝回洛阳最坚决的杨奉,在大将徐晃的劝说下,也不得不转变态度,转而坚决支持将汉献帝和朝廷官员们全部送到旧都洛阳去。

在古代,每逢遭遇灾年,当地的粮食不够吃时,异地就食,是朝廷的惯用做法。强盛如唐朝,每当遇到大灾之年,关中的粮食不够吃时,朝廷也经常选择到东都洛阳去就食,更何况如今汉献帝等人暂时寄居在这里,本来就不是长久之计。加上这里本来就是偏僻之地,是白波军和南匈奴(驻地为平阳,今山西省临汾市尧都区一带)的根据地,东面相邻的太行山区又是黑山军的根据地,这些人整年都不务农,靠抢劫度日,与朝廷争粮食吃。汉献帝一行憋屈在这里,忍饥挨饿,受尽了他们的凌辱,岂有不愿意走的道理。

不仅他有这个想法,大臣们也对故都洛阳怀有深深的眷念,都想尽快离开这个偏僻之地。河内太守更是多次主张天子应该尽早还驾旧都,因此,他才提前派董承到洛阳去修复宫室。在这一背景下,最终在杨奉、韩暹等人的保护下,大家终于启程,踏上了返回旧都洛阳之路。

夏六月乙未日,乘舆首先来到了闻喜的韩暹军营里,在此稍事休息,五天之

图五十九　今天的轵关道照片

后再度启程，正式开始东返。一路上由杨奉、韩暹等人和南匈奴右贤王去卑等人率军保护，经由箕关①，沿轵道②东行，从轵关③东出太行山，顺利进入了河内郡。

在这件事上，河内太守张杨本来就很积极，因此，当他得到通知，汉献帝一行终于可以动身了，他甚是高兴，做好了充分准备。当汉献帝一行来到河内郡境内时，不仅看到张杨本人率领河内郡官吏在恭候，还发现沿途的道路旁早已经摆好了不少粮食，以供汉献帝及其随行人员食用。

汉献帝终于放心了，他知道只要进入河内地盘，也就意味着他们已经安全了。一方面，这里是张杨的地盘，自己彻底摆脱河东郡；另一方面，太守张杨殷勤奉

---

① 北魏郦道元的《水经注》云："河水〔今黄河〕又会瀌水。水出垣县王屋山西瀌溪，夹山东南流，径故城东，即瀌关也。……瀌水西屈，径关城南，历轵关南，径苗亭西。亭，故周之苗邑也。又东流注于河。"清代《读史方舆纪要》记载："瀌关，见山西垣曲县。"清代《济源县志》："瀌关，疑今大店。"罗火金在《瀌关考》一文中认为，在济源市邵原镇东侧的邵原关，为轵道上的一个重要关口，明清时称邵原关。
② 从河东郡，经河内郡〔今沁阳市〕，至洛阳经过太行山的唯一通道，战国时称轵道，后期称轵关道，为太行八陉之首。此道东起轵城〔现济源市内轵城镇〕，跨越王屋山，西至曲沃古城。田建文先生认为，轵关陉道起点在河南济源市东的轵城镇，终点在侯马市南峨嵋岭和绛山〔紫金山〕相交处的铁刹关。
③《隋书·地理志》河内郡王屋县条："有王屋山、齐子岭，有轵关"之称。《太平寰宇记》济源县载有"故轵关，在今县西十一里"。严耕望先生考证"轵关道"为河阳〔今河南省洛阳市孟津区〕西北行至济源，再西行约十里出轵关，又西行至王屋县〔今河南省济源市王屋镇〕，又西行至北朝之邵郡，进而西行进入晋南汾涑流域。

第四章　挟天子以令诸侯

图六十　被垒砌在当地水池上的轵关关口门楼上的匾额

职,对他们十分殷勤。而且这里距离旧都洛阳不远,隔黄河与洛阳相望,通过孟津渡口便可以顺利抵达洛阳,也就是说洛阳就在自己的面前。

在张杨等人的严密保护下,他们很快便顺利地渡过了黄河,于建安元年(196)七月甲子日,车驾终于抵达了故都洛阳。

然而,令他们没有想到的是,到达洛阳后,才发现这里的境况并不比在安邑时好多少,满目疮痍,破旧不堪。因为早在董卓迁都长安时,就曾经对洛阳周围二百里范围内进行了深度搜刮,然后放火一把烧了洛阳城,宫室早已不复存在,留下的都是残垣断壁,全城也找不出几间完整的房子。史载:"卓部兵烧洛阳城外面百里。又自将兵烧南北宫及宗庙、府库、民家,城内扫地殄尽。"①《后汉书·董卓传》更言:"卓自屯留毕圭苑中,悉烧宫庙官府居家,二百里内无复孑遗。又使吕布发诸帝陵,及公卿已下冢墓,收其珍宝。"董卓对洛阳进行了彻底破坏。

好在张杨提前有所准备,派董承赶到洛阳修葺宫室。然而,当汉献帝一行赶到洛阳时,董承所负责修复宫殿的工作还没有完工,不得已,天子只能暂时居住在前中常侍赵忠的旧宅内。

---

① 〔晋〕陈寿:《三国志·董卓传》注引华峤《汉书》,〔宋〕裴松之注,中华书局1959年版,第177—178页。

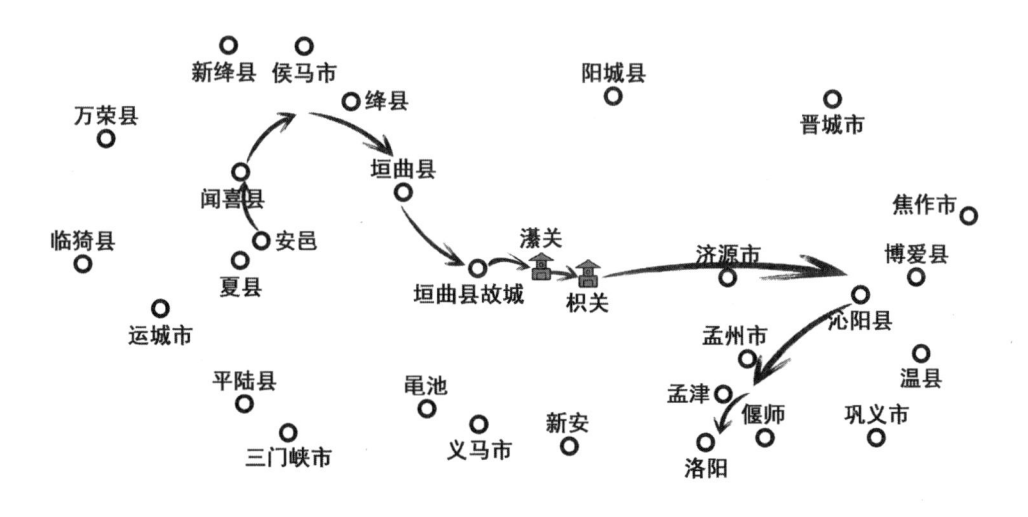

图六十一　汉献帝从安邑返回洛阳线路示意图

虽然如此，大家还是心情激动，汉献帝想到应该昭告天下，让大家知道自己已经回到了旧都洛阳，好让他们前来朝觐，缴纳贡赋，以解朝廷的燃眉之急。就在他们抵达洛阳后的第十四天，汉献帝终于想出一个好办法，就是举行一次隆重的祭祀活动：郊祀上帝，祈福于上帝，趁机再次宣布大赦天下。

三天之后，为了告慰列祖列宗，汉献帝率领群臣拜谒了刚刚修复好的太庙，他所做的上述活动具有重要的政治意义，他希望通过这些活动，昭告天下东汉王朝并没有灭亡，自己还是当今的天子，希望各地州牧郡守能够尽守臣职，尽快纳贡。然而效果并不明显，各地列强要么忙于相互兼并，要么持观望态度，没有几个前来朝见。

抵达洛阳的第三十八天，即八月辛丑日，南宫的修复工作终于完成，汉献帝正式移驾南宫，搬进来居住。因为这是在张杨的大力支持下修复而成的第一座宫殿，为了彰显自己的功劳，张杨将此宫殿命名为杨安殿，在前面冠上了自己的姓氏和对天下的美好祝愿。然而，这一打破历史惯例、不知深浅的行为却给他留下了严重的后患。

搬入杨安殿后的第三天，汉献帝举行了一次朝会，开始重新封赏那些在迁都护驾中有功之人，下诏晋升安国将军张杨为大司马；韩暹为大将军，兼领司隶校尉；杨奉为车骑将军，皆假节钺；命韩暹与董承二人并留宿卫，共同负责

第四章　挟天子以令诸侯　　203

保证皇宫的安全。

虽然经过一个月左右的努力，皇帝得以入住新修复的南宫，但是，其他人的情况又如何呢？

前面已经说过，经过董卓的火烧洛阳，原来的府衙均已不存在，而此时的朝廷根本没有力量重新进行修复，因此，百官既无办公场所，也无居住之处，他们只好披荆棘，依偎在残垣断壁之间度日。好在这是夏季，人们还能够暂时勉强度过。然而，难题还不仅仅只有这些，其中最大的问题还是粮食。因为人员众多，荆州刘表供奉的那点粮食根本解决不了问题。虽然通过各种方式，汉献帝将自己返回到洛阳的消息已经昭告天下了，但是各州郡的郡守们却依然揣着明白装糊涂，虽各拥强兵，却委输不至，集体对汉献帝选择了无视，应该向朝廷进贡的赋税迟迟不肯送来，众人缺衣少穿，十分痛苦。据《后汉书·献帝纪》记载："群僚饥乏，尚书郎以下自出采稆，或饥死墙壁间，或为兵士所杀。"因此，此时的他们比在安邑时好不了多少。

各地官员之所以不肯输送粮食过来，并不是完全出于对当今天子的不尊重，也有其客观原因，实属无奈。

这一原因主要是自战乱以来，不仅人祸不断，而且天灾频仍，荒灾连连，不是旱灾，就是蝗灾，造成连年歉收，各地诸侯手中也没有多余的粮食。加上这些年来各地军阀都醉心于扩大地盘，扩充实力，他们之间相互征伐，无人再关心农业生产，为此还大肆招兵买马，成年劳力都被他们抓去当兵了，造成农业生产的劳动力严重短缺，"诸军并起，无终岁之计，饥则寇略，饱则弃余"，这已经成为他们的惯常做法，根本没有长远之计，"瓦解流离，无敌自破者不可胜数"成了当时的真实写照。比如"袁绍之在河北，军人仰食桑葚。袁术在江、淮，取给蒲蠃（蚌蛤）。民人相食，州里萧条"。[①] 关中地区更是如此，如兴平元年（194），三辅大旱，自四月至七月，未曾下雨。汉献帝为此避居正殿，亲自请雨，并派使者为囚徒洗冤，减轻其罪责，释放轻罪者。但是，仍然没有用。因为缺粮，当时的谷价曾一度上涨到一斛五十万钱，豆麦一斛二十万钱，这样高的价格老百姓谁能买得起？由于老百姓无钱买粮，饥饿难耐，只能人相食啖，出现了白骨委积的凄惨场面。汉献帝实在不忍心，便下诏令拿出太仓中

---

① 〔晋〕陈寿：《三国志·武帝纪》注引《魏书》，〔宋〕裴松之注，中华书局1959年版，第14页。

储存的米豆，为饥人做糜粥，并指派侍御史侯汶专门负责此事。但是，多日来饿死倒毙者的数量依然不减。这引起汉献帝的怀疑，他怀疑赋恤有虚，为了查明真相，他亲自在御座前用一部分粮食熬粥来做实验，以验证这些粮食到底能够做出多少饭来。最终发现了侯汶从中作弊、贪污粮食这一事实。他派侍中刘艾出面责问管事之人。于是，尚书令以下官员皆到宫中谢罪，上书奏请逮捕负责此事的侯汶进行拷问，以查明实情。最后，汉献帝于心不忍，只是下诏杖打侯汶五十大板了事。

汉献帝东归之后，长安城内更是不济。据《后汉书·董卓传》记载："初，帝入关，三辅户口尚数十万，自傕、汜相攻，天子东归后，长安城空四十余日，强者四散，羸者相食，二三年间，关中无复人迹。"

此时，遍视天下诸郡，唯一情况稍微好一点的便是荆州，作为宗室的荆州牧刘表，不能说他不尽力。然而，光靠荆州一地仅能解燃眉之急，暂时满足皇宫的需要，若要供给朝廷这么多人吃穿，就成大问题了。

因此，汉献帝一行虽然回到了洛阳，其环境并没有半点改善，甚至比原来更加不济，条件之艰苦前所未有，朝中大臣无法果腹，无处安身，生存成了大问题。

十一、诸侯无视，受困旧都

汉献帝一行回到洛阳后，不仅生存条件没有改善，政治生态也没有改变，依然是强者当权，依靠武人治国。这可能和汉献帝成长的过程有关。他从继位开始，直到现在，都是在董卓、李傕等军人的胁迫下生活，到了安邑依然如此，谁手中兵多兵强，谁的权力就大。白波渠帅韩暹等人的力量大，只能依靠他们。而他自己根本没有机会亲理朝政，甚至他说出的话、颁下的诏书，也根本没人听。在这种背景下长大的汉献帝，既没有行政经验，又没有改变这种状况的能力，处处受制于别人。因此，返回故都之后，情况依然，因为皇帝手中无权，他也只能选择依靠强者，仍然依靠这些武将治国。常言道：武能兴邦，文能治国。然而，跟随汉献帝逃难的那些文人和经验丰富的老臣死亡甚众，留下的人本来就不多，加上武将当权，剩下的人也只能仰人鼻息，根本没有机会参与朝政、治理国家。再加上政治机构不完善，不能正常运作和发挥它们的作用，老臣们只是挂一个头衔装点门面而已，整日无所作为。比如太尉一职，本来是中央掌管军事的最高官员，执掌天下军政事务,但是,军队全都掌握在各地军阀手中,即使在中央,部队也分属在诸将手中,作为太尉的杨彪,手中却没有兵权,大家不听他的,调动不了一兵一卒,因此,只能挂个空名,没有任何作为。

长此以往,国家不可能走上正轨,必然会出现各种状况,比如,人才不愿归附,武将恃强凌弱。

其实,刚刚抵达洛阳时,汉献帝对在这次回归故都过程中表现极佳、做出突出贡献的张杨寄予了厚望,对他委以重任,任命他为大司马。

但是,令他没有想到的是,这一次他又看错了人,又失算了。张杨本人根本没有这样的激情、宏愿和志向。他虽欣然领受这一职位,却抛下了一句"天子当与天下共之,朝廷自有公卿大臣,杨当出扞外难,何事京师?"[1]然后,拍屁股走人,回到了自己的河内郡。

这样一来,完全打破了汉献帝的想法。朝政大权只能交给时任大将军兼司隶校尉的韩暹、车骑将军杨奉和卫将军董承等人,与在安邑时没有任何改变。因此,其政治环境也没有什么改变。

此时的杨奉虽然为人正直,手中也有兵,且实力最强,但是,因为其投降朝廷最早,已不为掌权的白波军事集团所信任,其位置又在大将军兼司隶校尉韩暹之下,感到处处受制,孤掌难鸣,因此,他干脆以拱卫京师安全为由,率领自己本部驻屯梁地(古县名,今河南省汝州市)。而汉献帝最为信赖的亲信董承,虽然有心改变当前局面,但是,怎奈他手中没兵,在安邑时就与韩暹不和,其周边的人又都是韩暹的人,因此,他说话的分量就大大降低了,无力与白波军事集团对抗。

这样一来,执政大权事实上完全掌握在韩暹一人手中。汉献帝让董承与韩暹并留宿卫,共同负责其安全这一现象,既反映了他对韩暹的不信任,也反映了他的无奈。然而,这种让两个本来就不和,有过过节的人来保卫自己,共同执政的举措,所造成的结果必然是二人更加互不信任,相互猜忌,离心离德,矛盾重重。

执政的首辅大臣韩暹是土匪出身,不仅没有半点执政经验,身上还带有很多匪气,不懂得礼节和议政程序,到洛阳后更是矜功恣睢,干乱政事,骄横跋扈,老臣们根本无法与之沟通,因此,当时朝堂之上根本没有礼仪和秩序可言,就像

---

[1] 〔宋〕范晔:《后汉书·董卓传》,中华书局1965年版,第2340页。

土匪议事那样，他总是一言堂。此时，汉献帝刘协多么渴望天下群臣前来接驾勤王，以解眼前之困。

但是，面对落难的皇帝，所有的人都作壁上观，没有人向汉献帝伸出援手。

其实，汉献帝最初对袁绍还是寄予很大希望的。早在兴平二年（195），他特意下诏拜袁绍为右将军，这是袁绍造反后，皇帝首次对他的正式封拜，这一任命意味着朝廷对袁绍所取得的地位的肯定。汉献帝此举，是希望将来袁绍在自己东归和回到洛阳后能够有所作为。然而，当时实力最为强大的袁绍根本不领这份情，对落难的汉献帝的东归冷眼旁观，始终不愿意采取任何实质性救援行动。

沮授曾力劝袁绍将汉献帝迎接到邺城，他对袁绍说："将军累叶台辅，世济忠义。今朝廷播越，宗庙残毁，观诸州郡虽外托义兵，内实相图，未有忧存社稷恤民之意。今州城粗定，兵强士附，西迎大驾，即宫邺都，挟天子而令诸侯，畜士马以讨不庭，谁能御之？"

但是，这一建议却遭到了袁绍大将淳于琼的激烈反对，他反驳沮授道："汉室陵迟，为日久矣，今欲兴之，不亦难乎！且英雄并起，各据州郡，动有万计，所谓秦失其鹿，先得者王。今迎天子，动辄表闻，从之则权轻，违之则拒命，非计之善者也。"认为若将天子迎到身边，就等于给自己头上套个紧箍，行动极为不方便。袁绍优柔寡断，听了淳于琼的这番理由，开始犹豫起来。

对此，沮授感到十分忧虑，他焦急地对袁绍说："今迎朝廷，于义为得，于时为宜。若不早定，必有先之者焉。夫权不失几，功不厌速，愿其图之。"但是，袁绍仍不为所动。显然，淳于琼的上述一番话确实说到了袁绍的心坎上，因为他起兵本来就不是为了拯救岌岌可危的汉王朝，反对董卓只是他起兵的借口而已，事实上他有自己的政治野心。

另外，当今天子汉献帝并不是他愿意拥立的皇帝，而是自己的仇人董卓所立。当初，他与大将军何进所拥立的是少帝刘辩，结果被董卓给废掉，并杀害了。这件事一直让袁绍耿耿于怀，他甚至不愿意承认这个长安的小朝廷，因此，当初他才会有拥立幽州牧刘虞做傀儡皇帝以与长安小朝廷相对抗的想法。然而，天不遂意，他的这一想法最终落空。

如今，他的势力越来越强大，对朝廷愈加轻视，看不上这个徒有虚名的落难天子。如果自己出面将汉献帝迎接到邺城，就是对现实的接受和承认。对此，他心理上始终转不过来这个弯，根本不愿意接受。尤其是淳于琼的那句"迎天子以自近，动辄表闻，从之则权轻，违之则拒命，非计之善者"深深触动了他敏感的神经。如今自己大权独掌，快乐如皇帝，岂能再给自己头上加一个大爷来管制自己？因此，在这件事上，他始终不积极，表现冷淡，希望坐待时变，自己好坐收渔翁之利，好实行自己那不可告人的政治野心——取代汉室，自己当皇帝，建立自己的王朝。

而河东郡太守王邑，干脆就没有跟随汉献帝到洛阳去。史载："州郡各拥兵自卫，莫有至者。"

十二、君臣思变，谋求外援

不可否认的是，刚到洛阳时，汉献帝对张杨、韩暹、杨奉三人一路上的护驾之功是充分肯定的，尤其对他们舍命与李傕、郭汜等人作战来保护自己心怀感恩，因此，对他们寄予厚望，分别封以高官厚禄，让他们掌握朝政大权，授以假节钺，均有代表天子便宜行事、自行处置大事的特权。也正是这一特殊举措，产生了不少问题。因为大家都有代表皇帝行事的节钺特权，也就出现了政出多门，互相不服，为三人之间的日后矛盾埋下了严重隐患。关于这件事，《三国志·董昭传》中有明确记载："韩暹、杨奉、董承及（张）杨各违戾不和。"当时诸将为了各自利益，互相倾轧，矛盾不可调和。

杨奉的部下徐晃见韩暹、董承日争夜斗，无休无止，便劝说他干脆离开这里去投靠曹操。

杨奉最初接受了徐晃的建议，但是，很快他又后悔了，打消了这一想法。为了自身清净，离开这个是非之地，杨奉选择了离开洛阳，出屯梁县。

而张杨和杨奉的相继离开，客观上为大将军韩暹的专权跋扈创造了更加有利的条件。史载他"矜功恣睢，干乱政事"。让韩暹、董承并留宿卫这种奇怪的安排，又为二人产生矛盾并不断激化提供了"温床"。他们之间相互猜忌，互不放心。很快，二人之间的矛盾便公开化。作为献帝岳父和近亲的董承，对韩暹的肆意妄为、专横不可一世的行为十分忧虑。然而，考虑到自己手中没有多少兵马，根本无法与韩暹、杨奉等白波集团相抗衡，因此，他对韩暹又非常忌惮。

而太尉杨彪、太仆韩融等老臣虽然身居高位，却都被执政的韩暹给边缘化了，面对他的胡作非为、胡乱干政的行为也是无计可施。

常言道，穷则思变，如何破解这一困局，也就成了董承不得不考虑的首要问题。

对于眼前的境况，汉献帝也开始担心起来。于是他和董承等人便产生了引进外援、借助外力来制衡甚至铲除白波集团的想法。

环顾四周，北方冀州牧袁绍的势力最大，实力最强，但是，他根本看不上汉献帝，早已经表明了不愿意前来勤王的态度，无法指望。

南方荆州牧刘表，虽然实力不俗，但是他胸无大志，只愿守境自保，没有参与朝政纷争的意愿。

近邻的河内郡太守张杨，虽然官拜大司马，又没有解决这一问题的能力，心无大志，干脆率军返回了野王，以图自己清净，也指望不上。

逃到徐州的吕布，虽然从刘备手中窃取了徐州，但是，他之前曾多次推脱，不愿意前来勤王。再说了，中间还隔着个与吕布不对付的曹操，他也没有能力赶到洛阳来拯救自己。

此时的汉献帝，总不能再去向刚刚逃出其魔爪的关中军阀李傕、郭汜等人寻求保护吧。那么，又该怎么办呢？

思来想去，唯一可以求助的只有东方，向刚刚占据河南郡大片土地的兖州牧曹操求援。因为他不仅地盘较大，又新近占领了许县，距离洛阳较近，并与朝廷一直保持着密切联系，而且曹操为官宦出身、老臣后裔，祖父、父亲均曾在朝中为高官，世代忠心。曹操本人又充满着正义感，对朝廷一直非常尊重，可以为王室的依靠。

其实，汉献帝在此之前就已经有所布局。为了拉拢曹操，在他刚刚击败吕布、重新夺回兖州时，便正式任命他为兖州牧,使其跻身地方大员。在从安邑动身之时，汉献帝又借曹操平定汝南、颍川黄巾何仪、刘辟、黄邵、何曼等黄巾军残余之机，下诏拜曹操为建德将军，准备封他为费亭侯，结果被曹操谢绝。此时，这张牌应该打出来了。于是，他派董承负责暗中与曹操联络，准备秘召他到洛阳来勤王。

因为汉献帝一行的安全完全掌控在韩暹等人的手中，这件事不可公开进行，否则，惹毛了这家伙，大家都有苦吃，甚至性命不保。因此，这件事必须在暗中秘密进行，找到一个既能让曹操堂堂正正带兵前来，又不至于让韩暹产生戒心而拒绝的办法。

第四章　挟天子以令诸侯

由于董承与韩暹的矛盾已经公开化，受到对方严密监视，因此，这件事也不能由他来出面推进，更因为董承本人与曹操并没有什么交往，仅凭他的一封信，能否取信于曹操也是一个大问题。再说了，不久之前，他还曾出面阻挡过曹操的部将曹洪到安邑去勤王，如今，由他出面和曹操去联系，曹操会不会对他耿耿于怀，董承心里实在是没有把握。因此，如何与曹操建立联系，取得他的信任，成了一时困扰他们的大问题。

在这个关键时刻，一个人的出现彻底解决了这一难题。此人便是时任议郎的董昭。

根据史料记载，董昭曾深度介入了这件事，是他暗中说服了杨奉等人同意曹操前来拱卫京师。那么，作为一个小小的议郎，董昭为何会参与此事，并深度介入呢？

第三节　洛阳勤王

一、董昭其人

要想解答上述问题，就必须先了解董昭这个人的历史，了解他与曹操的个人关系。

董昭，字公仁，济阴定陶人。因为被推举为孝廉，曾经出任廮陶县长、柏人县令，后来投靠袁绍，成为袁绍的部下。

虽然曹操为袁绍阵营里的重要成员，但因为他不愿意直接参加袁绍与公孙瓒争夺地盘的战争，故一直在外线独立作战，一方面保护冀州南部袁绍的大后方，以防止袁术带兵北上策应公孙瓒；另一方面，他希望通过自己的努力，不断发展和壮大实力，获得一块自己的地盘，尽快从充满野心的袁绍那里独立出去。随着他占领东郡，进而取得兖州之后，他开始想与朝廷取得直接联系，尤其是董卓被诛杀后，他的这种愿望变得愈加强烈，目的是打听朝廷近几年的状况，想获得朝廷对自己所占领的地盘的认可。而帮助他实现与朝廷建立起联系渠道和桥梁的那个人就是董昭。

事情的经过是这样的，当时董昭还在袁绍的手下，并受到袁绍的重用，先任命他参军事，后又任他为巨鹿郡太守，他到任后，帮助袁绍平定了因为倾向公孙瓒而一直动荡不安的这个大郡的叛乱，表现出了非常出众的才能，被袁绍称赞为"善"。后来，在袁绍与公孙瓒大战的关键时刻，魏郡留守的部队发生反叛，与黑山军一起攻破了邺城，魏郡太守栗成被害，袁绍便以董昭领魏郡太守，负责前去收复邺城。由于当时郡界大乱，贼以万数，董昭手中兵少，于是，他便表面上假装自己是派来的使者，与他们交往，进行公平交易，厚待叛匪，在取得他们信任之后，他又采用离间计，分化他们。最后，在他们放松警惕时，董昭突然率军乘虚征讨，打了这些人一个措手不及，很快便将魏郡叛匪一一击破，为袁绍最后收复邺城做出了突出贡献，表现出了更加出众的才能。

他在这个位置上干得非常出色，按理说应该获得袁绍的嘉奖，起码也要给予一些鼓励。结果却事与愿违，袁绍不仅没有嘉奖他，反而要谋害他。

事情的经过是这样的：董昭的弟弟名叫董访，当时在张邈手下任职，而袁绍与张邈不和，几次想通过曹操之手除掉张邈，都被曹操拒绝。当董昭刚刚收复魏郡之后，有人便向袁绍打小报告，进谗言，污蔑和造谣说董昭因为弟弟的缘故与张邈暗通款曲。

事实上，并没有这回事。由于当时天下大乱，军阀割据，许多家庭成员为了讨生活都分散于不同的政治团体和军事集团中，最典型的就是诸葛亮和他的兄长诸葛瑾，他们分别在刘备阵营和孙权阵营。还有荀彧，除了他跟随曹操之外，他的弟兄都在袁绍的手下任职，他们各为其主，根本不存在相互勾结的事情，这是当时的社会现实。

然而，袁绍是一个疑心很重的人，既然有人这样说了，他不由得产生了怀疑，在没有调查和核实的情况下，便不分青红皂白地准备治罪于董昭。董昭是一个做事严谨的人，在袁绍手下也有不少耳目。因此，这一消息走漏，很快便被董昭提前获得，为了自保，他一不做，二不休，带着魏郡太守印绶匆匆逃走，准备前往长安去面见天子告御状。

然而，要去长安就必须经过河内郡，当他行至河内时，被太守张杨给挽留了下来，张杨拜董昭为骑都尉。因此，董昭也就放弃了前往长安的打算，留在了河内郡。他将魏郡太守的印绶交给张杨，让他代为转交，还给了袁绍。

张杨之所以要留下董昭，一方面是欣赏他的才能，另一方面他与袁绍也有矛盾，原因还是围绕着河内郡的所有权问题。

张杨原来是并州刺史、武猛都尉丁原的部下，深受丁原的喜爱，丁原被任命为武猛从事。灵帝末年，天下大乱，为了应对危机和保证心爱的幼子刘协能够继位，汉灵帝成立了西园新军，设立西园八校尉，以剥夺大将军何进的军权。他任命自己最宠爱的小黄门蹇硕为上军校尉，统领诸军，驻守在京都。当时，曹操和袁绍等人都是八校尉之一，都归蹇硕统领。但是，组建新军就需要大量人才和军卒，于是，蹇硕征召天下豪杰前来洛阳，以作为自己的偏将。在此背景下，并州刺史丁原为了表示支持，派自己的爱将张杨领兵前往洛阳应招，被蹇硕拜为假司马，也就是蹇硕的副司马。

不久之后，灵帝驾崩，蹇硕被大将军何进和袁绍联合杀死，扶持太子刘辩继位。

大将军何进顺势夺取了军权，于是，张杨又投靠了何进。为了胁迫何太后答应诛灭阉党，何进派其许多部下返回自己的家乡募兵买马，使府掾泰山王匡东发其郡强弩，派骑都尉鲍信回老家泰山郡招募新兵，派张杨回老家并州去招募新兵，指使东郡太守桥瑁率军屯城皋（今河南省荥阳市区西北汜水镇虎牢关村西北山上），并州刺史丁原率军南渡黄河，驻屯在孟津渡口，同时调派驻屯在关中上林苑的凉州牧董卓率军东下，以威逼和胁迫何太后尽快同意大将军何进的铲除阉党计划。

张杨不辱使命，很快便在老家并州募得千余人，组成一支队伍。但是，因为没有接到何进的命令，而且当时政局不明朗，他没有贸然率人马前往，而是选择了暂时留在上党，帮助当地政府进攻活跃在那里的山贼。

为了配合达到逼迫何太后的目的，在何进的授意下，丁原命令部下放火烧了孟津，一时间火光冲天，照亮城中，京城内一片混乱。丁原被何进任命为执金吾，率军驻屯在那里以对城内保持高压状态。

但是，事情的发展往往瞬息万变，一天晚上，当何进再次入宫与太后协商诛杀阉党时，不慎被太监张让、段珪等人听到，他们随即发动政变，刺杀了何进。结果遭到了何进部下司隶校尉袁绍，虎贲中郎将袁术、吴匡、张璋等将领的猛烈报复。他们率兵迅速包围了皇宫。为了将张让等人逼迫出皇宫，好就地消灭，他们放火烧了南宫九龙门及东西宫，洛阳被滥杀死者达二千余人。张让无奈，只得率领众太监劫持着少帝刘辩和陈留王刘协逃往小平津。

早已率军来到洛阳西郊的董卓望见洛阳突然起火，知道发生了大事，于是立即下令部下连夜急行军，天亮时赶到洛阳，将皇帝掌控在自己手中，迅速控制了整个朝廷。这引起了许多大臣的不满，其中就包括并州刺史兼执金吾的丁原。丁原手下有兵，又驻屯在洛阳附近，对董卓是最大的威胁。为了对付丁原，董卓暗中收买了丁原手下大将吕布。在丁原率军问罪董卓时，吕布趁丁原不备，将其杀死。

主子前后接连被杀，引起了张杨对董卓的极大不满，于是，他一不做，二不休，干脆选择了造反，与当地的土匪联合起来，一起攻打壶关的上党太守。因为这些人缺乏正规军事训练，故久攻不下，于是他改变策略，转而攻略周围各县，队伍迅速发展到数千人。曾经做过河间郡太守的陈延，家住上党，为当地旧族冠冕，同郡还有冯姓，也是当地大户，二姓巨富，家财丰盈，为防范贼寇侵掠，他们在自己的家园建有壁垒。史载"张杨利其妇女，贪其资货"，曾率军围困陈延家的壁垒六十余日，多亏逃到这里的常林为其出主意，方才保住了自己的壁垒，使张杨的阴谋没有得逞。①

很快，山东各地起兵，掀起了反抗董卓暴政的浪潮，大家共同推举勃海太守袁绍为盟主，立下盟誓，共同诛杀奸贼董卓。袁绍率军从勃海郡南下，进驻到了与洛阳一河之隔的河内郡。这里与太行山毗邻，不断遭到太行山区内土匪的骚扰，让袁绍苦恼不已。

此时的袁绍虽然名义上为各路义军盟主，但是，他有自己的私心，凭借联军盟主的有利地位，不断招兵买马，扩展自己的势力。他不肯出兵进攻洛阳讨伐董卓，为家人复仇，拯救危难中的汉室，而是专注于如何兼并周围势力，壮大自己的力量。因此，他的势力快速膨胀，就连强大的冀州牧韩馥，最后也不得不臣服于袁绍，主动将自己的冀州拱手让给了袁绍。在接收冀州的前夕，为了免除太行山区张杨这支队伍对河内郡的威胁，袁绍派虎牙都尉刘勋率军进入太行山腹地进行征讨，一举降伏了张杨和流落在那里的南匈奴部。随后，袁绍将张杨和南匈奴单于扶罗调离了太行山老巢，派他们二人率本部兵马驻屯在漳水附近，以防备公孙瓒南下，威胁自己的根据地邺城。

但是，于扶罗本来就心向王室，不愿意为袁绍卖命，于是，他与张杨商量，打算和他一起背叛袁绍。然而，张杨不同意。于扶罗便采用武力手段，挟持着张杨与他一起向南逃跑。袁绍闻听这一消息后大怒，赶忙派自己手下第一猛将麹义率军追击他们，在邺南将其击破。于扶罗又裹挟着张杨跑到黎阳。这时，张杨已经没有了回头路，只得与于扶罗合作，双方联合一举攻克黎阳城，赶跑了驻守在那里的度辽将军耿祉，其兵力复振。

董卓听说这一胜利后，考虑到河内太守王匡新近被曹操诛杀，太守之位空缺，为了拉拢张杨，便拜他为建义将军，任命他为河内太守。因此，张杨的河内太守这一职位是经过中央政府批准、经正式任命和朝廷授予印绶的。此时的袁绍，因为在北方全力对付劲敌公孙瓒，也顾不上张杨，因此，张杨便率军顺利接收了河内郡，留下于扶罗镇守黎阳城。

河内郡是冀州的地盘，一直隶属于冀州，张杨占有河内郡让袁绍心中很是不满。然而，由于张杨有朝廷的正式任命，袁绍又正与公孙瓒打得不可开交，暂时拿他也没有什么办法，只得对他敬而远之，一般不去侵扰他。张杨也慑于袁绍的

---

① 〔晋〕陈寿：《三国志·常林传》，〔宋〕裴松之注，中华书局1959年版，第659页。

强大，更不敢去招惹袁绍，于是，双方井水不犯河水，选择了和平共处。

张杨心里非常清楚，双方的和平只能是暂时的，袁绍不会放过自己，一旦他击败公孙瓒，回过头来要对付的就会是自己的河内郡。因此，张杨一方面想方设法扩展实力，招揽人才；另一面与南匈奴单于于扶罗和盘踞在太行山里已经接受朝廷招安的黑山军相联合，以共同对付袁绍。正是由于这一原因，在袁绍与公孙瓒发生战争期间，张杨暗中指使和支持黑山军、于扶罗等多次下山，大规模攻入冀州、兖州西部，不断扰乱袁绍大后方，以策应公孙瓒。

由于双方矛盾重重，故张杨才会多次做出有违袁绍意旨的举动。如当初吕布被董卓旧部李傕、郭汜等人击败而逃出关中后，曾先后前去投靠袁术、袁绍二兄弟，尽管为他们冲锋陷阵，立下了不少功劳，但是，就因为他曾经是董卓的部下，这对兄弟都不信任他，对他忌恨有加，不约而同地想办法谋害他，吕布不得不选择出逃。每次遇难出奔时，都是选择逃往河内郡来投奔张杨，且每次都会被张杨收留，渡过难关。

吕布为什么在每次走投无路时总会想到张杨，都要跑到河内郡？张杨又为什么每次都要顶住内外巨大压力而坚持收留吕布呢？他们二人到底是什么关系？

张杨之所以这样做，是有历史原因的。一方面吕布因为诛杀董卓，被大司徒王允推荐，被朝廷封为温侯，其封地就在河内郡的温县；另一方面也是最主要的原因，张杨是吕布的昔日好友。有人禁不住会问：吕布与张杨八竿子打不着，他们二人怎么就成了好朋友了呢？

要回答这一问题，还要从并州刺史丁原说起。

张杨和吕布原来都是丁原的部下，都受到了丁原的重用和赏识。丁原任刺史时，张杨为武猛从事（为州刺史属官，掌领兵事）。丁原为骑都尉时，率军驻屯在河内，吕布则是丁原的主簿，亲如父子。他们当初都受恩于并州刺史丁原，因此，不仅相识，更是好朋友。当好友遇难时，最重义气的张杨岂能有不出手相助之理？故而，他多次收留吕布，因此也得罪了袁氏兄弟二人。

比如吕布被李傕战败后，带领数百骑兵，将董卓的头颅系在自己马鞍上，走出武关，直奔南阳，去投靠袁术。袁术恶其反复无常，拒而不受。吕布无处可去，便来到了河内，想回到自己的封地温县。但是，令他尴尬的是，此时王允被杀，朝廷被李傕、郭汜把持，他已经成为朝廷通缉的逃犯，朝廷过去给予他的分封自然也就不算数了，且此时的河内郡早已经被自己的昔日好友张杨所领有，李傕、郭汜追捕他的文书早已经被送到了张杨手里，作为河内郡太守的张杨不敢违抗朝廷的命令，私下将温县转给他，他只好暂时栖身于张杨那里。然而，当时李傕购募求吕布甚急。张杨的部下诸将都在惦记着吕布的项上人头，皆欲取之到李傕那里请赏。多亏张杨表面答应李傕、郭汜，暗中保护吕布。但是，这也只能是暂时之策，保不住有哪位部下一时冲动，抵挡不住诱惑，突然出手刺杀吕布。因此，吕布始终处在危险之中。多亏吕布头脑还算清醒，他没有让自己的好友为难，不久之后，突然率领人马离开河内，前往冀州去投靠袁绍。

当时袁绍正与黑山军的总把手张燕大战于常山，正在用人之时。张燕精兵万余，骑数千匹，是袁绍的劲敌。吕布的到来非常及时，他立即投入了战斗，帮助袁绍与张杨的同盟张燕作战。吕布表现得十分勇猛，他亲率其部将成廉、魏越等数十骑兵，快速突入张燕的军阵内，一日或至三四次，皆斩首而出。连战十余日，杀死不少黑山军的将士，遂破张燕军。这也让他与黑山军结下了血海深仇。

吕布为袁绍立下如此战功，不仅没有赢得袁绍的赏识，反而引起袁绍的担心和疑虑。袁绍担心将这员猛将留在自己身边，早晚是一个威胁，便开始设计加害于吕布。吕布也深深感到袁绍对自己的猜忌，于是，要求袁绍允许他返回洛阳。袁绍表面同意了他的这一请求，还假惺惺地让他领司隶校尉这一职务，派几位武功高强的壮士护送他到洛阳去，实则想半路除掉他，多亏吕布提前有所察觉，设空城计逃了出来。然后，他再次准备前往河内去投靠张杨。可以想见当时的吕布内心是多么的愤懑和沮丧。但是，令他没想到的是，当他路过陈留郡张邈的驻地酸枣时，受到了陈留太守张邈的热烈欢迎，不仅派人前来迎接，还待他甚厚，临别时共誓，相互永不背离。

袁绍是一个外宽内窄之人，表面上十分谦逊，其实心胸十分狭窄，当这件事传到了袁绍那里时，袁绍闻听大恼，从此算是记恨上了张邈，曾秘密指使好友曹操寻机除掉张邈。这种无理要求理所当然地遭到了曹操的断然拒绝。

这件事也成为后来袁绍忌恨董昭和曹操的重要原因之一。袁绍大恨张邈，开始算计张邈，而董昭的弟弟当时就在张邈的阵营内，于是，当有人诬陷董昭与张邈暗通款曲时，袁绍便来了个顺水推舟，以此为借口，决定诛杀董昭，以免后患。多亏董昭非常机灵，提前获得了这一消息，迅速逃去。

当张邈得到袁绍要曹操寻机会铲除自己时，他总是害怕曹操终究会因为袁绍这个叮嘱而诛杀自己，心不自安，以致最后选择了背叛好友曹操，暗中迎接与自已盟誓过的吕布，窃取了曹操的兖州，与曹操结下了血海深仇。

试想一下，心胸如此狭窄的袁绍，因为张邈仅仅接待一次吕布，就让他恨之入骨，如今，吕布投奔了张杨，被张杨收留，他又会对张杨如何？由于张杨已经投靠了朝廷，时刻提防着袁绍将来会腾出手来攻打自己，也急于招揽人才，最需要像吕布这样的猛将，因此，这一次，他毫不犹豫地将吕布留了下来。后来，因为同样道理，当董昭准备前往长安，路过河内郡时，张杨对董昭的遭遇非常同情，他早就听说董昭这个人很能干，于是，就将他也留了下来，并任命他为骑都尉，负责统领河内郡的骑兵。

好在袁绍知道吕布跑到张杨那里去，就是龙入大海，自己再也不好对付他了，现在又有董昭相辅佐，张杨也就更加不好对付。于是，袁绍干脆暂时放弃了对河内郡的任何企图，全力对付自己最大的敌人公孙瓒。确实，这一两年，河内郡相对比较安全，没有发生太多的事情。而郭汜、李傕也不得不接受这一现实，因为担心吕布将来报复自己，便下诏书，以吕布为颍川太守。

因为有这一过程，张杨与朝廷一直保持着密切关系和直接联系，这也是为什么曹操当初想与长安的朝廷建立联系时，选择派人通过河内前往长安。这一选择无意中却促成了张杨的部下董昭与曹操二人之间建立起了绵密的关系。

二、心向曹操

曹操占领兖州后，考虑到自己只是自领兖州牧，也就是说自己任命自己临时代理兖州牧，当时只有袁绍一人认可，并没有得到朝廷的批准确认和正式任命，别的人将来完全有理由随时来与自己争抢这一位置，不久前，这样的事情就曾发生过。初平三年（192）四月，董卓被诛，执政的司徒王允听说兖州刺史刘岱战死，立即任命号称"三休"之一的名人金尚为新的兖州刺史，派他领兵前来接管兖州，引起了刚刚击败黄巾军并占领了兖州的曹操的极大不满，其行至封丘时，遭到了曹操的迎头痛击，将其赶跑，金尚无奈，只得南逃，投靠了袁术，以寻求他的帮助。第二年，袁术引军北上，进屯封丘，派其大将刘详率军驻屯匡亭，想威逼曹操，护送金尚到兖州就职，被曹操率军击败。

这给了曹操一个警示，如果不尽快处理好这件事，将来难免还会有类似事件发生。

因此，曹操在击败黄巾军之后，亟须向朝廷通报兖州的实际情况，得到朝廷对自己这一战功的认可；同时，争取朝廷对自己的支持，正式任命他为兖州牧，于是，便有了派使者出使长安的打算。

但是，由于在此之前曹操一直处在反对董卓的袁绍阵营内，长期与朝廷断绝联系，要想到长安去与朝廷建立新的联系，就需要有一个合适的契机，并借道河内郡。而河内郡是张杨的地盘，在张杨的控制之下，要想从他的地盘通过，就必须征得他的同意。于是，曹操便试探性地派自己的从事兼心腹之一王必做使者，前往河内郡找张杨通融这件事，希望张杨能够允许自己借道前往长安。果然不出曹操所料，当王必来到河内，将曹操的意图通报给张杨后，令他担心的事情发生了，他的第一反应就是不同意。

这么大的事自然瞒不住董昭。董昭是一个有心之人，考虑得也比较长远。董昭认为这是张杨结交曹操、争取外援的大好时机。于是，就劝张杨说："袁、曹虽为一家，势不久群。曹今虽弱，然实天下之英雄也，当故结之。况今有缘，宜通其上事，并表荐之；若事有成，永为深分。"以董昭对二人的了解，知道虽然现在袁绍和曹操是一家，但是他认为二人并不是同一路人，这种组合一定不会长久，提醒张杨不要小看曹操，他目前的力量相对较弱，但事实上他才是天下的真正英雄，非常值得张杨深交。如今，曹操既然主动派从事王必前来，双方有了这样的缘分，张杨就应该抓住这个机会，与曹操建立起良好的个人关系，以备将来不时之需。

自从董昭到了河内郡之后，便成了张杨的主要高参，张杨对他的话言听计从，认为董昭的这一分析很有道理，于是便改变了主意，不仅答应了王必的要求，为了讨好曹操，还亲自上书朝廷，表荐曹操为兖州牧。董昭这个人思虑问题很深，他在张杨身边，与朝廷也建立了很好的互动关系，他也想利用这个机会与曹操建立个人关系，于是分别给长安他认识的将领们，比如李傕、郭汜等人写信，各随轻重致殷勤，替曹操通融。

在此之前，汉献帝就已经对曹操有所耳闻。早在初平元年（190），宗室琅邪顺王刘容派其弟刘邈到长安奉章纳贡，刘邈当着汉献帝的面曾盛赞过时任东郡太守的曹操，称赞他对朝廷非常忠诚，有报国之志。因此，从那时起，曹操这个名字就在汉献帝的心中烙下了深深的印记。只是他们二人无缘见面而已。

董昭与曹操曾经同在袁绍阵营内，二人之前是否有过交集，双方是否认识，史书上确实没有交代，在这里本人不敢妄下结论。但是，无论他们是否谋过面，董昭一定通过其他人或其他渠道，对曹操有所了解，知道他心怀大志，与袁绍完全不是一路的人。因此，才会如此尽心，出手相助，这一次他算是实实在在地帮了曹操一把。

办妥这件事之后，张杨赶忙派人到兖州去拜见曹操，将上述情况向曹操通报。曹操心中大喜，为了报答张杨的好意，他也派人带着许多贵重礼品来到河内重谢张杨。史载："太祖遗杨犬马金帛，遂与西方往来。"这样一来，曹操不仅打通了与朝廷之间的关系，与朝廷建立了直接联系，还通过这件事，与张杨、董昭等人也建立起了更加亲密的关系，从此之后，这两个素未谋面的人便成了心腹好友。

自从曹操与朝廷建立联系后，他对朝廷内发生的事情变得愈加关注起来。兴平二年（195）十月，汉献帝动身东归的消息传到关东，身在兖州的曹操闻听十分兴奋，决定表一番忠心。此时，曹洪刚刚占领山阳郡，当地盛产甘梨，于是，曹操立即命人采摘，从中挑选出两大箱上好甘梨，修表一封，然后，紧急派人送往关中，呈送给东归途中的汉献帝，以表示祝贺。他在奏表中是这样说的："山阳郡有美梨，谨上甘梨二箱。"

建安元年（196）二月，汉献帝在安邑，韩暹与卫将军董承矛盾激化，率军攻打董承，董承逃到了野王，投奔张杨时，适逢曹操刚刚平定汝南、颍川二郡的黄巾军残部，占领了许县，曾经遣使到河东郡去。其目的史料上虽然没有明确记载，但推测此举的目的极有可能是去拜见自己的好朋友董昭，向他请教一些重要问题，是否与曹操想派兵前去勤王有关不得而知。因为在该年的一月份，曹操曾派曹洪率军西进，到安邑去迎接汉献帝，却遭到了卫将军董承与袁术部将苌奴拒险坚守，曹洪不能前进，只得放弃。但是，一个不争的事实是，在此前后，董昭就已经动身，他离开了河内，前往安邑觐见天子，并被汉献帝留在身边，任命他为议郎，正式成为朝廷中的一员。董承与汉献帝暗中有没有什么交流，传递有关曹操的什么信息，值得研究者们的关注。

也许曹洪率军西进失败这件事让曹操明白了一个现实，那就是仅靠自己当时的军事实力，采用军事行动来实现迎接汉献帝的目的是行不通的，必须另辟蹊径，他相信足智多谋的董昭会有解决这一问题的好办法，能够给自己想出好主意来。另一方面，曹操当时确实需要把剿灭汝南、颍川二郡黄巾军残部这一重大利好消息尽快报告远在安邑的朝廷，以鼓舞士气和重振朝廷官员们的信心。

董昭这次去安邑的好处显而易见，因为不久之后，天子便下诏宣布拜曹操为建德将军，封其为费亭侯。这一对曹操的分封应该有董昭的功劳。

但是，也不能完全排除董昭是受其上司张杨所派和特意安排，好在皇帝身边安插一个自己的亲信，借机掌握朝廷中的信息这种可能性。而汉献帝留下董昭，是因为他发现董昭这个人才能出众，还是为了拴紧河内太守张杨，好让他更好地为朝廷出力，也是值得我们关注的问题。

不管出于什么原因，董昭留在汉献帝身边，并在天子移驾旧都时，也随行到了洛阳。不久之后，董昭的另一行动，彻底将他与曹操的命运紧紧地联系在了一起。

三、董昭之谋

董承为了改变白波集团对朝政的把控，摆脱眼前的困局，暗中引曹操前往洛阳勤王。

也许董昭曾经为大司马张杨的部下，而张杨没有什么政治野心，早早地回到了野王，董昭与白波集团没有什么瓜葛，这让汉献帝对董昭多了一份信任，将其引为心腹。一直饱受韩暹等人排挤的董承也就自然而然地将其引为盟友，以共同对付以韩暹为代表的白波集团，因此，才让他秘密参与了这件事的筹划。

而董昭在此之前曾多次帮助过曹操，与曹操有着良好的个人关系，这一情况被董承知道后，认为通过他更容易与曹操建立联系，取得曹操的信任，以便促使这件事成功，才使董昭成为这一密谋的重要参与者。

董昭是一个有独立思考，且独立行动能力极强，又足智多谋的人，在与董承密谋召曹操前来洛阳勤王的同时，董昭考虑得更多，想得更远，他不仅要召曹操来，而且要为曹操排除各种障碍，让曹操名正言顺地来。曹操来洛阳的最大障碍就是掌握政权的白波集团，他们手中握有重兵，如果他们坚决反对，这件事实施起来还真是具有很大的难度。

那么，怎样才能让他们同意又不使他们怀疑，让曹操的到来变得名正言顺呢？董昭自有他的办法，他开始在白波集团内部寻找突破口，他选择的这个突破口就是车骑将军杨奉。因为在白波集团内部，虽然韩暹地位最高，但是，若论谁的兵马最强，则是杨奉。他发现由于杨奉投降朝廷最早，离开白波军的时间长，造成了他与白波集团内部其他将领之间在心理上存在隔阂，不被信任，因此，大家都还是尊崇他们的头领韩暹，凡事都听从韩暹的，对杨奉则是敬而远之。这就是韩暹虽然兵少，却能身居高位，杨奉干脆率军出屯梁地的原因，因此杨奉在朝中缺乏党援而备感孤单。

董昭眼光毒辣，一眼便看出了这一点，他决定抓住这一点，首先从杨奉身上下手。于是，他便以曹操的口吻给杨奉写了一封信："吾与将军闻名慕义，便推赤心。今将军拔万乘之艰难，反之旧都，翼佐之功，超世无畴，何其休哉！方今群凶猾夏，四海未宁，神器至重，事在维辅；必须众贤以清王轨，诚非一人所能独建。心腹四支，实相恃赖，一物不备，则有阙焉。将军当为内主，吾为外援。今吾有粮，将军有兵，有无相通，足以相济，死生契阔，相与共之。"这封信首先对杨奉的功劳进行了充分肯定，重点指出朝中目前存在问题的症结之所在，就是"神器至重，事在维辅；必须众贤以清王轨，诚非一人所能独建"；然后给出了解决问题的办法，即"心腹四支，实相恃赖，一物不备，则有阙焉"，最后这句话最厉害，一下子点到了杨奉缺少党援、虽有雄心却无法施展的痛处；最后，表达了自己愿意与杨奉结盟共同辅佐天子的意愿，并说明了双方各自的优势，那便是"将军当为内主，吾为外援。今吾有粮，将军有兵，有无相通，足以相济"。这对正在缺粮而被孤立、备感孤寂的杨奉有着足够的诱惑力。董昭派人冒充曹操的使者，将这封信直接送到了杨奉手里。

不可否认的是，从以前的种种表现来看，杨奉对朝廷一直都是忠心耿耿，然而他缺少党援，孤掌难鸣，说话没有人听，他想做一些事，也是困难重重。在这一刻，突然接到"曹操"的这封来信，无疑又让他看到了希望。

果然，信投出去不久，杨奉就不淡定了，他表现得十分兴奋，主动将这一消息透漏给同僚们，对各位将领说："兖州诸军近在许耳，有兵有粮，国家所当依仰也。"这样的话从他的口中说出来与从董昭或董承等人的口中说出来情况大不相同，白波集团虽然孤立他，但是，杨奉毕竟还是他们自己阵营内的人，因此，话从他的口中说出，他们更容易接受，没有那么多警惕。

事实上，正如前文所说的，当时他们确实非常缺粮，官员们都在饥饿中煎熬度日，如今听到杨奉这样说，自然就不会往别处想，当即表示赞同。于是，大家一起上书朝廷，共表曹操为镇东将军，袭其父爵为费亭侯，并表示欢迎曹操"诣阙贡献"。

董昭也因为这次成功的策划而被汉献帝器重，下诏提拔他为符节令。

符节令，顾名思义就是专门掌管朝廷和皇帝印玺、虎符、竹符，以及遣使掌授符节等事宜的官员，各级官员任免所需的印绶都由他来保管，外派使者所授符节都由他掌管和授予。秩俸虽然只有六百石，在朝中的地位并不高，但是，由于其位置非常特殊和重要，一般都是由皇帝的亲信来担任。显然这是汉献帝的特殊安排，为将来曹操的到来和对他的顺利封授及授权做准备，提前进行的布局。

就这样，经过董昭的一番权谋和运作，本来是一场阴谋，现在却变成阳谋，由董承等少数人策划的"潜召"如今变成了集体的公开邀请，并为了争取曹操同意，还给曹操封官授爵。这样一来，就为曹操率军顺利进入洛阳打开了大门，为他到洛阳后出任重要职务、授权整顿朝纲打下了基础。

其中，最为可笑和可恨的是袁绍，他不仅不愿意出面将汉献帝迎接到自己的邺城，还将汉献帝视作一个负担，企图将其转嫁给自己的好友曹操。因此，在曹操出发之前，袁绍还特意派自己的从事中郎徐勋跑到许县面见曹操，劝说他前往洛阳去帮助汉献帝缮修洛阳的郊庙，翼卫幼主。[1]

这就充分说明，曹操到洛阳去觐见汉献帝，袁绍事先是知道的，并获得了他的支持。

四、洛阳勤王

根据《后汉书·孝献帝纪》记载，汉献帝于建安元年（196）七月甲子这天，"车驾至洛阳，幸故中常侍赵忠宅。丁丑，郊祀上帝，大赦天下。己卯，谒太庙"。直到八月辛丑日才入住杨安殿。

同书还记载："是时，宫室烧尽，百官披荆棘，依墙壁间。州郡各拥强兵，而委输不至，群僚饥乏，尚书郎以下自出采稆，或饥死墙壁间，或为兵士所杀。"生活十分不堪。《后汉书·董承传》载："韩暹矜功恣睢，干乱政事，董承患之，潜召兖州牧曹操，操乃诣阙贡献。"

在这一背景下，本来就有勤王心愿的曹操在接到汉献帝的诏书之后，毫不犹

---

[1] 〔晋〕陈寿《三国志·袁绍传》注引《魏氏春秋》载："故使从事中郎徐勋就发遣操，使缮修郊庙，翼卫幼主。"（〔宋〕裴松之注，中华书局1959年版，第198页）

豫，立即率军启程，前往洛阳。曹操抵达洛阳的时间虽然没有明确记载，如《三国志·武帝纪》记载"天子假太祖节钺，录尚书事"，但是，根据《后汉书·孝献帝纪》记载，"辛亥，镇东将军曹操自领司隶校尉，录尚书事"。也就是说，在汉献帝抵达洛阳后的第四十八天，也就是汉献帝入住杨安殿仅仅十一天，曹操开始担任司隶校尉，录尚书事，说明在此之前，曹操就已经抵达洛阳了。而且，曹操不仅假节钺，录尚书事，还自领司隶校尉这一职位，集大权于一身。

有人根据"自领"这两个字，就认为是曹操胁迫朝廷获取司隶校尉这一职权，其实不然。所谓"自领司隶校尉"可以有两种解释，一种是权臣逼迫皇帝强行任命自己，像董卓当年自为太尉，加铁钺、虎贲，自为相国那样，显然，曹操当时尚不具备这一条件；另一种解释是，自己亲自出面，表示愿意担任这一职务，强调这一职位的重要性和承担者对这一职务的重视。比如，当时汉献帝私下交给曹操铲除白波集团这一任务时，曹操为了完成这一任务，特意提出这一要求。因为韩暹同样有假节钺这一特权，而且他还担任大将军，位在三公之上，曹操如何动他？而有了司隶校尉这一任命，就大不一样了，因为司隶校尉就是专门监察中央和州郡高级大臣们的，有了这一任命，曹操就可以有理由出面弹劾韩暹等人的不法行为，并可以采取措施进行处罚。因此，衡量当时的历史条件，曹操当属后者。

上述记载说明，至迟在辛亥日曹操就已经抵达了洛阳，并完成了觐见汉献帝和权力的迅速交接，如此神速，可能与董昭掌管着符节令有直接关系。

由于有群臣的支持，汉献帝召开朝会，突然下诏对曹操进行任命，作为符节令的董昭掌管着皇帝的印绶，便可以迅速贯彻下去，给了韩暹等人一个措手不及，让他没有提出反对意见的机会。因为在此之前，韩暹是以大将军兼任司隶校尉。显然，汉献帝任命曹操为司隶校尉，以迅雷不及掩耳之势剥夺了韩暹的这一职权，将其转授给曹操，这直接侵犯了韩暹的权益，如果经过正常的朝廷研议，强势的韩暹一定不会同意。

也就是说，这种授权虽然来自天子，而保证这一过程顺利进行下去，掌管着印绶的符节令的董昭的作用此时就凸显出来了，可以说至关重要。否则，假如是大将军兼司隶校尉韩暹的亲信掌握了这一权力，如果他不同意，即使汉献帝有这样的决心和诏令，也不可能在极短的时间内顺利完成对曹操的这些任命，连起草诏令、加盖印玺的程序都无法完成，要想迅速惩治韩暹、铲除白波集团几乎是不可能的。因为曹操前往洛阳时并没有带去多少人马，掌握着军权的韩暹缓过劲来，鹿死谁手还很难说。

正如上文所说，显然曹操获得任命之后，没有给韩暹任何反应的机会，他立即上奏朝廷，弹劾韩暹等人的罪过，并下令处斩了其几位亲信，如侍中台崇、尚书冯硕等人，给了韩暹足够的威慑，受到这一惊吓的韩暹在散会后立即选择单骑出逃，就是一个明显的证据。

五、曹操洛阳勤王的真实过程

关于曹操这次是如何进入洛阳的，史料中均没有明确记载，《后汉书·董卓传》中简单地提到"韩暹矜功恣睢，干乱政事，董承患之，潜召兖州牧曹操"。既没有写韩暹等人对此事的反应，也没有写到底是通过军事进攻，还是和平手段进入洛阳的，内容过于简略。然而，经过上述分析，我们就可以知道其大致情况。为了更好地还原这一历史事件的原貌，在此我们不妨对这一过程进行一个大致的还原。

在汉献帝的支持下，董承找到董昭，要求他暗中联络曹操。聪明的董昭假托曹操写信给杨奉，争取到了朝廷中军事实力最强的将领杨奉的支持，经过董昭的

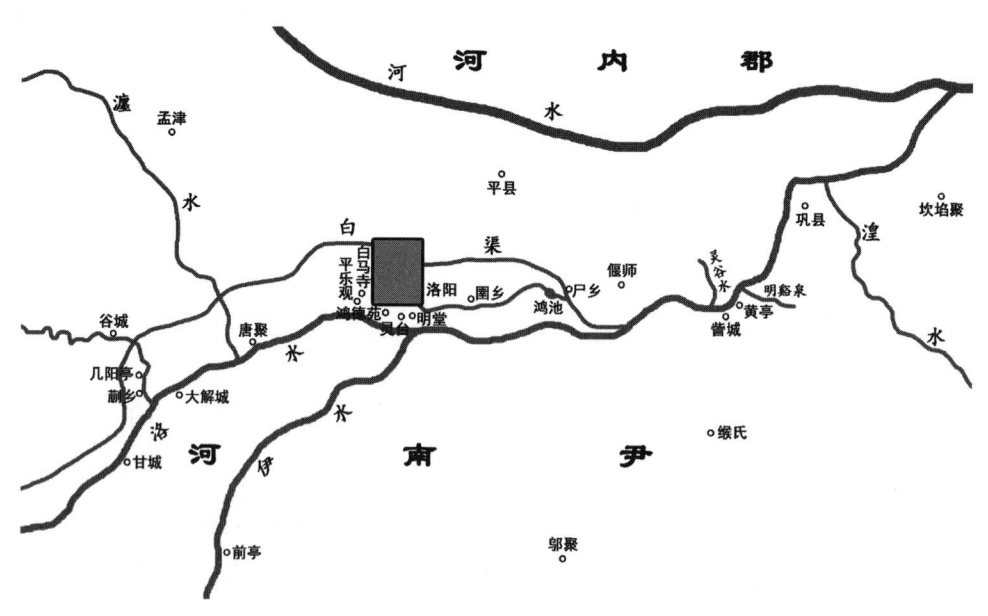

图六十二　洛阳盆地周边形势图

一番巧妙运作，使他坚信这封信就是曹操所写的，于是，由杨奉出面，说服朝中诸将和实权派韩暹等大臣，在朝中达成了召曹操入京的共识，然后，再由汉献帝下诏征召曹操入京，名义上是"诣阙贡献"，实则是拱卫天子。

其实，入京拱卫天子早已经是曹操的既定战略，这一战略获得了荀彧、程昱、毛玠、曹仁和曹洪等重要谋臣和将领的支持。然而，由于汉献帝的主动征召，反而让敏感的曹操洞察到了朝廷内部的窘迫情况和急迫心理，心中有了底气。于是，为了抬高自身身价，争取朝廷对他的更大支持，同时避免别人对他带兵入京的误会，在动身时间问题上，他耍了一个小手段，故意向后推迟了一段。

曹操之所以敢于这样做，其中的最重要原因是当时汉献帝被各路军阀无视，大家不仅都不愿出面勤王，而且委输不至，不向朝廷缴纳贡赋，群僚饥乏，大家都感到没有出路。否则，他也不会这样。

很快，效果就出现了，一是朝廷为了督促他尽快入京，下诏晋升他为镇东将军，并让他承袭父亲的爵位，封他为费亭侯。但是，曹操仅接受了镇东将军这一封拜，在费亭侯这一封爵上，他进行了谦让，以表示自己并没有什么政治野心。

曹操的故意拖延，让不明就里的好友丁冲开始着急起来，赶忙给曹操写信，劝他说："足下平生常喟然有匡佐之志，今其时矣。"催促他时机这么好，不要再犹豫了，应该赶快出发。此事也引起了盟主兼冀州牧袁绍的关注。袁绍赶忙派自己的从事中郎徐勋为使者来到许县，以盟主的身份责令曹操赶快出发，"使缮修郊庙，翼卫幼主"。这应该是曹操最想要的结果，因为袁绍是关东各路军阀的盟主，又是实力最强的军阀，有了他的支持，曹操就可以后顾无忧矣。于是，曹操就不再犹豫了，他立即率队，星夜赶往洛阳。

事成之后，曹操为了掩饰自己故意推迟出发、向朝廷讨价还价这件不光彩的事，将朝廷分封他为镇东将军、费亭侯的时间提前到了建安元年（196）六月。在《后汉书·孝献帝纪》的记载中，建安元年（196）八月之前根本没有封拜曹操的任何记录，只有在八月他入住杨安殿的辛亥日，提到"镇东将军曹操自领司隶校尉，录尚书事"。而《三国志·董昭传》中明确记载，此事发生在他替曹操向杨奉写信、杨奉出面说服诸将之后，如其文曰："遂共表太祖为镇东将军，袭父爵费亭侯。"《三国志·武帝纪》中则记载："天子拜太祖建德将军，夏六月，迁镇东将军，封费亭侯。"试想，此时汉献帝还在返回洛阳的路上，因此，在时间上有明显的冲突。

比如在封曹操费亭侯这件事上，曹操就曾三辞三让，他先后写了《上书让费亭侯》《又上书让封》，汉献帝又连续三次坚持进行册封，曹操才接受了这一封爵，最后还写了一封《谢袭费亭侯表》。

事实上，仅这一反复过程，就不是一两天能完成的，因此，从众臣共表曹操为镇东将军，袭父爵为费亭侯，向曹操发出第一份诏令，到曹操率军出发，中间双方有一个讨价还价过程。在这一过程中，曹操充分发挥了自己的外交能力，既提升了朝廷对他到来的期待，又争得了袁绍的支持。并不是有些学者所认为的那样，曹操为了控制汉献帝，急不可待地私自率军进入洛阳，强行控制了朝廷，达到了专权的目的。

那么，曹操是什么时候奉诏进入洛阳的呢？应该是在汉献帝搬迁到杨安殿，进行第一次分封，杨奉出屯梁地不久，他便赶到了洛阳。因此，策划这件事的时间应该在这一事件之前，也许在汉献帝入住杨安殿之前，汉献帝、董承和董昭等人就已经开始策划了。

曹操率军前往洛阳是大张旗鼓进行的，并不是什么秘密行动。关于这一问题，我们可以从另一件事上得到旁证。

曹操是取道虎牢关进入洛阳盆地的，这是前往洛阳的官道。那么，从许昌到虎牢关，必须北上途经新郑。史载，当曹操率军路过新郑时，受到了新郑县令杨沛的热烈欢迎。关于这件事，《三国志·贾逵传》注中是这样记载的："杨沛，字孔渠，冯翊万年人也。初平中，为公府令史，以牒除为新郑长。兴平末，人多饥穷，沛课民益畜干椹，收豆，阅其有余以补不足，如此积得千余斛，藏在小仓。会太祖为兖州刺史，西迎天子，所将千余人皆无粮。过新郑，沛谒见，乃皆进干椹。太祖甚喜。及太祖辅政，迁沛为长社令。时曹洪宾客在县界，征调不肯如法，沛先挝折其脚，遂杀之。由此太祖以为能。"

从该段文献中我们知道，当时曹操带的兵并不多，只有一千多人。由于灾荒，身边几乎没有带多少军粮，当行军到新郑时，就已经没粮食可吃了，陷入困难之中。杨沛听说之后，亲自前去谒见曹操，进行慰问，当了解到曹操军队所遇到的窘境时，便主动拿出自己好不容易节省下来以备老百姓饥荒之用的干椹来慰劳曹操的军队。这不仅说明杨沛知道曹操此行是到洛阳勤王，同时，也反映了他对这件事大力支持的态度，他不惜拿出群众的救命粮来支持曹操率军到洛阳去。

杨沛性格刚烈，执法如山，天不怕地不怕，不仅敢于得罪权贵曹洪，而且，当他后来出任邺城令时，"军中豪右曹洪、刘勋等畏沛名，遣家骑驰告子弟，使各自检敕"，对他敬畏如此。如果当时杨沛不知道曹操此行的目的，而将曹操此行看作军阀那样的一次普通军事行动，相信以杨沛的正直性格，他绝对不会去谒见曹操，更不会主动拿出这些珍贵食物来供给曹操的军队，因为这些都是老百姓的救命粮，不到万不得已时，爱民如子的杨沛是不会轻易拿出来的。因此，这件事颇有点"王师所至，义旗所指，百姓箪食壶浆以迎王师"的味道。

由于前面已经做好了各种铺垫，曹操进军洛阳也就非常顺畅了，受到了朝野上下所有人的欢迎，应在情理之中。在过虎牢关时没有遇到任何阻挡，畅通无阻，就是很好的证明。

来到洛阳后，曹操迅速接管了对洛阳的防卫，将汉献帝置于自己的保护之下。他顺利地觐见到了汉献帝，与董昭、董承等人定下了铲除韩暹的计策，然后，利用汉献帝欢迎曹操到来的朝会之机，突然宣布对曹操的最新任命，撤换了毫无防备专权的主政大臣韩暹的司隶校尉职务，转授予曹操。曹操随即利用到手的监察权，当场上奏韩暹等人的罪状，采用突然袭击，以迅雷不及掩耳之势接管了政权。当他们明白过来时，为时已晚。这应该才是整个事件的真实过程。

六、曹操能够取得成功的原因

为了帮助大家更好地理解曹操自领司隶校尉和录尚书事这两个职位的重要性，以及曹操取得胜利的原因，下面对这两个职位做一详细介绍。

在东汉一朝，不设丞相，权力归尚书台，具体负责国家政务，为政府的行政办事机构，是朝廷的中枢。内设尚书令和仆射各一人，尚书六人，分主六曹。总览事权，事无大小，皆归尚书令，因此，其职权非常大，故汉章帝时，韦彪曾说："天下枢要，在于尚书。"

所谓"录尚书事"中的"录"，为总领的意思，常以三公、大将军等高官兼录尚书事。官职任命有三种形式，一种是正式任命，另一种是"领"，第三种为"录"。正式任命好理解，而"录"与"领"又有何区别呢？"领"是临时代理的意思，"录"则是正式接管，全权负责，地位和权力高于正式任命的机构正职。具体到这件事上，是指在有杨彪任尚书令的情况下，由曹操总领这一部门。因此，"录"比"领"权位更重。也就是说，曹操一到洛阳，汉献帝就让曹操成为尚书台的首领，地位高于尚书令杨彪，将朝廷的行政中枢直接交给了曹操。

东汉时有一惯例，每当皇帝即位初期，常以三公、大将军、太傅等德高望重之人录尚书事。比如汉章帝即位之初，曾以太傅赵熹、太尉牟融并录尚书事。三国时期，蜀汉丞相诸葛亮、大将军蒋琬也曾先后录尚书事。一旦进入正常时期，便会取消这一任命，将权力交还给尚书令，显然这是一种临时的举措。而尚书令为朝中"三独坐"之一，上朝时，其他官员在皇帝面前必须恭敬地站着或跪着，而尚书令、司隶校尉和御史中丞三人在朝堂之上辟有专席，可以享受坐着议事的特权，以示他们在朝中的尊崇地位，故曰三独坐。显然，此时的汉献帝已经将曹操视作德高望重的重臣来使用，有着从头开始、更始再来的意味和决心。可见，汉献帝对曹操所寄予的希望有多大。

而司隶校尉，则是朝廷中专门负责监督京师（中央）及周边地方大员的最高监察官，秩比二千石，虽然其官阶低于诸侯、三公、九卿，但是有劾奏三公等高官的特权。关于司隶校尉的职权，蔡质在《汉仪》中有专门的解释和介绍："职在典京师，外部诸郡，无所不纠。封侯、外戚、三公以下，无尊卑。入宫，开中道称使者。每会，后到先去。"同书又进一步解释道："司隶诣台廷议，处九卿上，朝贺处公卿下陪卿上。初除，谒大将军、三公，通谒持板揖。公仪、朝贺无敬。台召入宫对。见尚书持板，朝贺揖。"也就是说，诣台廷议时，位置排在九卿之上，与尚书令、御史中丞同样享受"独坐"这一特权，因此，为百僚所畏惮。司隶校尉还有自己的主管地盘，京师周边七郡均为其直接管辖，称司隶部，东汉为十三州之一。因为其所辖地区为京畿重地，故司隶校尉还有环卫京师的重任。

那么，节钺又是什么，拥有了它又意味着什么呢？

节钺是符节与斧钺的合称。符节是帝国权力的象征，一般由皇帝授予大臣或使节，有代表自己便宜行事的大权。钺则是古代兵器的一种，形状像斧，后来作为皇帝的仪仗，成为帝王征伐权力的象征，拥有了它，就代表着皇帝授予了自己领兵和生杀大权。二者合在一起，意味着汉献帝赐予了曹操代表他本人行使先斩后奏、便宜行事的生杀大权。

也就是说，曹操有了这一职务之后，意味着他有弹劾朝中高官，直接剥夺他们手中的权力或处死的大权，这就为他出手弹劾和剪除韩暹等白波集团的势力打下了基础。

汉献帝能够在极短的时间内，一口气授予曹操以镇东将军的身份领司隶校尉、录尚书事、假节钺三种大权，使其拥有行政权、弹劾纠察权和代表自己对不法之人先斩后奏的特权，显示了他对曹操的充分信任和倚重，也反映了他要彻底铲除韩暹等人的决心。他希望借助曹操的威望和实力来整顿朝纲，迅速恢复朝廷的秩序。

因此，曹操既掌握了朝中的行政权，又掌握着监察百官、弹劾百官、惩罚不法者的权力。与此同时，也意味着汉献帝直接剥夺了韩暹的执政大权。

看到这里，有人不免会问，汉献帝这样做，骄横跋扈的韩暹会同意吗？他为何没有做出反抗呢？

事实上，曹操根本就没有给韩暹喘息和反抗的机会。当汉献帝一宣布对曹操的上述任命，曹操便立即采取行动，当廷代表群臣上表汉献帝，弹劾韩暹、张杨等人的罪过，并立即宣布诛杀韩暹的亲信侍中台崇和尚书冯硕等人。因为事发太过突然，当韩暹还没有反应过来时，这些事情就已经完成了，他想反抗已经来不及了，因为曹操早已经在皇宫周围布置了警卫，典韦、许褚两员虎将在一旁虎视眈眈，尤其是当他看到台崇、冯硕被拉出去直接正法，早已经被吓破了胆，此时的他只能在内心里祈求曹操不要诛杀自己就已经算烧高香了，哪里还敢反抗呢。好在汉献帝还念及旧情，专门下旨，以韩暹、张杨有翼护车驾之功，诏一切勿问。因此，曹操当廷没有下令再惩罚他。这一次，韩暹真的害怕了，于是，朝会一结束，他连家也没敢回，便单骑出逃，直奔梁县而去，投奔了驻屯在那里的杨奉，向他诉说这一巨大变故和心中的委屈，难免也会对主张欢迎曹操入京的杨奉进行一番埋怨。这一情况也反映了曹操出手之突然和果决，显然在召开朝会处理这件事时，他连杨奉都没有通知前来参加，以避免他们会集起来，反对自己。

我们完全可以想象得到，此时以韩暹为首的白波集团是多么的后悔，后悔当初不该同意杨奉的建议，邀请曹操前来京师。

但是，由于曹操的雷厉风行，快刀斩乱麻般迅速地成功接管了朝政大权，面对皇帝和其他大臣的支持和木已成舟的局面，此时的一切就由不得他们了。此时的他们，也只能听任命运的安排，再也掀不起任何浪花。

曹操在这件事上确实没有让汉献帝失望，果决和快刀斩乱麻雷厉风行的做法让汉献帝知道了曹操的执行能力。曹操之所以能够做到这一切，与他出身官宦世家，自幼耳闻目染，深谙权术之道，又亲历过大风大浪，见惯了官场中的钩心斗角和政治上的残酷性，并在权力斗争中得到锻炼有直接关系。他非常清楚如何充分利用自己手中的权力来应对眼前的危机。因此，他一得到上述授权，便毫不犹豫地采取了行动，确保了行动的时效性和突然性，这是他成功的关键。

在这里还有必要说明一点，韩暹罪大恶极是不容置疑的，但是，张杨并没有什么野心，救主护驾、修复宫室，汉献帝能够顺利返回洛阳，他功不可没，尤其是他还曾经帮助过曹操，可以说对曹操有恩情，为何曹操还要弹劾他呢？关于这件事，可能有以下原因。

一是，曹操为了显示自己秉公办事。张杨本身有错，这一点也是不容置疑的，因为他与韩暹同样犯了居功自傲之罪。比如，他竟敢公然打破传统习惯，将所修复的宫殿以自己的姓氏命名为杨安殿，虽然我们不能否定他在修复宫殿中所做的巨大贡献，但是，他的这一行为在政治上是绝对犯忌讳的。为皇帝修复宫室，本来就是臣子们的职责和应尽义务，是其分内的事，而张杨却想借此事为自己扬名立万，彰显自己的功劳，这样做就是犯了居功自傲，对皇帝大不敬之罪。从这一点上说，曹操弹劾他并没有任何问题。为了打击大臣们普遍存在的倨傲心态，让他们学会对朝廷谦恭和遵守大臣的本分，拿张杨作为典型，拿这件事开刀以警示众人，显示了曹操一视同仁，对任何犯错之人都不迁就的态度。

二是，张杨犯了擅离职守、不作为的罪过。身为大司马，肩负着管理朝政、辅佐天子的重任，然而他却不守职尽责，擅离职守，跑回野王，这是一种逃避责任的严重渎职行为。对于官场存在的这种畏惧困难、不敢担当、散漫不负责任和擅离职守的行为，必须进行追究。通过这件事警示其他官员，让大臣们必须明白一个道理，在其位必须谋其政，就应该奉职尽责，否则就会被追责。

由于曹操抓住他们所犯的这些错误来弹劾他们，确实抓到了点子上，让其他大臣无话可说，也对其他不服之人产生了极大的震慑作用。

在对待韩暹等人的问题上，他也没有赶尽杀绝，既显示了对汉献帝意见的充分尊重，又与汉献帝一唱一和、一威一恩，恩威并用，配合得天衣无缝，既达到了威慑不法、树立朝廷法制的权威之目的，又将做好人的机会留给了汉献帝，树立了汉献帝博爱仁慈之君的形象，以达到团结绝大多数人的目的。

要想树立权威，团结大多数，光有这些当然还是不够的，追责之后进行表彰和封赏才是最重要的。因此，在处理完二人之后，曹操又开始着手表彰护驾有功之人。他表奏汉献帝，晋升卫将军董承、执金吾伏完这两位皇帝的国丈为辅国将军，封董承、伏完，侍中丁冲、种辑，尚书仆射钟繇，尚书郭溥，御史中丞董芬，彭城相刘艾，左冯翊韩斌，东郡太守杨众，议郎罗邵、伏德、赵蕤十三人为列侯。追赠在弘农东涧之战中被李傕所俘，表现坚贞不屈，最后牺牲的射声校尉沮儁为弘农太守。

曹操的上述举措，奖惩分明，不仅令散漫惯了的朝臣们有了敬畏之心，更给了大家以奋斗的希望，朝廷的局面和风气很快就被他转变过来，迅速走入正轨。

一直困扰着朝廷多年、难以克服的种种顽疾弊端和难题，几天之内，就被曹操雷厉风行、化繁就简、举重若轻地给克服了，应对起来显得十分轻松自如，充分展现出了曹操非凡的行政能力和杰出政治家的才干。

这完全得益于他过去丰富的人生阅历。如他早年曾做过北部尉、顿丘令、议郎、骑都尉、济南相、典军校尉，后来又领东郡太守、兖州牧，因为军功被朝廷先后拜为建德将军、镇东将军，从中央到基层，然后又从基层到地方，再回到朝廷中来，从行政管理到军事斗争他都经历过，履历十分完备，积累了丰富的政治经验和行政治理能力。

从董承、伏完等十三人被封为列侯这件事来看，除了他们有护驾之功，确实应该得到奖赏之外，也表明了当时这些人在政治立场上应该是完全支持曹操的，在共同反对和铲除韩暹这件事上，他们应该是站在曹操这一方，并给予了曹操大力支持。通过追赠沮儁表彰英烈这一做法，为众人树立了为国不怕牺牲、敢于坚持正义、为国殉节的楷模形象。

曹操联合众臣弹劾韩暹、张杨之罪，却故意将杨奉排除在外，起到了分化敌人、团结大多数、以集中力量对付主要敌人的作用，这显示了曹操非常高明和正确的政治策略。

经过上述政治举措，曹操赢得了大家的一致拥护，在政治上取得了绝对优势，也为他的东迁许都赢得了民意基础。

从韩暹"惧诛，单骑奔杨奉"这件事来看，韩暹当时是多么的孤单、惊恐和狼狈。从韩暹单骑出奔，连自己的手下都没有人愿意跟随他这一点来看，充分说明了曹操在争取人心方面是多么的厉害，充分显示了他的政治手腕和所采取措施的强大威力。这就是一个不同常人的政治家曹操。

在这一关键时刻，一向忠于汉室的南匈奴左贤王去卑，也选择站在曹操一方，他后来与曹操一起护送汉献帝到了许昌。再加上曹操成功争取到了白波集团中军事实力最强的杨奉的支持，这样一来，曹操在军事上也对韩暹等白波集团占有了绝对优势，这是他能够成功的强大军事保障。因此，以韩暹为代表的嚣张一时的白波集团在曹操面前毫无抵抗能力，只能选择要么服从，要么逃跑。

曹操之所以能够取得成功，最终带兵进入洛阳，既有人为因素，更是天地人和，而他及时抓住了这个机遇。

第四节　奉天子以令不臣

一、迁都于许

然而，这仅仅是曹操取得胜利的第一步，下一步该怎么走，曹操不得不认真考虑。

当然了，曹操的心愿就是尽快让汉献帝迁都到自己的地盘许县去，到了那里自然就安全了。然而，旧都洛阳一直是汉献帝梦寐以求的地方，对汉王室极具象征意义，寄托了他们太多的希望。曹操知道，汉献帝为了回到旧都，经历了千辛万苦，是多么不容易。如今朝廷刚刚回到洛阳，再让他们就此离开，汉献帝是否同意，同僚们是否同意，曹操心中实在没有底。如果这一动议由曹操自己提出来，很容易让人产生误会，毕竟他刚刚抵达这里，与其他人都不熟悉，一旦有大臣提出反对意见并出面阻拦，此事就不好办了。如果他们不愿意走，自己将怎么办？

其实，当时的情形确实十分凶险，杨奉手中握有重兵，就驻扎在洛阳附近的梁地，如果韩暹说动了杨奉，杨奉反水，那么情况就不好办了。尤其是张杨遭到朝廷责罚之后，如果采取报复行动，他们联合起来反攻洛阳，情况就会更糟糕。此时，曹操手中的兵毕竟不多。因此，事不宜迟，必须尽快决定下一步怎么办。否则，夜长梦多，时刻都会有不测之事发生。

曹操知道董昭足智多谋，又是最值得信赖的人，他一定会懂自己的想法，也必然会有办法。于是，他派人将董昭请来，让他与自己并排而坐，十分恭谨和谦逊地问："今孤来此，当施何计？"

董昭是何等聪明之人，他立马就猜到了曹操这句话的意思，于是就直截了当地回答曰："将军兴义兵以诛暴乱，入朝天子，辅翼王室，此五伯之功也。此下诸将，人殊意异，未必服从，今留匡弼，事势不便，惟有移驾幸许耳。"劝曹操迁都到许县。

董昭说到这里，故意停顿了一下，想看看曹操的反应，发现曹操并没有说话的意思，仍然一副洗耳恭听的样子，于是他接着又说："然朝廷播越，新还旧京，远近跂望，冀一朝获安。今复徙驾，不厌众心。夫行非常之事，乃有非常之功，愿将军算其多者。"这几句话点到了曹操的心坎上，他最关心的就是这个问题。

因此，曹操点点头说："此孤本志也。"

然后，他不无担忧地问董昭道："杨奉近在梁耳，闻其兵精，得无为孤累乎？"谈到了自己的担心。

对于这个问题，董昭似乎早已成竹在胸，显得十分有把握地说："奉少党援，将独委质。镇东、费亭之事，皆奉所定，又闻书命申束，足以见信。宜时遣使厚遗答谢，以安其意。说'京都无粮，欲车驾暂幸鲁阳，鲁阳近许，转运稍易，可无县乏之忧'。奉为人勇而寡虑，必不见疑，比使往来，足以定计，奉何能为累！"

董昭认为，杨奉这个人本质上还是不错的，曹操当初被封为镇东将军和费亭侯都是杨奉最后拍板决定的。这一次，为了保证曹操能够顺利来到洛阳，他还专门下文给部队，严格约束他们，不得出面阻拦，从以上作为来看，足以证明他是一个值得信赖的人。因此，他建议曹操应及时派使者前去杨奉那里，送去重礼表示自己的感谢，以安抚他，让其放心。告诉他说，因为京都无粮，将暂时移大驾到鲁阳，理由是鲁阳距离许县比较近，转运粮食相对比较容易些，朝廷就不会再出现粮食匮乏、让大家挨饿这样的忧虑了。杨奉虽然勇猛，但缺乏智谋，对此他一定不会怀疑。这样信使往返之间，就可以完成筹备迁都这件事了，到那时，他还会有什么办法来拖累这件事呢。

曹操闻听大喜，高兴地说："善。"

曹操做事的风格从来都是雷厉风行，凡是决定下来的事情，都会迅速而坚决地执行下去，绝不拖拖拉拉。

于是，他按照董昭的计策，赶忙派人携重金赶往梁县去拜见杨奉，代表曹操对他此前晋升自己为镇东将军、封费亭侯所提供的帮助表示感谢，并与杨奉商量，京都无粮，想将大驾暂时移往鲁阳，希望离自己的许县近一些，以方便解决朝廷眼前的粮食供给问题。与此同时，董昭出面做通了所有人的工作。

在此期间，曹操传令加紧做好迁许的准备工作，待其一声令下，便立即出发，整个过程都是在极度保密的情况下进行的，对外严密封锁消息。

按照他的要求，大家很快便做好了各种准备工作。庚申这天，队伍悄悄离开洛阳，开始向许县出发。

因为护送汉献帝的队伍中，既有曹操所带的一千多人马，又有南匈奴左贤王去卑部和董承等人的部属，还有白波军韩暹等将领的旧部，为了便于曹操统一指挥，有权节制随行的所有部队，保证这次迁都工作顺利完成，出发前夕，汉献帝特意下诏，升任曹操为大将军，并晋封他为武平侯。

从曹操率军进入洛阳朝见天子，被汉献帝委以重任，彻底瓦解白波集团对朝廷的控制，至动身迁都，前后仅用了十一天左右的时间。也就是说，曹操在短短的十天内就完成了上述的所有事情，真可谓神速也。

为了避免夜长梦多，路上节外生枝，曹操这次没有选择好走但路途较远的虎牢关这条官道，而是选择了翻越洛阳东南奇险无比的轘辕关东下，抄近路直奔许县。

轘辕关，又名"十八盘"，位于登封市西北十三公里的太室、少室两山之间。两侧山崖高耸，怪石嶙峋，山势雄伟险要，道路曲折盘旋，是洛阳东南部最险要的关隘要道，也是拱卫洛阳的著名"八关"之一。因关口位置极高，而且狭窄，仅能容一车穿行其间，关口内外落差很大。尤其是关口东侧，上下落差极大，羊肠小道，曲折旋绕，十分凶险，稍不小心，就会跌下万丈深渊，命丧黄泉。

图六十三　轘辕关地形照片

图六十四　轘辕关门类匾额石刻照片

图六十五　轘辕关十八盘照片

有别于其他关口，辕辕关在两山的半山腰，处于两个山头之间，海拔较高，晨间经常是云雾缭绕，行人来往其中，犹如神仙出没云间，自古就有"辕辕早起上云端"之说，故而得名。此关自古就是许昌通往洛阳盆地的交通要道。

这是洛阳周围八关之中最为险要的关隘之一，车马几乎难以通行，要想安全下山，只能靠前推后拉，相互搀扶。不知道当年曹操与汉献帝等大队人马是如何翻越这座关隘的。

由于曹操严密封锁消息，保密工作做得特别好，当杨奉发现时为时已晚，这让杨奉十分气愤和后悔。他气愤曹操竟然在没有得到自己允许的情况下，将汉献帝等人胁迫到自己的地盘去；后悔当初不应该允许曹操到洛阳来，尤其是在韩暹的蛊惑下，他变得既暴怒又恐慌起来。他深知自己之所以能有今天这样的地位，所依仗的最大资本就是天子在自己手中，如今失去了天子这一最大筹码，自己将什么也不是，至多是一股流寇而已，因此才会如此恐慌和懊恼。尤其让杨奉生气的是，曹操对自己貌似恭敬，前一秒还在和自己商量此事，后一秒在自己还没有同意的情况下就和皇帝一起开溜了。当时，他无论如何也不会想到曹操的动作如此之快，他不明白汉献帝为什么会同意，这么轻易地放弃他曾经心心念念的旧都

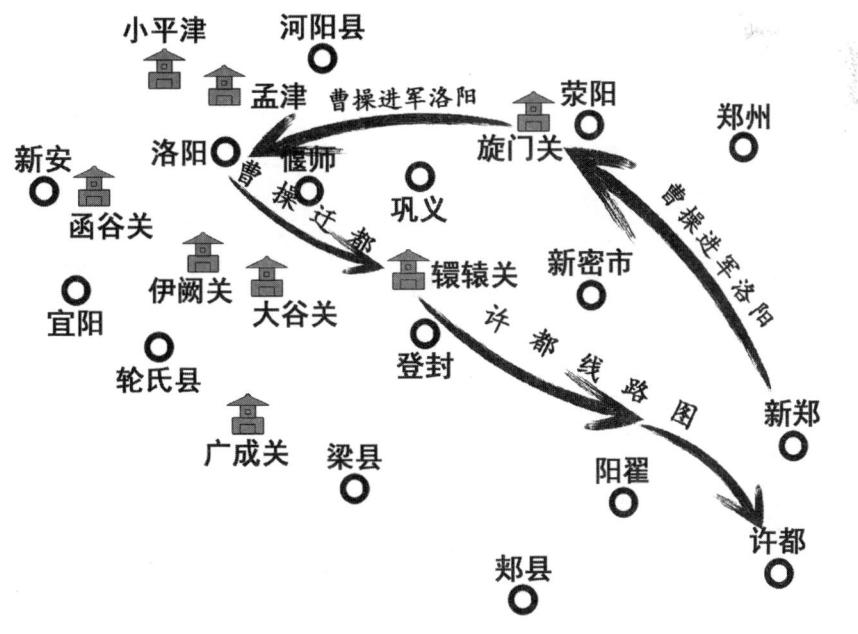

图六十六　曹操洛阳勤王、迁到许都线路示意图

洛阳。盛怒之下的杨奉岂能善罢甘休,于是立即带上大将徐晃、韩暹等全部人马,从梁县出发前去阻截,企图在半路上将汉献帝给抢回来。然而,令他们没有料到的是,曹操行动十分神速,根本就不给他们留下拦截的机会,当他们赶到伏击地点时,发现曹操的队伍早已经走远,一切都来不及了。

己巳日,也就是十天之后,车驾顺利抵达许县,来到了曹操的大本营,总算是安全了,大家终于可以舒一口气了。

杨奉、韩暹气冲冲返回到梁县,一股怨气无处可发,又不敢直接去进攻曹操的大本营许县,于是,转而攻打许县西南的定陵县(治所在今河南省舞阳县东北),在那里大肆抢掠,将怨气全都发泄在了当地的老百姓身上。

关于汉献帝迁都许昌这件事,有的学者不深入研究史料,或受历史上对曹操传统负面观点的影响,先入为主,妄自推测汉献帝是在曹操胁迫下迁都许昌。显然,这种观点是不正确的,也是不客观的。根据上述分析,所谓胁迫这种情况事实上根本不存在。

关于这一点,我们从曹操问计于董昭,与董昭的对话中就可以看出,当时曹操非常担心杨奉兵多且强,对于他万一不同意,自己将如何办,充满着忧虑,曹操当时毕竟只带去了一千多兵马。当然,我们相信曹操所带的这一千多人,都是精英中的精英,是千挑万选出来的勇士。但是,毕竟还是太少了。否则,他就不会那么忌惮杨奉等人。况且,其他人当时也不一定真的愿意服从他,正如董昭所言:"此下诸将,人殊意异,未必服从,今留匡弼,事势不便,惟有移驾幸许耳。"这也是董昭主动劝他移驾许都的主要原因。因为留在洛阳匡弼国家,确实事势不便。如此说来,曹操怎么能够凭借这么点兵力,胁迫那么多人马呢?如果汉献帝遭到胁迫,心中不愿意迁往许县,他完全可以仿照当初诏曹操到洛阳那样,派人暗中给杨奉等将领送信,让他们出面阻拦,由他出面振臂一呼,再想离开洛阳,就不会如此顺利了。

由此可见,曹操之所以能够迅速成功地完成迁都于许,凭借的并不完全是军事上的高压和征服,而是高超的政治手腕和正确的政治策略,最关键是他争取到了朝中绝大多数大臣的广泛支持和皇帝的批准,这是他能够取得成功的基础和必要条件。

迁都毕竟是一件大事,当年董卓将汉献帝从洛阳迁到关中长安时,就曾经遭到许多大臣的出面反对,比如司徒杨彪、太尉黄琬、河南尹朱儁、太仆孙瑞、侍中伍琼、周珌等人。伍琼、周珌二人因为固谏，竟然被盛怒的董卓杀死，丢掉了性命。但是，至今还没有发现任何文献中记载有大臣反对曹操这次迁都，这就是他获得广泛支持的证明。

因此，通过上述整个迁都过程我们知道，曹操到洛阳去迎接汉献帝，是应朝廷之诏而来，大张旗鼓地率军抵达；迁都于许，是听取了大臣董昭的建议，并经汉献帝批准，在大臣们同意的情况下进行，是一次手续完备的合法迁都行动，并不存在挟持这一说法。

虽然曹操在迁都这件事上，打着解决洛阳城内缺粮这一紧迫问题的幌子欺骗了杨奉，但是，根本问题还是当时朝廷不稳，将相不和，汉献帝和诸位大臣都急着要尽快摆脱韩暹、杨奉等势力的控制，归根结底还是政治斗争的结果。

当然，这也是曹操自己的想法，他希望通过这种方式，将汉献帝牢牢地掌握在自己的手中，并借机让自己进入国家权力中枢，进而掌控中央大权。成功迁都于许，终于实现了他"奉天子以令不臣"这一战略目标。

二、朝会风波

据《后汉书·杨彪传》记载："建安元年，（杨彪）从东都许。时天子新迁，大会公卿，兖州刺史曹操上殿，见彪色不悦，恐于此图之，未得宴设，托疾如厕，因出还营。彪以疾罢。"我们发现其中有两点非常值得关注：一是在提到曹操时，说的不是大将军、录尚书事、司隶校尉这些现任的最高职务，而是兖州刺史；二是杨彪面露不悦。

毫无疑问，这次宴会发生在迁都到许昌之后，有可能是为了庆祝成功迁都而举办的大型活动。本来是一次大喜事，为什么杨彪会面露不悦呢？

另外一点令人不解的是，按照我们中国人的传统文化习惯，在介绍人的身份时，一般都是从其担任的最高官职说起，继而才是兼职或本职。现在曹操明明是假节钺、大将军、录尚书事、司隶校尉，已经跻身朝廷首辅大臣，他原本的兖州刺史应该变成了他的兼职。为何在杨彪的传记里却没有遵循这一传统，在介绍曹操时用的则是兖州刺史这一最低职务呢？更何况曹操现在是兖州牧，而非兖州刺史。要知道州牧和刺史的地位差远了，州牧是地方大员，是州中的最高行政长官，秩比二千石；而刺史则是中央外派到地方的监察使者，手下不治民，秩比仅六百石。虽然汉末在刘虞的建议下，为了管理方便，将刺史和州牧合二为一，由州牧一人兼任，造成了许多人的误解，误认为刺史可以监察州牧，似乎权力比州牧大，事实上并非如此。显然，在《后汉书·杨彪传》里如此记载，有故意贬低曹操身份的意味。这又是为什么？

再一点是，曹操上殿时发现杨彪面露不悦之色时，为何如此敏感和反应强烈，竟然会借故悄悄溜走？这件事的背后隐藏着什么，暴露了哪些问题，又产生了哪些严重后果？

最后一点则是，既然杨彪面露不悦之色，会引起曹操做出如此反应，我们可以确定的是杨彪的不悦一定与曹操有关系。那么，曹操会有哪些不当的做法能惹得这位老臣不满，并在现场表现出来呢？

对于上述疑问，互联网上也有一些不同的说法，比如有人推测有可能是在杨彪的心目中，此时的曹操仍然是一个小小的兖州刺史，而不是什么大将军、司隶校尉和录尚书令，认为这些都是曹操的兼职而不是本职，有可能是曹操的位置排在了身为三公之一的太尉杨彪前面，所以才会引起太尉杨彪的不高兴。

也有人认为杨彪是出于对曹操专权的不满。这种说法纯粹是猜测，当时的曹操不可能表现出专权和跋扈，即使专权也是之后的事。持此观点的人只能说是事后诸葛亮。

能够使杨彪不高兴，一定是因为他受到了什么不公平待遇，而这个不公待遇又来自曹操，所以才会出现他见到曹操之后面露不悦之色这一结果。然而，文中又没有说明曹操的位置排在杨彪之前的事。那么，这种不公待遇又会是什么呢？

在没有找到其他原因的情况下，我们暂且遵照上述说法，来分析一下。

首先，让我们分析一下"大会公卿"是一种什么性质的活动。这种"大会公卿"有两种可能性，一种是为了庆贺成功迁都胜利而举办的庆祝活动；另一种就是正常的朝会。根据史料记载，朝会又分两种，一为大朝，指皇帝于元旦、冬至及大庆之日御正殿受群臣朝贺，这种活动往往伴随着宴会，由皇帝赐食给参加会议的公卿大臣；一为常朝，指皇帝于平时召见文武官员，商量和处理日常政务。前者属于节日庆贺性质的活动，后者则属于日常政务性质的例行公事。显然这次不逢年不逢节，不是前者；更不属于后者，因为刚刚到达许都，朝政还未进入正规运转阶段。《后汉书·杨彪传》中的"时天子新迁，大会公卿"明确点出了这是为了庆贺这次迁都特意安排的活动，主要由天子出面招待和宴请护驾有功的大臣们。这样一来，也就牵涉到了每位参加宴会者的位次问题。

由于曹操进入会场较晚，说明此时正式活动尚未开始，不存在因为政见上的不同而引发什么争议，造成杨彪不快这一问题。唯一能够让杨彪感到不公并引起杨彪不悦的只能是座位的排序问题。因为古人最看重这一点，尤其是在朝贺这种场合，它代表着每个参会者官阶和社会地位的高低及其在官场中的身份，甚至代表着在皇帝心目中的分量，说白了就是面子问题。作为老臣的杨彪能够早于曹操提前赶到会场，一方面是出于礼节，另一方面也正说明他非常在意这一点。

而官员们的排序一般由掌管礼仪的官员具体负责，按照各位官阶的大小及皇帝的喜好排序，一定经过了皇帝的审议，并不是某位大臣所能决定的。

由于朝廷在外漂泊多年，屡经磨难，朝廷官员损失严重，尤其是经历过李傕、郭汜之乱后，各方面的专业技术人员损失更加严重，如河间一战，"承、奉军败，百官士卒死者不可胜数，皆弃其妇女辎重，御物符策典籍，略无所遗"。朝廷到了人才荒漠的程度，机构早已经不全，各种礼仪缺失，正所谓"自汉末战乱，朝廷播越，宫室焚毁，故老凋丧，汉世礼典仪注亦渐亡佚，其朝仪之简陋缺略可知。至于郊祀大典，明堂释奠之类，更不遑及"。更为严重的是，不仅仅是典章资料丢失，而且造成了当时连懂得这些礼节和礼乐的人都没有。比如曹植在《鞞舞歌序》中曾说："汉灵帝西园鼓吹有李坚者，能鞞舞，遭乱西随段煨。先帝（指曹操）闻其旧伎，召之。（李）坚既中废，兼古曲多谬误，异代之文，未必相袭，故依前曲改作新歌五篇。不敢充之黄门，近以成下国之陋乐焉。"也就是说，因为荒废多年，加之古曲多谬误，李坚已经不能准确演奏宫廷音乐了，只能依前曲创作新歌。我们知道，在古代，由于这些部门过于专业，业务性强，要求比较高，一般都是由专业能力强的人承担，而且家族世袭，祖辈相传，一旦损失，就会造成人才断档，很难再有人能够补充上来，更不要说专门机构了，经过朝廷多次蒙难，早已经不存在了。正因为如此，应劭在逃到冀州之后，"慨然叹息，乃缀集所闻，著《汉官礼仪故事》，凡朝廷制度，百官典式，多劭所立"。但是，这已经是建安二年（197）之后的事情了。

在此背景下，只能是草台班子上马，凑合着来。由于新来乍到，缺钱缺物缺人的朝廷一时很难承担起这样的活动，极有可能是由曹操具体负责筹备，承担起这一任务。

虽然主办方可能是朝廷，但是承办方不一定也是朝廷。从情理上说，皇帝和朝廷大员们来到了曹操的地盘上，曹操也有责任和义务尽地主之谊，主动承办这样的活动。因此，曹操便理所当然地成了会议的承办方，派出自己的人手来具体负责这项工作。

一般情况下，会议的承办方是谁，也就意味着主动权在谁的手里。因为曹操是这次朝会的承办方，于是，他便会以主人的身份自居。而具体负责这项工作的曹操的手下有可能认为，既然自己为该次大会的承办方，便有权决定客人的座位和席次，认为自己的主公曹操在朝中处于首辅地位，为了讨好主人曹操，他们在安排座位席次时，便理所当然地将自己主子曹操的席位排在了太尉杨彪的前面，这可是面子的问题。这样一来，也就影响了这项工作。

但是，从《后汉书·杨彪传》中的记载来看，显然，在杨彪的心目中，当时曹操的身份依然是兖州刺史，而非朝政大员，又是后进晚辈，怎么可以排在像他这样一直护驾在皇帝身边、功勋卓著的元老的前面呢？而自己又位处三公地位，无论是功劳还是资历都要比曹操高很多。另外，中国自古就有文人看不起武将的情况，也许在杨彪的眼里，曹操只是一介武夫，与李傕、郭汜和韩暹等人没有什么区别，是凭靠武力得势并上位的，并没有什么才学，新贵上位，怎么能与天子门生出身的自己相比呢？可能由于他有这样的心理，因此，当他兴冲冲地来到现场，突然看到这种位次的布局之后，心中自然不高兴，并将这种情绪当场表露出来，正好被刚进门的曹操看到，于是，便产生了误会。

那么，曹操的座位排在杨彪前面这种安排是否真的就有问题呢？是否符合当时的礼制？要想解答这一问题，这就要从当时的礼制说起。

一是如果按照当时的官阶排序，是没有问题的。因为杨彪当时是太尉、守尚书令，为三公之一，在朝议时可以享受"独坐"特权。然而，不要忘了曹操则是假节钺、大将军、录尚书事、司隶校尉。其中，录尚书事的地位要高于守尚书令，同样是三公之一；若以司隶校尉身份来论，其入台廷议时，处于九卿之上，也享受"独坐"的特权，亦为"三独坐"之一。另外，曹操还是大将军，如果以这一身份来论，可就大不一样了，大将军位在三公之上，在朝贺时，席位应排在三公之前，更何况曹操还有假节钺这一特权和朝廷首辅大臣这一特殊身份呢。

二是若论爵位，曹操是武平侯，杨彪为临晋侯，二人均为县侯，曹操的地位并不比杨彪差。而曹操的武平侯是靠自己的武功努力挣得的，杨彪的临晋侯则是因袭父辈而来，按照当时的规定，靠武功受封诸侯的地位要优先于因袭诸侯。因此，曹操的武平侯也高于杨彪的临晋侯。

当然，这一安排一定经过了汉献帝的审核和认可。在汉献帝的心目中，当时的曹操是朝廷的拯救者，贡献最大，也是朝廷未来的依靠者，是自己的宠臣，也许这样的安排就是汉献帝的主意也未可知。然而，对于这样的排序，大臣杨彪不敢对皇帝表示不满，于是就将这种情绪发泄到了曹操身上。

公平地说，此时的曹操无论是官阶还是爵位均不次于杨彪，甚至高于杨彪，因此，即使曹操的座位排在杨彪的前面，也并没有太大问题。但是，在朝中久居三公高位的杨彪，心理上一时还没有转过这道弯，于是，有一些情绪也是在所难免的。

三、杨彪的家世

其实，这件事并没有那么简单，应该还有更深层的原因。杨彪看不惯曹操，甚至看不上曹操，可能还存在出身和家世等方面的原因。要想深入了解这一问题，还应该从杨彪这个人的家世和出身说起。

杨彪，弘农华阴人，为当地巨族。其曾祖父杨震，早年为地方大员，曾四迁荆州刺史、东莱太守，后来入朝为官，曾先后任太仆、太常、司徒、太尉，久居三公之位，威望极高。年七十有余，仍官居太尉，最后因奸贼陷害，饮鸩而卒。顺帝即位，为其昭雪，下诏除二子为郎，赠钱百万，以礼改葬于华阴潼亭，远近毕至，使太守丞以中牢之礼进行祭祀。

其祖父杨秉，为杨震中子，少传父业，故得以出任高官，初拜侍御史，后频出为豫、荆、徐、兖四州刺史，再后来迁任城国丞相。杨秉为官清廉，虽为刺史，职奉六百石，但是，他计日受俸，余禄不入私门，杜绝贿赂上百万钱，名声极好。桓帝即位，征拜入朝，先后任太中大夫、左中郎将、侍中、尚书、光禄大夫、太仆、太常、河南尹、太尉，最后也位至三公。每朝廷有得失，辄尽忠规谏，多见纳用。尝从容言曰："我有三不惑：酒、色、财也。"故号称"三不"先生。年七十四卒，皇帝赐茔陪陵，风光无限。

杨彪之父杨赐，少传家学，笃志博闻。常退居隐约，教授门徒，不答州郡礼命。公车征不至，连辞三公之命。后以司空高第，再迁侍中、越骑校尉。此后，在朝中历任少府、光禄勋、司空、光禄大夫、司徒、少府、太常、太尉、特进、司空，亦位至三公。其间，又多次出任光禄大夫、光禄勋、司徒、司空、太尉，游历三台，久居三公高位，灵帝下诏封为临晋侯。死后，灵帝亲自为之素服，三日不临朝，赠东园梓器襚服。及葬，又使侍御史持节送丧，兰台令史十人发羽林骑轻车介士，前后部鼓吹，又敕令骠骑将军官属、司空法驾，送至旧茔，公卿以下会葬。赠谥号曰文烈侯。在众大臣中，独享此殊荣。敕令其子杨彪嗣其临晋侯爵位。

杨彪，少传家学，初举孝廉，州举茂才。熹平中，以博习旧闻，公车征拜议郎，迁侍中、京兆尹。光和中，征还朝，先后任侍中、五官中郎将，迁颍川、南阳太守，复拜侍中，三迁永乐少府、太仆、卫尉。出现了与父亲杨赐父子同朝称臣、共居高官的奇特现象。

董卓当政期间，杨彪先后出任司空、司徒、光禄大夫、大鸿胪、少府、太常、京兆尹、光禄勋，再迁光禄大夫，后来，又复为司空、太常、太尉，录尚书事。及车驾还洛阳，以太尉身份复守尚书令。故亦位居三公。

杨震的长子杨牧之孙名叫杨奇，灵帝时，先在朝中任侍中，后出任汝南太守。灵帝驾崩后，入朝复为侍中、卫尉。后与杨彪一起跟随献帝西迁长安。李傕胁迫汉献帝到其军营期间，杨奇与黄门侍郎钟繇曾出面诱使李傕部曲宋晔、杨昂等人反正，帮助汉献帝摆脱了李傕的控制，最终得以东归，在东返途中不幸死去。汉献帝迁到许都后，念其护驾有功，追封其儿子杨亮为阳成亭侯。

杨震少子杨奉之孙名叫杨众，亦传先祖之业，以谒者仆射身份与杨彪一起跟随献帝入关，累迁御史中丞。及帝东还，夜走渡河，杨众率诸官属步行，随汉献帝来到大阳，官拜侍中。建安二年（197），追其前功，被封为蓩亭侯。

可见，弘农杨家，地位十分显赫。到了杨彪这一代，家族依然兴旺，已四世三公。如果再算上其先祖，更是了不得，如杨震的八世祖名曰杨喜，曾跟随汉高祖刘邦打天下，因功被封为赤泉侯。昭帝时，曾出任丞相，转封为安平侯。在两汉之世，弘农杨家都是豪门士族。

因此，从家世和出身上说，曹操远远无法与杨彪相比。

由于杨彪家族历代都有高官，往往祖孙多人在朝中为高官，因此，门徒遍天下，政治影响力巨大。杨彪本人在朝中为官多年，久居三公之位，无论是其家世出身，还是其出仕的时间，以及在朝中所处的地位和影响力，都远远高于曹操，故他不服曹操也是有这个资本的。

弘农杨氏

第一代		第六代		第七代		第八代		第九代		第十代		第十一代		第十二代	
名字	爵位	名字	曾任官职	名字	曾任官职	名字	曾任官职	名字	曾任官职	名字	曾任官职	名字	曾任官职	爵位	名字	爵位或称号
杨喜	赤泉侯	杨敞	丞相	杨宝	安平侯		隐居教授	杨震	迁荆州刺史、东莱太守、太仆、太常、司徒、太尉	杨牧		杨奇	侍中、汝南太守、侍中、卫尉		杨亮	阳成亭侯
								杨秉	侍御史、豫荆徐兖四州刺史、任城国相、太中大夫、左中郎将、侍中、尚书、光禄大夫、太仆、太常、河南尹、太尉	杨赐	侍中、越骑校尉、光禄勋、司空、光禄大夫、司徒、少府、太常尉进空	杨彪	议郎、侍中、京兆尹、侍中、五官中郎将、颍川太守、南阳太守、侍中、永乐少府、太仆、卫尉、司空、司徒、光禄大夫、大鸿胪、少府、太常、光禄勋、光禄大夫，复为司空、太尉，录尚书事，守尚书令	临晋侯	杨修	临晋侯
								杨奉		杨敷		杨众	谒者仆射、御史中丞侍中	蓩亭侯	杨骏 杨珧 杨济 杨炳	西晋三杨

四、罢黜杨彪

　　杨彪虽然位居三公高位，但是，他却疏忽了最关键的一点，那就是自从董卓当政以来的这些年，他在朝中一直被边缘化，徒有虚名而已，说出的话基本上都被当政者否定。如今曹操执政，同样也在边缘化他。其中一个最典型的例子就是在洛阳封十三人为列侯时，名单中就没有杨彪。回到许县之后，在奖励护驾有功之臣时，同样陪伴汉献帝西迁长安、在朝中地位远远低于杨彪的堂兄弟杨众和杨奇的儿子杨亮都封侯，却仍然没有他杨彪的份儿，这就是一个明确的信号。

　　杨彪却不自知，仍然计较和看重这些虚的东西，显得很是不合时宜。曹操和他本来就不是一个阵营的人，不可能重用他，至于原因，后面会有详细说明，在这里不再赘述。因此，杨彪此举，徒增曹操对他的警惕和戒心。

　　正因为曹操与杨彪不是一个阵营，双方本来就缺乏信任，心存芥蒂，引起曹操的警惕也就不可避免，于是，他找了个闹肚子要上厕所的理由迅速逃离，跑到了自己的大营之中，以防备不测事件的发生。

　　看到这里，有人不禁会问，曹操这种反应是不是有点过了？在曹操自己的大本营里，即使杨彪有什么想法，想必曹操也不会有什么危险，他为何还要这么警惕呢？

　　其实不然，曹操是一个经历过大风大浪之人，昔日大将军何进遇害的惨案仍历历在目，他就是因为过于轻忽，疏于防范，在入宫找何太后议事时，被张让等几个太监给杀害的。曹操深深知道政治斗争是多么残酷，危险时刻存在，不测事件随时都有可能发生，尤其是他与跟随汉献帝的这些朝中老臣之间彼此还互不信任，双方尚存在戒心的情况下，为了各自的政治利益，任何事件都有发生的可能。戒备心一直很强的曹操一定不会放松警惕，不会放过任何对自己不利的蛛丝马迹。因此，当发现问题不对时，他心中非常害怕，立即逃回自己兵营内，加强戒备，也是情理之中的事。

　　这件事反映了一个现实问题。有人一直认为，曹操是凭自己的军事实力挟持汉献帝迁都于许，牢牢地将汉献帝掌控在自己手中，限制了他的自由，使其听任自己的摆布。从这件事上看，其实不然，至少在相当长的时间内，汉献帝的安全是有保障的，是由他自己的人负责其安全，具体地说，这个人就是卫将军董承。故曹操才会如此惧怕，担心自己会遭遇不测。此后发生的另一件事，更能说明这一问题。由于后面还有提及，在此就不赘述了。

这一事件的后果就是造成了杨彪的太尉职务被罢免。《后汉书·孝献帝纪》是这样记载的："九月，太尉杨彪、司空张喜罢。"

汉献帝抵达许县的时间是建安元年（196）九月己巳日，同月太尉杨彪、司空张喜被罢官，何其速也。

五、杨彪被罢免的真实原因

由于《后汉书·杨彪传》中将杨彪被罢免职务这件事记录在这次宴会之后，许多学者便将这两件事联系在一起进行考虑，认为是曹操发起的对杨彪的报复行为。这个观点是否对呢？我认为有这种可能性，但值得商榷。

如果仅仅因为这一点小事，曹操就将跟随汉献帝多年的大臣杨彪给罢免了，这不符合曹操的行事风格和行为准则。熟读《三国志》的人都知道，曹操并不是那种小肚鸡肠、睚眦必报的人，在对待人才方面，他往往相当宽容，除非有万不得已的情况，他一般不会采取过激行为。我们从他对待孔融、魏种、张绣等人就能看得出来，这些人多次背叛他，反复羞辱他，其中张绣还曾经杀了他的长子曹昂、侄子曹安民和爱将典韦，但是，曹操还是重用他们。他甚至还因为爱惜人才，曾经准备赦免仇敌吕布的死罪，后来，还是听从了刘备的建议，最后才下定决心将其处死。同时，他又是一个爱憎分明的人，在政治上是一个坚持原则、很有主见的政治家。如果发现有问题，他会毫不犹豫地采取措施，行动之果决是令人惊讶的。比如，当发现徐州牧陶谦勾结阙宣在下邳聚众造反时，他毫不犹豫地率军讨伐。

如果非要说这件事与那次宴会所发生的不快有关系的话，它至多是这个事件爆发的引子。杨彪被罢黜的真正原因到底是什么呢？我们不妨深入分析一下。

首先，让我们退一步，假设上述推断成立的话，那么，与杨彪一块儿被罢免的还有司空张喜。张喜并没有得罪曹操，他又是因为什么被罢免的呢？三公是朝中最重要的大臣，曹操一口气罢免了其中的两个，却没有罢免司徒赵温，这又是为什么？显然这种说法站不住脚。

也有学者认为，曹操是一个心胸狭窄、容不下老臣的人，为了实现自己专权的目的，才将阻碍他专权的这两位老臣给罢免了。

这种说法显然也不成立，如果曹操要想专权，这两个人根本阻挡不了，毕竟这是在曹操的地盘内。关于这一点，是有前车之鉴的，比如当初董卓专权时，许多人都阻挡不住，其中也包括杨彪本人；李傕、郭汜专权时，他们同样制约不了；即使后来韩暹专权，也没有见到他们发挥什么制衡的作用。难道说，到了曹操这里，曹操想要专权，他们二人就能够阻碍得了吗？退一步说，如果他们有这样的心思和能力的话，那么，问题就更大了，为何在董卓、李傕、郭汜，乃至韩暹等人专权时，他们二人不出面进行阻止？是他们不愿意呢，还是不作为呢，抑或是无能为力呢？显然是后者。

持上述观点的人只是看到了问题的皮毛，没有接触到问题的实质。曹操罢黜这两个人的真正原因，有可能正是与他们在关键时刻没有勇敢地站出来，出面阻止上述那些权臣专权的行为，致使汉献帝屡屡受到权臣们的挟持，多年蒙尘有直接的关系。

曹操不是一个简单的军阀，他在当时众多军阀中是一个最有理想、最有正义感和社会责任感的政治家。常言道，没有对比就没有伤害，不进行对比就发现不了彼此的长短，让我们将他与其他军阀进行一下对比，就会一目了然。共同起兵反对董卓的那些军阀都是地方大员，起兵时他们均既有大州可依，又有州兵可用，更有充足的粮草供应基地做保障，当然了，也有充足的兵源供补充，而曹操当时却什么都没有。

尤其是在董卓刚刚窃取朝政时，曹操态度鲜明，坚决表示反对，不仅不接受董卓对自己骁骑校尉的任命，还立即辞掉原来的典军校尉这一高位，企图冒死刺杀董卓。失败之后，他不得不变易姓名，间行东归，跑回老家，首倡义举，起兵反抗董卓，是他与董卓有个人恩怨或私仇吗？非也。那么，他冒着全家被诛杀和失去祖辈积累下来的荣华富贵和不凡地位的风险，举兵反对董卓，这样做到底是为什么呢？答案只有一个，那就是国恨，是他看不惯董卓窃取朝中大权，他这样做的唯一目的就是要拯救国家，挽救处在危难之中的汉室江山，因此，他很早就定下了这一宏大理想。

如果不是出于这个目的，而是为了他个人的前途，曹操完全可以像杨彪那样接受董卓对他的上述任命，在朝中享受高官厚禄，不能说前程似锦，起码当时自己不会吃什么亏。或者，还可以通过正常的辞职程序，平安地回到老家做一位不问世事的寓公，相信凭借其祖父辈积累下来的雄厚资产，过上幸福和富足的生活颐养天年还是不成问题的。最次，他还可以选择隐居山林，做一个与世无争的隐士。

然而，他并没有那样做，而是选择在困境中奋起抗争，有所作为，毅然辞职，返回老家，变卖家产，招兵买马，砸锅卖铁地筹资，赌上自己及家族的身家性命，冒死起兵，在联军中率先打响了反对董卓的第一枪。

在没有粮草和兵源做保证的情况下，能够在高压之下毅然起兵，有一种不留退路、奋死一搏之勇气，难道说他是为自己吗？如果这时你说他有什么称霸天下的野心，不要说全天下人不相信，恐怕连他自己都不会相信。

其他军阀起兵为的是投机，为自己的将来谋取更大的政治资本，因此，面对危难中的皇帝，还可以坦然地在酸枣日日高歌，不思进取，甚至为了扩大自己的地盘，相互兼并。而曹操却无机可投，所有机会都是他自己创造的。他不顾自己兵少将寡，在别人都不愿出兵到洛阳勤王的情况下，焦急的他选择主动出击，单独率领自己的人马进击洛阳，攻打强大的董卓大军，明知不是敌人对手，无异于以卵击石，然而他还要硬上，明知危险还要去冒，全然不顾自己的安危。最终，汴水之战，遭到惨败，包括他自己都身体受伤。但是他并不气馁，决心东山再起，然而，由于他没有地盘可供补充兵源，只好跑到扬州去招兵买马，再次投入战斗，冒死杀敌，难道说这只是为了他自己吗？

如果说曹操起兵只是为了他自己，有什么投机之心，他完全可以像刘备那样选择躲在比他强大得多的其他军阀的后面，不必去做出头鸟，借以保存和发展自己的实力，难道说，聪明如他，就不知道大树底下好乘凉这个简单的道理吗？

如果说曹操有投机之心的话，他完全可以选择加入别人的队伍，比如袁绍、袁术、陶谦、刘表等，像刘备一样依靠别人的力量，借机发展自己的实力，等时机成熟后，再拉出去单干。他自己还有必要去组织队伍，白手起家，去独自面对各种风险吗？

然而，他却没有选择那样做，而是始终坚持独立自主，创建自己的军队。尽管他加入了袁绍集团，那只是一种策略上的考虑，他始终保持自己的独立性，独立于其他军阀体系之外，与他们保持着一定的距离，不接受他们的控制，难道说这也是仅仅为了他自己？难道说他从一开始就笃定自己将来一定会成为最后的赢家吗？

在汉献帝逃到安邑期间，虽然向许多军阀发出了勤王的诏令，但别人都选择视而不见，尤其是当时实力最为强大的盟主袁绍，天子来到了他的地盘内，他都不愿意出面勤王。但是，曹操却成为例外，在自己地盘不稳定的情况下，他毅然派出曹洪前往勤王，这就是他与一般军阀的不同。

曹操与其他军阀最大的区别就在于，多数军阀只为了自己的利益而战，为此不惜穷兵黩武。而曹操只为义字而战，凡战必师出有名。比如他出兵击杀了对老百姓进行残暴统治，冤杀朝廷使臣执金吾胡母班、将作大匠吴修等人的河内太守王匡。在主官被杀、群龙无首的情况下，他出兵东郡、兖州，接连击败黄巾军，保一方平安。当阙宣自称天子、与徐州刺史陶谦狼狈为奸时，曹操毅然出兵，前去征讨，极力维护汉室的权威。所有这些都表明了他与其他军阀有着本质的区别，他有自己的政治目标和志向追求，那就是拯救汉室这一初心。因此，这也是为何在没有任何军阀愿意出面接纳汉献帝一行时，他特立独行，能够出面前往洛阳，将汉献帝接到自己的地盘内、将都城迁到许昌。

如果他将汉献帝接到许都，只是将其作为自己的傀儡，作为可资利用的一张招牌，那么，他就没有必要全身心地去进行各种政治建设，恢复汉室的各种礼制。比如史料记载："自天子西迁，朝廷日乱，至是宗庙社稷制度始立。"①

随着汉献帝的到来，曹操成为朝廷的执政大臣，终于有了施展自己政治抱负的平台，有了大展宏图的机会，其考虑问题的角度和看问题的视角也与以前大有不同，会更加全面，考虑得将更加长远。那么，他首先想到的会是什么呢？

追究责任、惩罚首恶一定是他的首选。否则，既无法立威，又无法顺利推动下一步的工作，只能像过去那样与朝廷一起沉沦下去。这绝对不是心怀大志的曹操的风格。因此，剥夺原来不作为的首辅大臣的权力是不可避免的行动之一。在这一问题上，我们相信曹操会有更多的思考，在此，我们不妨按照曹操的思路大胆地推测一下他罢免太尉杨彪和司空张喜的更深层原因。

首先，曹操有可能认为，朝廷之所以衰败，国家之所以濒临崩盘，与这两位位高权重老臣的不作为有着直接关系。

作为真正的忠臣就应当有臣子的忠贞之节，不应该与奸贼同流合污，当天子受辱时，大臣们应该挺身而出，以死抗争，佑护君主是作为臣子应尽的本分，哪怕为此牺牲也应在所不惜。历史上不乏这样的人，比如唐代的张巡、南宋的文天祥、明代的方孝孺和史可法等，他们都是在天子蒙尘时挺身而出，为保护皇帝不受辱或拯救国家于危亡而不惜牺牲自己，为国尽节而成为著名的忠臣，世代受

---

① 〔晋〕陈寿：《三国志·武帝纪》，〔宋〕裴松之注，中华书局1959年版，第13页。

到人们的敬重和传颂。而杨彪、张喜这两个人在朝中身处高位，是朝廷重臣，却尸位素餐，没有起到应有的作用，任凭奸臣们胡作非为，这种默许和不敢抗争，反而助长了他们的嚣张气焰，无异于与董卓同流合污。在某种程度上说，他们与铮铮铁骨敢于反抗董卓暴政的袁绍、曹操、张邈、陶谦等关东军阀都没法比，他们既没有胆量，又没有气节，甚至连袁术这样的人都不如。他们一直被在外面不屈不挠地与董卓集团进行抗争的关东义军将领们所诟病，甚至看不起，怒其不争。其中，曹操尤甚。这种与奸贼同流合污和不作为的行为，必须也应该受到追究，以儆效尤，以警诫朝中的其他老臣。

这样的推论，也是有充分依据的。比如说，如果曹操认为他们护驾有功，那么，在洛阳封侯时，许多名不见经传的人都被封为列侯，为什么偏偏没有太尉杨彪和司空张喜呢？他们没有功劳至少也应该有苦劳吧。其实，这件事就已经充分显示了曹操对他们的不满。

如果说曹操罢免杨彪、张喜是因为嫉妒老臣，那么，在三公之中，为何没有罢免司徒赵温呢？有可能与当初李傕挟持汉献帝到其军营，后来又企图将献帝转移到他的黄白城时，遭到了司徒赵温的极力反对，阻止其阴谋得逞，勇敢保护汉献帝这一行为有关。当时赵温以书切责，与李傕据理力争，结果惹恼了李傕，要不是李傕的从弟李应出面苦劝三日，李傕差一点要杀了赵温。由于赵温的极力反对，李傕的这一计划最后没有得以实施，有效地保护了汉献帝及其随行人员和大量后宫女眷的安全。

我们知道，曹操是一个眼里揉不进沙子的主儿，也是一个是非分明、坚持原则、办事果决、赏罚分明的人，他是容不下像杨彪、张喜这样不作为的人的。在洛阳时之所以对他们没有采取这样的措施，是因为时间太过仓促，当时斗争的主要对象是以韩暹为首的白波集团，再加上准备迁都，曹操没有时间办理这件事。同时也有可能是曹操为了团结大多数，避免节外生枝，影响迁都工作的顺利进行。

如今回到了许都自己的大本营内，情况就不一样了，就可以从容处理这件事了。他希望尽快使朝政走向正轨，那么，这件事就必须进行清算，追究他们的不作为责任，借此来整顿朝政秩序，警示每一名在职官员，让他们都要负起自己的责任来，告诉他们，这里是不养闲人的。

其次，新人新气象，朝廷更始，官场要大洗牌，必须为新人腾出位子来，这也是现实的需要。

因为许都地处平原，无险可守，周围强敌环伺，要想使朝廷在此处立住脚，稳固地存在下去，就必须拉拢地方实权派人物，获得他们对朝廷的认可，也就是对曹操在朝中获得的新权力的认可，比如冀州的袁绍、徐州的吕布、荆州的刘表那样的地方军阀。如果不能满足他们的要求，自己的位置也将坐不稳，朝廷必将不能安稳。而要想成功地拉拢住他们，要么许以高官厚禄，要么封侯晋爵。而此时的曹操手中并没有多少地盘和财产可以封赏给他们，唯一可用的资源就是大把的官帽子，因此，许以高官厚爵就是他当时的唯一选项。而这些人本来就位高权重，并不容易满足，必须授以更高的官阶才会有效果，这就需要朝中的老臣们为他们腾位子。比如，曹操将汉献帝迎到许都后，第一个想到拉拢的对象就是自己的盟友兼老上级、实力最强的冀州牧袁绍，拜他为三公之一的太尉，并封他为邺侯，这正是杨彪腾出来的位子。

最后，也是最重要的一点，就是像杨彪、张喜这样的老臣，在政治上虽无建树，但是在官场上却很圆滑。他们久居高位，混迹于官场之内，政治斗争经验丰富，能够左右逢源，长久不倒，社会关系极为复杂，党羽众多，擅于结党营私，蛊惑人心，常常可以左右朝政。当初袁绍之所以拒绝沮授将汉献帝迎接到邺城的建议，就是出于这个原因。如《三国志·袁绍传》记载："郭图、淳于琼曰：'汉室陵迟，为日久矣，今欲兴之，不亦难乎！且今英雄据有州郡，众动万计，所谓秦失其鹿，先得者王。若迎天子以自近，动辄表闻，从之则权轻，违之则拒命，非计之善者也。'"担忧的就是皇帝在决策时会受到大臣们的干扰，双方容易出现矛盾。

曹操之所以在军事上能够不断取得胜利，就是因为他每战皆身先士卒，亲临现场指挥，甚至直接参与拼杀。但是，由于当时并非常时，而是诸侯割据、群雄争霸最为激烈的特殊时期，曹操需要经常率军在外征战。因此，他不可能常年守在朝中与这些人钩心斗角，朝政一旦被他们把持，在汉献帝面前煽风点火，出什么幺蛾子，曹操将穷于应对，再想专心打仗将不可能。因此，精明的曹操是不可能允许这种情况出现的，出于防微杜渐，他一定会提前拔掉这颗地雷的引信，以绝后患。

曹操是一个心怀大志之人，他将汉献帝迎到许都，不仅仅是为了将其作为一个招牌，为己所用。如果仅仅将汉献帝作为招牌，他可以将其养在那里，什么也不做，甚至还要弱化朝廷的权力，只是在需要用他时，以汉献帝的名义对外发号施令，没有必要凡事都向汉献帝请示汇报。但是，从后来的种种表现来看，曹操事无巨细都向汉献帝事前请示，事后汇报。比如，征讨河内、官渡之战、围攻邺城、消灭袁尚等战役，其汇报都做到尽量详细。

他要想振兴汉室，重振朝纲，需要招揽许多人才，如孔融、郗虑、桓阶、陈群、华歆、王朗、卫觊等天下才俊之士，使这些人在朝中任职，身份是汉臣，天子门生，自己的同僚，然而他们并非全是他的心腹之人，他必须以身作则，做到是非分明。再如，他极力恢复汉室礼制，为的是隆天子之礼，让人知道尊卑关系，维护的是汉献帝的崇高地位，而不是为了他自己。

要重振朝纲，中兴汉室，就需要进行各种改革。他推出了许多改革措施，以革除弊政。而像杨彪、张喜这些人或以祖上有荫功，在朝中出任高官，或因饱学诗书被遴选为官，并不是因为战功获取官位，他们是既得利益者，一般都思想守旧，往往抱残守缺，反对任何改革。而曹操是一个实用主义者，唯才是举便是明证。而这些人又往往博学多才，在朝政论事上，会引经据典，左右舆论导向，极具煽动性且蛊惑人心。在这一问题上，孔融就是一个典型事例。孔融曾经利用自己丰富的学识多次反对朝廷的改革举措，如阻止曹操颁布的禁酒令、破坏恢复肉刑，不顾社会现实，极力推行王畿千里寰内不以封建诸侯这一古代制度，给曹操带来了不少困扰。尤其是，他还凭借自己博学的优势，伪造典籍故事，来嘲讽曹操的各种政策和做法。曹操早期曾经在朝中做过议郎，早已经看透和厌烦透了这些文人空谈误国，清楚地知道他们的存在势必将会是自己今后改革的障碍。因此，出于改革的需要，曹操也要坚持废掉他们的职务。

关于罢黜杨彪、张喜这两个人的职位，想必也是经过汉献帝同意的，如若不然，没有汉献帝的批准和诏令，或者汉献帝出面替他们说话，作为司空和司隶校尉的曹操虽然有监察和弹劾三公的特权，但是，最终是否能够罢黜三公这样高官的职位，还是很值得商榷的，尤其是在刚刚迁都到许昌、君臣双方还缺乏磨合的情况下。

在所有的史料中都没有发现有关汉献帝对这件事持反对态度的表述，便说明了这一问题。有可能汉献帝也对这两个人过去的各种表现心存不满，因而经过曹操的游说，便同意了曹操的建议。否则，没有天子的批准，曹操将无能为力。

看到这里，有人可能会问，董卓和李傕等人专权时，杨彪为何不在乎这些，在被郭汜扣留时，因受制于郭汜淫威，杨彪等人不敢过于争执，简直是威仪扫地，何曾有尊严可言，因何此时他却开始在意起这些礼仪了呢？

世易时移，不同的环境、不同的对象，会让人产生不同的要求。董卓专权时，杨彪也没少和董卓发生矛盾，但是，慑于董卓的淫威和高压，最后总是以自己的失败而告终。也许他认为董卓和李傕等都是粗人，不懂礼貌，没法与他们计较。而如今遇见曹操就不同。曹操是宦官世家，曾经在朝中做过议郎，应该懂得礼制，更有可能他当时不认为曹操是什么权臣，所以可以有所期待，曹操作为后进晚辈，不知道谦让，对自己不够恭敬，才表现出有些不高兴的情绪来。

首先，这件事是杨彪表现出不高兴引起的。也正由于他不凡的身世和崇高的地位，才有了这种表现。也许这正是曹操最忌讳的。常言道：人比人气死人。曹操虽然同样是宦官出身，然而比起杨彪的家世就差得太远了。其祖父曹腾，虽然也是四朝老臣，但是，其官位最高时只不过是中常侍大长秋，被封为费亭侯；其父亲曹嵩，桓帝末曾做过司隶校尉，灵帝时升任大鸿胪、大司农，位列九卿，后来短期内做过太尉，此后便归隐在家。至于杨彪的家世，就连同样是四世三公的袁绍都非常嫉妒，后来，袁绍还曾多次要求曹操寻找杨彪的过错，将其诛杀。结果遭到了曹操的拒绝，于是袁绍认为曹操外托公义，内实与自己离异，由此对曹操深怀怨望。

我们知道曹操是一个经历丰富的人，他经历过太多变故了，又深谙历史，知道历史上有太多政变，许多政治家都是在自己最得意的时候，由于疏于防范而被政敌突然刺杀，大将军何进的悲剧就发生在不久之前。曹操知道宫廷政治斗争凶险无比，而弘农杨氏门生故吏满天下，曹操不能保证自己身边没有杨氏的卧底，因此他不能不防，不能不处处小心谨慎。所以当曹操走进会场，发现杨彪表情不对的时候，便赶忙借机逃走，以免遭遇不测。

随后，下令免去杨彪的官职，也仅仅是曹操采取的预防措施之一。因为曹操免去的仅是他的军权——太尉一职，当时并没有免去他的文职，仍让他暂时守尚书令。

请大家注意，建安元年（196）九月己巳日，汉献帝抵达许都，举行庆功宴；同月，太尉杨彪、司空张喜被罢官；冬十月，曹操带兵征讨杨奉，杨奉不敌，南奔袁术，遂攻占其梁屯；于是以袁绍为太尉，取代杨彪的位置。这种时间安排绝非偶然。

之后所发生的事实证明，曹操的这一担心并不是多余的。

六、荀彧上位

不久之后,杨彪再次丢官,失去了守尚书令这一最后职位,这件事说来也是他自找的。

事情还要从建安二年(197)曹操率军外出征讨南阳的张绣说起。在曹操离开许都期间,杨彪利用其手中的尚书令这一重要职务开始对曹操展开了报复行动。在曹操毫不知情的情况下,他联合议郎赵彦,鼓动汉献帝要恢复一种古代礼仪——交戟叉颈制度。

关于这件事,《三国志·武帝纪》注引郭颁《魏晋世语》记载:"旧制,三公领兵入见,皆交戟叉颈而前。初,公(曹操)将(兵)讨张绣,入觐天子时,始复此制。公自此不复朝见。"

所谓交戟叉颈,又称门戟或棨戟制度,是指在宫廷之外,卫士执戟相交,诸侯或将帅觐见天子时,必须从虎贲们所持交叉的大戟下穿过。此制度起源于周代,主要流行于两周至西汉。如《周礼·天官·掌舍》载:"为坛壝宫,棘门。"郑玄注引郑司农曰:"棘门,以戟为门。"《史记·项羽本纪》就曾记载:"哙即带剑拥盾入军门,交戟之卫士欲止不内,樊哙侧其盾以撞,卫士仆地,哙遂入。"证明这一制度在西汉时仍然存在。

但是,东汉建立之后,这一制度不再存在,到了曹操时代已经被废除很久了。因此,才被称为"旧制"。东汉时,凡称旧制、汉制的一般都是指前汉,也就是西汉时期的制度,甚至是更早的制度。推测这一制度有可能被废于东汉建立之初,因为明帝时,大臣张禹曾经在《上邓太后表》中说过这样的话:"臣闻王者,动设先置,止则交戟……所以重宿卫也。"(《后汉书·张禹传》)张禹何许人也?他是东汉第二任皇帝汉明帝至哀帝时期的五朝老臣,官至大司农、太尉、太傅,录尚书事,高居三公之位,像他这样的人都只是听说过有这样的制度,可见东汉建立之初,这一制度就早已经不存在了。

那么,这一制度主要起什么作用呢?《太平御览》卷三百五十二引王隆《汉官解诂》解释曰:"卫尉掌宫阙周庐殿,屯陈夹道,当兵交戟。"胡广注曰:"宫阙之内周庐殿,各陈屯交兵士,以示威武,交戟,以遮妄出入者。"李贤注《后汉书·百官志》中亦引胡广语曰:"交戟,以遮妄出入者。"可见,交戟主要是用于"以戒不虞"并"以示威武"和"遮妄出入者",起防卫作用,阻挡妄自出入者。如应劭在《汉官仪》中曰："旧制太子食汤沐十县，家令领主自有宫置。周卫交戟，五日一朝。"所谓"周卫交戟"，意思就是在周围用交戟来进行护卫，主要是警戒外人擅自闯入。

那么，这一制度主要针对的对象又是什么人呢？汉代规定"三公不与贼盗"，意思是三公者不能亲自带兵作战，严格控制执政大臣掌握兵权或出任边将，而在不得已的情况下必须由三公带兵出征时，则采取"交戟叉颈"这一制度来觐见天子，以示其时刻受到朝廷的节制，显示对朝堂的足够敬畏，彰显天子权威。如《通典·职官》卷二十"三公总叙"条曰："汉制，三公不与盗贼，若领兵入见，皆交戟叉颈而前。"

如果仅从这一层考虑，并一直实行下去的话，这一制度也无可厚非。

但是，关键是这一制度已经被废止多年，甚至整个东汉一代都不曾存在过，如今突然恢复，针对的对象又会是谁呢？三公之中谁又会带兵出去打仗呢？明眼人一看便知，显然只有曹操在率军外出征讨张绣，主要针对的对象就是曹操，对曹操很有侮辱性质。

晋人崔豹所撰的《古今注》中更言："棨戟，殳之遗象也。……殳，前驱之器也，以木为之。后世滋伪，无复典刑，以赤油韬之，亦谓之油戟，……王公以下通用之，以（为）前驱。"这里明确记载，当时仅仅用木制的大戟作为棨戟，主要放在队伍的前面，以为前驱，仅仅起仪仗的作用。而此时杨彪所恢复的可都是真刀真枪，那就不仅仅是一种简单的仪仗了。走在下面，自然有莫大的危险，你不知道什么时候它们会突然落下来，肩膀上的脑袋就会搬家。所以，曹操才会"汗流洽背，自此不复朝觐也"。

这是杨彪利用自己手中的权力和掌握的渊博历史知识公开地对曹操进行的挑衅和报复行为，甚至有侮辱和谋害曹操的意图。因此，曹操一怒之下免去了他的守尚书令职务，让自己的亲信、一直积极支持迎接汉献帝的谋士荀彧以侍中的身份守尚书令，取代了杨彪原来的职位。同时，下令诛杀了议郎赵彦。

一些学者认为，曹操诛杀赵彦，主要是因为赵彦与汉献帝走得太近，妄议国政，才招致杀身之祸。其实不然，如果他老老实实的，不和杨彪相勾结，出什么幺蛾子来对付曹操，即使和汉献帝走得近，曹操也不至于杀他。根据史料记载，献帝颇好文学，荀彧及其堂兄荀悦、少府孔融、郗虑等人都曾侍讲于禁中，经常陪着汉献帝旦夕谈论，不仅没有受到曹操的处罚，荀悦还因此累迁，官至秘书监、侍中，荀彧更升迁为尚书令。因此，赵彦真正被杀的原因是他"尝为帝陈言时策"，所谓"时策"，比较隐晦，表面上说是当时的政策，事实上应该是对付曹操的办法，明显是干预政治，挑拨君臣关系，其中，恢复交戟叉颈制度应该就有他的功劳。因此，才会引起曹操的厌恶，怒而杀之。

七、"三板斧"稳定政局

正如上文所说，朝廷要想在许都扎下根，存在下去，就必须赢得周围军阀的认同支持。然而，朝廷偏居长安多年，对关东地区鞭长莫及，形成权力真空，因此，关东地区长期处于无政府状态，大家互不隶属，各霸一方，谁也不服谁。尤其严重的是，这些人都属于反对董卓的阵营，因为当年不满董卓专权，擅自废立，强行废掉少帝刘辩，改立刘协为帝，对身为皇帝的汉献帝长期持否定态度，与朝廷关系断绝多年，甚至不愿承认被董卓拥立的汉献帝的合法地位。当初作为盟主的袁绍还曾经联合冀州牧韩馥与山东诸将商议，准备拥立幽州牧刘虞为帝，以取代汉献帝刘协。后来，董卓被诛之后，主政的王允曾经派张种、段训巡视安抚关东；王允被杀之后，主政的李傕、郭汜也曾经派遣马日䃅、赵岐持节尉抚天下，作为盟主的袁绍最终承认了刘协为皇帝的这一现实，但是，他仍然心怀不满。正如《三国志·袁绍传》记载："初，天子之立非绍意，及在河东，绍遣颍川郭图使焉。图还说绍迎天子都邺，绍不从。"可见，袁绍对这件事一直耿耿于怀。如今，汉献帝回到关东，定都于许，如何让这些人承认汉献帝的合法地位，服从朝廷的领导，树立朝廷的权威，是考验曹操政治智慧的最大难题。

为此，曹操采取了以下措施。

首先，他考虑从自己的盟友袁绍这里下手，做通他的工作。在各路诸侯中，袁绍的实力最强，又是军阀们的盟主，极具代表性，如果他不同意，事情就难办了。因此，要想稳固政权，曹操就必须先赢得他的支持。

但是，袁绍一向孤傲，爱面子，他是否愿意屈就，降下身段来归附于曹操所掌控的朝廷，对其他割据势力会有很强的示范效应，更直接决定着朝廷的安危和将来事业的成败。为了笼络住袁绍，曹操奏请汉献帝，决定将杨彪刚刚腾出来的空缺转让给袁绍。于是，汉献帝到许都之后不久，便下诏拜袁绍为太尉，使他身居三公之首，并封其为邺侯。

然而，令曹操没有想到的是，这样的政治安排却一下子激怒了袁绍。原因是他认为曹操过去一直是自己的老部下，是在他的大力扶持下逐渐发展壮大起来的，如今曹操竟然自己出任大将军，而将他袁绍安排在位次一等的太尉一职，这样的人事安排让袁绍感到有失面子，因此，他勃然大怒，狠狠地叱骂道："曹操当死数矣，我辄救存之，今乃背恩，挟天子以令我乎！"结果他断然拒绝，上表朝廷，对这样的任命坚辞不受。

这无疑是迎头泼了一盆冷水，狠狠地打了曹操一个响亮的耳光，给他上了一课，让他知道事情并没有那么简单。如果搞不定袁绍，其他人再纷纷效仿，事情就更不好办了，尤其是淮南的袁术此时正在蠢蠢欲动，如果不让袁绍满意，他翻脸不认人，与其他人联合起来，共同对付自己，就像当年大家集体反对董卓那样，曹操就有危险。因此，这件事搞得曹操坐立不安。史载"操大惧，乃让位于绍"。

好在此时袁绍正在全力对付公孙瓒，没顾上对付曹操，加上曹操毕竟是他的发小和好朋友，双方没有彻底撕破脸，给了曹操一定的缓冲时间。然而，从此以后，双方开始龃龉不断，让曹操颇感为难。

曹操经过两个多月的慎重考虑，斟酌再三，为了顾全大局，满足袁绍的贪欲，防止袁绍组成新的战线来共同反对自己，到了十一月，曹操终于做出了一个艰难的决定，辞掉大将军一职，将自己还没有焐热的大将军位置让给了袁绍，他自己则退而求其次，担任司空这一职位，这也是张喜刚刚腾出来的位置。

于是，汉献帝也不得不再次下诏，宣布任命袁绍为大将军、邺侯，改拜曹操"为大司空，行车骑将军事，百官总己以听"。也就是说，虽然曹操只是一个司空，代理车骑将军，位次大将军一等，但是还让曹操总领百官，以大司空的身份继续执政。这样一来，名义上曹操虽然位在大将军袁绍之下，事实上他手中的权力并没有半点损失，仍然处于执政地位。

关于这件事，表面上看是曹操选择了退让，袁绍最终取得了胜利，但是，事实上，曹操在政治上取得了巨大胜利。因为袁绍既然接受了朝廷的这个册封，也就表明他正式承认了当今天子的合法地位，愿意接受朝廷的领导。而朝廷又是在曹操的掌控之下，也就等于是他接受了曹操的领导。有了袁绍带头，开了个好头，事情就好办了，其他那些小喽啰也就不成问题了，如果谁敢不服，曹操就可以以朝廷的名义名正言顺地进行征讨，这难道不是曹操的胜利吗？

搞定袁绍之后，曹操又开始考虑如何对付徐州的吕布。徐州毕竟是一个大州，又与自己的豫州、兖州毗邻，吕布更是一员猛将，是曹操的劲敌，当初在兖州时曹操就吃尽了他的苦头。如果处理不好与他的关系，将来也是一个大麻烦。由于袁绍曾企图谋害吕布，二人结怨很深，因此，曹操并不担心袁绍会与吕布联合对付自己，反而担心他会与淮南的袁术联合对付自己，那也是曹操所不愿意看到的。

那么，曹操因何如此担心袁术呢？因为袁术在不久前的一个举动，惊动了天下许多人。这件事的经过如下。

袁术字公路，司空袁逢之子，袁绍之从弟，汝南人，然其祖籍为陈国。因其出身官宦世家，自幼养成了桀骜不驯的性格，他一直认为自己的族望陈国为舜之后，舜为土德，汉为火德，以土承火，正好应对了汉时流行已久的"代汉者，当涂高也"这一谶语，坚信取代汉朝的一定是自己。因此，他一直自命不凡，加上他又从孙策夫人的手中获得了汉室的传国玉玺，更让他笃定自己将来一定会成为天子。故当袁绍和韩馥想拥立刘虞为帝，在曹操那里碰壁，转而征求他的支持时，袁术便认为袁绍那样做，就是故意阻碍他将来的天子梦，因此，表示坚决反对。这几年来，他十分乐意看到天下大乱，盼望着汉室就此彻底走向衰败，最好汉献帝在动乱中快快死去，他好顺势称帝。然而，令他没有想到的是汉献帝不仅没有死去，反而从关中李傕、郭汜手中逃了出来，又回到了洛阳，他更没有想到的是，新近又被曹操接到了许都。这让他再也坐不住了，经过两个多月的紧张准备，建安二年（197）春节刚过，他便匆匆忙忙地在淮南称帝。

那么，为何袁术在听说曹操将汉献帝接到许都这一消息后，就这么急不可待地称帝呢？原因是他与曹操一块儿在京师长大，自幼关系就非常好，比如当年曹操在洛阳企图刺杀董卓，最后与董卓闹掰，不得不变易姓名潜逃出洛阳，由于事发突然，他出逃时来不及通知家里，家人并不知道这一变故，正是袁术跑到曹府，将这一消息通报给了当时还是曹操小妾的曹丕的母亲卞氏，误报曹操已经被董卓杀死，让他们早做准备。后来证明这一消息并不准确，但是，袁术的这份好心是不能否定的。之所以会出现这一错误，主要还是曹操非常机警，临时仓促决定出逃。当时社会上传言众多，曹操死活不明，谁也不清楚到底哪条消息准确，传说最多的是董卓发现后，将曹操杀死，袁术也是道听途说，也无法进行确认，于是，赶忙冒死第一时间跑到曹操的府邸通风报信，担心其家眷会遭到董卓的清算，因此，我们无论如何都不能否定当时袁术对曹操的一片真情。

噩耗传来，吓坏了满府人员，大家一时愕然，不知道如何是好。因为这次曹操从老家入京，就任西园八校尉中的典军校尉时，从老家带来了不少本族的弟兄和好友。这些人都想在曹操的庇护和举荐下有一个好的前程，没想到突然遇到这样的事情。因此，当他们闻听这一噩耗后，开始变得不淡定了，纷纷收拾行囊，准备离开洛阳返回老家。多亏卞氏临危不乱，赶忙劝阻他们道："曹君吉凶未可知，今日还家，明日若在，何面目复相见也？正使祸至，共死何苦！"意思是说，曹操吉凶还不明确，如果今天大家因此都跑回了老家，明天若是证明曹操并没有死，你们有什么面目再去见他？如果真的有什么大祸临头，我们一同担当，死生与共，又有什么大不了的呢？经过她的劝阻，这些人才没有散去。通过这件事，我们发现卞氏是一个遇事不惊，有自己的坚持和独立判断之人，充分证明了她非同一般的女流之辈。

不过，袁术的这次通风报信，确实救下了曹操一家及跟随他的众多弟兄的性命。至于二人闹翻，那是后来的事，主要是因为他们的政治观点不同。

因此，袁术和曹操实在是太熟悉，相互之间太了解了，他深深知道曹操这个人的能力及其为人，并多次让他在军事上吃过大亏。他还明白曹操与他不是一路人，曹操的远大抱负，绝不仅仅是做一个军阀，其志向是要辅佐和兴盛汉室，故他非常担心汉献帝在曹操的辅佐下会重新振作起来，汉室得以中兴，那么，他的皇帝梦也就彻底没戏了。于是，他一不做，二不休，在曹操将汉献帝接到许都的几个月后，也就是建安二年（197）春天，就迫不及待地宣布即位，形成既成事实。然后，他想凭借着袁氏家族多年的经营，凭借门生满天下的人脉资源，携皇帝之威以号令天下，与在许都尚立足未稳的汉献帝分庭抗礼。

然而，他高估了自己，认为曹操即使生有三头六臂，到那时也难以与自己相抗衡，用他自己的话说："曹操欲扶衰拯弱，安能续绝命救已灭乎？"

他认为吕布曾经窃取过曹操的兖州，在兖州与曹操打得不可开交，是曹操的仇敌。因此，便想联合吕布，认为获得他的支持，就可以驰骋天下、无往而不胜了。然而，令他没有想到的是，当他将自己欲称帝的消息提前通报给吕布时，却遭到了吕布的冷遇。与此同时，他也将这一重要消息通知给了自己的下属孙策，也遭到了孙策的激烈反对。孙策派自己的谋士张纮给袁术写了一篇很长的文章强烈反对他称帝，共列出十条反对的理由，质问袁术的这一作为。即使是袁术身边的人，也因为担心将来弄不好会给自己带来霉运，都不愿意接受他的任命，甚至冒险逃跑。当初受王允派遣、准备到兖州接管曹操兖州刺史一职的金尚，被曹操赶跑后向南投靠了袁术，此时也极力反对袁术称帝，当袁术称帝之后，想任命他为太尉时，金尚坚辞不就，后来，他准备逃回许都，结果被袁术发现并杀害。类似的案例还有许多，这里不一一赘述。可见，此举是多么不得人心。汉献帝来到许都之后，重新给了那些怀念汉朝的人新的希望，因此，众人才会坚决反对袁术称帝这种分裂国家的行为。

在此之前，也有一些人曾经图谋不轨，自行称帝，不过都是一些小混混，掀不起大的风浪，很快就被周围的军阀剿灭了。但是，这一次袁术却不同。他是汝南巨族，世代在朝廷中做高官。他本人也曾在朝中任过折冲校尉、虎贲中郎将。董卓还曾任命他为后将军。李傕入主长安后，为了拉拢袁术，与他结盟，使其成为自己的外援，还曾任命他为左将军，封阳翟侯，假节。因此，袁术是朝廷的命官，所造成的影响特别巨大，震惊了众人。他是军阀中第一个，也是唯一一个敢于公开称帝的人。如果不及时将其扑灭，其他人纷纷效仿，那就会真正出现分崩离析、不可收拾的局面。因此，曹操才如此震怒，对这一反叛行为特别重视，不敢有半点松懈，立即采取措施团结各地军阀，准备尽快将其剿灭。由于徐州濒临淮南，与袁术为近邻，曹操特别担心吕布这员虎将屈身于袁术，二人联合起来，那样袁术就会如虎添翼，将来也就更不好对付。

曹操的这种担心并非多余，事实上，他们二人确实正在秘密勾结，并约定了结为姻亲关系，袁术准备为自己的儿子迎娶吕布的女儿为妻。如果不是曹操及时从中离间，下大功夫做吕布的工作，极有可能会出现那种可怕的局面。

尽管吕布过去曾经给曹操带来过不少麻烦，二人为了争夺兖州，让曹操吃了不少苦头，曹操本人在与吕布争夺濮阳时还受过伤。但是，此时的曹操已非彼时的曹操，他开始着眼于大事业，不再斤斤计较以往个人的恩怨。因此，他决定放低自己的身段，放弃二人过往的恩怨，主动向吕布示好。

于是，他赶忙代表朝廷给徐州的吕布写了一封亲笔信，对上次吕布派使者前往安邑朝见汉献帝时，将朝廷给他封拜的平东将军、平陶侯印绶及诏书弄丢这件事表示慰问，并厚加抚慰，并通知他已经将天子迎到了许都，解释将汉献帝迎到许都的理由，强调作为大汉的臣子，大家应当团结起来共同辅佐汉献帝，使天下重归太平。为了测试吕布对朝廷的态度，曹操在送去这封信的同时，还附上了皇帝的一封诏书，以朝廷的名义命令他购捕公孙瓒、袁术、韩暹、杨奉等叛贼。

曹操这一招十分高明，他在通缉的名单中巧妙地加上了公孙瓒的名字，以朝廷的名义第一次将公孙瓒列入叛匪名单，无异于授予了一直与公孙瓒争夺冀州的袁绍讨伐公孙瓒以正当理由和法律依据，此举团结了袁绍，巩固了他与袁绍之间的联盟。

事实上，此时的吕布确实正在犹豫，他既不甘心就这样投靠袁术，成为他的臣属，又担心控制着朝廷的曹操不会谅解自己对他的伤害，十分彷徨。

正在此时，他突然收到了曹操的这封书信和朝廷的诏书，见曹操不仅不计前嫌，还对他进行慰问，言辞恳切，并委以重任，大喜过望，感动无比，于是，他立即遣使到许都，上书天子，曰："臣本当迎大驾，知曹操忠孝，奉迎都许。臣前与操交兵，今操保傅陛下，臣为外将，欲以兵自随，恐有嫌疑，是以待罪徐州，进退未敢自宁。"解释了自己当时的难处，表明了心向朝廷的意愿。

与此同时，他也给曹操写了一封亲笔信，回复曹操道："布，获罪之人，分为诛首，手命慰劳，厚见褒奖。重见购捕袁术等诏书，布当以命为效。"向曹操的好意表示感谢，并表明了自己的政治立场，将服从曹操的领导，愿意为曹操和朝廷效力。

曹操接到吕布这封回信，见效果已经达到，心中大喜，为了将他牢牢拴住，决定重新进行封赏。于是，他派遣奉车都尉王则作为朝廷的使者，带着诏书和封吕布为平东将军的印绶，再次赶到徐州，宣布对他的这一封拜。同时，还带去了曹操的另一封亲笔信，信中曹操非常诚恳地对吕布说："山阳屯送将军所失大封，国家无好金，孤自取家好金更相为作印，国家无紫绶，自取所带紫绶以籍心。将军所使不良。袁术称天子，将军止之，而使不通章。朝廷信将军，使复重上，以相明忠诚。"

吕布接到此信后，更是十分感动，为了报答曹操的深情厚谊，在沛相陈珪、陈登父子的劝说下，他立即断绝与袁术的姻亲关系，并将袁术派来迎娶其女儿的使者韩胤抓捕，打入囚笼，直接送到许都，听候朝廷发落。曹操立即下令将韩胤枭首，将其首级悬挂在许都大街的高杆之上示众。这一事件，彻底惹恼了袁术，从此，也就彻底断绝了吕布与袁术联合的可能性。不久之后，双方兵戎相见，进入彼此的报复模式。

为了报答曹操的好意，吕布派其谋士陈登，奉章前往许都谢恩，并给曹操带去了一条上好的绶带，以表答谢。从此之后，双方开始紧密联系，一时间显得十分热络。

稳定住了北方袁绍和东方吕布之后，曹操开始考虑如何拆散孙策与袁术的联盟关系，最大限度地孤立袁术。

建安二年（197）夏戊辰日，朝廷颁下诏书，封孙策为骑都尉，袭父爵乌程侯，领会稽太守。派遣议郎王誧奉诏出使东吴，面见孙策，向他宣读朝廷对他的这一任命。诏书中曰："董卓逆乱，凶国害民，先将军坚，念在平讨，雅意未遂，厥美著闻。策遵善道，求福不回，今以策为骑都尉，袭爵乌程侯，领会稽太守。"然而，孙策却认为自己统领兵马，仅仅以骑都尉来兼领会稽郡太守有点太轻，希望得到将军称号，于是，便让其手下旁敲侧击王誧。王誧也是一个聪明人，只要孙策愿意接受朝廷的任命，也就意味着此行大功告成，因此，他没有请示朝廷，自己做主承制宣布任命孙策为明汉将军。同时，又诏敕他曰："故左将军袁术不顾朝恩，坐创凶逆，造合虚伪，欲因兵乱，诡诈百姓，始闻其言以为不然。定得使持节平东将军领徐州牧温侯（吕）布上（袁）术所造惑众妖妄，知术鸱枭之性，遂其无道，修治王宫，署置公卿，郊天祀地，残民害物，为祸深酷。布前后上策乃心本朝，欲还讨术，为国效节，乞加显异。夫县赏俟功，惟勤是与，故便宠授，承袭前邑，重以大郡，荣耀兼至，是策输力竭命之秋也。其亟与布及行吴郡太守安东将军陈瑀勠力一心，同时赴讨。"明确要求他与袁术决裂，与其他人一起讨伐袁术。

孙策见自己求官的目的已经达到，赶忙上表称谢曰："臣以固陋，孤持边陲。陛下广播高泽，不遗细节，以臣袭爵，兼典名郡。仰荣顾宠，所不克堪。兴平二年（195）十二月二十日，于吴郡曲阿得袁术所呈表，以臣行殄寇将军；至被诏书，乃知诈擅。虽辄捐废，犹用悚悸。臣年十七，丧失所怙，惧有不任堂构之鄙，以忝析薪之戒，诚无去病十八建功，世祖列将弱冠佐命。臣初领兵，年未弱冠，虽驽懦不武，然思竭微命。惟术狂惑，为恶深重。臣凭威灵，奉辞罚罪，庶必献捷，以报所授。"明确表达了自己的立场，正式宣布与袁术彻底决裂，表示愿意与大家一起讨伐袁术，为国立功。与此同时，孙策还派使者来到许都，向朝廷输送了大量吴郡的特产。

建安三年（198），孙策又遣使到许都，向朝廷贡献一批吴郡地方特产，这一次数量比上次多了一倍。曹操心中大喜，上表汉献帝，转拜孙策为讨逆将军，改封其为吴侯。

孙策归顺之后，开始与司空曹操、卫将军董承、吕布、陈瑀、益州牧刘璋等

第四章　挟天子以令诸侯

人并力讨伐袁术和刘表。

通过上述一番操作，曹操基本上摆平了几大主要军阀，迅速稳定了局势，为朝廷在许都立脚创造了一个相对安全的环境。这样一来，经过长期漂泊，朝廷总算是在许都扎下了根，汉献帝也有了稳定的安身之所，一切开始步入正轨。

八、严惩首恶

读过这段历史的人一直不明白，张绣与曹操无冤无仇，为何曹操却首先拿他开刀，屡屡出兵征伐盘踞在南阳的张绣呢？并不惜牺牲自己长子曹昂、侄子曹安民，以及爱将典韦等人的性命。曹操后来又多次亲率大军前往征讨张绣，难道说仅仅是为了给牺牲的长子复仇这么简单吗？

人们常常过分强调曹操心胸狭窄、睚眦必报，及其为子报仇这种迫切心情，而忽略了曹操征讨张绣背后的真正原因，误认为曹操此举纯粹是他与张绣之间的个人恩怨，为了给自己的亲人和爱将报仇雪恨，才会锲而不舍地率军一再征讨张绣。其实，这就忽略了曹操此举所蕴含的政治意义。

作为一个政治家、朝廷的主政大臣，维护天子的崇高地位，树立朝廷和自己的权威，是曹操当时考虑的首要问题，也是他必须做的事情。更重要的是天子刚刚到了他这里，这是展示曹操能力和忠心的最好平台，说白了，这是曹操为了讨好汉献帝而想送给他的投名状。

因此，汉献帝到许都不久，曹操便开始采取行动，为汉献帝洗刷过去遭受的耻辱。追究责任、严惩首恶往往是并行不悖的，在追究完杨彪、张喜二人不作为的责任，驱逐曾经胁迫汉献帝的杨奉、韩暹之后，曹操随即向天下发出了对杨奉、韩暹等人的通缉令，然后开始考虑惩处首恶分子，以洗刷他们过去强加在汉献帝身上的耻辱，为汉献帝报仇雪恨，替少年天子主持正义，讨回公道，以警示后人，让他们知道对天子不恭将会得到什么样的严重后果。

那么，先拿谁开刀呢？李傕、郭汜远在关中，曹操鞭长莫及，暂时没有办法追究他们专权误国、侮慢天子、使汉献帝蒙羞的罪责。于是，他就想到了该集团的另一个骨干分子、重要头目张济。原来张济和李傕、郭汜等人追杀汉献帝一行之后，仍然率领本部人马驻扎在弘农郡，但是，由于建安元年（196）发生大旱，天下粮食普遍歉收，造成的粮荒也波及与安邑一河之隔的弘农郡。因为缺乏粮草，饿得实在受不了，张济不得不率领本部人马向南流窜，跑到相对富足的南阳盆地求食，以求暂时渡过这一难关，没想到正好撞到了枪口上。于是，曹操在处理完杨彪、张喜二人，稳定好内部之后，决定先拿他为出气筒，率军征讨他。

然而，令曹操没有想到的是，他还没有出兵，张济自己却先出事了。事情的经过是这样的：张济率军来到南阳，目的就是为了抢粮食，而南阳属于荆州牧刘表的地盘，要知道当时天下大旱，各地普遍缺少粮食，这不是在抢别人的饭碗吗？谁会愿意将生命粮拱手让人呢？因此，他的这一强盗行为自然遭到了刘表的不满和坚决抵抗。于是，刘表下令各地坚壁清野，严加防守。张济见刘表拒绝自己，软的不行就来硬的，开始率军攻打。在攻打穰城（今河南省邓州市）时，张济因为身先士卒，被流矢击中而死。张济一死，其部众一时变得群龙无首，最后大家公推张济的侄子、在军中任建忠将军的张绣为首领，继续带领大家，以免军队散伙。刘表的部下听说张济战死，纷纷跑去向他祝贺，此时的刘表却表现出了假仁慈，表示愿意出面招抚这些人，让他们驻扎在南阳的宛城。于是，为了生存，张绣便率领部下投降了刘表。

在这件事上，用现在的话说，刘表显然犯了严重的政治错误，在未请示朝廷的情况下，他为了扩充实力，乘人之危，招降纳叛，收降朝廷的叛贼，收留和窝藏朝廷的罪犯，视朝廷如无物，其意何为？对此，身为执政大臣的曹操是绝不能容忍和允许的。虽然首恶已死，但是余孽未除。铲除余孽，除恶务尽，也是曹操一贯的行事风格，更是他取信于汉献帝的重要举措之一。

于是，建安二年（197）春正月，曹操亲统大军赶往宛城，向张绣兴师问罪。令人没想到的是，张绣根本没有抵抗的意思，曹操大军刚到淯水，张绣等人便举众向曹操投降了。不战而屈人之兵，这当然让曹操感到非常高兴。

但是，中途又发生了变故。张绣的婶子，也就是张济的老婆颇有姿色，曹操见之甚是喜爱，于是便纳其为妻。这引起了张绣的极大不满。

尤其让张绣忌恨的是，他手下有一亲信名叫胡车儿，勇冠其军，曹操见之，爱其骁健，亲手送给他黄金以示恩宠。这件事被张绣发现后，怀疑曹操在暗中收买自己的手下，打算刺杀自己。因此，他开始后悔最初的决定，于是造反。率军偷袭曹操，把正在温柔乡中的曹操杀了个措手不及，曹军大败，他仓促骑着自己的绝影宝马逃跑，结果被张绣的部下射中，曹操右臂也为流矢所中。多亏其长子曹昂将自己的战马送给曹操，他才得以逃脱。不幸的是，长子曹昂、侄子曹安民及大将典韦为了掩护曹操逃走力战而死。与曹操一同逃脱的还有年仅十岁的曹丕。

这一仗让曹操损失惨重，十分狼狈。其严重后果还不止于此。由于曹昂不幸战死，引起了曹操的原配夫人丁氏的极大不满，因为丁氏不会生子，曹昂是她的陪嫁丫头刘氏与曹操所生，刘氏早死，曹昂便归丁氏所养，所以，曹昂是丁氏的唯一希望。如今爱子战死，让丁氏非常伤心，她将所有的过错都算在了曹操身上，口中经常念叨："将我儿杀之，都不复念！"每每想到此事便哭泣不止，无法自已，毫无节制。这时，曹操也为儿子战死而痛惜不已，丁氏无休无止的哭闹，惹得曹操非常恼怒，于是，便将她遣送回娘家，希望她逐渐淡忘这件事。然而，令曹操没有想到的是，从此之后，丁氏开始变得心灰意冷。过了一段时间，曹操前去接她回家，当时丁夫人正在织布，家人发现曹操突然造访，高声传禀曰："公至。"丁夫人却没有任何反应，仍然踞机如故。曹操进入房间，爱抚着她的后背温柔地问道："顾我共载归乎！"丁夫人头也不回，更不接他的话茬。曹操讨了个没趣，只得灰溜溜退了出来。然而，他仍然不甘心，站在窗户外，再次问她道："得无尚可邪！"丁夫人还是不应。曹操见状，感叹道："真诀矣。"从此，二人断绝了夫妻关系。

爱将典韦的战死，更让曹操痛惜不已，史载他"为（之）流涕，募间取其丧，亲自临哭之，遣归葬襄邑"。

此后，曹操多次率军到南阳征讨张绣，以及前来帮助张绣的刘表，却都没有成功。直到三年之后的建安五年（200），曹操与袁绍在官渡发生对峙的前夕，张绣在贾诩的劝说下，再次选择了向曹操投降，这件事才算结束。

令人没有想到的是，相较于张绣这个难啃的骨头，李傕、郭汜却显得好对付多了。建安二年（197），曹操征讨张绣失败回到许都后，采用荀彧的计策，派遣谒者仆射裴茂持节到关中，负责联络关中诸将讨伐二人及董卓余党，一举将二人剿灭。

那么，裴茂何许人也，曹操为何会派他前往执行这一重要任务呢？

裴茂，河东闻喜人，为曹魏著名大臣裴潜的父亲，世为河东著姓。灵帝一朝，他曾历任县令、郡守、尚书；李傕执政时，曾出任侍御史。他在办理案件时，明察秋毫，十分正直。比如有一年的夏天，关中地区连遭大雨，洪灾风灾严重，汉献帝下诏赦免狱中轻犯二百余人，以塞责天灾。他便派时任侍御史的裴茂对这些罪犯的罪情进行审核，结果发现其中有不少人都是遭到执政大臣李傕陷害而蒙冤入狱，随即将他们赦免。这一行为引起了李傕的担心，于是，他抢先上表汉献帝，弹劾裴茂擅自释放囚徒，怀疑其中有奸情，要求下诏逮捕裴茂。汉献帝下诏曰："灾异屡降，阴雨为害，使者衔命宣布恩泽，原解轻微，庶合天心。欲释冤结而复罪之乎！一切勿问。"驳回了李傕的无理要求。因为此事，裴茂在关中的老百姓心中威望很高，官员们对他十分感恩和敬畏。因此，他对关中十分熟悉，在官民之中具有较高的威信，加上裴茂对李傕、郭汜二人十分熟悉，双方又有过过节，故曹操派他前往，不仅容易被人接受，更会赢得各方的支持。这就是曹操知人善任、用人厉害的典型事例。

裴茂果然不辱使命，当他持节到了关中，宣读了朝廷的诏令之后，受到了各路军阀的积极响应，就连凉州军事集团内的段煨也行动起来了，愿意听命于他。第二年四月，裴茂率段煨等将领攻打李傕，顺利地诛杀了李傕，夷其三族，将李傕的脑袋送至许都。汉献帝下诏，将其高悬于许都街市中的高杆上示众三天，以解心头之恨。

郭汜则被其部将五习袭杀，死在了郿县。这样一来，总算是让窝囊了半辈子的汉献帝出了一口恶气。

裴茂因为捕杀李傕、郭汜有功，被封为列侯。段煨也因为此功，被朝廷拜为安南将军，封闅乡侯。

后来，杨奉被刘备诱杀，韩暹在逃回并州的路上，为杼秋屯帅张宣邀杀。

至此，当初的这些首恶罪犯全都得到了应有的惩罚，下场一个比一个凄惨。

九、此举的影响

曹操的这一策略无疑是正确的，因为反对董卓集团是他始终坚持不变、持之以恒的立场，有罪必惩、除恶务尽是曹操做事的一贯风格。这并不是出于他的个人因素，也是他与袁绍等心存私念的军阀的根本区别。

当年，司徒王允诛杀董卓，遭到了董卓的部将李傕、郭汜等人的疯狂反扑，结果王允失败被杀，全家被害。当时王允的侄子王凌和王晨二人，多亏年少机警，行动轻便，迅速翻过长安城高大的城墙，得以逃脱，幸免于难。他们亡命天涯，最后逃归太原老家，从此隐居家中。汉献帝东迁许都之后，在曹操的主持下，为司徒王允平反昭雪，王凌也被推举为孝廉，出任发干县令。后来因为犯法，被判髡刑五年，被罚在大街上进行扫除的苦役。一天，曹操来到发干县，车队从街上经过，突然看到正在扫地的王凌，便问陪同他的当地官员这个罪犯是何人，左右赶忙如实向他禀报，告诉曹操他是王允的侄子，名叫王凌。曹操闻听十分惊讶，赶忙对随行的官员说："此子师兄子也，所坐亦公耳。"当地主政者立即明白了曹操的意思，随后释放了王凌。曹操任命王凌为骁骑主簿，不久之后，又升迁其为中山太守，后来，曹操又辟其为丞相掾属，最后成长为著名将领。曹魏时期，王凌官至太尉，被封为南乡侯。

从这件事上我们可以看到曹操对待李傕、韩暹等人和王允后代的两种截然不同的态度，反映了他爱憎分明、疾恶如仇、除恶务尽的决绝态度，以及尽可能袒护忠臣后裔的眷眷情怀。此举也是对司徒王允的告慰，是对忠臣在天之灵的安慰，更是对觊觎王权的不法之徒的警诫，以及对国家忠臣烈士的褒奖。

通过上述一系列举措，使汉献帝的权威重新得以树立，各地军阀再也不敢轻视朝廷的存在，开始对朝廷心怀敬畏，这也是曹操所奉行的"奉天子以令不臣"政策实施的基础和必须具备的大环境。如果大家都不尊重汉献帝，都不听天子的话，曹操奉天子还有什么用？这一政策还怎么能够执行下去？

曹操通过这种惩罚行动，讨灭那些曾经侮慢过汉献帝的罪臣，让他们一一得到了应有的惩罚，起到了杀一儆百的作用。从此以后，谁敢再对天子不敬，那就不客气了，等待你的将是曹操无情的征讨，将和他们有同样的结果，因此，你要么乖乖地听话，要么就是灭亡的命运。

上述措施也为曹操树立了敢于主持正义的良好形象，树立了他作为东汉王朝代理人的强人形象，进一步巩固了他的执政地位，也为他赢得了民心和官兵们的敬畏。于是，朝纲清肃，政治清明，开始出现了中兴的势头，许多仁人志士重拾了对朝廷的希望，于是也都跑到许都，投奔朝廷，希望能够谋得一官半职，为朝廷奋命效力，建立自己的功勋。一时之间，许都人才云集，开始变得车水马龙，许都也开始逐渐进入历史上的繁荣时期。

在曹操的主持下，朝廷的各种规章制度也开始慢慢恢复，史料记载："自天子西迁，朝廷日乱，至是宗庙社稷制度始立。"

第五节 "奉天子以令不臣"决策给曹操带来的红利

一、护佑幼主,赢得民心

虽然经过长期动乱,东汉皇室式微,飘摇动荡,影响力大大降低,简直有点国将不国了。但是,不同于那些具有野心而造反的大军阀,一般老百姓和官员所追求和向往的仍是和平,而不是战乱和苦难,尤其是此时,经历过太多苦难的广大农民,对和平更加渴望,因此,他们见到天子仍在,对汉室眷念有加。原因是,经过两汉四百多年的统治,不仅塑造了中国的历史,也塑造了几十代老百姓,他们世代为汉朝臣民,已经习惯了汉代的文化和生活环境,他们以大汉的皇民而自豪和骄傲,对过去国家的长期富强和平非常眷恋,因此,对权臣们挟制汉献帝抱有深深的同情。而且国家越是动乱,老百姓对过去和平安宁的生活越是怀念,对以往强大的汉室更是充满眷恋,因此,民心向汉还是当时的主旋律,这是不可否认的事实。当老百姓见到朝廷的使者赵岐一行东巡时,表现得那样兴奋和激动,就是最好的例证。这也是当时的军阀虽然各怀野心,却不敢随便称帝自立的原因,否则一定会遭到其他人群起而攻之,就像袁术一样,因为他们知道,当时的混乱是那些不法臣子所造成的,而不是身为天子的汉献帝之过。因此,这些军阀没有足够的威望可以达到一呼百应,更没有信心和足够的实力把其他人都击败,使自己一家独大,故只能打着维护汉室的旗号,来发展自己的实力。

如今,曹操将汉献帝迎到许都,主持朝政,辅佐汉献帝,惩治那些制造动乱的首恶分子,迎合了老百姓和士族阶层的期许,顺应了民心,让老百姓重新看到了大汉中兴的希望。因此,很容易赢得老百姓和士族阶层的拥戴,甚至那些随大流的军阀也对此表示赞同和拥护。关于这一点,我们从下面的事例中就可以窥见一斑。

曹操迅速收复了河南之地,关中皆附。自从曹操将汉献帝接到许都之后,政治上占有了绝对优势,军事上占有了主导权,他凭借着朝廷来号令天下、征讨不臣,迅速平定许都周围的各股叛乱势力,收复了河南诸地。

不仅如此,曾经猖獗一时,掌控朝廷四年之久,不可一世的李傕、郭汜,在失去了对汉献帝的控制,离开了汉献帝这张大伞的庇护的情况下,仅凭朝廷的一纸诏书,曹操只需派一位使者到关中,宣告他们的罪恶,立即得到了各路军阀的积极响应,在他们的联合围剿下,顷刻间便灰飞烟灭,身首异处,曹操随即也将关中纳入自己的势力范围。

李傕、郭汜的迅速败亡对关中其他军阀造成巨大震动,使他们有所收敛,再也不敢像过去那样轻视朝廷,动不动就兴兵造反。此时,关中诸将中仅剩下马腾、韩遂二人实力相对强大。他们各拥强兵,相互不服,互相征伐。

官渡之战前夕,为了避免他们倒向袁绍,曹操听从荀彧"抚以恩德,遣使连和"的建议和计策,上表朝廷,任命曾经在长安工作过的钟繇为侍中,兼任司隶校尉,持节前往督率关中诸军,并授予他不拘科制的特权,全权负责处理关中的一切事务。

钟繇赶到长安后,果然不负众望,他分别给马腾、韩遂等人写信,晓之以利害祸福,劝他们归顺朝廷。马腾、韩遂二人听从了钟繇的劝说,各遣儿子到朝廷入侍,作为人质。这样一来,曹操不费一兵一卒,便轻而易举地降伏了以马腾、韩遂为代表的关中诸将,使他们听命于自己,朝廷再无西顾之忧。而且,在曹操攻打黎阳时,马腾还派马超出兵并州,帮助朝廷击败了袁尚所派的大将郭援和投靠袁尚的南匈奴,一举平定了并州,从侧翼助力曹操平定了冀州的袁氏集团。

《三国志·袁绍传》记载:"会太祖迎天子都许,收河南地,关中皆附。"即使是周边地区的那些势力强大的军阀,也不得不纷纷向朝廷归附,最起码在表面上表示愿意接受朝廷的领导。比如冀州的袁绍、徐州的吕布、荆州的刘表、河内郡的张杨、河东郡的王邑等,甚至影响力远远超出了中原范围,达到了江南各地。比如汉献帝迁于许都不久,远在吴地的孙策便主动派遣其手下奉正都尉刘由、五官掾高承二人为使者,奉章抵达许都,向朝廷拜献方物。再如长沙太守张羡,在桓阶的劝说下,主动遣使诣许都,拜见曹操,表示愿意举长沙及临近的武陵、零陵、桂阳四郡献给朝廷。广陵太守陈登,主动派其功曹陈矫出使许都,探听朝廷对他的态度。当受到东吴孙策围攻时,他首先想到的就是朝廷,向曹操求援。朝廷的影响力迅速扩展到了江南的东吴、长沙等地,这是曹操过去无法想象的。

二、代表朝廷，正义化身

许多人再与曹操作战时，就要掂量掂量了，不像过去那样，只是军阀之间的混战，如今曹操主持朝政，代表着朝廷，与之对抗就是不义。这一举改变了在此之前豪杰既多附袁绍，人思为报，州郡蜂起，莫不以袁氏为名，人情尽归袁绍的局面。如袁术在淮南称帝，曹操代表朝廷发出征讨檄文，随即一呼百应，群起而攻之，纷纷对其展开围剿，大大削弱了袁术的实力。

关于这一点，我们还可以举出许多事例。比如官渡之战前夕，桓阶曾劝张羡道："夫举事而不本于义，未有不败者也。故齐桓率诸侯以尊周，晋文逐叔带以纳王。今袁氏反此，而刘牧应之，取祸之道也。明府必欲立功明义，全福远祸，不宜与之同也。""曹公虽弱，仗义而起，救朝廷之危，奉王命而讨有罪，孰敢不服？今若举四郡保三江以待其来，而为之内应，不亦可乎！"认为曹操仗义而起，辅佐汉献帝，救朝廷于危难，就是代表着正义，奉王命而讨有罪之人，谁敢不服从。

再如，曹操与袁绍对峙于官渡时，袁术曾问张承曰："今曹公欲以弊兵数千，敌十万之众，可谓不量力矣！子以为何如？"张承则回答道："汉德虽衰，天命未改，今曹公挟天子以令天下，虽敌百万之众可也。"史载"术作色不怿，承去之"。

荆州牧刘表本来是袁绍的盟友，但是官渡之战前夕，面对袁绍对自己的争取，他显得犹豫不决，不敢直接投靠袁绍一方，与曹操为敌。他对自己的部下、荆州从事韩嵩说："今天下大乱，未知所定，曹公拥天子都许，君为我观其衅。"韩嵩、别驾刘先，大将蒯越、蔡瑁、张允等都主张投靠曹操。他虽然心有不甘，但是，再也不敢像过去那样轻易地倒向袁绍，只能选择中立。

然而，这种不支持朝廷，在朝廷与袁绍之间首鼠两端，采取中立的立场，显然是错误的决策，为荆州的未来埋下了祸根，曹操后来就是以这个理由出兵荆州讨伐他的。

袁绍出兵攻打许都时，其谋士田丰、别驾沮授就提出了反对意见，如沮授明确指出："曹氏迎天子安宫许都，今举兵南向，于义则违。"认为袁绍虽然实力强大，但是由于发动的是不义的战争，袁绍是不可能取胜的。然而，袁绍并不相信，结果官渡一战，落了个身死名裂的下场。

曹操的老乡沛国人刘馥，更是直接策反了袁术手下的将军戚寄、秦翊，二人率众与刘馥一起投奔了曹操。刘馥因此功被曹操辟为司徒掾，后来表为扬州刺史。

刘勋原来是袁绍的部下，曾经率军深入太行山腹地帮助袁绍击败并收降了张杨和南匈奴单于于扶罗，因遭到袁绍迫害南逃投奔了袁绍的政敌袁术，被袁术任命为庐江太守。后来又被孙策击败，他干脆率麾下数百人也归附了曹操。被曹操宠信，先任命他为丞相掾主簿，后升迁为平虏将军、赵郡太守、征虏将军，贵宠骄豪。

再如当曹操与袁绍对峙于官渡时，袁绍曾派使者前去诱降张绣，争取他加入自己的阵营，从南北两个方向夹击曹操，结果被其谋士贾诩制止。不仅如此，贾诩还说服张绣干脆投降了曹操，率军赶到官渡前线，共同对付袁绍。贾诩给出的理由便是"夫曹公奉天子以令天下"。

建安九年（204），曹操率军征讨南皮的袁谭时，辽东侯公孙度已经占领东莱诸县，势力发展到了胶东半岛。他企图趁机从那里出兵偷袭邺城。由于心里没有底，便召集部下商量。当时，曹操所派的乐浪郡（位于今朝鲜半岛）太守凉茂在前往赴任的路上，被公孙度扣留，公孙度知道他最了解曹军的情况，也让他参加了这次会议。会上，他问大家道："闻曹公远征，邺无守备，今吾欲以步卒三万，骑万匹，直指邺，谁能御之？"众将都认为这个主意好，唯有凉茂没有开口说话。公孙度征询他的意见道："于君意何如？"凉茂答曰："比者海内大乱，社稷将倾，将军拥十万之众，安坐而观成败，夫为人臣者，固若是邪！曹公忧国家之危败，愍百姓之苦毒，率义兵为天下诛残贼，功高而德广，可谓无二矣。以海内初定，民始安集，故未责将军之罪耳！而将军乃欲称兵西向，则存亡之效，不崇朝而决。将军其勉之！"诸将听了凉茂这番发言，皆震动。良久，公孙度方才说了声："凉君言是也。"由此放弃了这一计划。

三、赢得宗室支持，归降曹操

汉广阳顺王子西乡侯刘宏之后刘放曾劝汉渔阳王刘松说："往者董卓作逆，英雄并起，阻兵擅命，人自封殖，惟曹公能拨拯危乱，翼戴天子，奉辞伐罪，所向必克。以二袁之强，守则淮南冰消，战则官渡大败；乘胜席卷，将清河朔，威刑既合，大势已见。速至者渐福，后服者先亡，此乃不俟终日驰骛之时也。"于是，刘松举其所辖雍奴、泉州、安次三县归顺了曹操。刘放也选择了投靠曹操，并成为曹操的秘书郎,参丞相军事。汉宗室纷纷归顺,说明了他们对曹操的认可,并给予曹操高度的评价。

再如豫章(郡治在今江西省南昌市市区)太守周术病死后,造成太守位置空缺,朝廷任命朱皓为新的豫章太守,前去上任。然而,袁术却抢先任命诸葛亮的叔父诸葛玄为豫章太守,派他接管了豫章郡。这就意味着朱皓将无法前去就任,怎么办?朝廷又鞭长莫及,如果朱皓想去上任,就必须寻找外援,赶跑诸葛玄。于是,他便前往扬州,向扬州太守刘繇借兵。刘繇也是东汉的宗室,为齐悼惠王刘肥之后。当他听了朱皓的来意之后,毫不犹豫地给了他一支兵马,帮助他赶跑了诸葛玄,朱皓才得以进入南昌城成功就任。建安二年(197)正月,西城的老百姓响应朝廷的号召,群起攻杀了诸葛玄,将其首级送到了刘繇那里。这件事充分反映了当时老百姓心向朝廷。

东汉宗室刘晔为汉光武帝儿子阜陵王刘延之后。史料记载,当时的扬州多轻侠狡桀之士,其中郑宝、张多、许乾各领有一批人马,他们想驱使当地的百姓远渡江东,史载:"以晔高族名人,欲强逼晔使唱导此谋。晔时年二十余,心内忧之,而未有缘。会太祖遣使诣州,有所案问。晔往见,为论事势,要将与归,驻止数日。(郑)宝果从数百人赍牛酒来候使,晔令家童将其众坐中门外,为设酒饭;与宝于内宴饮。密勒健儿,令因行觞而斫宝。宝性不甘酒,视候甚明,觞者不敢发。晔因自引取佩刀斫杀宝,斩其首以令其军。"他借助宴请这些人之机,将匪首郑宝当场诛杀,为了震慑其他人,便高声呵斥道:"曹公有令,敢有动者,与宝同罪。"众人闻听,皆惊怖,逃回自己的驻地。刘晔假传曹操的命令,竟然将这些人吓得屁滚尿流,可见曹操的威信已经多么高了。

后来,刘晔本人直接投靠了曹操,成为曹操最为倚重的心腹之一,史载,曹操"每有疑事,辄以函问晔,至一夜数十至耳"。

汉宗室的纷纷归附代表着他们对朝廷的认可,也就是对曹操执政地位的认可。这就是曹操"奉天子以令不臣"的效果。

四、士族支持,助曹操一臂之力

曹操"奉天子以令不臣"这一策略的影响还远不止于此。它从根本上改变了士大夫们对曹操的印象,成功地将其塑造成汉王室的代理人形象。

河间人邢颙，少年时被举为孝廉，因为看不惯当时的政治腐败、官场黑暗，不愿意出仕。司徒曾欲辟他，他不仅没有应召，还更改姓名，跑到右北平投靠名士田畴。建安十二年（207），曹操远征乌桓，邢颙听说后，突然主动对田畴说："黄巾起来二十余年，海内鼎沸，百姓流离。今闻曹公法令严。民厌乱矣，乱极则平。请以身先。"提出想回故里去，一探虚实。田畴也是一个明白人，立即同意了他的要求。其他人对邢颙的举动很是不理解，田畴对众人解释说："邢颙，民之先觉也。"邢颙离开田畴后径直投奔了曹操，主动请求为曹操做向导，帮助曹操攻克了柳城。

再如田豫，最先跟随刘备，后来投靠了公孙瓒，公孙瓒失败后，群龙无首，众人便推举鲜于辅为首领，鲜于辅任命好友田豫为自己的从事。当时雄杰并起，鲜于辅莫知所从。田豫则劝他说："终能定天下者，必曹氏也。宜速归命，无后祸期。"于是，鲜于辅就采纳了他的意见，率众投奔了曹操。

田畴也是一个很有意思的人，他和邢颙一样看破了红尘，一直不愿意出来做官。初平元年（190），义兵起，董卓迁汉献帝于长安。袁绍与冀州牧韩馥欲拥立幽州牧刘虞为帝，遣使奉章去觐见刘虞，刘虞不敢受。他担心朝廷知道后会怀疑自己的忠心，于是，就想找人前去长安解释这件事。然而，因为道路艰险，其部下没有人敢于前往。最后，大家一致推荐年仅二十二岁的田畴："田畴虽年少，多称其奇。"于是，就将他招来，打算任命他为自己的从事，为其准备好车马，送他上路。

但是，田畴虽然领命，愿意代表刘虞前往，却不愿意以公家的身份前行，而是以老百姓的身份出使长安。他从自己家的宾客中挑选了二十骑勇士陪伴自己。由于前往长安的道路被袁绍、韩馥等军阀所阻绝，沿途寇虏纵横，他选择从西关出塞，傍北方西上，直趋朔方，然后循小路而行，历经千辛万苦方才赶到长安。朝廷嘉其忠勇，想留下他任骑都尉，他坚辞不受。三府闻听他的故事，对他的才能很是认可，便竞相聘之，田畴皆不就。他为了尽快摆脱这一局面，立马驰还幽州，准备向刘虞复命。没想到在回去的路上，却听说刘虞已被公孙瓒杀害，幽州为公孙瓒所占。田畴很是伤心，回到幽州后，他没有去拜访公孙瓒，而是径直赶到刘虞的墓前祭拜，将从长安带回来的朝廷对刘虞的诏书陈列在刘虞的墓前，痛哭而去。这一消息很快就传到了公孙瓒那里，他顿时大怒，下令将其逮捕，质问他为什么擅自去刘虞墓前哭拜，而不将朝廷的诏书报送给自己。面对因暴怒而充满杀气的公孙瓒，田畴面无惧色，直言不讳地告诉他说，如今汉室衰颓，人怀异心，只有刘虞公不失忠节，朝廷的章报是给幽州牧刘虞的，其中可能会有不利于公孙瓒的内容，恐怕不是他所乐意听到的，因此才没有呈送给他。最后，他还提醒公孙瓒说："且将军方举大事以求所欲，既灭无罪之君，又雠守义之臣，诚行此事，则燕、赵之士将皆蹈东海而死耳，岂忍有从将军者乎！"说得公孙瓒无言以对，只得饶了他，但是把他囚禁在军中，不让他与亲友们联系。后来，在部下们的劝说下，公孙瓒最终释放了他。

田畴获释回到老家后，率领全族和数百名前来投奔他的人躲进了徐无山中，找到一个地势平坦，周围又可以据险而守的地方定居下来，在那里开垦荒地，大家共同耕作，以养父母。这件事传出来之后，周边许多老百姓都前来投靠他，数年之间，就发展到了五千余家。田畴还制定了相互杀伤、犯盗、诤讼之法，法重者至死，其次抵罪等二十余条法律，以约束大家的行为，又制定了婚姻嫁娶之礼仪，兴办学校，他亲自授课。在他的治理下，大家相安无事，道不拾遗，简直成了一个国中之国，成为乱世之中少有的一小块清净且太平的世外桃源，在当时不能不说是一个奇观。

北方的少数民族听说这件事后，都对他很是佩服。乌桓、鲜卑等部族纷纷派遣使者带着翻译前来拜访他，主动向他致贡献，建立了很好的关系。消息传到袁绍那里，袁绍数次遣使前来招降，答应授给田畴将军印绶，却都被他给拒绝了。袁绍死后，其儿子袁尚又辟他出来为官，田畴始终不就。

在曹操北征辽西乌桓时，曹操想将田畴争取过来，为己所用，便派其本家田豫前去游说他。没想到田畴闻听后，赶忙让手下为其整理好行装。门人感到奇怪，赶忙问他道："昔袁公慕君，礼命五至，君义不屈；今曹公使一来而君若恐弗及者，何也？"田畴微微一笑说："此非君所识也。"遂跟随使者来到曹操军营中，被曹操任命为司空户曹掾。从此，他经常被曹操请去咨询军国大事。

这桩桩事例充分说明了曹操将汉献帝迎到许都，实施"奉天子以令不臣"这一政策后，在士族阶层中产生的重大影响。心向王室已经成了一种风尚。类似的事例还有许多。

从以上事例来看，我们发现，几乎每个政治团体里都有正义的呼声，这些都是精英阶层，他们的言论很具代表性，对他们所在的政治集团带来很大压力，阻止了他们的分裂行为。

五、广招人才，英才荟萃

我们知道，三国时代既是一个动乱不堪的时代，又是一个人才辈出的时代。鉴于社会动荡和对朝廷式微的失望，许多人感到既无奈又无力，他们虽然身怀碧玉，却看破了红尘，不愿出仕，以图过上安静的生活，宁愿终老山林，也不愿意出来做官。因此，这个时期，隐士特别多，这是非常不正常的社会现象。

要想成就一番大事业，没有人才是万万不能的，对于这个道理，曹操感触特别深。于是，在将汉献帝迎到许都后不久，他主动向天下征召人才，如征召孔融前来。孔融刚刚与袁谭争夺青州失败，正在失意彷徨中，听到朝廷征召自己，也不再像之前看不上曹操那样倨傲了，他欣然从命，迅速赶到许都，被任命为将作大匠，不久之后，又升迁为少府。在此之前，孔融一直与陶谦、刘备二人交好，与袁绍、曹操阵营为敌，如果没有朝廷出面征召，一向恃才傲物的孔融不可能会赶到许都来效命。

荀彧又向曹操推荐了自己的族侄荀攸。荀攸因为与郑泰、何颙、种辑等人阴谋刺杀董卓，失败后被关进了监狱，后来适逢董卓被杀，荀攸获释，然后想到蜀郡任职。当时，因为刘表与刘璋对峙，前往蜀郡的道路断绝，他不得已只能暂住在荆州。曹操便给他写信，希望他能够前来许都在朝中任职。关于这件事的经过，《三国志·荀攸传》中记载："太祖迎天子都许，遗攸书曰：'方今天下大乱，智士劳心之时也，而顾观变蜀汉，不已久乎！'于是征攸为汝南太守，入为尚书。太祖素闻攸名，与语大悦，谓荀彧、钟繇曰：'公达，非常人也，吾得与之计事，天下当何忧哉！'以为军师。"

在荀彧的推荐下，郭嘉也来到了曹操的身边，成为曹操的谋士。郭嘉、荀攸都是天下难得的人才，从此以后，他们二人成为曹操的左膀右臂。作为主要谋士，为曹操出了不少好计策。

此后，荀彧又向曹操推荐了仲长统，被曹操任命为尚书郎，后参丞相军事。荀彧还向曹操推荐了严象、韦康二人。

曹操求贤若渴，广招人才，多次下求贤令。他采取了唯才是举的用人政策，使许多怀才不遇、报国无门的有志之士重新看到了希望，有了发挥自己才能的机会和报效国家的平台。于是，他们便纷纷跑到许都，希望在朝廷中谋得一官半职。其中，尤以客居荆州的人最多，他们往往结伴而来。

比如杜袭，与老乡兼好友繁钦、赵俨三人最初一同避乱逃到了荆州，危难之时，三人通财同计，合为一家，抱团取暖。因为出身显贵，且都很有才华，刘表待他们以宾客之礼，其中尤其是繁钦，非常受器重。然而，这三个人都是有理想、有抱负之人，当他们在荆州住了一段时间之后，发现刘表并不是他们心目中的胸怀大志的主人，杜袭便对正在受宠而得意的繁钦说："吾所以与子俱来者，徒欲龙蟠幽薮，待时凤翔。岂谓刘牧当为拨乱之主，而规长者委身哉？子若见能不已，非吾徒也。吾其与子绝矣！"表示坚决要离开那里。繁钦见他去意已决，便感慨道："请敬受命。"三人遂结伴向南逃去，一路跑到了长沙。当他们听说曹操将天子迎到许都的消息后，赵俨对繁钦说："曹镇东应期命世，必能匡济华夏，吾知归矣。"建安二年（197），他们遂扶持老弱，北上许都，投靠了曹操。赵俨被曹操任命为朗陵县令，当时赵俨年仅二十七岁。杜袭被曹操拜为西鄂县令。繁钦以文学见长，被曹操留在了身边，后来担任丞相主簿。

三国多奇才，颍川尤其多。东汉末年，颍川、汝南这两个地方出了不少著名人物，其中许多人最初投靠在袁绍门下，最后，又都选择了改投在曹操门下，成为曹操手下的高参和依靠对象，比如荀彧、荀攸、郭嘉、戏志才、钟繇、陈群、杜袭、辛毗、邯郸淳、荀衍、荀悦等人。可惜的是，戏志才、荀攸、郭嘉、繁钦这几个人去世较早。

曹魏建立之后，赵俨、杜袭、陈群和辛毗四人均成为曹魏的重臣，号称颍川四大名士。汝南人有应场、应璩、和洽、许劭等。

另外，颍川的著名人物还精通奇门、兵法、经学，有"水镜先生"之称的司马徽、冀州牧韩馥、郭图、辛毗之兄辛评、荀彧之兄荀谌、荀爽等，虽然他们中许多人并没有选择在曹操的阵营，但也是颍川人的骄傲。

再如娄圭，荆州南阳郡人，少年时就与曹操有交情。初平年间，天下大乱，他在荆州北界纠集了一批人以求自保。天下起兵讨伐董卓时，他率众投靠了荆州牧刘表，为刘表招募从关中逃出的难民。当他听说曹操将汉献帝迎到了许都后，难掩兴奋之情，毅然离开刘表，前来许都投奔老朋友曹操，被曹操任命为将军，常常参与军国大计，为曹操出了许多好主意。

京兆人杜畿的经历非常特殊。他是汉御史大夫杜延年的后代。曾被举为孝廉，任过汉中府丞。天下大乱之后，他弃官而逃，避乱荆州。当他听说汉献帝被曹操迎接到了许都的消息后，心中十分高兴，也像其他人一样赶到许都，寻找发展机遇。他首先找到了在朝中任侍中的老朋友耿纪，希望他推荐，在朝中谋个差事。因为汉献帝刚来许都不久，各种设施还很不健全，加之投奔而来的人又实在太多，晚上没有地方可住，于是，耿纪就将他临时安排在了自己的宿舍内，与自己同室而居。老朋友相见，话题自然非常多，可是当谈论起当前天下形势时，杜畿难以掩饰自己的激动，滔滔不绝，且越说越兴奋，竟不顾夜深人静，与耿纪高谈阔论起来，嗓门时高时低，不知道疲倦，二人竟然聊了一整夜。常言道，隔墙有耳，隔壁住的便是尚书令荀彧，他与耿纪比屋而居，他们的谈话全被隔壁的荀彧听到了，害得他一夜没有睡好。不过，通过偷听二人的谈话，他知道杜畿是一个世间高人。于是，第二天一早，他便派人将耿纪带来，责问他曰："有国士而不进，何以居位？"然后，他亲自召见了杜畿，经过与他交谈，发现杜畿确实是一个难得的人才，便将他推荐给了朝廷，被曹操任命为司空司直。不久后，迁为护羌校尉，使持节，领西平太守，后来成为朝中的股肱之臣。

再如徐宣、陈矫二人，俱为广陵人，初均避乱江东。他们推辞掉孙策、袁术对他们的任命，逃回了老家，受本郡广陵太守陈登所邀，出任广陵郡功曹。他们与陈登一起心向曹操，最后都跑到许都，投奔了曹操。

在投奔许都的众多人中，不乏传奇故事。其中，传国玉玺失而复得，就是一例。

当年，太监张让发动叛乱，袁术火烧南宫，张让劫持少帝刘辩与刘协连夜出奔，左右分散而逃，慌乱之中，掌玺者将传国玉玺投进一水井中。孙坚率军赶跑董卓，进入洛阳之后，将玉玺从水井中打捞出来，如获至宝，将其交给自己的夫人藏匿。后来，孙坚在攻打荆州刘表时不幸战死。袁术即将僭号，听说孙坚曾得传国玉玺，便将孙坚的夫人拘禁起来，逼迫她交了出来，据为己有。

献帝迁到许都之后，征召曾任汝南太守、东海国相的广陵海西人徐璆到朝中任廷尉。徐璆在前往许都赴任的路上，被袁术劫持，准备授予徐璆以上公之位。因此，徐璆不得到许都来，只能暂时留在了袁术处。他私下叹息曰："龚胜、鲍宣，独何人哉？守之必死！"将自己比作当年不愿屈服于王莽的龚胜、鲍宣，将袁术比作充满野心的王莽。

建安四年（199），袁术病死，徐璆趁混乱之机，偷得了袁术手中的传国玉玺，他喜出望外，带着它直奔许都，将其献给了朝廷，一并呈送的还有以前朝廷授给他的汝南、东海二郡太守的印绶。国玺失而复得，颇让众人讶异。司徒赵温惊奇地问徐璆："君遭大难，犹存此邪？"徐璆慨然回答道："昔苏武困于匈奴，不坠七尺之节，况此方寸印乎？"后来，朝廷拜徐璆为太常。

随着前来投奔的人越来越多，自然也会出现鱼龙混杂的情况，下面就是一个典型事例。

六、泥沙俱下，鱼龙混杂

来到许都的人多了，难免会鱼龙混杂，闹出不少笑话来。比如平原人祢衡，兴平中，避难在荆州。建安初年，听说很多人都跑到许都来谋发展，他便也在建安四年（199）从荆州来到了许都。据《后汉书·祢衡传》记载："祢衡……少有才辩，而尚气刚傲，好矫时慢物。……建安初，来游许下。始达颍川，乃阴怀一刺，既而无所之适，至于刺字漫灭。是时，许都新建，贤士大夫，四方来集。"《三国志·荀彧传》注引《平原祢衡传》记载："衡字正平，建安初，自荆州北游许都，恃才傲逸，臧否过差，见不如己者不与语，人皆以是憎之。……衡时年二十四。是时，许都虽新建，尚饶人士。衡尝书一刺怀之，字漫灭而无所适。"

上述两则史料告诉我们以下信息：

一是祢衡的特点是少有才辩，恃才傲逸，见不如己者不与语，因此，很惹人烦。

二是建安初年，许都新建，祢衡也从荆州来到了许都，原因是他见贤士大夫四方来集许都，也想前去凑热闹，碰运气。

三是当时他来的背景是许都尚饶人士。

四是他来时特意书写了一个名刺，揣在怀里，因为不知道该投给谁，以至于上面书写的字漫灭。

所谓名刺，又曰爵里刺，相当于今天的名片，也可以说是介绍信。按照其功能，可以分为名刺、入官刺、禀食月别刺、出俸刺、表火出入界刺、书邮刺等多种形式，当然其作用也各不相同。汉代的名刺一般写在竹片上，格式是竖写单行，主要是自己的情况介绍，最上面写有自己的官职、爵位、籍贯、姓名，然后，空出一格，接着是敬语"问起居"，再空一格，注明自己的字，也有人将籍贯写在自己字的前面，如"弟子潘君再拜　问起居　字符国""豫章吴应再拜　问起居　南昌字子远""中郎豫章南昌都乡吉阳里吴应　年七十三　字子远"。安徽马鞍山朱然墓中出土的名刺，上书："弟子朱然再拜　问起居　字义封""故鄣朱然再拜　问起居　字义封""丹杨朱然再拜　问起居　字义封"，等等。

图六十七　朱然墓出土的朱然生前曾用过的名刺

祢衡也没有脱此窠臼，按照这个规矩，出发之前提前为自己写好了名刺，上面写明了自己的有关情况，目的是向别人介绍自己，然后便赶往许都。但是，当他来到许都后，竟然因为无所适，也就是不知道该投奔谁，一直在大街上游荡，以至于将名刺一直揣在怀里，造成了名刺上的文字漫灭，也没有将自己"卖"出去。为什么会出现这种情况呢？

从上面资料中可以看出，祢衡这个人有一个毛病，恃才傲物，"臧否过差，见不如己者不与语"，也就是说在许都有那么多人士，他都看不上眼，因此，惹得人们都很讨厌他。看来，祢衡之所以会"无所适"，是他的性格使然，而不是因为其他人的原因。

由于他一时没有地方可去，于是，有人就好心地提醒他道："何不从陈长文、司马伯达乎？"问他为何不去投靠陈群或司马朗，当时二人都在曹操的司空府中任西曹掾属，负责管理人事。祢衡回答道："卿欲使我从屠沽儿辈也！"所谓屠沽儿辈，就是指那些屠夫和卖酒的人，这是对出身低贱的蔑称。

人们见他口气如此之大，便又问他道："当今许中，谁最可者？"意思是说依你的眼光看，当今在许都的这些人中，你认为谁最能够入你的法眼？祢衡回答曰："大儿有孔文举，小儿有杨德祖。"孔文举就是孔融，杨德祖就是杨修。

人们听后十分惊讶，赶忙追问他道："曹公、荀令君、赵荡寇皆足盖世乎？"之所以拿这三个人来问他，主要因为曹操、荀彧分别担任司空、尚书令，均为三公之一；赵融曾任西园八校尉中的助军左校尉，后升任荡寇将军，当时担任光禄大夫，是皇帝身边的红人，在诸大夫中地位最尊。这三个人都是当时炙手可热的人，人们心目中的英雄。

祢衡不敢说曹操如何，于是便开始拿荀彧和赵融二人打趣。因为荀彧有仪容，而赵融体形较胖，大腹便便，祢衡回答道："文若可借面吊丧，稚长可使监厨请客。"其意思是说荀彧这个人只是外表长得好看而已，可以借他的脸去吊丧，赵融则是个只会吃肉的家伙，可以派他去监督厨房，负责膳食。

上面说过了，这两个人都是当时炙手可热、颇受人们尊重的人。祢衡竟然如此评价，贬低和挖苦人们心目中的英雄。于是，众人对他皆切齿憎恨，同时，知道这个人疯疯癫癫，不再搭理他。

但是，令人不解的是，就是这样一个狂妄不羁、目中无人、人见人恨的人，竟然很受少府孔融的推崇，孔融盛赞祢衡很有才华，还亲自上书给汉献帝，极力推荐他。孔融在给汉献帝的奏章上如是说："臣闻洪水横流，帝思俾乂，旁求四方，以招贤俊。昔孝武继统，将弘祖业，畴咨熙载，群士响臻。陛下睿圣，篡承基绪，遭遇厄运，劳谦日昃。惟岳降神，异人并出。窃见处士平原祢衡，……淑质贞亮，英才卓砾。……目所一见，辄诵于口；耳所瞥闻，不忘于心。性与道合，思若有神。弘羊潜计，安世默识，以衡准之，诚不足怪。忠果正直，志怀霜雪。见善若惊，疾恶若仇。任座抗行，史鱼厉节，殆无以过也。鸷鸟累伯，不如一鹗。使衡立朝，必有可观。飞辩骋辞，溢气坌涌，解疑释结，临敌有余。昔贾谊求试属国，诡系单于；终军欲以长缨，牵致劲越。……近日路粹、严象，亦用异才，擢拜台郎，衡宜与为比。如得龙跃天衢，振翼云汉，扬声紫微，垂光虹蜺，足以昭近署之多士，增四门之穆穆。钧天广乐，必有奇丽之观；帝室皇居，必蓄非常之宝。若衡等辈，不可多得。……臣等区区，敢不以闻。"

孔融夸赞他淑质贞亮，英才卓砾，性与道合，思若有神，忠果正直，志怀霜雪；将他与西汉的贾谊、终军相类比，认为祢衡的能力和当时的才子路粹、严象不相上下，都是当世至宝，不可多得，其能力不亚于记忆力极强的西汉丞相张安世和桑弘羊；如果得到他，就如得龙跃天衢，振翼云汉，扬声紫微，垂光虹蜺，足以昭近署之多士，增四门之穆穆。总之，孔融对其大夸特夸。

由于孔融多次在曹操面前称赞祢衡，曹操也早就听说许都来了个奇人，便准备接见他。可是，此时的祢衡却开始拿起架子来，史载"而衡疾恶之，意常愤懑。因狂疾不肯往，而数有言论"。

曹操知道祢衡这个人脾气乖戾，便不和他计较。但是，祢衡却经常在背后说一些不利于曹操的话，表现出怀才不遇的样子，曹操便想试一试他的真本事。八月，曹操听说祢衡善于击鼓，便将他录用为管理击鼓的鼓史，想检测一下他的击鼓水平。曹操专门为其举办了一场大型宴会，宾客并会，想让他在众人面前出丑，趁机羞辱他一番，刹一刹他的傲气。于是，规定每位鼓史进入会场之前，必须先击一通鼓，经大家评审认可后方可进入；进入会场之前，还需要脱去自己之前穿的衣服，更换成新的岑牟（古代鼓角吏所戴的帽子）和单绞（暗黄色的薄衣）之服。轮到祢衡时，只见他操起鼓槌，猛击大鼓，击打出一曲《渔阳参挝》，史载："蹀躞而前，容态有异，声节悲壮，听者莫不慷慨。"①《三国志·荀彧传》注引张衡《文士传》亦载："容态不常，音节殊妙。坐上宾客听之，莫不慷慨。"然后，他径直步入殿内，来到曹操的面前方才停下脚步。负责值更的官吏见状赶忙喝止他道："鼓史何不改装，而轻敢进乎？"但为时已晚。只见祢衡"诺"了一声，便站在曹操面前，开始毫无顾忌地脱衣，先解衵衣，次释余服，裸身而立，慢慢地取过岑牟、单绞穿上，完毕后，再次返回，又奏了一遍《渔阳参挝》，然后丢下鼓槌，扬长而去，史载其"颜色不怍"，惊呆了在座众人。曹操见状突然大笑，对在座的宾客说："本欲辱衡，衡反辱孤。"

事后，人们问祢衡当时他所击打的是什么曲调、何人所作，祢衡不屑地随口答了一句："此乃《渔阳参挝》也。"从此，《渔阳参挝》便成为一首击鼓曲调，流传了下来。

宴会结束后，孔融也认为祢衡做得有点过分，实在是太不像话了，因此深责数之曰："正平大雅，固当尔邪？"并告诉他曹操并没有责怪他，想让他前去正儿八经地拜会曹操，向他解释一下。祢衡当时也答应了，却显得很是不情愿，竟然说了一句："当为卿往。"

很快便到了建安四年（199）十月朝会，为了给祢衡通融，孔融提前去拜见了曹操，禀告他说祢衡想求见他，并特意为祢衡开脱说，祢衡有点狂疾，现在想当面向曹操表达谢意。曹操闻听大喜，当即表示同意，立即敕令守门者，如有客

---

① 〔宋〕范晔：《后汉书·祢衡传》，中华书局1965年版，第2655页。

人前来，立即向他通禀。于是，曹操耐心地等他。可是，等到天已经大黑了，也没有看到祢衡的身影。正在此时，有一官吏进来向他请示道："外有狂生，坐于营门，言语悖逆，请收案罪。"曹操闻听很是讶异，赶忙来到大营门口观看，却发现祢衡身着布单衣，头戴疏巾，脚穿练布鞋，手里拿着一根三尺长的拐杖，坐在那里，正在以杖捶地大骂，数落着曹操的不是呢。他说几句，在地上捶几下。

曹操见此情景，心中那个气呀，他再也控制不住自己的脾气了，有心杀了他吧，又担心坏了自己的名声，当前正是招徕人才之时，害怕因此而寒了天下众位士子的心；不杀他吧，他又在许都胡搞事情，将许都闹得乌烟瘴气，让自己不得安宁。

于是，他立即敕令手下赶快从马厩中挑选出三匹精良战马来，让两人分别骑着尽快赶来。然后，派人将孔融找来，怒冲冲地对他说："祢衡竖子，乃敢尔！孤杀之无异于雀鼠，顾此人素有虚名，远近所闻，今日杀之，人将谓孤不能容。今送与刘表，视卒当何如？"说完，派人将祢衡强行架到另一匹马背上，由两名骑兵左右夹持着，命令将其尽快送回到南阳去，越快越好。孔融见状，也不好说什么，只能眼睁睁地看着这一切。

祢衡也知道这次算是彻底惹怒了曹操，自己将不得不离开许都，回到荆州去。于是，他也不再争辩，要求将他先送回自己的驻地，准备带上自己的东西离开。为了给自己挣回面子，在出发之前他还不忘给自己好好装束一番。

这一爆炸性的消息不胫而走，很快便在许都城内传开。尽管大家非常讨厌他，但是，祢衡毕竟是名士，又深受孔融、杨修二人的敬重，古人十分重视礼仪，出于礼貌，许多人听说这件事后，还是立即赶到城南，在通往南阳的大路旁搭起了帐篷，设宴准备为他送行。

可是，左等右等就是不见祢衡到来，大家心中不免生出怨气来，于是相互约定道："（祢）衡数不逊，今因其后到，以不起报之。"

等祢衡到达时，只见他油头敷面，原来他重装打扮自己，耽误了不少时间。他见众人皆坐地不起，看到他也不说话，就一屁股坐了下来，突然号啕大哭起来。众人不解，赶忙问他因何而哭，祢衡回答说："坐者为冢，卧者为尸。尸冢之间，能不悲乎！"大家闻听其说话从来都是如此尖刻，心中那个气呀。

可能是接受了在许都的教训，回到荆州后，祢衡一改之前的狂傲，突然开始盛赞起刘表来，讨好和巴结主要领导，而且他很有文采，自然说出的话非常好听。

因此，刘表十分高兴，待之为上宾，文章言议，非衡不定。

祢衡确实有才，这一点不能不让人佩服，比如有一次，刘表准备向朝廷写奏章，他召集身边的一批文人一起草拟，极其才思，最终写成，自认为非常满意。当时祢衡外出，他回来看到后，认为开题及阐述问题都不周详，遂将其撕毁，然后一把摔在地上。刘表见状十分惊愕。只见祢衡要求给他拿笔札来，须臾立成，词义可观。刘表大悦，更加器重他。

史载，祢衡称赞刘表"之美盈口，而论表左右不废绳墨。于是左右因形而谮之"，也就是说，当谈论起刘表的手下时，他却又不讲究原则，经常恃才傲物，贬损这个，攻击那个，惹得大家对他极为恼火。于是，刘表的左右就利用各种机会纷纷在刘表的面前诋毁他，造谣说："衡称将军之仁，西伯不过也，唯以为不能断；终不济者，必由此也。"诬陷祢衡说刘表智短，不能成大事。

刘表耳根子很软，只爱听好听的话，想不到祢衡会在背后说出这样大不敬的话来，他也不去调查了解这些话的真假，开始疏远祢衡。敏感的祢衡感到刘表的变化后，旧病复发，开始侮慢刘表。刘表心胸狭窄，岂能容他，但是也不愿意杀他，落下一个擅杀名士的坏名声。刘表知道自己的部下江夏太守黄祖性格急躁，于是，将他礼送到了黄祖那里，希望黄祖能够替自己好好教训他一番。

刚开始时，黄祖对他也非常敬重，善待有加。让祢衡做书记，轻重疏密，各得体宜。黄祖曾抓住他的手说："处士，此正得祖意，如祖腹中之所欲言也。"

黄祖的长子黄射，当时为章陵太守，与祢衡关系特别好。一次，他与祢衡一块儿出游，见到蔡邕所作一通碑文，两人一起研读了一番，回去之后，黄射非常喜爱蔡邕碑文中所写的言辞，只可惜当时没有誊写下来，如今回忆不全。祢衡却告诉他道："吾虽一览，犹能识之，唯其中石缺二字，为不明耳。"说罢，提笔将碑文默写了下来。黄射赶忙亲自骑马带人跑过去，让部下去临摹原碑文，回来与祢衡所写的内容进行校对，发现完全一样，众人莫不叹服。一次，黄射大会宾客，有人献给黄射一只鹦鹉，黄射一时高兴，拿着酒杯来到祢衡面前，对他说："愿先生赋之，以娱嘉宾。"祢衡揽笔而作，遂草成一篇《鹦鹉赋》，文无加点，辞采甚丽。众人见状，无不叹服。

黄祖很是欣赏他的才华，每次在座，席间有贵宾，都会主动向他们介绍祢衡，让他们认识和交谈，以活跃气氛。然而，时间长了，祢衡的老毛病就又犯了，他回答黄祖的话时，经常是俳优饶言，像唱戏一样乱说一通，黄祖是一员虎将，往往听不懂他的话，以为是在辱骂自己。一次，黄祖在艨艟斗舰上大会宾客，祢衡却出言不逊，搞得黄祖非常惭愧，乃呵斥他。祢衡见状，不逊道："死公！云等道？"意思是说，死老头子，你这是说的啥话呀？黄祖闻言，顿时大怒，回头示意伍伯（役卒，多为舆卫前导或执杖行刑的头目）捉住其头发，一把将其拽了出来，准备施以棍刑。祢衡遭受此辱，顿时破口大骂，黄祖更加恼怒，遂下令立即杀了他。黄祖的主簿一向对祢衡不满，当即借机诛杀了他。黄射听说这一变故后，心中非常着急，光着脚就跑了过来，企图救下祢衡，但是，为时已晚。祢衡被杀时，年仅二十六岁。事后，黄祖也感到后悔，下令将其尸体收进棺木，厚加安葬。祢衡被葬在今湖北省武汉市汉阳区中铁大桥集团宿舍（汉阳莲花湖公园西北），1983年，祢衡墓被公布为武汉市重点文物保护单位。

祢衡戏谑人生，多次戏弄曹操，曹操不愿因为杀他而触怒天下士人，破坏自己礼贤下士的形象，影响其招募天下人才的计划，故只能选择将其礼送出境。到了荆州后，他仍然恶习不改，最终还是落了个身死异乡，成为天下笑柄，贻笑天下的下场。

当然，这是众多聚集到许都、投奔曹操的士人中的一个花絮而已。当时许都已经是人才荟萃，用当年诸葛亮劝阻其好友、汝南人孟公威北返归故里时说的话："中国饶士大夫，遨游何必故乡邪！"但是，仍然不能阻挡其回归之路，便是最好的说明。孟公威回到许都之后，官拜凉州刺史、征东将军。

第六节　瓦解袁氏集团

"奉天子以令不臣"这一政策的实施,很快便使曹操的头号政敌袁绍吃尽了苦头。汉献帝迁都许都之后不久,曹操便以执政大臣的名义发号施令,名正言顺地代表朝廷去声讨那些不听命令的军阀,首先便拿袁绍开刀。史料记载:"建安元年,曹操迎天子都许,乃下诏书于绍,责以地广兵多而专自树党,不闻勤王之师而但擅相讨伐。"作为袁绍老战友、老部下的曹操,能以这种口气来责备袁绍,在过去是不可想象的。

此时的袁绍只能暗自叫苦,频频上书为自己的行为进行辩护,表明心向朝廷之心迹。从此以后,袁绍每次得到皇帝的诏书,总是担心有对自己不利的地方,开始后悔当初没有听从沮授将天子迎到邺城的建议。然而,事到如今,一切都晚了。

为了改变这一被动局面,袁绍曾经做过不少努力,如派使者到许都和曹操商量,以许都埤湿为名,希望将汉献帝迁到离自己较近的鄄城,以便加强与朝廷的密切联系。这样的无理要求理所当然地被曹操拒绝了。

袁绍无计可施,便经常给曹操写信,语气十分傲慢,用词违逆不敬,甚至十分无理,用一些悖论故意气恼曹操,惹得曹操大怒,举动失常。但是,这一切都于事无补,只能借此表示自己的不满和撒撒气而已。

曹操这一策略的实施,所产生的好处主要表现在以下方面。

一、豪族袁氏,最大隐患

东汉多豪族,尤以弘农杨氏、汝南袁氏为最,他们世居三公之位,门生遍天下,根深蒂固,长期把持朝政,对当时的朝政和时局影响甚大。曹操成功解决了以杨彪为代表的弘农杨氏之后,开始考虑如何对付袁氏。

但是,以袁绍、袁术为代表的汝南袁氏与弘农杨氏不同,他们二人均手握重兵，各占一方，实力远超曹操，且袁绍还是曹操的传统盟友、曾经的老上级，不好招惹。

袁氏的强大是令人难以想象的，仅在灵帝末年至汉献帝初期，汝南袁氏在朝中同时出任高官的就有袁绍的叔父太傅袁隗、司隶校尉袁绍、袁绍同父异母的弟弟太仆袁基、虎贲中郎将袁术、中常侍袁赦、侍御史袁涣、山阳太守袁遗等，他们皆居显要位置。这还是有史可查的，相信还会有更多名不见经传的袁氏子弟在朝廷或地方上担任官职。故《后汉书·袁安传》称："以逢、隗世宰相家，推崇以为外援。故袁氏贵宠于世，富奢甚，不与它公族同。"袁氏的门生更是遍天下，其中，冀州牧韩馥就因为是袁氏的门生，才在袁绍的威逼利诱之下，将自己的冀州牧拱手让与袁绍，使袁绍轻易掌控了冀州，成为天下最强的霸主。

当时，袁绍在北方掌控着冀州、并州、青州、幽州四州之地，袁绍的从兄袁遗为扬州刺史，袁术在南方占领着淮南等大片地盘。袁绍、袁术二兄弟分别为两大对立军事集团的盟主，势力非常强大。当时，袁绍阵营中有曹操、荆州牧刘表、徐州吕布、河东郡王邑、辽东乌桓；术阵营中有公孙瓒、陶谦、孙策等。此时，袁绍的堂兄袁遗任扬州刺史，堂弟袁叙时任济阴太守，袁涣则在袁术军中。袁氏家族基本掌控着关东及江南广大地区，势力十分强大，各地军阀基本上都听命于袁绍、袁术二兄弟。当时军阀之间的争斗，也全都是围绕着二兄弟之间的斗争。环顾周围，基本上都是袁氏兄弟的势力范围。

因此，曹操要想彻底摆脱袁氏集团对时局和朝政的影响，获得较大发展，辅佐汉献帝，使朝廷能够立足于中原，得以重新中兴，就必须想办法削弱和剪除汝南袁氏集团，让依附于他们的各地军阀得以摆脱袁氏家族对他们的控制，归顺朝廷，否则将一事无成。

因此，如何对付他们，曹操不得不慎重，他思忖再三，决定采取分化政策。他充分利用袁绍和袁术兄弟二人之间的矛盾，对袁绍采取拉拢，对袁术则采取严厉打击的不同政策，彻底分化了二人，然后，再想办法逐个击破，以达到最终消灭他们的目的。

然而，屈从于权势从来不是曹操的选择。因此，对袁绍仅靠拉拢是远远不够的，还要辅以威逼，即所谓的恩威并重，才能使其威服。

于是，曹操将汉献帝迎到许都后的第一件事，便是奏请朝廷，下诏给袁绍，责备他"以地广兵多而专自树党，不闻勤王之师而但擅相讨伐"之罪，逼得袁绍赶忙上书为自己辩护，表明对朝廷的忠心。然后，曹操再对袁绍进行封赏，封他为太尉和邺侯，这引起了袁绍的极大不满和愤慨，认为曹操自己兼任大将军，只给了他一个太尉，是对他的侮辱。因此，这件事进行不下去，僵持在了那里。

正在此时，一个不幸的消息传来，袁术与吕布勾结，准备在淮南称帝。曹操必须立即采取措施，以阻止阴谋得逞。于是，他不得不赶忙与吕布联系，阻止二人勾结；与孙策联系，从内部阻止袁术称帝。

然后，曹操决定出手严厉打击袁术。他之所以如此对待袁术，一方面是袁术后来果然称帝，公然反叛朝廷，这就为曹操的征讨提供了充足的理由；另一方面是因为袁术本来就不是自己阵营的人，曾经出兵北上，侵扰曹操的东郡，结果被曹操击败逃走。

然而，袁术称帝已经成为事实，袁绍对此事是什么态度？虽然二人不和，是死对头，但是二人毕竟是亲兄弟，面对这一现实，他是不是会从自己家族的利益考虑，改变先前的态度，选择投靠袁术呢？

尽管曹操不相信这样的事情会发生，但面对如此险境，他还是不得不选择对袁绍进行让步，以暂时稳住袁绍，避免他向袁术靠拢。于是，就在袁术宣布称帝不久，曹操立即奏请汉献帝，将自己的大将军位置让给袁绍，并迅速派孔融前往宣读诏书。据《后汉书·袁绍传》记载："（建安）二年，使将作大匠孔融持节拜绍大将军，锡弓矢节钺，虎贲百人，兼督冀、青、幽、并四州，然后受之。"建安二年（197）三月，汉献帝派遣孔融作为朝廷使者，持节前往邺城，拜袁绍为大将军，明确规定他兼督冀、青、幽、并四州之地。这样一来，袁绍才勉强表示接受，曹操也舒了一口气。

然后，他决定利用袁氏二兄弟的矛盾，依托袁绍集团的势力，尽快先翦灭袁术这股叛乱分子。

兄弟阋于墙，在袁绍、袁术兄弟二人身上表现得特别突出，然而他们不是外御其侮，而是相互拆台。因为种种原因，造成他们分属于两大对立的政治和军事集团，兄弟二人各为盟主，相互不服，斗争十分激烈。这也就给了曹操各个击破、最后将他们全部消灭的机会。

在瓦解根深叶茂的袁氏集团这件事上，更凸显了曹操"奉天子以令不臣"这一决策的巨大作用。

二、汝南袁氏，四世三公

读到这里，人们一定会好奇：既然袁绍和袁术是兄弟，为什么还会出现兄弟不和、互相拆台这种现象呢？汝南袁氏到底是一种什么状况？为了帮助大家了解这一事件背后的真相，在此进行一些较为深入的介绍。

袁术，字公路，汝南汝阳（今河南省商水县）人，袁绍的同父异母弟弟，其父亲名叫袁逢，曾在朝中做过司空，为三公之一。

说起汝南袁氏，官宦世家，在整个东汉都是响当当的大家族。要谈汝南袁氏的发家史，我们不得不先从袁术的高祖父袁安谈起。

袁安可是一个了不起的人物，据史料记载："安少传良学。为人严重有威，见敬于州里。"就是说袁安的祖父袁良，精通《孟氏易》，平帝时，因为通晓明经，被举为太子舍人。袁安自小就跟随祖父袁良学习，学识渊博，为人严肃稳重而有威信，为州里所敬重。到了汉明帝时，袁安曾任楚郡太守，在这一位置上，为自己后来的仕途奠定了坚实的基础。

楚国的国王刘英，好游侠，喜欢交通宾客，晚年更喜黄老之学，又信奉刚刚传入中国的佛教。汉明帝永平十三年（70），燕广告发刘英与渔阳人王平、颜忠等人相勾结，造作图书，有叛逆之谋。这件事引起了官府的高度注意，于是派人前往调查，结果确有其事。因此，有司奏楚王刘英招聚奸猾，造作图谶，擅相官秩，置诸侯王公将军二千石，有大逆不道之罪，请求诛杀之。刘英是汉明帝刘庄的同父异母兄弟，母亲为许美人，因此，明帝心有不忍，于是网开一面，只废掉了他的王位，将其迁往丹阳泾县，以示惩戒。

然而，令人没想到的是，刘英到了丹阳的第二年便自杀了。这便成了一件大的政治事件。为了查明真相，汉明帝下诏有关部门进行严查，要求一定要查出此案的主谋。

出乎大家意料的是，由于刘英位居亲王，平时喜欢交友，因此，该案调查的结果竟牵涉出很多人，而且随着审理，发现有更多的人牵涉其中。这些人之间相互检举揭发，竟然牵连到在京师的宗亲、诸侯、州郡豪杰，甚至还涉及参与审理此案的官吏，这些人可都是当时的权贵。为了摆脱罪责，这些人又开始互相阿附构陷，致使涉案的人员越来越多，最后竟一发不可收。当然，其中也有不少人是被人冤枉的，史载"吏案之急，迫痛自诬，死者甚众"，累年不能结案。最后，

图六十八 袁安碑照片

案件实在查不下去了，明帝便将这个任务交给了袁安，任命他为楚郡太守，前往楚郡专办此案。

袁安到了楚郡之后，不负众望，经过他的仔细审理，排除其中被冤枉者多达四百余人，使这些人及其家眷得以保全性命。但是，最后被处斩和流放的人还是多达一千多人。

在办理此案中，袁安主持公义，避免了冤杀，保护了不少好人。因为此案顺利办结，袁安表现出了杰出的才能，成为当时的名臣，汉明帝升迁其为河南尹，继而官至太仆，成为中央要员。到了汉章帝时，他先后出任三公之一的司空、司徒。

袁安这个人十分有个性，为人正直，不畏权贵，勇于谏言，为世人所敬重。史载："自天子及大臣皆恃赖之。……薨，朝廷痛惜焉。"

袁安也为后人留下了许多典故，如"袁安困雪""葬地兴族""不徙坟垄""四世三公"等，因为篇幅所限，在此不再一一介绍。总之，他的名声极好，在朝中威望极高，为汝南袁氏家族后来的崛起奠定了坚实基础。

永元四年（92）三月十四日，袁安去世。《袁安碑》于明代发现，明万历二十六年（1598）在碑上刻有题记。

后流落到河南偃师县西南三十里辛家村牛王庙中，牛王庙改作辛村小学。20世纪70年代，袁安的墓碑被发现，全称"汉司徒袁安碑"，现藏于河南省博物院。该碑为东汉永元（90—105）以后刻立，具体年月无考。碑身上下两端皆稍残，现高139厘米，宽37厘米，厚21厘米。中间有穿。无撰书人姓名。碑文小篆，为篆书极品，10行，除第8、第10行两行为不满行外，其他行下均缺1字。该碑刻文字刻工精良，字体结构宽博，线条柔中寓刚，如同手书一般，为汉代碑刻珍品之一。

碑文所记事迹与传记基本相同，但有个别文字可补传记之缺。根据碑文记载，袁安于永平三年（60）二月庚午，以孝廉除郎中。四年（61）十一月庚午，除给事谒者。五年（62）正月乙亥，迁东海阴平长。十年（67）二月辛巳迁东平任城令。十三年十二月（71年1月）丙辰，拜楚郡太守。十七年（74）八月庚申，徵拜河南尹。建初八年（83）六月丙申，拜太仆。元和三年（86）五月丙子，拜司空。四年六月己卯，拜司徒。（永元三年春正月甲子）

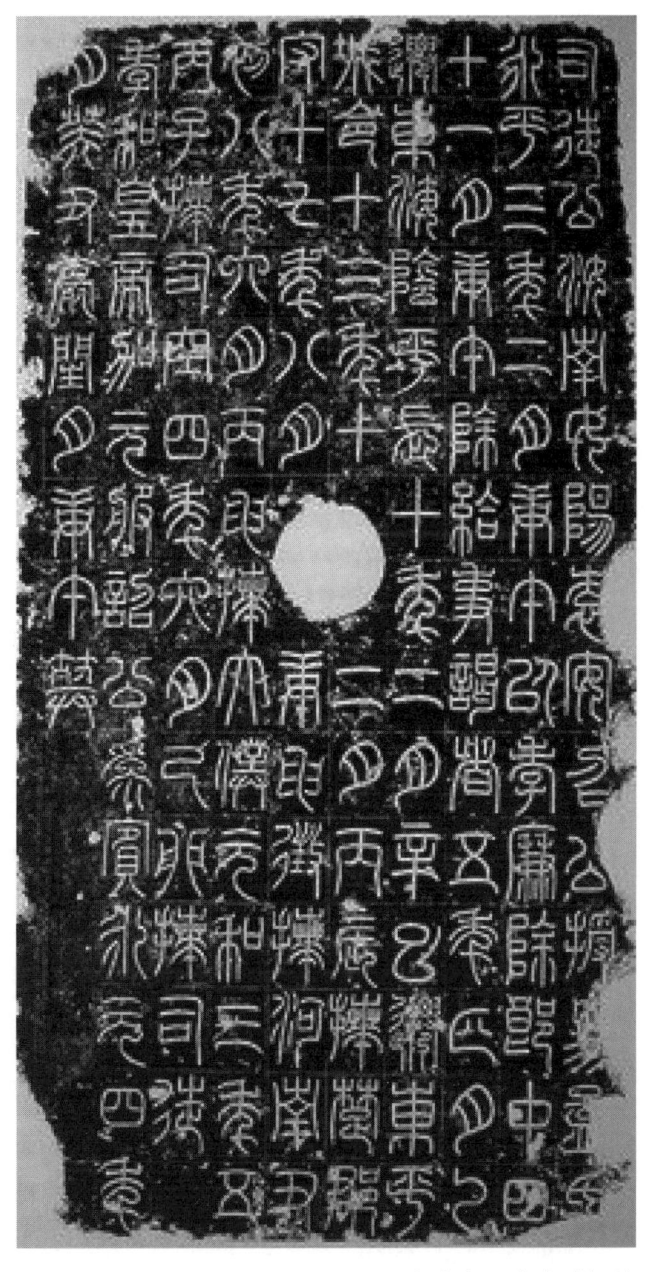

图六十九　袁安碑拓片

第四章　挟天子以令诸侯

孝和皇帝加元服，诏公为宾。永元四年（92）三月癸丑，薨。闰月庚午葬。

袁安生有三子：长子袁裳，官至车骑都尉；次子袁京，官至蜀郡太守；三子袁敞，官至三公之一的司空。

其中，袁京生子二人：长子袁彭，历任广汉、南阳太守、光禄勋和侍中；次子袁汤，桓帝初为司空，封爵安国亭侯，累迁司徒、太尉，成为三公之首。

袁安的孙子、袁京的次子袁汤，生有三子：长子袁成，官至左中郎将，早卒无子；次子袁逢，袭袁汤爵位，官至司空、执金吾。袁逢死后，"朝廷以逢尝为三老，特优礼之，赐以珠画特诏秘器，饭含珠玉二十六品，使五官中郎将持节奉策，赠以车骑将军印绶，加号特进，谥曰宣文侯"，其礼遇比弘农杨氏杨彪之父杨赐有过之而无不及。三子袁隗，曾任太尉；献帝初年，出任太傅，后来因为袁绍造反，为董卓所杀。

袁安的曾孙、袁京的孙子、袁汤的次子袁逢，亦生子三人：长子袁绍，因为是庶出，自幼便被其父亲过继给了早死无子的伯父袁成，因此，史料上提到袁绍，总是说其为袁成之子；嫡长子袁基，世袭父亲爵位，官至太仆，后来因为袁绍造反，与叔叔袁隗一起为董卓所杀；三子即袁术。

一些史料中谈到袁绍的家世时总是说他四世三公，其实准确地说，汝南袁家世皆有人出任三公高位，统计下来其数量达五人。另外，根据《后汉书·袁安传》袁隗条目记载："逢弟隗，少历显官，先逢为三公。时中常侍袁赦，隗之宗也，用事于中。以逢、隗世宰相家，推崇以为外援。故袁氏贵宠于世，富奢甚，不与它公族同。"可见，当时的中常侍袁赦也是袁隗之宗。

也就是说，自袁安以下，汝南袁氏辈辈都有人在朝中出任三公高官，"贵宠于世，富奢甚，不与它公族同"。其他子弟也都不凡，或在朝中身居高官，地位显赫，或在地方出任州郡大员，实权在身。这些人都继承了其先祖袁安遗留下来的博爱宽容，无论什么人都会善待之的谦逊品德和家风，宾客入其门下，无论贤愚都能够得有所欲，受到他们的庇护。因此，大家都愿意投靠他们，故其门生满天下，为天下所归。他们也与同僚们相处得非常好，而且，其子孙与世家大族联姻，结成了绵密而复杂的关系网。比如袁汤的三子袁隗所娶的妻子便是扶风豪族马融之女，袁逢的女儿嫁给了弘农同为豪族的杨彪为妻。

根据《后汉书》记载，在袁安的三个儿子中，以袁京、袁敞最知名。袁敞，汉和帝时历位将军、大夫、侍中，出任东郡太守，后被征拜为太仆、光禄勋。元初三年（116）为司空。第二年，因其子与尚书郎张俊交往时泄露机密，被策免，朝廷隐瞒他的死因，用三公之礼安葬，并追复他的官职。《汉司空袁敞碑》，1922年春出土于洛阳，1925年归罗振玉，现藏辽宁省博物馆。篆书，十行，行五至九字不等。残石高78.5厘米，宽70.5厘米。内容为："敞叔平司徒公，□月庚子以河南尹子，五月丙戌除郎中，九年□门侍郎，十年八月丁丑□十月申申拜侍中，□步兵校尉延年平元□匠□其七月丁丑拜东□丙戌征拜大仆五年□初二年十二月庚□其辛酉葬。"此碑以方折之笔作篆法，不失流畅，是小篆书体中不可多得的珍品。有专家推测其篆刻与《袁安碑》出自一人之手。袁敞有子名叫袁盱，汉桓帝时任光禄勋。

图七十　袁安三子袁敞碑拓片（《汉司空袁敞碑》）

其实，袁氏还有另外一支，那就是陈郡的袁氏，其始祖袁璋与汝南袁氏的始祖袁昌为亲弟兄，同为袁良的儿子。也就是说，这里才是颍川袁氏的鼻祖。

袁良曾任郎中、谒者、将作大匠、丞相令、广陵太守。根据其墓志记载，袁良非常长寿，活到一百多岁，至顺帝时，已经为朝中三老（指上寿、中寿、下寿），还征拜为议郎、符节令、梁国国相。何谓三老呢？《庄子·盗跖》曰："人上寿百岁，中寿八十，下寿六十。"晋人嵇康的《养生论》又曰："或云，上寿百二十，古今所同，过此以往，莫非妖妄者。"

那么，袁良是什么时候的人呢？按照《后汉书·袁安传》记载："袁安……祖父良，习《孟氏易》，平帝时举明经，

第四章　挟天子以令诸侯

为太子舍人；建武初，至成武令。"汉平帝刘衎在位时间为公元前1—6年，知道袁良为西汉末年人士。根据《汉书·平帝纪》记载，元始五年，"征天下通知逸经、古记、天文、历算、钟律、小学……《五经》《论语》《孝经》《尔雅》教授者，……遣诣京师。至者数千人"。袁良应该属于这一批被征召的众人中的一员。

又根据《汉书·王莽传》记载："居摄元年，三月己丑，立宣帝玄孙婴为皇太子，号曰孺子。"袁良被分配在新立太子刘婴身边做太子舍人，负责保护太子的安全。这一年为公元6年。他先后被举孝廉，任郎中、谒者、将作大匠、丞相令、广陵太守，此后，因为长期有病，赋闲在家。至孝顺帝初政时，又在朝臣的举荐下，征拜为议郎、符节令，"群司以君父子俱列三台，夫人结发，上为三老，使者阙（持）节安车，亲阙几杖之尊，祖割之养，君实飨之。后拜梁相"①。如果以元始五年（5）被征入京时袁良为二十岁左右来计算，当时，其已经一百四十一岁左右，应该为三老中的上寿。

袁良共有三个儿子，长子袁光（有史料记载其名为袁昌），曾任博平令；中子袁腾，曾任尚书郎；少子袁璋，在朝中任谒者。

根据袁良墓志记载，袁良仅出仕为官的时间就长达八十五载。直到汉顺帝永建六年（131）二月方才去世，去世时已经一百四十六岁左右，真可谓一位长寿星。他去世的时间晚于两个儿子袁璋和袁昌，以及孙子袁安（去世于92年）等人。这样的高寿即使在当今也令人难以置信。而且，祖孙三代同时在朝中为高官，也是历史上少有的。

袁良原籍陈郡扶乐（今河南省太康县西北），曾居住在陈郡阳夏（今河南省太康县），后来，三子分家，长子袁昌从陈郡阳夏迁到了汝南汝阳别居，生下儿子袁安，发展成为汝南豪族袁氏。

其少子袁璋，守父业，将家从阳夏城迁回到了原籍陈郡扶乐，发展成为陈郡袁氏。因此，袁安和袁璋分别成为汝南袁氏、扶乐袁氏的始祖。

如果算上这一支，那么，袁氏就更是不得了，除了始祖袁良外，其儿子袁璋，曾任谒者；袁璋的儿子袁滂，曾任大司农，灵帝时，官至司徒，也位居三公高位。袁滂之子袁涣，也是东汉末期响当当的人物。其先归袁术，后来为吕布所拘，最

---

① 《欧阳修全集》卷一三四《集古录跋尾》卷一：《汉故国三老袁君碑》。

后投靠了曹操，在朝中历任谏议大夫、郎中令等职。东晋《后汉纪》作者袁宏为袁涣六世孙，曾任东阳太守。袁宏的父亲袁勖，曾官临汝令。袁宏长子名叫袁超子，次子名叫袁成子，三子名叫袁明子。袁明子有父风，最知名，官至临贺太守。

正是因为这个缘故，袁术想代汉自立时，一方面附会"代汉者，当涂高也"这一亡汉谶语；另一方面，为了在五行相生相克中找出自己代汉的合理性，声称自己为陈郡袁氏，冒充舜帝之后，以达到"以黄代赤，德运之次"的目的。

三、兄弟阋墙，祸起嫡庶

袁绍、袁术二人为同父异母兄弟，其父亲为袁逢。因为袁绍为庶出，袁逢的长兄袁成早死无子，为了保持这一支脉不至于断绝，父亲袁逢便将袁绍自幼过继给了其大伯袁成。故史书上一般称袁绍的父亲为袁成。

袁成生前在朝中曾任左中郎将，身体壮健，性格豪迈，自大将军梁冀以下贵戚权豪皆与结好，言无不从，在官场中人缘极好，京师当时流传着一句谚语："事不谐，问文开。"文开是袁成的字，指的就是袁成。可见袁氏家族在东汉一朝的不凡地位。这也是后来袁绍得以出仕、起点很高的关键原因。但是，可惜袁成去世较早，对袁绍早年的生活造成了一定影响。

由于袁术和袁基为袁逢的嫡妻所生，袁绍为庶出，又过继给了大伯父袁成，因此，袁术历来就看不起袁绍这个庶出的兄长，生性傲慢，个性桀骜不驯。尤其是董卓当政之后，大家共同起兵讨伐董卓时，众人公推袁绍为盟主，袁术看到豪杰们多归附于袁绍时，感到愤愤不平，禁不住叱骂道："群竖不吾从，而从吾家奴乎！"对兄长袁绍表现出大不敬。

由于两人均逃出洛阳，起兵讨伐董卓，造成了在朝中的叔父、时任太傅袁隗和长兄、时任太仆和安国亭侯袁基等男女二十余人皆被董卓诛杀。作为嫡出的袁术认为自己是正统，他应该最有资格代表父亲袁逢，而这些人既然都声称自己是袁氏的门生，要为他们的叔父太傅袁隗等袁氏被害家人报仇，那么，他们就应该投靠在自己的门下，而不是庶出的袁绍门下。如今看到这些人都不买他的账，纷纷跑到袁绍那里，与自己为敌，他岂能不生气。

其实，这些人都愿意归附于袁绍是有原因的，袁绍自身也有许多优点，比如他长得非常帅,能谦逊待人,史载袁绍"有姿貌威容,能折节下士,士多附之,太祖少与交焉",也就是说曹操年轻时也与他有交往,并成为密友。

然而,袁术不从自身找原因,而是埋怨起别人。恼怒之余,他写信给盟友公孙瓒,说袁绍并非袁氏子孙,干脆将袁绍排除在了其父亲谱系之外。

这真是哪壶不开提哪壶,这些话句句都点到了袁绍的痛处,深深刺痛了袁绍的内心,史载"袁绍闻听,大怒"。

袁术之所以在其家族里如此强势,主要还是中国传统的封建宗法制度使然。

儒家伦理十分重视嫡庶之分,庶出的孩子在家中地位很低,既没有继承权,也没有发言权,往往受到嫡出孩子的欺负和看不起,却又不能发声,历史上不乏这种先例。因此,这种嫡庶之分造成兄弟之间极度不平等,家庭不和,从一开始就在各自的心里埋下了不睦的种子。

但是,在历史上众多不幸庶出的孩子中,袁绍却是一个例外,还算是幸运,因为他是袁逢的爱妾所生,又是长子,很讨父亲和叔叔袁隗的喜爱。考虑到儿子袁绍所处的尴尬地位,为了给他的将来一个好的前程,不至于因为庶出而被人看不起,兄弟二人商量之后,就将其过继给了早死的兄长袁成。因此,按照封建宗法制度来说,袁绍也就成了袁成的嫡长子,跻身袁氏家族嫡长子的行列。

因为当时的选官制度为察举制,都是从贵族阶层的后代中产生,故而,当时就出现了"上品无寒门,下品无士族"这种现象。而袁绍的父亲袁成生前曾经在朝中担任过左中郎将,是有品位的高官贵族,这就意味着袁绍也跻身贵族阶层,将来长大之后可以有所继承,有机会成为官员。因此,史载他"少为郎,除濮阳长,遭母忧去官"。也就是说,袁绍年纪轻轻便出任为郎官,升任为濮阳长,适逢母亲去世,因为需要给母亲丁忧,也就是为母亲守孝而辞去官职。丁忧是汉代的一种制度,凡官员的父母或祖父母等直系尊长去世,官员必须停职为其守制,也叫居丧,期限三年,其间要吃、住、睡在父母坟前,不喝酒、不洗澡、不剃头、不更衣,并停止一切娱乐活动,以表示对自己父母的孝道。也许是有感于自己出身之不幸、命运之不公,史载袁绍"三年礼竟,追感幼孤,又行父服。服阕,徙居洛阳"。性格孤傲的袁绍在为母亲守孝结束后,又接着为早死的父亲袁成守孝三年,前后共计六年时间。守丧期满除服后,才回到洛阳家中。此举为他赢得了大孝子的美名,加上他祖辈都位居台司,许多人都慕名前来,与之相交,史载:"宾客所归,加倾心折节,莫不争赴其庭,士无贵贱,与之抗礼,辎軿柴毂,填接街陌。"然而，他不妄通宾客，非海内知名，不得相见。又好游侠，与张邈、何颙、吴巨、许攸、伍孚等皆为奔走之友，这五个人都是当世的名士。这种不到官府报到销假继续出仕为官，而是在家沽名钓誉专门结交死士的行为是很不正常的，很快便引起了把控朝政的太监们的关注和不满。中常侍赵忠在朝廷直言："袁本初坐作声价，好养死士，不知此儿终欲何作。"对他提出了质疑和批评。这是一个非常危险的信号。其叔父袁隗当时官至太傅，顿时感到深深的危机，于是赶忙派人将袁绍招进府中，按照赵忠的意思责备袁绍，警告他曰："汝且破我家！"劝他立即改正，出仕为官。于是，袁绍乃起应大将军何进之命，成为大将军掾。

因此，袁绍起点很高，不当官都由不得自己，继而以大将军副手的身份被升迁为朝中的侍御史。后来，汉灵帝成立西园八校尉时，也没有落下他，任命他为中军校尉。汉灵帝去世后，大将军何进执政，他被老上级何进任命为司隶校尉，其官位一直比弟弟袁术高。因此，当他听说袁术如此称呼自己时，才会那么愤怒。双方之间的矛盾也就可想而知了。

在这样家族中出生和成长的袁术，集万般宠爱于一身，自然也就离不开贵族公子哥们身上的通病，"少以侠气闻，数与诸公子飞鹰走狗"，非常有个性。长大之后，受到袁绍早早出仕、影响力不断增强的刺激，他也开始改邪归正，走上了正路，而且发奋努力，最后也被举为孝廉，累迁至河南尹、虎贲中郎将，因受到先祖们阴德的庇护，可以说袁术也是少年得志。少年得志，难免也就会志得意满，看不起这个，看不起那个，更看不起草莽出身的董卓，别人很难和他交往与共事。

像他们这样显赫的家族，往往成为一些人笼络和团结的对象，比如大将军何进主政时期，就紧紧依靠袁绍，对他言听计从。董卓主政之后，也不敢得罪汝南袁氏，非常尊重太傅袁隗，千方百计地拉拢袁绍、袁术二兄弟，许以高官厚禄，主动找袁绍到府中去联络感情，并与他商量废掉少帝刘辩、改立献帝刘协，结果身为司隶校尉的袁绍不同意，二人不欢而散。即使在袁绍逃跑之后，为了安抚他，董卓还听从下属的建议，行文拜袁绍为勃海太守，封邟乡侯。为了笼络袁术，董卓想任命他为后将军，希望继续拉拢这两兄弟。个性张扬、桀骜不驯的袁术更是看不上董卓，在袁绍出逃后，他也选择出逃。出身高贵的袁绍、袁术二兄弟有资本不服草莽出身的董卓，之后起兵反对董卓，分别成为雄霸一方的大军阀。

但是，作为反董卓军事集团盟主的袁绍心存私念，他并不积极出兵进攻洛阳，而是利用手中的权力专行兼并，专注于拓展自己的势力，这也许和他的尴尬出身及在家族中的地位有关。袁绍侵占了冀州，继而与公孙瓒发生持久战争。袁绍不是向南进攻洛阳董卓，反而全力向北发展的行为，引起了为家人报仇心切的袁术的极大不满，他率领部将孙坚从南阳出发，全力向洛阳进攻，将董卓逼退关中。在与董卓的作战中，袁术抢占了河南不少地盘，形成一支不可小觑的军事集团。袁绍在与公孙瓒大战的同时，看到袁术、孙坚占领了洛阳，不甘心河南落入袁术之手，利用盟主的身份任命曹操的部将周喁为新的豫州刺史，率军前来抢占胜利果实，袭击了孙坚军队，激化了双方的矛盾。

于是，袁术与幽州的公孙瓒、徐州的陶谦结盟，共同对付袁绍；而袁绍为了对付袁术，采取远交近攻的策略，与荆州牧刘表结盟，从背后威胁和牵制袁术，从此形成了势不两立的两大军事集团。袁绍、袁术两兄弟分别为这两大军事集团的盟主，双方为了各自利益展开了残酷的厮杀。

四、兄弟不睦，各个击破

从当时的实力来看，无疑是袁绍一方占有巨大优势，这主要得益于他身为各路反董卓同盟盟主的地位，他打着恢复汉室的旗号，笼络了大批忠于汉室的仁人志士，其中不乏一些杰出人才。虽然他发展较快，实力雄厚，但是，这也成了他实现自己政治抱负的一大负担和制约力量，他很长一段时间不敢轻言自立。

而自幼养成桀骜不驯性格的袁术，早就有了不臣之心，因为谶语的缘故，他笃定自己将来会成为那个代汉自立之人，岂能臣服于自己一向看不起又是庶出的兄长袁绍？不仅如此，他还把袁绍看成阻碍自己登上帝位最大的潜在对手。因此，他反对袁绍的立场特别坚定。

汉献帝迁都长安后，在关东地区几乎没有了什么影响力，袁术不禁心中大喜，认为自己有机可乘，积极筹备登基之事。然而，此时他接到了兄长袁绍的来信，与他商量准备和众军阀拥立刘虞做皇帝，希望得到他的支持。袁绍给袁术的书信内容为："前与韩文节共建永世之道，欲海内见再兴之主。今西名有幼君，无血脉之属，公卿以下皆媚事卓，安可复信！但当使兵往屯关要，皆自蹙死于西。东立圣君，太平可冀，如何有疑！又室家见戮，不念子胥，可复北面乎？违天不祥，愿详思之。"认为只要派兵前往关要之地屯守，就可以将董卓这些人全都憋死在关西，而他们在东面立一个像刘虞这样的圣贤新君，天下太平就有望了。其实，这是分裂国家的阴谋，如果按照此办法实行，当时天下就会一分为二。

而袁术则认为袁绍拥立年长之君，是在故意阻止自己将来取代汉朝之路，表示坚决反对，回信曰："圣主聪睿，有周成之质。贼卓因危乱之际，威服百僚，此乃汉家小厄之会。乱尚未厌，复欲兴之，乃云今主'无血脉之属'，岂不诬乎！先人以来，奕世相承，忠义为先。太傅公仁慈恻隐，虽知贼卓必为祸害，以信徇义，不忍去也。门户灭绝，死亡流漫，幸蒙远近来相赴助，不因此时上讨国贼，下刷家耻，而图于此，非所闻也。又曰'室家见戮，可复北面'，此卓所为，岂国家哉？君命，天也，天不可雠，况非君命乎！惓惓赤心，志在灭卓，不识其他。"将袁绍批得体无完肤，名义上假借公义，实则包藏祸心。

因此，当李傕、郭汜等人掌握朝政后，派人联系他，引他为外援，拜他为左将军，假节，封阳翟侯时，他愉快地接受了分封。此时的他内心中多么盼望李傕、郭汜等人最后将汉献帝困死在关中，好给自己腾位子。

兴平二年（195）冬汉献帝东归途中，大败于曹阳的消息传来，袁术内心窃喜，他认为这次汉献帝一定完了，开始等不及了，于是大会群下，问众人道："今海内鼎沸，刘氏微弱。吾家四世公辅，百姓所归，欲应天顺民，于诸君何如？"

这句话突然冒出来，大大出乎众人所料，面对袁术咄咄逼人的目光，众莫敢对。主簿阎象突然开口道："昔周自后稷至于文王，积德累功，三分天下有其二，犹服事殷。明公虽奕世克昌，孰若有周之盛，汉室虽微，未至殷纣之敝也。"袁术默然不悦，派人前往召见张范，张范托词自己病了，遣其弟张承前往应付他。袁术征求张承的意见："昔周室陵迟，则有桓、文之霸；秦失其政，汉接而用之。今孤以土地之广，士人之众，欲徼福于齐桓，拟迹于高祖，可乎？"张承答对道："在德不在众。苟能用德以同天下之欲，虽云匹夫，霸王可也。若陵僭无度，干时而动，众之所弃，谁能兴之！"袁术听后，大为不悦，将此事暂时搁置下来不再说了，想等待时变。

然而，令他万万没有想到的是，汉献帝不仅没有死，反而活着又返回到了洛阳，并被曹操接到了许都，这一下可让袁术坐不住了。

于是，他想利用汉献帝刚刚迁到许都、在中原地区立足未稳之机，准备尽快登基，实现自己的皇帝梦。建安二年（197）春，他利用河内人张䑓献祥瑞之机，遂僭号，以九江太守为淮南尹，置公卿，祠南北郊，匆忙宣布自立为帝，自称天子。

这显然是对曹操执政的东汉王朝发出的公开挑战，与朝廷分庭抗礼。如果不尽快扑灭，其他人难免会纷纷效仿，尤其是势力雄厚的袁绍，一旦他消灭了公孙瓒，必然会更加强大，如果将来他宣布称帝，那么，东汉王朝可就真的彻底无可救药了。于是，曹操当机立断，决定利用二人之间的矛盾，赶忙将自己的大将军位置让给袁绍，在这年的三月，派孔融赶到邺城，宣布天子诏书，拜袁绍为大将军，封他为邺侯，以先稳住袁绍，争取他对自己的支持，共同对付已经宣布称帝的袁术。然后，以朝廷的名义向天下颁布讨伐叛逆袁术的"戊辰诏令"。

袁术擅自称帝，引起了天下人的不满，东吴孙策，徐州吕布、刘备，益州牧刘璋，荆州牧刘表等军阀分别出兵从不同方向围剿袁术，曹操也亲自统兵在陈国重创袁术主力。曹操通过朝廷的一纸诏命，迅速将大家团结在一起，共同对付袁术。曾经骄横一时、无法无天的袁术，立即陷入群雄争相围攻的巨大困境之中，接连遭到惨败，不久便土崩瓦解，最后呕血而死。

袁术的灭亡意味着袁氏集团衰亡的开始，因为从此之后，曹操可以集中精力，全力对付企图南下的袁绍。经过官渡一战，最终以少胜多，击败了最大对手袁绍，继而消灭袁绍集团，占领北方的冀、并、青、幽四州，一举统一了北方。

兴盛数百年，对朝廷威胁最大的汝南袁氏集团，在曹操的正确决策下，接连受到重创，仅几年时间，便土崩瓦解，从此彻底退出了历史舞台。曹操力挽狂澜，从而终于稳定住了岌岌可危的东汉王朝。

曹操之所以能够以弱胜强，最终战胜强大的袁氏集团，得益于他所尊奉的"奉天子以令不臣"这一政策，从而在政治上占有巨大优势，将自己置于正义的一方，受到多方的支持和拥护。

第五章

官渡之战

据《三国志·袁绍传》记载:「会太祖迎天子都许,收河南地,关中皆附。绍悔,欲令太祖徙天子都鄄城以自密近,太祖拒之。」

"奉天子以令不臣"这一决策的政治红利还远不止这些，最重要的是，有了汉献帝这张王牌和朝廷这个招牌，给了曹操号令天下、代表朝廷征讨不臣的大权。虽然他官居司空，论地位低于大将军袁绍，但是，此时曹操的号召力和发出的政令在各地的执行力，已经远远超过了作为大将军的袁绍。这样的结果是当初袁绍无论如何都没有料到的，因此，这一状况深深地触动了袁绍的敏感神经，变相地影响到了他对汉献帝的态度，由原来的不屑，变成后来的不得不认真对待。他十分后悔当初没有听从沮授、郭图要将汉献帝迎接到邺城的建议，于是，他便千方百计地想改变这一被动局面。

据《三国志·袁绍传》记载："会太祖迎天子都许，收河南地，关中皆附。绍悔，欲令太祖徙天子都鄄城以自密近，太祖拒之。"关于这件事，《后汉书·袁绍传》的记载更加具体："绍每得诏书，患有不便于己，乃欲移天子自近，使说操以许下埤湿，洛阳残破，宜徙都甄城，以就全实。操拒之。"显然，这样的无礼要求一定会遭到曹操的反对，他不可能答应袁绍。然而，袁绍岂能善罢甘休，从此开始对曹操施加更大的压力，这让曹操心烦意乱。

第一节　袁绍的干扰

据《三国志·荀彧传》记载："自太祖之迎天子也，袁绍内怀不服。绍既并河朔，天下畏其强。太祖方东忧吕布，南拒张绣，而绣败太祖军于宛。绍益骄，与太祖书，其辞悖慢。太祖大怒，出入动静变于常，众皆谓以失利于张绣故也。钟繇以问彧，彧曰：'公之聪明，必不追咎往事，殆有他虑。'则见太祖问之，太祖乃以绍书示彧，曰：'今将讨不义，而力不敌，何如？'"可见，当时袁绍给曹操内心造成的压力有多大。

看来最了解曹操的人还是大谋士荀彧，他不愧是曹操的高参，一眼就看穿了曹操最为担心的并不是张绣，而是袁绍对他的干扰。为了减轻曹操的压力，荀彧劝解他道："古之成败者，诚有其才，虽弱必强，苟非其人，虽强易弱，刘、项之存亡，足以观矣。"荀彧认为，古往今来，成功的关键是领导人要有才和德，只有德才配位，才能成功，如果德才配位，虽弱必强，反之，即使军事上暂时很强大，也极易走向衰弱。为了说明这个道理，他还举出了秦末刘邦与项羽之间的成败转化作为事例。他明确指出："今与公争天下者，唯袁绍尔。"一下子就点出了曹操当时的心病。为了坚定曹操战胜袁绍的信心，他将曹操与袁绍二人之间的优缺点进行了深入分析和对比，指出："绍貌外宽而内忌，任人而疑其心；公明达不拘，唯才所宜，此度胜也。绍迟重少决，失在后机；公能断大事，应变无方，此谋胜也。绍御军宽缓，法令不立，士卒虽众，其实难用；公法令既明，赏罚必行，士卒虽寡，皆争致死，此武胜也。绍凭世资，从容饰智，以收名誉，故士之寡能好问者多归之；公以至仁待人，推诚心不为虚美，行己谨俭，而与有功者无所吝惜，故天下忠正效实之士咸愿为用，此德胜也。"一口气说出了二人在四个方面的优劣，认为曹操在气度上、谋略上、用兵上和道德上都优于袁绍。随后荀彧总结道："夫以四胜辅天子，扶义征伐，谁敢不从？绍之强其何能为！"其实，最后这一点最为重要，是曹操最终能够战胜袁绍的法宝。

荀彧之所以对袁绍如此了解，与他的自身经历分不开。

荀彧这个人眼光毒辣，很有前瞻性。他最初在京城洛阳为官，任守宫令。董卓进入洛阳后，他便看出了危机，坚决要求外出补地方官吏的空缺，于是，董卓便任命他为亢父令。其实，他这样做是在寻找离开这一是非之地的借口而已。因此，他离开洛阳后，并没有到亢父县去上任，而是弃官径直跑回了老家。回到老家之后，心急火燎地对家乡父老说："颍川，四战之地也，天下有变，常为兵冲，无久留。密虽小固，不足以扞大难，宜亟去之。"催促大家赶快离开，或投亲靠友，或到外地进行躲避，最好和他们一起到密县山中暂时躲避。他突然归来后提出这一建议让乡亲们很是不解，大家都认为事态很快就会过去的，没有那么严重。也许是这些人多心怀故土，因此，在这件事上显得犹豫不决，不肯就这样离去。最后，荀彧只好与老乡韩融一起将宗亲千余家带往密县的西山之中避乱。

恰在这个时候，时任冀州牧的韩馥派人骑快马赶到老家，前来迎接同郡人到他的冀州去，动员了半天，还是没有人愿意跟随他们前往，只有荀彧独自带领其宗族来到了冀州。其中，就包括他的弟弟等人。不出他所料，后来留下的人都被董卓的部将李傕杀略。

他们抵达冀州后不久，形势突然发生了巨大变故，同为颍川老乡的勃海太守袁绍威逼韩馥交出了冀州，袁绍取代韩馥成了冀州牧。

袁绍也知道颍川荀氏是一个非常了得的大家族。根据《后汉书·荀淑传》记载："荀淑字季和，颍川颍阴人，荀卿十一世孙也。"也就是说，荀淑是战国时期大思想家、哲学家、教育家、儒家学派的代表人物、先秦时代百家争鸣的集大成者荀子的直系后代。荀淑少有高行，博学而不好章句，多为俗儒所非，而州里称其知人。安帝时，征拜为郎中，后来再迁为当涂县令。去职返回乡里，为当世名贤李固、李膺等人的老师。"及梁太后临朝，……出补朗陵侯相。……顷之，弃官归，闲居养志。产业每增，辄以赡宗族知友，年六十七，建和三年卒。李膺时为尚书，自表师丧。二县皆为立祠。"汉顺、桓二帝时，知名于当世。荀氏所居住的旧里名曰西豪，颍阴令苑康认为昔高阳氏有才子八人，今荀氏亦有八子，故改其里曰高阳里，以表示对颍川荀氏的敬重。

而荀淑就是荀彧的祖父，故而荀彧本人为荀子的第十三世孙。

荀彧的父辈共计八人，分别为荀俭、荀绲、荀靖、荀焘、荀汪、荀爽、荀肃、荀专，并有名于当世，号称八龙。当时流行着这样的话："荀氏八龙，慈明无双。"其中，荀彧的父亲荀绲，曾任济南相。叔父荀爽，在朝中官至司空。在八大弟兄中，排行老六的荀爽，最为知名，其幼而好学，年十二便能通《春秋》《论语》。太尉杜乔见而称之，评价他："可为人师。"后遭党锢，隐于海上，又南遁汉滨，积十余年，以著述为事，遂称为硕儒。

荀淑的侄子荀昱为沛相，荀昙为广陵太守。二人刚正不阿，因共同参与了大将军窦武谋诛宦官，荀昱与李膺俱死，荀昙亦被禁锢终身，可以说满门忠烈。因此，颍川荀氏，家族背景深厚，人才济济，各个都不简单。

荀彧年少时，就被有识人之才而闻名于世的何颙所看重，当他第一次见到荀彧时，感到十分惊异，评价他有"王佐才也"。

荀彧所娶的夫人是中常侍唐衡之女。说起这件事，还有一段有趣的故事。中常侍唐衡也是颍川郡人，老家为郾县（今河南省漯河市郾城区），桓帝时任小黄门，曾与宦官单超、左悺、具瑗、徐璜四人合谋帮助汉桓帝诛灭了外戚梁冀，五人同时封侯，时称"五侯"，其中，唐衡被封为汝阳侯。袁敞的儿子袁盱时任光禄勋，也参与了这场政变，是他亲自持节前往梁冀府邸没收了梁冀的大将军印绶。

从此，宦官集团取代外戚开始专权。唐衡这个人非常贪婪和残暴，因此，名声非常不好。常言道，一人得道，鸡犬升天，其兄唐玹和其弟唐珍都受到了他的照顾，一个任京兆虎牙都尉、京兆尹；一个先后任司隶、太常、司空。其兄唐玹还多次残酷迫害赵岐，赵岐被逼得到处逃窜，最后躲到北海市中以卖饼为生。史载，延熹三年（160）单超死后，可能是受到了其病死这件事的刺激，剩下的四个侯一转过去的低调，开始追求享乐，他们"皆竞起第宅，楼观壮丽，穷极伎巧。金银罽毹，施于犬马。多取良人美女以为姬妾，皆珍饰华侈，拟则宫人，其仆从皆乘牛车而从列骑。又养其疏属，或乞嗣异姓，或买苍头为子，并以传国袭封"[①]。估计此时的唐衡也收养了一个女儿，想将她许配给同乡汝南人傅公明，公明不娶，又许配给了年仅两岁的荀彧，根据《典略》记载，许配给荀彧的原因是荀彧的父亲荀绲羡慕唐衡的权势，为《三国志》作注的裴松之认为"唐衡以桓帝延熹七年（164）死，计彧于时年始二岁，则彧婚之日，衡之没久矣。慕势之言为不然也"。荀绲羡慕的应该不是唐衡，而是唐衡家族的势力，遂答应了这门娃娃亲。等荀彧长大后，为他娶之。因为这件事，荀彧还经常被论者讥讽。

荀彧不仅少年成名，而且是一位被人看好的人才，其家庭背景又十分优渥，对袁绍来说还是汝南的老乡，双方为世交，一向爱慕虚荣的袁绍不能不对他高看一眼，因此，对待荀彧以上宾之礼。

荀彧的弟弟荀谌及同郡人辛毗、辛评、郭图等人在此之前就已经投靠了袁绍，他们都被袁绍安排了重要职务，成为袁绍的左膀右臂，全心全意地辅佐袁绍。其中，荀谌还曾出面成功说服韩馥，举冀州以让袁绍，为袁绍立下了汗马功劳。因此，他们在冀州混得都不错。

而在这些人中，唯独荀彧头脑特别清醒，他在袁绍的事业蒸蒸日上之时，却认为他的这位老乡终将不能成大事，不愿接受袁绍的任命。初平二年（191），他独自跑到东郡，转而投靠了时任奋武将军的曹操，曹操与之交谈后大喜曰："吾之子房也。"将其比作自己的张良。他被曹操任命为奋武司马，时年二十九岁，小曹操八岁。后来曹操升任镇东将军，他也转为镇东司马，始终为曹操的副手，足见曹操对他的信任。

荀彧之所以如此果断地离开袁绍，慧眼识珠地选择了当时尚名不见经传的曹操，说明他早已经把袁绍这个人研究透了，对他的缺点了如指掌，当然，他也暗中观察曹操多时，对他的性格特点也有深入的了解。因此，在如此关键时刻，他

[①] 〔宋〕范晔：《后汉书·单超传》，中华书局1965年版，第2521页。

才会讲出那么多道理，对袁绍、曹操二人的优缺点分析得如此透彻，入木三分，令人不能不佩服。

然后，荀彧又说："不先取吕布，河北亦未易图也。"建议曹操先平定吕布，然后再徐图冀州，为曹操定下了发展战略。曹操听后，深以为然。但是，他又忧心忡忡地问："吾所惑者，又恐绍侵扰关中，乱羌、胡，南诱蜀汉，是我独以兖、豫抗天下六分之五也。为将奈何？"担心袁绍会趁机派军侵扰关中，然后联合羌、胡，南诱蜀汉，共同对付自己。

荀彧胸有成竹地答曰："关中将帅以十数，莫能相一，唯韩遂、马超最强。彼见山东方争，必各拥众自保。今若抚以恩德，遣使连和，相持虽不能久安，比公安定山东，足以不动。钟繇可属以西事。则公无忧矣。"

曹操听了荀彧的这番分析之后，先前心中的不快顿时释然，信心大增。

曹操知道与袁绍同殿称臣，共同辅佐汉献帝，保汉室江山只能是一厢情愿，因此，他不再对袁绍抱有任何希望，并坚定了彻底消灭袁绍、统一国家的决心。从此以后，他不再为袁绍的种种干扰所困扰，围绕这一战略积极开展各种布局。

曹操坚持按照荀彧为他制定的上述战略行事，首先，派钟繇到关中去，稳定住了关中形势；然后，集中力量对付东面徐州的吕布；在几年之内，相继发动了对袁术、张绣的战争，严重削弱了他们的实力，让他们再也没有力量乱动；最后，又联合刘备一举消灭了吕布，解除了他对许都的威胁。这为很快到来的与袁绍的最后决战奠定了坚实的基础，为最后战胜袁绍的战争准备赢得了宝贵的时间和战略空间。

第二节 不臣之心

但是，袁绍并没有发觉曹操一方的这些微妙变化，他消灭了公孙瓒，占领了幽州、并州、青州、冀州，坐拥四州之地，仍然时不时地派使者前往许都进行协调，时而用军事威胁朝廷，希望汉献帝挪挪位置，迁到鄄城去，时而不愿向朝廷进献贡赋，与朝廷讨价还价，在一些小的细节上与曹操纠缠不休，双方龃龉不断，却迟迟下不了与曹操决裂、率军迅速南下进行决战的决心，错失了许多上好的战机。

其谋臣田丰见此情景，非常着急，力劝袁绍道："徙都之计，既不克从，宜早图许，奉迎天子，动托诏令，响号海内，此算之上者。不尔，终为人所擒，虽悔无益也。"劝他早下决心，尽快出兵与曹操决战，将汉献帝抢过去，以便挟天子以令诸侯。

被曹操拒绝之后，袁绍也没有办法，由于当时他还在与公孙瓒混战，因此，他又不可能南北两线作战，在对付公孙瓒上，他还需要朝廷给予他名义上的支持。因此，他不得不在名义上继续遵守君臣之分，每年定期向许都朝廷进贡，以避免给旁人落下口实。而此时割据荆州的刘表，心中只想保境安民，没有什么大志，因此，他同样也必须遵守朝贡制度，每年定时向朝廷纳贡。这样也就使曹操可以全力对付和消灭袁术、吕布和张绣等地方军阀，稳定大后方，为后来的官渡之战争取了宝贵时间。

这种关系勉强维持到了建安四年（199）初。此时，袁绍在与劲敌公孙瓒的战争中明显占了上风，这在很大程度上归功于朝廷在政策上的大力支持。因为在汉献帝迁到许都之前，公孙瓒是朝廷的命官，为奋武将军，被封为蓟侯，初平三年（192）四月，董卓被诛杀，不久之后，李傕、郭汜进入长安，控制了朝政，天子遣使者段训增虞邑，督六州；拜公孙瓒为前将军，封易侯。而袁绍为不受朝廷约束的叛逆。因此，在和袁绍之间的战争中，公孙瓒一直占有政治上的优势，处于攻势。

然而，当段训持节来到幽州时，已经是初平四年（193），公孙瓒已经攻杀了幽州牧刘虞，占领了整个幽州，实力大增，遂骄矜，记过忘善，多所贼害，受到千夫所指。

曹操将汉献帝迁都许昌之后，任命袁绍为大将军，向天下发出通缉公孙瓒的通告，将公孙瓒定性为朝廷叛贼。这样一来，袁绍与公孙瓒的战争性质发生了变化，成了讨伐叛逆的正义战争，政治上处于优势，因此，获得了多方的响应和支持。比如，刘虞的从事鲜于辅、齐周，骑都尉鲜于银等人率州兵开始公开反抗公孙瓒。与此同时，燕国人阎柔招乌桓、鲜卑，得胡、汉数万人攻杀公孙瓒所置的渔阳太守邹丹。阎柔率领这支杂牌军与鲜于辅等人配合袁绍的军队作战，合击公孙瓒，一下子转变了战争形势，袁绍在战场上逐渐占据了优势，开始处于攻势。

这样一来，袁绍实力大增，拥兵多达数十万，随即骄心转盛，野心膨胀，开始有了非分之想。他一方面故意减少向朝廷贡赋的次数，送来贡品的数量和质量也大不如前，非常简略和粗陋，主动挑起了与朝廷之间的矛盾，为与曹操决裂制造各种借口。

建安四年（199）三月，随着袁绍攻破易京，公孙瓒被彻底消灭，袁绍兼并其部众，全面完成了对青、冀、幽、并四州的占领，手中的兵力增至上百万，其野心也随之爆棚，开始逐渐显露。

也许袁绍被一时的胜利冲昏了头脑，他竟然私下授意亲信、时任大将军主簿的耿苞上秘奏曰："赤德衰尽，袁为黄胤，宜顺天意。"企图制造舆论。然后，他郑重其事地召集部下开会，拿出耿苞所写的这封秘奏给他们传阅，以试探他们对自己称帝的态度。令他万万没有想到的是，大家看了耿苞的这封秘奏，立即炸开了锅，大家一致认为耿苞妖言惑众，罪大恶极，应该诛杀，纷纷要求对其严惩。这件事一下子让袁绍认识到一个现实，那就是汉室虽然衰微，但是，当前大家仍然心向王室，众怒难违，他实在没办法，只得忍痛下令将耿苞处斩，以求自解，消弭他的不臣之迹，才算勉强压了下去。可怜的耿苞成了他实现野心的替罪羔羊。

袁绍在这件事上偷鸡不成蚀把米，彻底暴露了他的狼子野心，其志并不甘心永为汉臣，与其弟弟袁术一样，最终也是想取代汉献帝，自己当皇帝。

袁绍这种冒天下之大不韪的大逆不道行为，理所当然地会遭到执政大臣曹操的强烈反对，因此，曹操也就成了他实现这一野心的最大障碍。曹操开始在暗中积极进行各种准备，以防备袁绍突然翻脸，举兵进攻许都。当务之急就是尽快消灭张绣和吕布这两股劲敌,以保障后方的安全,为此,他尽量向后拖延与袁绍翻脸的时间,给自己争取更大的战略腾挪空间。

但是,此时的袁绍可不这样认为,他坚信一切都是靠实力来说话,只要他能够击败曹操,攻取许都,控制了汉献帝,就可以号令天下,到时候人心必将改变,不得不向他低头,那时再废掉汉献帝,正式宣布自己当皇帝,谁还敢再出面阻拦?然而,曹操是不可能允许他实现这一野心的,故曹操已经成为他通往皇帝之路上的最大绊脚石。因此,南下消灭曹操、攻取许都开始变成他下一步的首要任务,他甚至变得急不可待起来。

于是,消灭公孙瓒不久,他就开始进行新的战争准备,整顿军备,准备率军南下,进攻曹操。

其实,对于袁绍的这种不臣之心,曹操早有觉察,并时刻保持着高度警惕。早在他还是袁绍的部下时,袁绍就曾不止一次地对他进行过种种暗示。比如,当年袁绍与冀州牧韩馥阴谋拥立幽州牧刘虞为帝,召集关东诸将开会商议此事,以朝廷幼冲,逼于董卓,远隔关塞,不知存否为由,提出要拥立德高望重的刘氏宗室刘虞为帝,当时,许多将领都表示同意。然而,唯独曹操不同意,他认为这种无视天子仍然存在的情况下,另立皇帝,无疑是制造政治分裂,将国家和老百姓推向更深的火坑之中。因此,遭到了他的坚决抵制。在袁绍争取他的意见时,他答复袁绍曰:"董卓之罪,暴于四海,吾等合大众、兴义兵而远近莫不响应,此以义动故也。今幼主微弱,制于奸臣,未有昌邑亡国之衅,而一旦改易,天下其孰安之?诸君北面,我自西向。"明确表示不同意。

后来,济阴有一个名叫王定的男子,不知道从哪里得到一枚玉印,印文是"虞为天子",将其呈送给了袁绍。袁绍如获至宝,认为这是上天来帮助自己完成拥立刘虞为帝。于是,就兴冲冲地将反对这一计划最为激烈的曹操请到自己的大营,企图借此来说服曹操。

曹操并不知道这一切,他来到袁绍大营,刚刚落座,袁绍便神秘兮兮地取出那枚玉印,拿着它来到曹操面前,意味深长地在曹操的肘部比画了一下,随后开始介绍起这枚玉印的来历,以及自己为何坚持要拥立刘虞为帝,劝曹操改变思路,支持他们拥立刘虞为帝的计划。曹操默默地看着袁绍的上述表演,然后突然大笑着说:"吾不听汝也。"由是更加厌恶起袁绍来。

为什么袁绍上述动作会惹得曹操如此厌恶呢?原来这里有一个典故。

新莽末期，时任涿郡太守张丰心怀野心，又喜好方术。当时有个道士给他看面相，说张丰将来一定能够做天子，说完，他用一个五彩囊袋裹着一个石块亲自系在张丰的臂肘上，告诉他石块中有玉玺，戴在臂肘上可以确保他将来会当上皇帝。张丰竟然信以为真，并对这位道士荒诞不经的言论深信不疑。

光武帝刘秀建武三年（27），张丰举兵造反，自称无上大将军，与彭宠联兵攻打幽州牧朱浮。第二年，光武帝刘秀派征虏将军祭遵率军前往平叛，结果张丰战败被俘，依法当斩。在临刑之时，他大声抗议道："肘石有玉玺。"认为自己才是真命天子，不该被这样处死。祭遵为了让他死个明白，挥椎将那个石块砸破，结果发现里面什么都没有。直到此时，张丰方才知道自己被道士骗了，于是，仰天长叹曰："当死无所恨！"张丰痴迷于道士之言，为其所误，不知天高地厚，举兵造反，结果落了个身首异处的下场，成为历史上的一大笑柄。后来，人们经常用"拟肘"来嘲讽那些有谋逆之心的人。

袁绍得到了这枚刻有"虞为天子"字样的玉印，便认为自己与韩馥等人拥立刘虞为皇帝是对的，上天都在支持他们，而曹操反对他们，应该存有野心。因此，他借用"拟肘"这个典故来说明自己可不是当初张丰那样手中只有一个破石头，而是有真家伙，反对也没有用。曹操本来就不相信这块来历不明的玉玺，袁绍的那个"拟肘"动作和得意之色却无意中暴露了他个人的政治野心，让曹操想到了企图做天子的张丰愚昧无知，反而对袁绍更加厌恶。因此，才忍不住大笑，喊出那句"吾不听汝也"的话来。

这次失败后，袁绍仍然不甘心，过了几天，他又派人前来游说曹操，这一次话说得更加直白，来人直接对曹操说："今袁公势盛兵强，二子已长，天下群英，孰逾于此？"明确说袁绍各方面都是天下无双，言外之意是希望曹操不要再出面阻拦他了，作为袁绍的好友，应全力支持和配合他的工作。这样一来，事情等于已经摊牌了，袁绍就是那个最后称帝的人，充满着威胁的味道，曹操对此默然不回应。

从此之后，曹操更加不信任袁绍，认为他是一个阴谋家、野心家，图谋将来一定要诛灭他。

第三节　双方斗法

经历了这些事之后，曹操开始与袁绍有了分离之心，一直在寻找机会摆脱袁绍的控制，希望自己能够独立发展。鲍信也发现了袁绍的野心，他对曹操说："奸臣乘衅，荡覆王室，英雄奋节，天下乡应者，义也。今绍为盟主，因权专利，将自生乱，是复有一卓也。若抑之，则力不能制，只以遘难，又何能济？且可规大河之南，以待其变。"鲍信与曹操有着同样的认识，认为袁绍和董卓是一路货色，建议曹操不要与他正面对抗，可考虑向黄河之南发展，以待其变。

鲍信是曹操的密友，最先响应曹操起兵反抗董卓，他最了解曹操的内心世界。一天，他对曹操说："夫略不世出，能总英雄以拨乱反正者，君也。苟非其人，虽强必毙。君殆天之所启！"可见，鲍信对曹操的能力和为人十分佩服。

初平三年（192）七月，黑山军于毒、白绕、眭固率十余万大军攻入东郡，太守王肱不能抵御，曹操终于等到了机会，他立即引兵进入东郡，大破白绕部于濮阳。袁绍当时正与公孙瓒鏖战，为了确保后方安全，不得已表曹操为东郡太守，治东武阳。不久之后，黄巾军百万之众进入兖州，刺史刘岱战死，又给了曹操取得兖州的机会。由于当时袁绍正在抵御公孙瓒南下，需要曹操稳定东南方向，以防备徐州牧陶谦，故袁绍表曹操领兖州刺史。而曹操自身力量较弱，为保住新占领的兖州，需要得到袁绍的大力支持，表面上还尊奉袁绍为领导。因此，无论是军事上，还是政治上，二人都是相互配合，互相支持，密切合作，协调行动，以对付他们的共同敌人，这成为二人的蜜月期。

但是，当曹操将汉献帝迎到许都，曹操翻身成了朝廷的执政大臣之后，他首先关注的就是自己这位老上级袁绍。此时，刚刚丢掉了青州的孔融应朝廷征召来到许都，被汉献帝拜为将作大匠。他陈述了袁绍派其长子袁谭领兵攻打自己、擅自夺取青州的整个过程，提出要弹劾袁绍。此事引起了汉献帝和一班朝臣的共鸣，他们更气恼的是，袁绍当初只是醉心于和公孙瓒争夺地盘，不愿前去勤王，因此，当这一动议提出之后，朝臣们群情激愤。于是，在曹操的支持下，汉献帝下诏袁绍，谴责他"以地广兵多而专自树党，不闻勤王之师而只是擅相讨伐"，搞得袁绍十分狼狈，他只能上书为自己的行为辩解，表明自己的忠心。

曹操见袁绍向朝廷服软，便奏请汉献帝拜袁绍为太尉、封邺侯，希望借此将其纳入朝廷的政治体制之内。

然而袁绍看到自己昔日的部下曹操任大将军，而他自己却被任命为低于大将军一级的太尉，心中愤愤不平，拒绝接受朝廷的这一任命。曹操不得已将大将军的位置让给了袁绍，这样袁绍才算是勉强答应。

既然袁绍接受了朝廷的册封和任命，事情就好办了，下一步就是要接受朝廷的领导。于是，朝廷便派遣时任光禄大夫的刘松前往邺城，代表朝廷长期住在那里，负责监督袁绍诸军。同时，任命客居在邺城的应劭为袁绍的军谋校尉，也就相当于今天军队中的参谋长之类的官职，企图借此二人节制袁绍。对这一安排，袁绍再也没有理由拒绝，只得表示接受。

然而，作为一方诸侯的袁绍岂能是两个无名之辈所能节制得了的？袁绍根本就不理那一套。一方面，当时处于臣重君轻的时代，朝廷根本没有平时的那种权威；另一方面，袁绍是大将军，地位比这两位都高，军队是袁绍个人的，并不是朝廷的，手下的官员都是他任命的，没有人会听这两位的话，你能拿他怎么办？

对于这一点，聪明的曹操心知肚明，曹操要的不是他们真正节制袁绍，而是象征性，向天下表明了袁绍对朝廷真正的归附，接受自己对他的领导。

因此，刘松在邺城整天无事可干，于是，他便整日与袁绍的子弟们一起饮酒作乐，很快便与他们打得一片火热，相处甚欢。

史载，刘松尝以盛夏三伏之际，昼夜酣饮极醉，以致经常会人事不省，托词说这是避暑。而作为军谋校尉的应劭则更绝，他不随袁绍出兵打仗，整日待在邺城内为朝廷编写文献，一口气撰写了《汉官礼仪故事》《状人纪》《中汉辑序》《风俗通》，凡所著述一百三十六篇；又集解《汉书》；完成后，将它们一一呈送给朝廷，供朝廷参考。由于当时旧章堙没，书记罕存，应劭的这些书为朝廷恢复礼仪制度提供了重要参考，故《后汉书·应劭传》载："凡朝廷制度，百官典式，多劭所立。"

显然，此时的曹操已经成了阻碍袁绍实现自己野心的最大障碍，双方的关系开始变得越来越紧张，甚至到了势不两立的地步。于是，一场大战便不可避免，双方剑拔弩张，都进入了紧张的战前准备之中。

其实，早在击败公孙瓒之前，袁绍就开始了准备工作。之前，公孙瓒曾先后任辽东属国长史、骑都尉、降虏校尉，屡屡征讨辽西乌桓和鲜卑等少数民族政权。公孙瓒身先士卒，常与善射之士数十人，皆乘白马，分为左右翼，自号"白马义从"，作战十分勇猛，深入少数民族腹地，对他们进行无情打击，乌桓和鲜卑没少吃公孙瓒的亏，十分惧怕他。乌桓人相互提醒，要求尽量避开白马长史，更对公孙瓒恨之入骨，然而打又打不过，拿他又没有办法，于是画出公孙瓒的画像，竖在靶场，作为骑兵射击的目标，飞骑射之，中者咸称万岁。从此之后，好长时间他们远窜塞外。

当他们听说公孙瓒被袁绍大军围困于易京这一消息后，乌桓首领、总摄三王部的蹋顿认为报仇的机会来了，于是主动派使者来到易京前线拜见袁绍，要求与袁绍和亲，愿意出兵帮助他攻打公孙瓒，因此，在消灭公孙瓒的战役中他们为袁绍立下了不少战功。

为了进一步笼络住乌桓，将其变为自己的"炮灰"，袁绍不仅将自己的女儿许配给乌桓单于，双方结成亲戚关系，还以大将军的身份，矫诏承制拜乌桓三部首领蹋顿、峭王苏仆延、汗鲁王乌延皆为单于，并给他们送去单于印绶、安车、华盖、羽旄、黄屋、左纛，版文曰："使持节大将军督幽、青、并领冀州牧邟乡侯绍，承制诏辽东属国率众王颁下、乌丸辽西率众王蹋顿、右北平率众王汗卢维：乃祖慕义迁善，款塞内附，北捍猃狁，东拒濊貊，世守北陲，……克有勋力于国家，稍受王侯之命。……忿奸忧国，控弦与汉兵为表里，诚甚忠孝，朝所嘉焉。……今遣行谒者杨林，赍单于玺绶车服，以对尔劳。……乌桓单于都护部众，左右单于受其节度，他如故事。"完全是一副天子的口气。

然而，这种封授大权应该在朝廷和皇帝手中，袁绍虽然为大将军，在没有经过天子同意或授权的情况下，他根本没有资格擅自对他人进行封授，尤其是对周边那些少数民族政权的分封，牵涉到外交，更应该慎重。然而，袁绍为了一己之私，拉拢乌桓为己所用，就这样做了，朝廷拿他也没有办法。

后来，峭王率其部众奉楼班为单于，蹋顿为王。

关于这件事，后来还曾闹出了一个大笑话。

事情的经过是这样的：官渡之战结束不久，曹操占领了邺城，为了彻底消灭冀州袁氏集团残余，他出兵征讨袁绍的长子袁谭，将其围困在南皮城内。袁谭为了解围，派使者前往乌桓，到聊城拜会乌桓峭王苏仆延，请求他们出兵援助。曹操得到这一情报后，非常担心乌桓会出兵前来帮助袁谭，那事情可就麻烦了。为了阻止乌桓出兵，他也紧急派出使者前往辽西，以争取劝阻乌桓，不让他们出兵入关内救援袁谭。派谁去呢？这个人选必须与乌桓峭王认识，甚至打过交道，方才能够见到乌桓峭王，及时将朝廷的诏命传递到他的手中。

经过仔细斟酌，曹操派出了曾经担任过袁绍的督军从事，专门督率过乌桓铁骑，后来投降曹操的袁绍旧部牵招。曹操让牵招带去自己对乌桓峭王的承诺，即只要他不出兵救援袁谭，等他消灭袁谭后，由曹操亲自出面表奏天子，正式任命他为乌桓单于。

为了赶在袁谭使者之前到达聊城，牵招从海路坐船取近道直趋聊城。当他抵达聊城时，发现乌桓峭王苏仆延早已经调集好了五千铁骑，正准备出发，赶往南皮援助袁谭。牵招来得非常及时，就在这一关键时刻，他抵达了聊城，即刻向乌桓峭王苏仆延宣读了朝廷执政大臣、司空曹操的旨意，要求他不要理会袁谭所派出的使者，不许他擅自出兵入关。这样一来，暂时打乱了乌桓峭王的出兵计划。

两路使者同时会集到了聊城，都声称自己代表朝廷，僵持不下，一个是代表着乌桓峭王的老领导、又是亲戚的已故大将军袁绍的儿子袁谭；另一个则是代表着朝廷执政大臣大司空曹操。双方他都得罪不起，这让乌桓峭王一时间犯起了难，不知道该听谁的好。

老天爷仿佛还嫌不热闹，就在此时，辽东太守公孙康也派出自己的使者韩忠来到了聊城。原来公孙康也是想拉拢乌桓，争取其归附自己。而且，韩忠也带来了公孙康为乌桓峭王私刻的单于玺印和绶带，同样也是来封峭王为乌桓单于的。这可是一件千古奇闻，三路使臣都自称受朝廷所命，同时云集聊城，前来争相分封峭王为单于。

到底应该接受哪一方的好意呢？成了峭王面临的一大艰难选择。

但是，三方纷纷前来争取自己，说明他们都很重视自己，对峭王来说毕竟是件好事。因此，峭王为了向族人炫耀这件事，并商议如何应对这一情况，暂时放弃了出兵计划，向各部首领发出邀请，在聊城大会群长，宴请三位使者。

由于三方使者同在，他又不敢得罪任何一方，为了显示公平，只能放在一块儿宴请。牵招毕竟曾经督率过乌桓铁骑，又代表着朝廷，这一点峭王其实心中是非常明白的。因此，在席间，他首先问牵招曰："昔袁公言受天子之命，假我为单于；今曹公复言当更白天子，假我真单于；辽东复持印绶来。如此，谁当为正？"牵招毕竟是见过大世面的人，只见他不慌不忙地回答道："昔袁公承制，得有所拜假；中间违错，天子命曹公代之，言当白天子，更假真单于，是也。辽东下郡，何得擅称拜假也？"

辽东太守公孙康的使者韩忠闻听不干了，他突然站起来狡辩道："我辽东在沧海之东，拥兵百万，又有扶余、濊貊之用；当今之势，强者为右，曹操独何得为是也？"

牵招见他敢侮慢朝廷，出言不逊攻击朝廷执政大臣曹操，顿时大怒，拍案而起，大声呵斥韩忠道："曹公允恭明哲，翼戴天子，伐叛柔服，宁静四海。汝君臣顽嚚，今恃险远，背违王命，欲擅拜假，侮弄神器，方当屠戮，何敢慢易訾毁大人？"说完，不待韩忠反驳，突然离席，快步走上前去，一把捉住他的头便往地上猛撞，拔刀欲斩之。

由于事发突然，大家都没有心理准备，因此，峭王大为惊怖，赶忙站起离席，光着脚跑上前来，一把抱住牵招，方才救下韩忠。左右见状，也都是大惊失色，明白过来之后，纷纷劝牵招息怒。经过这场变故，韩忠和袁谭的使者更是吓得再也不敢多言。

但是，牵招仍然余怒未消，回到自己的座位上后，开始向峭王等人讲述成败之效、祸福之所归，劝他们弃暗投明，归附朝廷。在座之人闻听，皆下席跪伏，敬受敕教。

于是，峭王辞退了辽东使臣韩忠，遣散了准备出发援助袁谭的骑兵，这场风波方才平息。当然这是后话。

为了对抗朝廷，袁绍不仅笼络乌桓各部，还千方百计笼络日渐强大的鲜卑各部，他出面袒护擅自攻杀朝廷任命的乌桓校尉邢举并取而代之的广阳人阎柔，正式任命他为乌桓校尉，统一领导鲜卑、乌桓各部，从而安定了北部边境，解除了将来南下攻打许都的后顾之忧。

为了扩大势力范围，早在建安元年（196），袁绍派长子袁谭领兵赶跑了孔融，占领了青州全境。由于曹操代表朝廷正式授权他领冀、青、幽、并四州，他在占领幽州后，名正言顺地又接受了并州。也就是说，到了建安四年（199），他已经拥有了上述四州之地，实力大大增强。为了加强对这四个大州的控制，袁绍不顾沮授的反对，派长子袁谭为青州牧，次子袁熙为幽州牧，少子袁尚为冀州牧，外甥高幹为并州牧，用袁绍的话说便是："孤欲令四儿各据一州，以观其能。"

而沮授则不这样认为，他对袁绍说："祸其始此乎！"

他给出的理由是："世称一兔走衢，万人逐之，一人获之，贪者悉止，分定故也。且年均以贤，德均则卜，古之制也。愿上惟先代成败之戒，下思逐兔分定之义。"意思是，应该以贤德的标准来选择继承人，现在您却让他们弟兄几个都领兵在外，手中握有军政大权，实力均衡，一旦您百年之后，就可能出现为了争夺继承权而兄弟相残的局面。

事后证明，沮授的看法是非常正确的。袁绍不以贤德为选择接班人的标准，更不以长幼秩序来确定继承者，而是立自己最为宠爱的少子袁尚为继承者，结果当袁绍死后，几个儿子因为各拥重兵，相互不服，开始了无休止的战争，给了曹操各个击破、最终彻底消灭的机会。

第四节 《讨贼檄文》

尽管曹操早就知道袁绍心存不轨，自己也早有为国除奸的想法和决心，但是，由于双方力量对比实在是太悬殊了，出于政权稳定的考虑，曹操还是尽量不主动挑起与袁绍之间的矛盾，希望为朝廷争取和赢得更好更多的生存空间和发展机遇，因此，他想尽量推迟与袁绍之间的军事对决。然而，随着袁绍消灭了公孙瓒，全面控制幽州之后，形势便急转直下，双方的关系变得日益紧张起来，最终战争已经不可避免。

毫无疑问，双方矛盾升级，是袁绍挑起的。随着军事上不断胜利，地盘不断扩大，袁绍最初的战略目标已经初步实现。早在起兵之初，他曾经问好友曹操："若事不辑，则方面何所可据？"曹操并没有贸然地回答，他想听一听袁绍的想法。因此，他反问道："足下意以为何如？"袁绍得意地说："吾南据河，北阻燕、代，兼戎狄之众，南向以争天下，庶可以济乎？"当时，曹操在袁绍的手下，手中没有多少兵马，但是，他又不甘示弱，于是回答道："吾任天下之智力，以道御之，无所不可。"这在袁绍看来是不着边际的话，故他听后只是报以微笑。

袁绍的这句话，暴露了他当时就已经规划好了战略目标，其起兵的目的就是为自己争夺天下，从一开始就没有将辅佐汉献帝和恢复汉室纳入战略规划中去。此后，他一直沿着这一目标不断努，如今终于实现了"南据河，北阻燕、代，兼戎狄之众"这一初步目标。

此时的袁绍手中兵力已多达数十万，环顾四周，没有谁能够与他相比肩。南下争天下是他这一战略的重要组成部分，上述所有的拼搏和成功都是围绕着争天下这一目标所做的铺垫和保障。因此，按照这一规划，率军南下也就成为袁绍下一步的必然行动。关于这一点，曹操内心也是非常清楚的，由于有了这次对话，曹操比谁都更了解袁绍的野心。这也是他一直焦虑不安的重要原因。

一、檄文内容

陈琳撰《讨贼檄文》：

"盖闻明主图危以制变，忠臣虑难以立权。曩者强秦弱主，赵高执柄，专制朝命，威福由己，终有望夷之祸，污辱至今。及臻吕后，禄、产专政，擅断万机，决事省禁，下陵上替，海内寒心。于是绛侯、朱虚兴威奋怒，诛夷逆乱，尊立太宗，故能道化兴隆，光明显融，此则大臣立权之明表也。

"司空曹操，祖父腾，故中常侍，与左悺、徐璜并作妖孽，饕餮放横，伤化虐民。父嵩，乞丐携养，因赃假位，舆金辇璧，输货权门，窃盗鼎司，倾覆重器。操赘阉遗丑，本无令德，僄狡锋侠，好乱乐祸。幕府董统鹰扬，扫夷凶逆。续遇董卓侵官暴国，于是提剑挥鼓，发命东夏，方收罗英雄，弃瑕录用，故遂与操参咨策略，谓其鹰犬之才，爪牙可任。至乃愚佻短虑，轻进易退，伤夷折衄，数丧师徒。幕府辄复分兵命锐，修完补辑，表行东郡太守、兖州刺史，被以虎文，授以偏师，奖蹙威柄，冀获秦师一克之报。而操遂乘资跋扈，肆行酷烈，割剥元元，残贤害善。故九江太守边让，英才俊逸，天下知名，以直言正色，论不阿谄，身〔首〕被枭县之戮，妻孥受灰灭之咎。自是士林愤痛，民怨弥重，一夫奋臂，举州同声，故躬破于徐方，地夺于吕布，彷徨东裔，蹈据无所。幕府唯强干弱枝之义，且不登叛人之党，故复援旌擐甲，席卷赴征，金鼓响震，布众破沮，拯其死亡之患，复其方伯之任，是则幕府无德于兖土之民，而有大造于操也。

"后会銮驾东反，群虏乱政。时冀州方有北鄙之警，匪遑离局，故使从事中郎徐勋就发遣操，使缮修郊庙，翼卫幼主。而便放志专行，胁迁省禁，卑侮王宫，败法乱纪，坐召三台，专制朝政，爵赏由心，刑戮在口，所爱光五宗，所恶灭三族，群谈者被显诛，腹议者蒙隐戮，道路以目，百僚钳口，尚书记朝会，公卿充员品而已。

"故太尉杨彪，历典二司，享国极位，操因睚眦，被以非罪，榜楚并兼，五毒俱至，触情放慝，不顾宪章。又议郎赵彦，忠谏直言，议有可纳，故圣朝含听，改容加锡，操欲迷夺时权，杜绝言路，擅收立杀，不俟报闻。又梁孝王，先帝母弟，坟陵尊显，松柏桑梓，犹宜恭肃，而操率将校吏士，亲临发掘，破棺裸尸，略取金宝，至令圣朝流涕，士民伤怀。又署发丘中郎将、摸金校尉，所过隳突，无骸不露。身处三公之官，而行桀虏之态，殄国虐民，毒流人鬼。加其细政苛惨，科防互设，缯缴充蹊，坑阱塞路，举手挂网罗，动足蹈机陷，是以兖、豫有无聊之民，帝都有吁嗟之怨。

"历观古今书籍所载，贪残虐烈无道之臣，于操为甚。幕府方诘外奸，未及整训，加意含覆，冀可弥缝。而操豺狼野心，潜苞祸谋，乃欲挠折栋梁，孤弱汉室，除灭中正，专为枭雄。往岁伐鼓北征，讨公孙瓒，强御桀逆，拒围一年。操因其未破，阴交书命，欲托助王师，以相掩袭，故引兵造河，方舟北济。会其行人发露，瓒亦枭夷，故使锋芒挫缩，厥图不果。屯据敖仓，阻河为固，乃欲以螳螂之斧，御隆车之隧。幕府奉汉威灵，折冲宇宙，长戟百万，胡骑千群，奋中黄、育、获之才，骋良弓劲弩之势，并州越太行，青州涉济、漯，大军泛黄河以角其前，荆州下宛、叶而掎其后，雷震虎步，并集虏庭，若举炎火以焚飞蓬，覆沧海而沃熛炭，有何不消灭者哉？

"当今汉道陵迟，纲弛纪绝。操以精兵七百，围守宫阙，外称陪卫，内以拘执，惧其篡逆之祸，因斯而作。乃忠臣肝脑涂地之秋，烈士立功之会也，可不勖哉！"

（选自《册府元龟》卷四百十五　将帅部·传檄）

二、战争动员

该来的还是来了。《后汉书·袁绍传》云："绍既并四州之地，众数十万，而骄心转盛，贡御稀简。"不仅如此，他从这数十万人中挑选出精锐步兵十余万人，骑兵万余人，准备南下，企图一举击败曹操，占领许都，铲除阻碍自己称帝野心的这一最大障碍，打着清君侧、讨伐权臣曹操之名，行夺取中央政权、进而代汉自立之实。

然而，发动战争是需要理由的，尤其是这种以下犯上，更应该有一个冠冕堂皇的理由。

这一点难不住袁绍，他手下有的是人才。为了给出兵造势，给出征寻找一个堂而皇之的借口，他派手下掌典文章、以才学著称的陈琳撰写《讨贼檄文》，以大将军幕府的名义发往各州郡，声讨曹操的罪行，为发动这次军事行动辩解。

陈琳不愧为一个刀笔吏，将这篇檄文写得十分精彩，成为后世纷纷效仿的范文。檄文中将曹操贬为一钱不值的佞臣贼子，将袁绍塑造成一位执掌正义、勇于承担重任、出兵讨伐奸贼的忠臣。

比如檄文首先指出"盖闻明主图危以制变,忠臣虑难以立权",为袁绍出兵讨伐曹操的行为进行辩解,称自己的所作所为就像汉初绛侯周勃、朱虚侯刘章起兵讨伐诸吕,尊立文帝那样,是为了使"道化兴隆,光明显融,此则大臣立权之明表也"。现在袁绍起兵讨伐权臣曹操,也是作为大臣的袁绍效仿当年的周勃、刘章为自己立权之明证。

然后,从曹操的祖父曹腾、父亲曹嵩的经历开始,数落起他们的诸多不是,以证明曹操的出身如何不正,攻击和辱骂曹操是"赘阉遗丑,本无令德,僄狡锋侠,好乱乐祸"。

随后,详细列举了袁绍所建立的功绩,陈述了当初他对待曹操是多么好。比如袁绍"方收罗英雄,弃瑕录用,故遂与操参咨策略,谓其鹰犬之才,爪牙可任。……表行东郡太守、兖州刺史,被以虎文,授以偏师,奖蹙威柄,冀获秦师一克之报";而曹操却不仁不义,背叛自己,以及如何残暴。

之后,话锋一转,开始指责曹操"胁迁省禁,卑侮王宫,败法乱纪,坐召三台,专制朝政,爵赏由心,刑戮在口,所爱光五宗,所恶灭三族,群谈者被显诛,腹议者蒙隐戮,道路以目,百僚钳口,尚书记朝会,公卿充员品而已"。历数曹操种种罪行,指责曹操:"豺狼野心,潜苞祸谋,乃欲挠折栋梁,孤弱汉室,除灭中正,专为枭雄。"曹操为枭雄一说,就是从这里开始的,流传至今,仍没有改变。

檄文宣称自己将要"奉汉威灵,折冲宇宙,长戟百万,胡骑千群,奋中黄、育、获之才,骋良弓劲弩之势,并州越太行,青州涉济、漯,大军泛黄河以角其前,荆州下宛、叶而掎其后,雷震虎步,并集虏庭,若举炎火以焚飞蓬,覆沧海而沃爊炭,有何不消灭者哉?"

这里给出的兴兵理由是"当今汉道陵迟,纲弛纪绝。操以精兵七百,围守宫阙,外称陪卫,内以拘执,惧其篡逆之祸,因斯而作"。

最后写道,此"乃忠臣肝脑涂地之秋,烈士立功之会也,可不勖哉!"最后这句话十分隐晦,很值得大家玩味,看似自己表决心,实则是要求众人服从自己,忠于自己,听从自己的指挥,勉励大家杀敌,作为自己的部下,为了自己的野心而肝脑涂地,不惜成为烈士而立功。

令人不解的是,为了贬低曹操,说明其出身不好,陈琳在该檄文中还顺带将曹操的祖父中常侍曹腾、父亲故太尉曹嵩也给狠狠地羞辱了一番,这让曹操看了非常生气。后来,袁绍失败后,曹操俘获陈琳,质问他道:"卿昔为本初移书,但可罪状孤而已，恶恶止其身，何乃上及父祖邪？"陈琳无言以对。

袁绍发表《讨贼檄文》的消息传到许都，满朝震惊，准确地说是惧怕和恐慌。因为发表这样的檄文，意味着这是战争的前奏，表明袁绍不久之后就会发动进攻。而当时曹操与袁绍之间的实力差距实在是太大了，根据史料记载："是时，袁绍既并公孙瓒，兼四州之地，众十余万，将进军攻许，诸将以为不可敌。"也就是说，当时就连曹操手下的那些将军都有点胆怯，担心袁绍军力过于强大，自己一方根本不是他的对手。孔融更是找到荀彧，忧心忡忡地对他说："绍地广兵强；田丰、许攸，智计之士也，为之谋；审配、逢纪，尽忠之臣也，任其事；颜良、文丑，勇冠三军，统其兵：殆难克乎！"

荀彧劝慰他道："绍兵虽多而法不整。田丰刚而犯上，许攸贪而不治。审配专而无谋，逢纪果而自用，此二人留知后事，若攸家犯其法，必不能纵也，不纵，攸必为变。颜良、文丑，一夫之勇耳，可一战而擒也。"

曹操更是表现得信心满满，对于大家的担心，他只是报以微微一笑，宽慰大家道："吾知绍之为人，志大而智小，色厉而胆薄，忌克而少威，兵多而分画不明，将骄而政令不一，土地虽广，粮食虽丰，适足以为吾奉也。"面对强敌，表现出了一副镇定自若、毫不畏惧，甚至有点蔑视的样子。这一点对大家十分重要，众人见主帅曹操如此淡定，信心十足，随即也就安下心来。

曹操虽然表面上装作轻松自如，但是，面对实力超强的对手袁绍，他却不能不认真对待，做好万全准备。

其实，他早就有了这个心理准备，知道这一天迟早会到来。自从将汉献帝迎到许都这天开始，他就知道自己与袁绍的关系必将走向决裂，因此，已经开始提前在做各种准备工作，以应对这一时刻的到来。比如前两年，他反复不断持之以恒地征讨盘踞在南阳的张绣，其目的：一方面是为汉献帝出气，防止张绣与刘表合流；另一方面就是震慑住荆州牧刘表这个袁绍的同盟，使他不敢在京师空虚时，从荆州率兵北上策应盟友袁绍，威胁许都安全。与此同时，他充分利用刘备与吕布之间的矛盾，以帮助刘备之名，快速出兵徐州攻打吕布，抢在袁绍击败公孙瓒之前平定徐州，彻底消灭了反复无常又以凶猛著称的吕布，从而解除了来自东面对许都的威胁。

四年来，或被动应战，或主动出击，曹操不敢有半点松懈，不断取得军事上的胜利。所有这些努力，无一不是为了争分夺秒地抢时间，极力拓展战略空间，为将来与袁绍的决战进行准备。

第五章 官渡之战

第五节　应对措施

陈琳为袁绍所撰写的这篇檄文确实厉害，发出去之后，天下为之震动，人心惶恐，许多地方暗流涌动，时刻准备背叛曹操，迎接并投降袁绍，即使朝廷内部也有不少人与袁绍暗通款曲，等待易帜时刻的到来。

面对如此凶险的局面，曹操又有哪些应对举措和防范措施呢？

一、抢占河内，控制黎阳

令人没有想到的是，最先响应袁绍的是河内郡。建安三年（198）十一月，曾任大司马的河内郡太守张杨突然被其部将杨丑等人刺杀，从而引起了连锁反应。

事情的经过是这样的：在曹操包围吕布、围攻下邳城期间，为了解下邳之围，吕布派秦宜禄跑到河内，向其好友张杨求救。张杨一生最讲义气，当他得到这一消息后，便毫不犹豫地立即率军前往徐州，企图救援被困的吕布。

这显然是对朝廷的背叛，引起了其部将杨丑等人的不满，为了阻止张杨出兵驰援徐州吕布，杨丑在半路上派人刺杀了他，因此，这一救援计划半途而废，这无疑是策应了在徐州作战的曹操大军，本来对朝廷是一件大好事，然而，后来发生的变故却出乎所有人的意料。

同年十二月，曹操顺利攻克下邳，处斩了反复多变的吕布，分兵攻下徐州各县，实现了对徐州全境的掌控。然后，曹操将青州、徐州一并托付给了臧霸，任命大将车胄为徐州刺史，监控和帮助臧霸镇守徐州，实现了对徐州的有效管理。建安四年（199）二月，开始从徐州撤军。当他行至昌邑时，突然传来一个不幸的消息：刚刚接手河内、归顺朝廷的杨丑又被张杨的旧部眭固等人杀死，河内再次陷入动乱之中。

眭固之所以出手杀死杨丑，阻挠他归顺朝廷，原因是他原来是黑山军的首领，过去曾多次率领其部出兵侵扰东郡，与曹操交战，每次都被曹操击败，后来，在曹操的持续打击下，他投奔了河内太守张杨，成为张杨的部下。因此，眭固对曹操十分仇视，杨丑杀死了其主子张杨，准备投靠曹操，自然引起了他的极大不满。于是，他趁杨丑立足未稳，联合张杨的旧部发动兵变，诛杀了杨丑。

受到陈琳为袁绍所写的那篇讨伐曹操檄文所鼓舞，眭固准备响应袁绍，计划率领众人投降袁绍，将河内郡献给袁绍。为此，他积极派人与袁绍联络。

这下情况就变得严重起来，因为河内郡的位置对于许都的安全实在是太重要了。它位于黄河北岸，西依太行，东傍黄河，南隔黄河与曹操的河南郡相望，北通幽燕，为南北交通要道。河内一旦落进袁绍的手中，也就意味着许都的北大门洞开，袁绍随时都可以率军南下，渡过黄河进取许都，成为影响许都安全的最大隐患。

这件事不能不引起曹操的警觉和重视。于是，他果断决定出兵河内，讨伐眭固。

三月，曹操紧急返回许都，进行出发前的各种准备。他命夏侯渊驻守陈留、颍川，以防备刘表、张绣二人乘机北进，威胁许都。然后，他奏请汉献帝，任命董承为车骑将军，开府仪同三司，全面负责保障许都的安全。在东线，他命令大将夏侯惇率军镇守陈留、济阴二郡，在臧霸的背后形成第二道防线，以防范袁绍从青州方向出兵南下，策应河内，从而确保许都的绝对安全。

曹操率大军返回许都的消息，一下子让眭固等人变得紧张起来。因为担心遭到曹操的报复，他临时将河内郡的郡治从野王向东迁移至射犬（今河南省修武县西南十公里处），想离邺城更近一些，必要时更容易获得袁绍的支持。与此同时，他还派人前往邺城搬救兵。因为缺乏对眭固及张杨部下的信任，袁绍并没有立即派军队前来支援和接应眭固等人，从而错失了这一天赐良机。

一切安排停当之后，四月初，曹操便亲率大军开到了黄河南岸，准备抢在袁绍接管河内郡之前，以速战速决的方式，尽快平定眭固等人的叛乱，迅速将河内掌控在自己手中。

曹操对此役非常重视，为了确保万无一失，他可谓精锐尽出。为了防止眭固受惊后迅速北逃投靠袁绍，曹操率领大军并不急于渡河，而是在那里制造声势，给河内叛军制造压力；暗中却派史涣、曹仁、徐晃、乐进、于禁这五位猛将，率军悄悄渡过黄河，兵分两路包抄河内，一路由曹仁率领直扑射犬，另一路则由中军校尉史涣率领，向北迂回包抄，截住眭固北上企图逃跑的路线。

第五章　官渡之战

果然不出曹操所料，眭固见曹操亲率大军兵临黄河，却迟迟不见袁绍大军前来接应，立时慌了手脚，他留下原张杨的司马长史薛洪、自己新拥立的河内太守缪尚等人固守射犬，自己则率领一支军队北上，准备亲自迎接袁绍有可能派来的援军。然而，盼星星盼月亮，却总是看不到袁绍的大军，他又不敢贸然北进，担心曹操趁机渡河，只好率军在附近盘桓，暂时驻屯在犬城（今河南省武陟县境内）。

曹仁率领于禁、乐进迅速包围了射犬。然后，曹仁担心眭固逃走，他留下大将于禁围攻射犬，自己带领乐进率领一支人马急行军，在后面追赶眭固。

史涣率领徐晃和随后赶到的曹仁正好与盘踞在犬城的眭固遭遇。双方随即展开激战，眭固哪里是曹仁、徐晃、史涣、乐进等猛将的对手，几个回合，便被徐晃在阵前斩于马下，其军大败，全部成了曹仁的俘虏。

捷报传来，曹操见目的已经达到，心中大喜，随即率大军渡过黄河，一方面分兵抢占河内各地，另一方面支援包围射犬的于禁，将薛洪、缪尚等人紧紧围困在射犬城内。可怜的薛洪、缪尚等人此时真正成了瓮中之鳖。

由于与袁绍大战在即，为了速战速决，减少不必要伤亡，避免再次陷入下邳那种久攻不下的局面，曹操并没有对射犬采取强攻，而是派出曾经在张杨手下担任过骑都尉、对河内情况比较熟悉的董昭为使者，单枪匹马进入城内劝降。史载："太祖令昭单身入城，告喻洪、尚等，即日举众降。"[①]薛洪、缪尚见外援无望，只得听从董昭的建议，当天就出城投降。曹操此举，既避免了无谓的杀戮，有利于收买当地民心，又避免了自己部下的损失，不失为明智之举。

在这里，曹操意外遇到了一位熟人，此人名叫魏种，是曹操过去的老朋友，曾经是曹操最为信任的人。曹操初入兖州时，曾亲自举荐魏种为孝廉，对他非常信任。当张邈、陈宫背叛曹操，勾结吕布窃取兖州时，许多人都响应陈宫，选择背叛曹操。该消息传到尚在徐州的曹操那里，他十分自信地对身边的人说："唯魏种且不弃孤也。"然而，当他匆匆从徐州前线返回兖州后，却听说魏种也逃走了。他顿时大怒，发誓曰："种不南走越、北走胡，不置汝也！"意思是无论魏种逃到天涯海角，我曹操将来都不会放过你。可见魏种弃曹操而去，对他的内心造成了多么大的伤害。

---

① 〔晋〕陈寿：《三国志·董昭传》，〔宋〕裴松之注，中华书局1959年版，第438页。

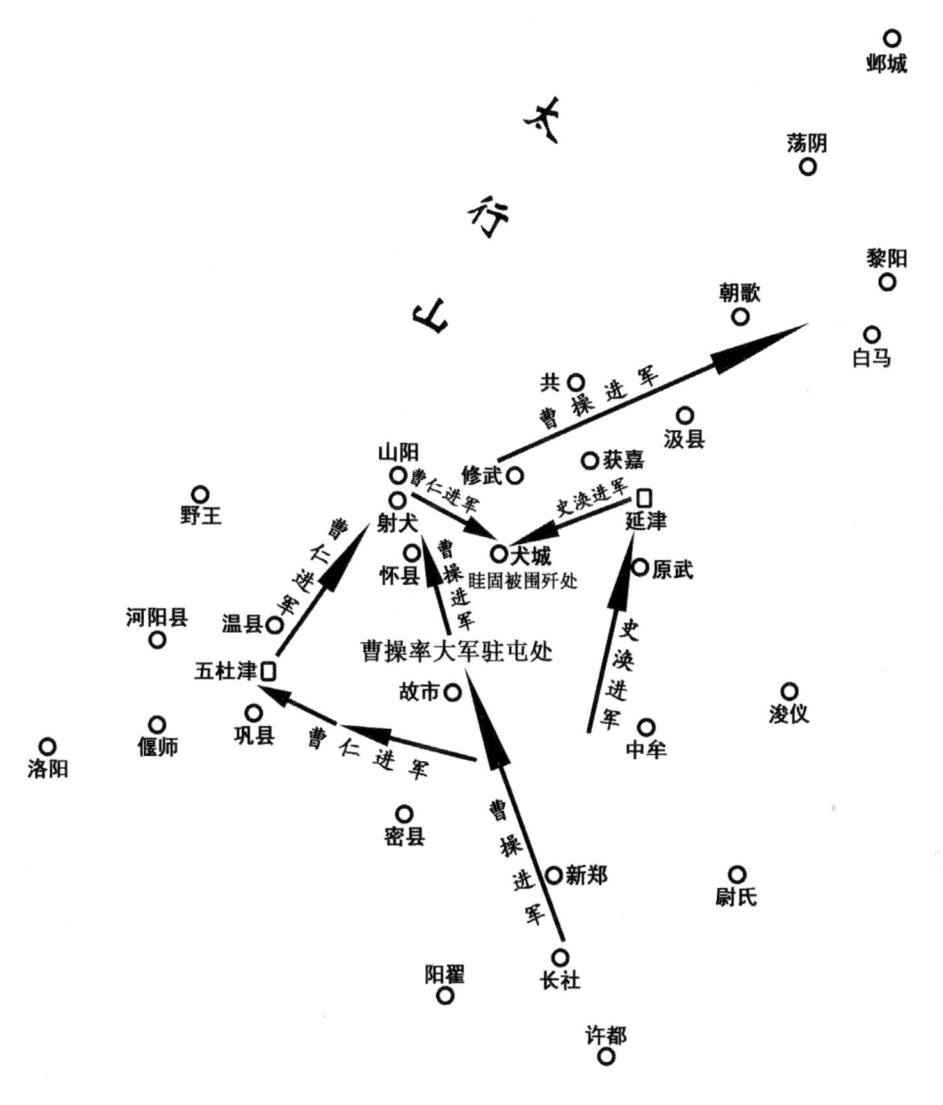

图七十一　河内之战进军示意图

他无论如何都不会想到的是，如今当他攻下射犬之后，在俘虏中竟然发现了魏种的身影。当曹操确认的确是魏种之后，他的心突然又变软了，走上前去亲自为他解开捆绑在身上的绳索，一边解一边口中自嘲地说："唯其才也！"足见曹操对魏种这个人能力的认可和喜爱。

他的这一举动大大出乎众人所料，即使魏种本人也甚感吃惊。然而，更令他吃惊的还在后面呢，曹操竟然当场宣布，任命他为新的河内太守，嘱咐他保护好

第五章　官渡之战　　325

河内，以防范袁绍大军南下，将河北的安危全部托付给了这个曾经背叛过自己的人。最初，魏种还担心曹操一定会痛恨自己，一旦落入曹操手里，他绝对不会饶过自己，因此他坚守城池，但最后还是被曹操的部将生擒。如今，他见曹操不仅不记恨自己，还如此宽宏大量，重用自己，感到十分羞愧，因此，发誓一定要好好报答曹操，于是，他爽快地接受了曹操的这一任命。同时，曹操任命董昭为冀州牧，表明了彻底与袁绍决裂的决心。

据《典略》记载，眭固字白兔，他所驻军的地方先为射犬，后在犬城。当时有一个巫师曾告诉他说，兔遇犬，对他不利，劝他赶快离开那里，转移到其他地方去。但是，眭固不相信，结果很快战败被杀。

曹操采用速战速决的方式将河内郡收归己有，将其掌控在自己手中，以防将来袁绍分兵，沿太行山东麓南下，取得了对袁绍军事斗争的先手。

曹操行事一向果决，绝对不会拖泥带水。就在袁绍还在大肆为自己的出兵宣传造势之时，曹操依然按照自己的既定战略思路，有条不紊地继续加紧各项战争的准备和部署。

同年八月，曹操在完成了对河内郡的控制之后，亲自率领大军北进黎阳，迅速抢占这一战略要地，扩大了自己的防御纵深。曹操之所以看重这个地方，亲自领兵控制，与这里的地理位置的重要性有着密切关系。黎阳位于今鹤壁市浚县境内，西依巍峨的太行山，东傍滚滚的黄河，在这里太行山的余脉向东延伸，一直到黄河岸边，在该道山陵上，自西南向东北依次矗立着三座山丘，分别是浮丘山、大伾山和紫荆山，将黎阳城围在中间，形成一道天然屏障，控制着南北交通，从北向南要想通过这一屏障，只能从浮丘山、大伾山二山之间低矮处穿过，否则，只能从岭北东渡黄河。因此，这里自古就是兵家必争之地。只要占领和控制该地，基本上就掐死了袁绍从黄河西岸南下的通道。曹操抢先占领这里，也意味着他同时掌控了此处黄河两岸的渡口，因此，他派东郡太守刘延驻守黄河东岸白马渡，在此筑城，以防袁绍从这里东渡黄河，沿黄河东岸南下，从而卡死了袁绍南下的这两条关键路线。

与此同时，为了取得战略主动，他又派臧霸等将领率精兵从东部主动出击，进入袁谭控制的青州，一举击破了齐、北海、东安等地，从东线牵制袁绍南下。派程昱为东中郎将，领济阴太守，都督兖州事，驻防在鄄城。派钟繇坐镇关中，以防袁绍分兵进入关中，从西线发动进攻。他又将自己的主力分为数部，分别驻守在黄河东岸的官渡一带，在这里形成了一条东西绵长，南北有一定纵深的防御阵地，以图堵截住袁绍大军南下。

直到九月，这一切工作才部署完毕。然后，他留下于禁率军驻屯黄河岸边，进行巡视，负责监视袁军动向，自己则急匆匆地返回了许都。

曹操为何在此时急着要返回许都呢？原来是许都又发生了一件大事，需要他立即回去处理。

二、冰释前嫌，张绣来降

原来，张绣派使者来到许都，等候曹操的接见。

事情的起因和经过是这样的：袁绍为了争取各方支持，不仅向天下发出了讨伐曹操的檄文，还派出了多路使者到处活动，企图策反各地的官员。与此同时，他也派一路使者跑到了襄阳和南阳分别去求见刘表和张绣，企图诱降他们。为了促使张绣尽快投降自己，到时候出兵从背后袭击曹操，策应他的大军南下，袁绍还给张绣最为倚重的谋士贾诩写了一封亲笔信，想收买贾诩，帮助他做通张绣的工作。

张绣是曹操的仇人，曹操的长子曹昂、侄子曹安民和爱将典韦都死在了他的手中，曹操征伐张绣经年，这一点天下人都知道，因此，在袁绍的眼里，张绣肯定会投降。

然而，令他和许多人都没有想到的是，恰恰在张绣这里出了问题，张绣非但没有投降袁绍，反而选择投降了袁绍的敌人、自己的仇人曹操。这让袁绍十分吃惊，也让曹操感到非常意外。

那么，问题出在哪里呢？

问题恰恰出在了张绣的大谋士贾诩身上。贾诩不仅足智多谋，料事如神，是一位优秀的谋士，而且还是一位目光远大、洞察时势的政治家，每当关键的时候，他都能做出正确的选择。比如，当年董卓被王允、吕布诛杀后，董卓的部下遭到被朝廷清洗的危险，许多人六神无主，惊慌失措。时任中郎将、手握重兵的董卓的女婿牛辅，率兵驻扎在陕州，后来叱咤风云的李傕、郭汜、张济等人都是牛辅的部下，在其手下任校尉之职。此时，他们都奉牛辅之命率军东下，前往侵掠陈留、颍川二郡各县，蔡文姬就是在此时被他们掠到了陕州。

董卓被杀之后，王允因为对董卓太过嫉恨，拒绝吕布等人厚待董卓部曲的建议，采用错误策略，坚持遣散其部众。于是，吕布只得派李肃赶到陕州，欲以诏命逮捕并诛杀牛辅。牛辅岂能束手就擒，与李肃发生大战，结果李肃战败，败走弘农，被吕布以律诛杀。

作为董卓女婿的牛辅，在这一关键时刻，本应该成为大家的主心骨。但是，牛辅首先发生了动摇，丧失了信心，总是担心早晚会失守，风声鹤唳，魂不守舍，经常把兵符、铁锁放在自己的身旁以防不测。一天夜里，牛辅的大营中有士兵叛逃，造成营中大惊，牛辅以为部下皆叛，乃取出金银珠宝，独自带领与自己平时关系较好的胡赤儿等五六个人，翻越城墙北渡黄河而逃，半路上胡赤儿等人见利忘义，将其杀害，夺取了他携带的那些宝贝，并将其首级送到长安请功。当李傕、郭汜等人听说主公董卓被杀，朝廷有变，赶忙率军撤回，来到陕州驻地时，牛辅已经败亡，上面既无赦免的诏书，又有传闻说长安中欲尽诛凉州人，众人无所依靠，忧恐不知所为，皆欲散伙，准备各自逃回自己的老家凉州去。

在此危急关头，正是贾诩镇定自若，挺身而出，力挽狂澜。他的一句话、一个主意，彻底改变了事态的走向，改变了整个时局，挽救了整个西凉集团的命运，让刚刚取得政权的大司徒王允命丧黄泉，猛将吕布亡命天涯。

当时，他在军中任讨虏校尉，正在牛辅的军营中，面对惊慌失措的众位将领，他说："闻长安中议欲尽诛凉州人，而诸君弃众单行，即一亭长能束君矣。不如率众而西，所在收兵，以攻长安，为董公报仇，幸而事济，奉国家以征天下，若不济，走未后也。"这确实是当时的实际状况，如果大家分散而走，即使是一个小小的亭长也能够将他们一个个捉拿归案。因此，大家都认为他说得很对，于是，想逃走的人也不逃走了，他们连夜集合人马，公开造反，浩浩荡荡地开往长安。正如贾诩所料，那些都感到走投无路的董卓旧部听说他们要攻打长安，沿途纷纷率队加入，很快就会成了十几万人。随即将长安包围，与董卓故部曲樊稠、李蒙、王方等人合围长安，仅用了十天时间，便攻入城内，赶跑了吕布，逼死了王允，重新夺回了政权。

李傕执政后，因为贾诩有此大功，欲封其为列侯，贾诩固辞不受。又欲拜他为尚书仆射，贾诩却说："尚书仆射，官之师长，天下所望，诩名不素重，非所以服人也。纵诩昧于荣利，奈国朝何！"坚决不接受。最后，贾诩只是担任了尚书一职，负责选举事宜。此后，凉州集团相互争权，发生严重内斗，李傕对天子粗暴无礼，贾诩多次出面保护汉献帝。天子获释后，他与张绣纷纷离开李傕，张绣投奔了在弘农的叔父张济，贾诩则出走华阴，投靠了将军段煨。

张济到南阳便战死，贾诩听说后，毅然离开段煨，来到南阳投奔了张绣，成为张绣最为倚重的第一大谋士，是张绣的主心骨。曹操此前多次征讨张绣之所以总是失败，原因就是贾诩为张绣出谋划策，可见他在张绣军中的重要性。

如今，在这一何去何从的历史关头，又是贾诩挺身而出，做出了正确的选择：坚决拒绝袁绍，选择投靠曹操。

由于贾诩的特殊地位，当袁绍的使者来到南阳张绣大营时，张绣自然也就将他请到了会见现场，参与这场谈判。

他担心张绣会当场答应袁绍使者的要求，于是，在接见袁绍使者时，他竟然反仆为主，一屁股坐在张绣的位置上，直接对使者说："归谢袁本初，兄弟不能相容，而能容天下国士乎？"意思是袁绍连自己弟弟袁术都容不下，还能容得下其他人吗？一句话问得使者十分尴尬，张口结舌。

他的这句话更是完全出乎所有在场人的意料，更使主人张绣大为惊惧，他知道袁绍的厉害，自己得罪不起。然而，贾诩的话已经说出口了，又无法收回，再说了，贾诩又是自己最倚重的大谋士，他还能说什么呢，只能在旁边尴尬地打圆场，劝说道："何至于此！"想调和一下紧张的场面，然而已经于事无补，双方不欢而散。

袁绍的使者被贾诩气走之后，张绣私下焦急地问贾诩道："若此，当何归？"贾诩却斩钉截铁地说："不如从曹公。"

这让张绣一时犯了难，他不无担心地问贾诩道："袁强曹弱，又与曹为雠，从之如何？"

此时，贾诩方才讲出了他主张拒绝袁绍诱降、选择投降曹操的原因。他向张绣解释说："此乃所以宜从也。夫曹公奉天子以令天下，其宜从一也。绍强盛，我以少众从之，必不以我为重。曹公众弱，其得我必喜，其宜从二也。夫有霸王之志者，固将释私怨，以明德于四海，其宜从三也。愿将军无疑！"

张绣本来就是一介武夫，根本没有主见，这也是他如此倚重贾诩的原因，可以这样说，贾诩就是张绣的大脑，他往哪指，张绣就会往哪走。而事实的发展也证明了贾诩认定的路线都是正确的。张绣之所以在曹操的屡次征讨中，仍然能够在南阳坚持这么久，全是依仗贾诩出的高招，帮助他一次次渡过难关。可以说他对贾诩言听计从。这一次，他又听从了贾诩的建议，决定率众归降曹操。主动派使者到许都表示愿意向朝廷投降。

面对这样重大的事情，在许都主持朝政的尚书令荀彧自然不敢擅自做主。他立即修书一封，派人骑快马禀报曹操。曹操顿时喜出望外，决定立即回去接见张绣的使者，才匆匆地返回许都，急着回去处理这件事。

经过几个月的谈判，最终于当年十一月，张绣正式向曹操投降。正如贾诩所预料的那样，曹操是一个大政治家，根本不会计较个人恩怨。当他见到他们时不但不生气，反而显得异常高兴，表现出了少有的热情，这让张绣悬着的心终于落了下来。

曹操知道张绣之所以能够下定决心投降，都是谋士贾诩的功劳，因此，在受降仪式上，曹操紧紧地握住贾诩的手，十分感激地对他说："使我信重于天下者，子也。"

然后，他又像老朋友那样，热情地上前拉着忐忑不安的张绣的手，亲热地嘘寒问暖，没有表现出半点怨恨他的样子。接下来，便是封赏。曹操代表朝廷宣布诏命，拜张绣为扬武将军，封列侯；贾诩为执金吾，封都亭侯，迁冀州牧。因为冀州尚未平定，他只能暂时留在曹操身边，参与司空军事。

然后，曹操设盛宴招待他们，双方觥筹交错，相谈甚欢。高兴之余，曹操宣布要与张绣结为儿女亲家。双方经过商量，曹操决定为自己的儿子曹均迎娶张绣的爱女。

由于官渡前线形势日趋紧张，改编完成之后，张绣并不敢做过多停留，当年十二月，他率领本部人马跟随曹操开赴官渡前线布防，直接加入了抵抗袁绍的军事行动中。

三、刘备叛逃，窃取徐州

可是，当曹操再次返回官渡，刚刚安排好张绣及其部队时，后方却又出事了，而且，还是一件大事，一件让他一直纠结、又放心不下的大事：刘备叛变了。

事情的起因还要从袁术说起。公子哥出身的袁术，过惯了奢华的生活，其称帝之后，生活变得更加奢靡，据《三国志·袁术传》载，袁术"荒侈滋甚，后宫数百皆服绮縠，余粱肉，而士卒冻馁，江淮间空尽，人民相食"。关于这件事，

《后汉书·袁术传》亦载："术虽矜名尚奇，而天性骄肆，尊己陵物。及窃伪号，淫侈滋甚，媵御数百，无不兼罗纨，厌粱肉，自下饥困，莫之简恤。于是资实空尽，不能自立。"几年下来，他几乎将自己的库存消耗殆尽。

不仅如此，袁术在军事上也屡吃败仗。他先是派大将张勋、桥蕤等人率军攻打徐州，以报复吕布毁婚约并抓捕自己派去迎亲的使者，致其被杀之仇，结果大败而还，此战损失了十员大将，士兵损伤者更是无数。被吕布一直追击到寿春，吓得袁术龟缩在城内不敢应战，最后还遭到吕布的一番羞辱，给他留下一个字条，嘲笑他说："布虽无勇，虎步淮南，一时之间，足下鼠窜寿春，无出头者。猛将武士，为悉何在？"

由于袁术称帝之后，淫侈滋甚，媵御数百，无不兼罗纨，厌粱肉，加上那几年一直闹旱灾，粮食连年歉收，军阀们都是靠抢掠和压榨老百姓获取粮食，本来就存粮不多，哪里禁得起他们这样折腾，很快便资实空尽，粮食接济不上，陷入困难之中。于是，他将目光放在了其祖源地陈国。

陈国国王刘宠善弩射，十发十中，中皆同处，武功高强，有强弩数千张，他整备军队，分派在各地驻守。因此，中平年间黄巾军起义时，各郡县皆弃城走，黄巾军畏惧他军队强大，防备甚严，从来不敢侵扰陈国。当然了，陈国百姓也不敢反叛刘宠。在当时天下纷乱之中，只有陈国得以保存完好，国内较为太平，其他地区的百姓归之者十余万人。天下闹饥荒时，周围的许多老百姓都跑到陈国就食，陈国国相骆俊又十分体恤老百姓的艰辛，开仓赈济，保全了他们的性命。所以说，陈国相对于其他地方要好许多，多有积蓄。于是，就引起了饿急眼了的袁术的觊觎，被他牢牢地盯上了，决定向其借粮，结果遭到了陈国国相骆俊的严词拒绝。这一下惹恼了刚刚当上皇帝的袁术，于是，他采取阴招，派曾经劫掠并杀害曹操父亲曹嵩及其家人、后来投奔他的张闿冒充灾民，混入陈国境内，寻机刺杀了国相骆俊。

建安二年（197）秋九月，袁术又趁陈国举国为骆俊办丧事之机，违背人伦，亲自率军偷袭陈国，杀害了毫无防备、沉浸在哀伤之中的陈王刘宠，搜刮陈国粮食，抢掠各种财物。陈国是朝廷的封国，国王刘宠是皇室亲胄，袁术肆无忌惮地杀害骆俊和刘宠，是对朝廷权威的公然挑战，令主政大臣曹操十分震怒。为了惩戒袁术，给他一个教训，曹操迅速亲率大军前往征讨。

袁术不止一次与曹操交手，充分领略过曹操用兵的厉害，因此，当他听说曹操亲自领兵而来，心中大骇，想到的就是赶快逃跑。于是，他留下大将张勋、桥蕤、李豊、梁纲、乐就等人屯守蕲阳（今安徽省宿州市埇桥区蕲县镇），以抵抗曹操，而他自己则迅速渡过淮河，溜之大吉。曹操大军一到，迅速击破桥蕤，斩杀桥蕤、李豊、梁纲、乐就四员大将，只有张勋得以逃脱，此役袁术受到重创。

在曹操、吕布和孙策多方的联合绞杀下，袁术在这两次战争中接连损失大将十多员，实力受到严重削弱，很快便众叛亲离，其部下不愿听从他的指挥，甚至拉帮单干。

建安四年（199）春夏之际，由于连年旱灾，青黄不接，淮南一带出现了严重饥荒，江、淮之间出现了人食人的惨剧，老百姓几乎死亡殆尽。到了夏天，袁术在那里实在无法再坚持下去了，在万般无奈之下，"乃烧宫室，奔其部曲陈简、雷薄于灊山。复为简等所拒，遂大困穷，士卒散走"[①]。袁术忧懑不知所为，不得已撤去帝号，准备将帝号送给兄长袁绍。于是，他给袁绍写了一封亲笔信，信上是这样说的："汉之失天下久矣，天子提挈，政在家门，豪雄角逐，分裂疆宇，此与周之末年七国分势无异，卒强者兼之耳。加袁氏受命当王，符瑞炳然。今君拥有四州，民户百万，以强则无与比大，论德则无与比高。曹操欲扶衰拯弱，安能续绝命救已灭乎？"

此时，袁绍已经击败了公孙瓒，实力达到鼎盛，自信心爆棚，正在积极准备率军南下，攻打曹操。更有胜利后登基当皇帝的野心，巴不得手中有一枚这样的传国玉玺，等将来战胜曹操后，自己好名正言顺地取代汉献帝，登基当皇帝。因此，史载，当他接到袁术的信，读后心中默然。

袁术之所以写信给袁绍，主动表示愿意将帝号让与他，主要是为自己投奔袁绍递上投名状。因此，在得到袁绍默许的情况下，袁术就带着这枚传国玉玺，准备借道徐州北上，到冀州投靠兄长袁绍。袁谭早已得到了父亲的指示，赶忙从青州派兵前往接应。

袁术自立为帝，本来就很不得人心，其手下的许多大臣都不愿在他手下出任职务，是被他强行扣留在身边不得已而为之，可以说与他同床异梦。因此，他想北逃冀州的这一情报迅速被人送到了许都朝廷。

此时，曹操率军正在河内平定眭固等人发动的叛乱，抢占战略要地，严防袁

---

① 〔宋〕范晔：《后汉书·袁术传》，中华书局1965年版，第2443页。

绍大军南下。接到这一情报后，心想大战在即，自己本来就处于弱势，岂能允许袁术北上与袁绍合流，那样岂不就更麻烦了？于是，他考虑派人紧急前去徐州进行堵截。

这时，刘备突然站了出来，积极要求自己带兵前往。当时正是用人之时，曹操确实没人可派，刘备如此主动，忠心可嘉，曹操未加多想便同意了。但是，曹操知道刘备打仗不行，很不放心，便为他增派了大将朱灵、路招二人，让他们各自带上本部人马，与刘备一起赶往徐州，与徐州刺史车胄一起，共同堵截袁术北上。

可是，当他们赶到那里时，袁术已经被车胄率军击败，再次南逃，打算逃回寿春。在南逃途中，他给自己的堂弟、时任济阴太守的袁叙写信，讲述了自己的无奈，让他转告袁绍自己无法将印玺亲自送到冀州。袁叙便写信禀告袁绍，信中说："今海内丧败，天意实在我家，神应有征，当在尊兄。南兄（袁术）臣下欲使即位，南兄言：'以年则北兄（袁绍）长，以位则北兄重。'便欲送玺，会曹操断道。"

六月，袁术逃到江亭时，因为实在是无米下锅，众人只能忍饥挨饿，袁术想不到自己英雄一世，如今混到如此不堪的地步，感到十分愤懑，坐在簀床上生闷气，突然，只见他仰天长叹道："袁术乃至是乎！"随即大口吐血，不久便呕血而死。其妻子及部下只好前往投靠了袁术旧部庐江太守刘勋。不久之后，刘勋又被孙策击破，袁术的女儿没入孙权后宫，成为孙权的夫人。其儿子袁燿在东吴官拜郎中，后来，袁燿的女儿又被许配给孙权的儿子孙奋为妻。

刘备、朱灵等人到达下邳时，只知道袁术南逃，并不知道其已经病死，为了防止他继续北上，刘备便找借口留了下来。因为官渡前线形势吃紧，朱灵、路招二将率兵撤了回来。没想到他们一走，刘备就背叛了朝廷，袭杀了徐州刺史车胄，夺取了他的兵马，抢占了徐州。然后，他留下关羽镇守下邳，自己则率领张飞等人驻守小沛。

消息传到官渡前线时，曹操因为忙于应对袁绍，并没有把这件事看得太重，认为这可能是刘备一时糊涂，做出了傻事，只要派人带着朝廷的符节前去劝说，他很快就会回心转意，解除他的兵权即可，并不需要派兵前去征讨。这也是过去朝廷对待在外领兵将领经常采用的方法。

于是，曹操派遣司空府长史刘岱作为朝廷的使者，在王忠的保护下前往徐州问罪，希望能够劝刘备回头，如果刘备不听从劝说，就将他缉拿回来。

刘岱、王忠何许人也？为什么曹操选择派他们二人前往呢？

这个刘岱并非当初起兵反对董卓、最后被黄巾军杀死的那个兖州刺史刘岱。他是沛国人，与曹操是老乡，一直跟随着曹操南征北战。曹操出任司空后，便任命他为长史，相当于司空府的秘书长或幕僚长，地位十分显赫。曹操认为派他代表自己作为朝廷的使者前去劝说刘备，分量已经足够了。

王忠，扶风人，曾做过亭长。关中大乱时，他带领部下通过武关逃荒到南阳。当时曹操的好友娄圭驻守在那里，替荆州牧刘表招募北方的流民。王忠不愿意到荆州去，便率领部下袭击了娄圭，夺其兵马，又招募了一些流民，总计约一千人，率领他们北上投靠了朝廷。从这件事上可以看出王忠作战是多么勇猛。鉴于他的忠勇，曹操拜他为中郎将，从此，他经常跟随曹操到处征讨。令人感到好笑的是，不久之后，被王忠击败的娄圭本人也跑到了许都，投奔了曹操。曹操认为，有这样一个打起仗来不要命的主儿来保护刘岱，安全上应该没有问题，对刘备等人也会有足够的震慑。

领命之后，刘岱、王忠二人便带领一百多名士兵，紧急赶往下邳去见刘备。

然而，令曹操没有想到的是刘备去意已决，根本不听刘岱的劝说。因此，他们话不投机，就动起手来。刘备嘲讽地对刘岱说："使汝百人来，其无如我何，曹公自来，未可知耳！"根本不把他们二人看在眼里，更不顾及他们朝廷使者的身份。

刘备之所以敢如此放肆，是因为他确实有这样的实力，不仅身边有猛将张飞、夏侯博，附近还有大将关羽，他怎么会惧怕这两个人和他们所率领的区区百十号人马呢！因此，二人不敌，逃了回来。由于当时曹操正进军黎阳，在前线排兵布阵，没有时间考虑此事，便一直耽搁了下来。

然而，令曹操没有想到的是，在刘备的影响下，东海郡的昌豨不久也选择造反了，起兵响应刘备。徐州各郡县见状，纷纷背叛朝廷，选择投降刘备。这样一来，没用几个月，刘备手下便会集了数万人马。不仅如此，为了对付曹操，刘备还主动派心腹孙乾到冀州去，与袁绍秘密结盟，希望袁绍能够派兵来支援自己。

这样一来，形势就变得严重起来，曹操不得不重视了。他非常后悔当初没有听从郭嘉、钟繇等人的意见，轻易相信刘备，派他率兵前往徐州。

当时，郭嘉曾劝曹操说："备有雄才而甚得众心。张飞、关羽者，皆万人之敌也，为之死用。嘉观之，备终不为人下，其谋未可测也。古人有言：'一日纵敌，数世之患。'宜早为之所。"史载："是时，太祖奉天子以号令天下，方招怀英雄以明大信，未得从嘉谋。会太祖使备要击袁术，嘉与程昱俱驾而谏太祖曰：'放备，变作矣！'时备已去，遂举兵以叛。太祖恨不用嘉之言。"郭嘉和程昱听说曹操派刘备带兵前去堵截袁术，十分着急，二人亲自驾车跑到曹操黎阳前线，去劝阻曹操，然而，为时已晚。

曹操一直搞不明白，自己对待刘备已经足够好了，多次救他于水火之中，对他也十分敬重，不仅授官还封诸侯，为何刘备还要背叛自己呢？不久之后，一件事的发生，终于揭开了隐藏在其背后的秘密，让曹操大吃一惊。

四、谋反失败，董承被诛

原来，刘备参与了车骑将军董承的政变阴谋。

事情的经过是这样的：董承借口汉献帝给他一副血带诏，趁着曹操带兵出征河内之机，秘密串联，联络刚到许都不久的左将军刘备、偏将军王服、越骑校尉种辑等人，在许都阴谋发动政变，寻机刺杀曹操，夺取政权。

但是，中途刘备却胆怯了，他害怕事情败露会祸及自己，因此急于摆脱，正好传来了袁术企图北上投靠袁绍的消息，给了他离开许都的绝佳机会。于是，他便抓住这一机会，请求曹操允许他带兵前往徐州，去堵截袁术。曹操轻易地答应了他的要求。刘备知道参与谋反、诛杀执政大臣是什么性质的犯罪，是会被株连家族的重罪，因此，他才会到徐州后如此坚决地发动兵变，夺取徐州，再也不肯回头。

建安五年（200）正月，董承企图发动政变的阴谋终于败露，结果造成了偏将军王服、越骑校尉种辑等多人被诛杀，夷三族。在审讯时，他们供出了参与者竟然还有刘备，这让曹操终于明白了刘备为何急于领兵外出，到徐州后又毫不犹豫地袭杀了车胄，当刘岱前去问罪劝说时，他为何表现得那么果决，坚持不回头。

有人一直认为董承发动的这次政变，是奉汉献帝之命剪除奸臣曹操的正义之举。在这里曹操是不是奸贼暂且不论，即使是奸贼，他的奸贼嘴脸此时是否已经暴露？如果说他是专权，那么，外面有大将军袁绍独立于外，不听从朝廷指挥，一直想进攻许都，袁绍又是什么人物？内有汉献帝的亲信董承担任高官，曹操在这次出征之前还任命他为车骑将军，将许都的安全托付给他，难道能说曹操专权吗？曹操一直带兵出征在外，出生入死地维护王朝的利益，征讨周围不听朝廷诏命的割据军阀，这样的行为是奸贼应该做的事情吗？即使他加强了对许都的军事管控，难道说大战之前，为了保证内部安定，争取胜利，实行戒严，使全国进入战争状态，不是古今中外经常采取的惯常措施吗？更何况当时许多人并不看好曹操，军心动摇，许都内有许多人都暗中通款袁绍，在这样严峻的形势下，难道不该加强管控措施吗？

董承为何早不谋反晚不谋反，偏偏选择在此时谋反？无外乎是因为曹操在出征河内时突然加强了对许都的管控，使其产生了怀疑，怀疑曹操专权，有不臣之心。如果曹操事前没有做这种准备，恐怕董承的阴谋就会得逞。这也就反证了曹操采取军事管制措施的必要性和正确性。

董承谋反到底是不是汉献帝所指使的？如果真的是汉献帝指使，就不能不怀疑汉献帝有与袁绍通谋，配合袁绍行动，借以剪除曹操的嫌疑。那么，即使成功了，他就能够保证袁绍会对他言听计从、恭敬从命吗？要是再出现一个还不如曹操的权臣呢？如果没有这种十足的把握，他又为何会指使董承发动这样的政变呢？而这件事又是在正史中有明文记载的不可否认的史实。

之前，袁绍坚持要求曹操诛杀太尉杨彪、大长秋梁绍、少府孔融等，曹操坚决不同意。后来，又有人举报杨彪与反贼袁术有姻亲关系，诬陷他欲图废置，也就是说废掉汉献帝，作为执政大臣的曹操不得不上奏皇帝要求将杨彪逮捕下狱，弹劾他以大逆之罪。其实，他此举是想将这件事的裁决大权交给皇帝，让汉献帝来处理。但是，汉献帝却顺水推舟，顺利地批准了曹操的奏章。这不能不让人怀疑汉献帝故意将抓捕杨彪这件事的责任全部推给执政大臣曹操，借此来败坏曹操的个人形象，破坏好不容易形成的社会稳定和朝臣团结的大好局面，彻底毁掉曹操千方百计广招天下人才的努力。

这笔账后来也确实被一些史学家算在了曹操的头上，如《后汉书·杨彪传》中就这样记载："袁术僭乱，操托彪与术婚姻，诬以欲图废置，奏收下狱，劾以大逆。"这是很不好理解的一件事，因为，如果曹操想杀杨彪，早在袁绍的要求下，他完全可以顺势而为，借机诛杀杨彪，并将诛杀他的原因算到袁绍头上。为何曹操当时不那么做呢？如果曹操想诛杀杨彪，是因为曹操专权，又非常跋扈，就像他后来毫无来由地随便找个理由诛杀杨修那样，相信只要他坚持，杨彪无论如何也逃不出被诛杀的命运。那么，曹操为何又下令释放了他呢？叛逆连坐罪是要诛杀九族的，无论杨彪参与或是没有参与，按律都是应当被杀头治罪的。曹操将其逮捕下狱，派人审理，并最终释放了他，显然不是以连坐法来治他的罪，而只是想查明杨彪是否真的参与，只要没有参与，就立即下令释放了他，难道说不是对他的公开袒护吗？退一步说，如果真是曹操想诬陷他、陷害他，还需要审理吗？如果曹操当时专权，那么，这件事还需要奏请和弹劾吗？他向谁奏请，又向谁弹劾？显然是其上级，曹操的上级只有汉献帝。也就是说没有汉献帝的批准，曹操是不能滥杀的，他还没有完全掌握生杀大权呢。就连封拜立功的将士这样的权力，还是到了十五年之后的建安二十年（215）九月，天子拜其为魏公一年之后，才授予他，史载"天子命公承制封拜诸侯守相"。孔衍的《汉魏春秋》曰："天子以公典任于外，临事之赏，或宜速疾，乃命公得承制封拜诸侯守相。"说明在此之前，用人大权始终掌握在汉献帝手中，这能够说曹操大权独揽、独断专行吗？

从这件事来看，汉献帝似乎确实与袁绍有一定的默契。那么，他为何要自毁长城呢？显然这是不符合道理的。因此，这也是本人一直怀疑董承声称的有汉献帝衣带诏的原因。

说来也巧，就在这一关键时刻，也就是董承阴谋暴露之前的一个月，又发生了刺杀曹操的严重事件。事情的经过是这样的：建安四年（199）十二月，当曹操来到官渡前线时，跟随曹操多年的徐他等人深夜怀揣利刃，摸入曹操的大帐中，企图刺杀曹操，结果被负责曹操安全的校尉许褚识破，将他们击杀。史书上并没有交代这些人刺杀曹操的目的和背后指使者。有两种可能，一种是受董承的指使，另一种就是袁绍的指使。但是，根据后来事态的发展，基本上排除了后者的可能性。那么，唯一的可能性就是受董承的指使。

可想而知，曹操当时所面对的凶险是多么严重，它们有明有暗、有远有近，可以说是防不胜防。只有了解了这些背景，我们才能够理解为什么会出现《后汉书·后妃传》中记载的"自帝都许，守位而已，宿卫兵侍，莫非曹氏党旧姻戚。议郎赵彦尝为帝陈言时策，曹操恶而杀之"这一状况了。

外有强敌环伺，内有图谋不轨，曹操要想巩固住自己的地位，不至于让自己身首异处，对汉献帝严加防范、加强监控，既是必需的，更是必然的结果。议郎赵彦被杀，想必其为汉献帝所献计策和议论时政都是对曹操不利的，才会引起曹操如此厌恶以至于必除之而后快。将上述事件联系在一起，不能不让曹操深深感到危机，因此，自从发生了徐他刺杀他的事件之后，曹操便对处理这件事立有大功的许褚特别信任，出入同行，不离左右，加强了对自身安全的防备，以防类似事件再次发生。

曹操排除郭嘉、程昱等人的反对起用刘备，虽然看走了眼，但是也说明了一个问题，那就是他一向用人不疑，在董承这件事上也得到了充分证明。原来，他对董承充满信任，比如《江表传》中记载："（孙）策被诏敕，与司空曹公、卫将军董承、益州牧刘璋等并力讨袁术、刘表。"说明此时曹操与董承的关系一直都不错，他在出征河内之前，提拔董承为车骑将军，成为他在军事方面的副手，更说明曹操对董承的忠心没有任何怀疑。这与史料中所记载的曹操多么多疑、多次测试刘备是完全不同的。

放走刘备，以及升迁董承为车骑将军，所有这些都说明一个历史事实，曹操对他们的叛乱阴谋最初是完全不知情的，否则他不可能在自己领兵外出、去征讨河内时，升任董承为车骑将军，让其担任武将中的次帅，并将许都的安全完全交付给他。

这也是为何董承谋反的阴谋泄露之后，曹操如此震怒，对董承表现得那么果决和无情，连他的女儿、身为汉献帝贵人的董氏都不肯放过，因为曹操深知斩草必须除根这一道理。

当时董贵人已经身怀有孕，曹操不可能允许董贵人为汉献帝生下皇子或皇女，这无异于培养一个仇人，给自己及家族的未来留下一大隐患。因此，无论汉献帝如何为之说情，曹操都坚持要杀掉她。这一点也确实对汉献帝有大不敬之嫌疑。但是，这也是从当时的政治现实来考虑的，是不得已而为之。历史上因小仁慈造成悲剧的事例比比皆是。因此，我们不能因为这件事指责曹操。

由于刘备深度参与此次政变阴谋，是董承的同谋，因此，其性质也就彻底变了。阴谋推翻和诛杀执政大臣，是严重的政治事件，十恶不赦，按律必须严惩，不仅本人要服诛，还要诛灭三族。

更让曹操不能容忍的是，刘备不仅趁机窃取了徐州，竟然还派自己的心腹孙乾北上邺城，与朝廷的叛臣袁绍相联合，以共同对付自己，这让曹操深深地感受到了危机和无法容忍。

徐州的丢失，对许都的安全构成了巨大威胁，造成曹操的大后方不稳，尤其严重的是袁、刘的勾结联合，如果容忍刘备在徐州存在，一旦袁绍大军南下，刘备从东面出兵策应，进攻许都，曹操将会出现首尾难顾、腹背受敌的被动局面。

尤其是曹操尚不清楚许都内是否还有刘备的同党、朝廷内谁是自己的政敌。将来如果他们内外勾结，相互配合，许都将危矣，一旦官渡之战失败，自己将死无葬身之地。

因此，在袁绍进军之前，必须尽快解决这件事。《后汉书·袁绍传》载："曹操畏绍过河，乃急击备，遂破之。"建安五年（200）春正月，曹操在处理完董承案之后，决定立即出兵，亲自率军远征刘备。

大战在即，危险就在面前，曹操这一决定无疑是一个冒险且带有明显赌博性质的行为，立即引起了诸将的惊惧。众人纷纷劝他说："与公争天下者，袁绍也。今绍方来而弃之东，绍乘人后，若何？"

对此，曹操却颇为自信地说："夫刘备，人杰也，今不击，必为后患。袁绍虽有大志，而见事迟，必不动也。"由于参加会议的人都害怕若此时出动大军远征徐州的刘备，一旦袁绍从后面进击，曹军就会陷入进不得战、退而失据的险境之中，于是双方争执不下。

在这种情况下，曹操便撇开众人，单独留下了大谋士郭嘉，征询他的意见。郭嘉劝他道："绍性迟而多疑，来必不速。备新起，众心未附，急击之必败。此存亡之机，不可失也。"

郭嘉的这些话正说在曹操的心坎上，与曹操不谋而合，更加坚定了他出兵徐州的决心。最终他决定立即出兵，抢在袁绍出兵南下之前，出其不意地赶到徐州，迅速平定刘备的叛乱，将徐州重新置于自己的控制之下。

关于这次出征的详细经过，由于其他章节中有专门介绍，在这里不作赘述。

正如他和郭嘉当初所料，在平定刘备、重新控制徐州之后，曹操又疾速返回到了官渡前线。整个过程中，袁绍都是按兵不动，虽然袁绍的谋士中也有人向他提出趁机南下的建议，但是都被袁绍给否决了，从而错失了击败曹操的绝佳机会。这件事让沮授对袁绍感到特别失望，对即将发动的战争及未来产生了极大的忧虑，完全失去了信心。

然而，一波刚平，一波又起，就在曹操刚刚平定徐州、准备全力对付袁绍之时，由于袁术的失败，孙策占据江东全部地盘，实力大增，野心也随之不断膨胀。他见曹操将大军集中布置在官渡前线，造成许都后方空虚，于是，也准备出来搅局了。

孙策调集大军，准备亲自率领北上，阴谋偷袭许都，企图将汉献帝迎到江东去。消息传来,众人皆惧。

在这关键时刻,大谋士郭嘉却显得格外镇定,认为孙策这一阴谋一定会失败。他为大家分析道:"策新并江东,所诛皆英豪雄杰,能得人死力者也。然策轻而无备,虽有百万之众,无异于独行中原也。若刺客伏起,一人之敌耳。以吾观之,必死于匹夫之手。"推测其必败无疑。关于这件事,历史上是有先例的,比如春秋末期,吴国消灭越国后,实力大增,决心加入中原列强的争霸行列,为争霸中原,吴王夫差亲自率领大军北上。结果,造成后方空虚,越王勾践乘机宣布复国,偷袭吴国,造成了吴国灭国,吴王夫差的宏伟志向夭折,自己也葬送了性命。孙策如今虽然表面上势不可当,然而郭嘉认为,如果他不汲取历史教训,不顾自己偏居一隅这一现实,坚持倾力北上,一定会造成后方不稳,与当年的夫差一样,不会有好的结果。

曹操采纳了郭嘉的建议,他决定大军驻在官渡不动,全力防范袁绍进攻,对孙策则采取静观其变的策略。

事情的发展果然又如郭嘉所料,孙策在集结军队、临江未济之时,因为贪恋游猎,结果被其仇人许贡的宾客刺杀,其北上计划从而彻底泡汤,来自东南的警报便彻底解除了。

五、错失战机,埋下祸根

袁绍一向好大喜功,总是喜欢做一些表面上的文章,这样做有一定好处,也确实达到了很好的宣传效果,许多人都愿意投靠他,正如《后汉书·袁绍传》中所记载:"当是时,豪侠多附绍,皆思为之报,州郡蜂起,莫不假其名。"这为他笼络到了不少人才,因此,他手下并不缺乏有才能的人。然而,缺点也很明显,那就是人才太多,意见不一,往往会争论不休。这些人都饱读诗书,议论起事情都能引经据典,说出一套理论来。其中,最要命的是他们分为几派,为了自己的政治目的打压对方,引经据典地反对另一方,看似双方讲得都有道理,而袁绍自己又缺乏判断力和决断力,无所适从,往往为了一件事各方争执不下,久久不决,而耽误了战机。更为要命的是,作为主帅的袁绍自己缺乏定力,决定下来的事情往往禁不住身边人的鼓噪,观点经常发生变化,显得优柔寡断,让袁绍错失了许多好机会,这可急坏了忠于他的那些谋士。

其中，最典型的事例就是这次曹操率军远征徐州刘备。别驾田丰就认为这是对曹操发动进攻的绝佳时机，力劝袁绍趁机发动进攻。他对袁绍建议道："与公争天下者，曹操也。操今东击刘备，兵连未可卒解，今举军而袭其后，可一往而定。兵以几（指机会）动，斯其时也。"可是，袁绍却完全沉浸在自己的强大和盲目的自信中，对曹操一方发生的这么多变故和由此产生的战机视而不见，因此，根本听不进田丰的这一正确建议，而是托词其少子袁尚有病，不肯立即出兵。气得田丰举杖击地，骂道："嗟乎，事去矣！夫遭难遇之几，而以婴儿病失其会，惜哉！"

田丰认为，既然错失了这一绝佳战机，就应该取消南进计划，推迟与曹操决裂的时间，休养生息，强筋壮骨，再寻找新的战略机遇。据《献帝传》记载："绍将南师，沮授、田丰谏曰：'师出历年，百姓疲弊，仓庾无积，赋役方殷，此国之深忧也。宜先遣使献捷天子，务农逸民；若不得通，乃表曹氏隔我王路，然后进屯黎阳，渐营河南，益作舟船，缮治器械，分遣精骑，钞其边鄙，令彼不得安，我取其逸。三年之中，事可坐定也。'"

对于沮授、田丰二人的上述建议，作为另一派的审配、郭图却提出了反对意见，他们反驳道："兵书之法，十围五攻，敌则能战。今以明公之神武，跨河朔之强众，以伐曹氏。譬若覆手，今不时取，后难图也。"

沮授再次建议袁绍曰："盖救乱诛暴，谓之义兵；恃众凭强，谓之骄兵。兵义无敌，骄者先灭。曹氏迎天子安宫许都，今举兵南向，于义则违。且庙胜之策，不在强弱。曹氏法令既行，士卒精练，非公孙瓒坐受围者也。今弃万安之术，而兴无名之兵，窃为公惧之！"

郭图等人则进一步反驳他道："武王伐纣，不曰不义，况兵加曹氏而云无名！且公师武臣竭力，将士愤怒，人思自骋，而不及时早定大业，虑之失也。夫天与弗取，反受其咎，此越之所以霸，吴之所以亡也。监军之计，计在持牢，而非见时知机之变也。"

郭图等人的话正好迎合了袁绍的心思，说到了他的心坎里。袁绍听了非常受用，于是，他便采纳了郭图等人的意见，决定出兵南下，与曹操决战。

袁绍本来决定以审配、逄纪统军事，田丰、荀谌、许攸为谋主，颜良、文丑为将帅，简精卒十万，骑万匹，将攻许，这些人都归监军沮授所统管。然而，由于沮授屡屡与郭图一方意见相左，郭图等人便趁机诬陷沮授"监统内外，威震三军，若其浸盛，何以制之？夫臣与主不同者昌，主与臣同者亡，此《黄石》之所忌也。且御众于外，不宜知内"。袁绍更加怀疑沮授、田丰二人的动机，听信了郭图的谗言，将军队一分为三，设立三个都督，分别使沮授、郭图和淳于琼各典一军，并力向南。

试想一下，双方本来就意见不合，他们之间能很好地配合吗？因此，袁绍此举不仅分散了兵力，减小了军事优势，弱化了军队的战斗力，还令三方不能有效配合，给后来的失败埋下了伏笔。

当袁绍决定出兵之时，田丰仍然不甘心，找到袁绍，恳切地规劝他说："曹操既破刘备，则许下非复空虚。且操善用兵，变化无方，众虽少，未可轻也，今不如以久持之。将军据山河之固，拥四州之众，外结英雄，内修农战，然后简其精锐，分为奇兵，乘虚迭出，以扰河南，救右则击其左，救左则击其右，使敌疲于奔命，民不得安业，我未劳而彼已困，不及三年，可坐克也。今释庙胜之策，而决成败于一战，若不如志，悔无及也。"坚决反对袁绍出兵。

然而，田丰这种长他人志气灭自己威风的话语，强烈刺痛了袁绍的自尊心，让他感到田丰是对自己的权威发起挑战，故意涣散军心，散布恐惧情绪，不仅没有采纳田丰的意见，反而勃然大怒，下令给他戴上脚镣手铐，关进了邺城监狱里。

此时的袁绍认为箭在弦上不得不发，哪里还能够听进他的意见？

袁绍的决定让沮授深感沮丧，据《献帝传》记载："绍临发，沮授会其宗族，散资财以与之曰：'夫势在则威无不加，势亡则不保一身，哀哉！'其弟宗曰：'曹公士马不敌，君何惧焉！'授曰：'以曹兖州之明略，又挟天子以为资，我虽克公孙，众实疲弊，而将骄主怢，军之破败，在此举也。扬雄有言：六国蚩蚩，为嬴弱姬，今之谓也。'"

还未开战，其内部领导核心就相互猜疑，或被罢免或被关押，岂有不败之理。

曹操深知田丰这个人足智多谋，非常厉害，因此，当他听说田丰没有跟随袁绍一起出征的消息时，心中大喜，曰："绍必败矣。"后来，袁绍果然战败奔逃，曹操感叹道："向使绍用田别驾计，尚未可知也。"

六、白马解围，邂逅刘备

建安五年（200）二月，也就是曹操已经从徐州归来，重新稳定住了许都东部之后，考虑到河内掌控在自己手里，袁绍从这里南下渡河的可能性不大，而自己的兵力有限，就主动从黎阳撤退，仅留下东郡太守刘延，率军驻守在黎阳城的黄河东岸，控制白马渡口，以迟滞袁军进攻。他将主要兵力集中部署到官渡一带，在这里东西布下多座大型营垒，形成了既有纵深，又有广度的防御阵地。

就在曹操做好了充分准备，只待袁绍大军南下之时，袁绍也认为此刻进攻的时机业已成熟，因为他心爱的儿子痊愈了，于是终于下达了出征的命令。

袁绍决心很大，想毕其功于一役，一举攻下许都，因此，他从几十万大军中挑选出精兵十万，骑万匹，以审配、逢纪统军事，荀谌、许攸为谋主，颜良、文丑为将帅，浩浩荡荡地向南进发，声势浩大。

正如曹操所料，袁绍没有沿太行山东麓南下，而是在白马津东渡黄河，避开了位于今天郑州之北黄河南岸广阔的荥泽湖这一天然屏障。然后，沿黄河东岸一路南下，进取许都。

因此，他首先抢占了黎阳城，以黎阳为根据地，企图夺取黄河对岸的白马津。

袁绍之所以选择这条进攻线路，主要原因是黄河在这里冲出太行山区，水流湍急，不利于大军横渡。加上此处在今天郑州市北部，为济水与黄河的交汇处。济水在这里潜入地下，穿越黄河后，在黄河的南岸形成了一个面积巨大的荥泽湖，形成一个天然屏障。袁绍要想从此段黄河南渡，困难重重。必须选择向西，通过河内郡境内的孟津渡口渡河，进入洛阳盆地，然后东下，才能抵达许都。但是，一方面河内早已经被曹操掌控，这里西邻太行山，有险可守，不易夺取。另一方面，即使夺取了河内，成功从孟津渡河，进入洛阳盆地，要想进攻许都，要么东下走虎牢关（又名旋门关）或辕辕关，直取许都；要么一直向南，通过大谷关或伊阙关东出，绕道许都之南攻打许都。这些关口地势险要，一旦曹操派军卡死这些关隘，袁军有可能会被困在伊洛盆地之中，不仅风险太大，而且不易在短时期内攻取许都。

袁绍当时在兵力上占有绝对优势，对曹操有碾轧之势，他想一举击败曹操，迅速将许都拿下，自然不愿意打这样的持久战、攻坚战。

而黄河东岸则是一马平川，没有大河相阻隔，便可一路南下，直捣许都。

这也是曹操当初抢占黎阳之后又选择放弃，派刘延坚守白马津，而将主力集中部署在黄河东岸的官渡一带的原因。

袁绍占领了黎阳之后，坐镇在那里，然后派郭图、淳于琼、颜良作为先锋，率主力渡河，抢滩登陆，全力攻打黄河东岸的白马津，希望夺取这一战略要地，

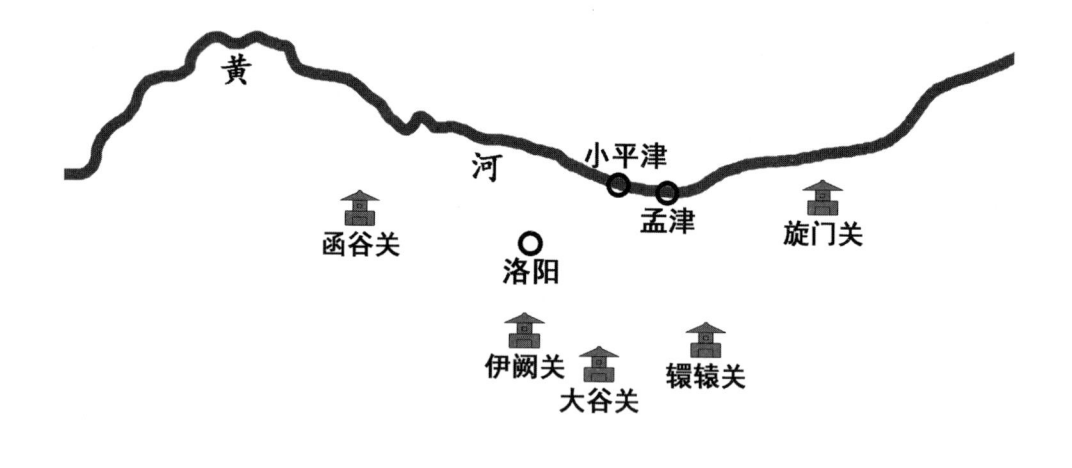

图七十二　洛阳周边关隘分布图

为大军东下开辟道路。

然而，他对白马津的进攻非常不顺利，刘延仅率领几千人马竟然在白马城抵抗了袁绍大军两个月之久，严重迟滞了袁军进攻的步伐，打击了其进攻势头。这给曹操收缩兵力、重新调整军事部署赢得了宝贵时间。

到了这年四月，曹操调整军事计划已经基本完成。曹操认为留下刘延一个人孤悬在外，十分危险，随时都有被袁绍吃掉的可能性。现在他的任务已经完成，应该将他们解救出来。于是，他决定出兵白马，解救刘延。

然而，两个月以来，白马城已经成了敌军攻打的重点，为了拔掉这一据点，袁绍大军渡过黄河，将该城团团包围，日夜攻打。如何解救重围下的白马，成了曹操面临的一个大难题。

其实，对于袁绍这种攻坚战的做法，其谋士沮授、许攸二人都有不同意见。他们认为袁绍兵力充足，占有碾轧优势，完全没有必要被一城一地所迟滞，一定要等到彻底啃下白马这块硬骨头再向前推进，应该适时调整战略，留下一部分兵力围攻白马城，与此同时分兵南下，进攻许都。然而袁绍十分固执，根本听不进他们的这一合理化建议。

尤其是后来，双方大军在官渡对峙长达百日，袁绍徒有兵力优势，面对曹操的固守，却没有取得任何进展。

当时，沮授就曾建议袁绍"可遣蒋奇别为支军于表，以绝曹操之钞"，然而，袁绍固守着审配、郭图的策略，坚持古代兵法中所说的"兵书之法，十围五攻"的战法，企图在官渡一带集中消灭曹操的主力，然后，再风卷残云地攻取许都。因此，他对沮授的建议再次置之不理，仍然坚持自己的想法。

袁绍的谋士兼好友许攸见状，也向他献策曰："曹操兵少而悉师拒我，许下余守势必空弱。若分遣轻军，星行掩袭，许拔则操成擒。如其未溃，可令首尾奔命，破之必也。"袁绍也不采纳。

如今，仅一个白马城，就吸引了袁绍的多员大将和数万兵马。显然这是抓小放大、以点概面，缺乏战争的全局观念，捡了芝麻丢了西瓜。这种做法对付像公孙瓒这样的武将尚可，但是与军事家曹操纠缠，这正是曹操求之不得的，一定会吃大亏。

为了解白马之围，曹操采用军师荀攸声东击西的计策，先派于禁、乐进等将领率五千人马，从延津地界渡过黄河，沿黄河西岸向获嘉方向进攻，一直攻打

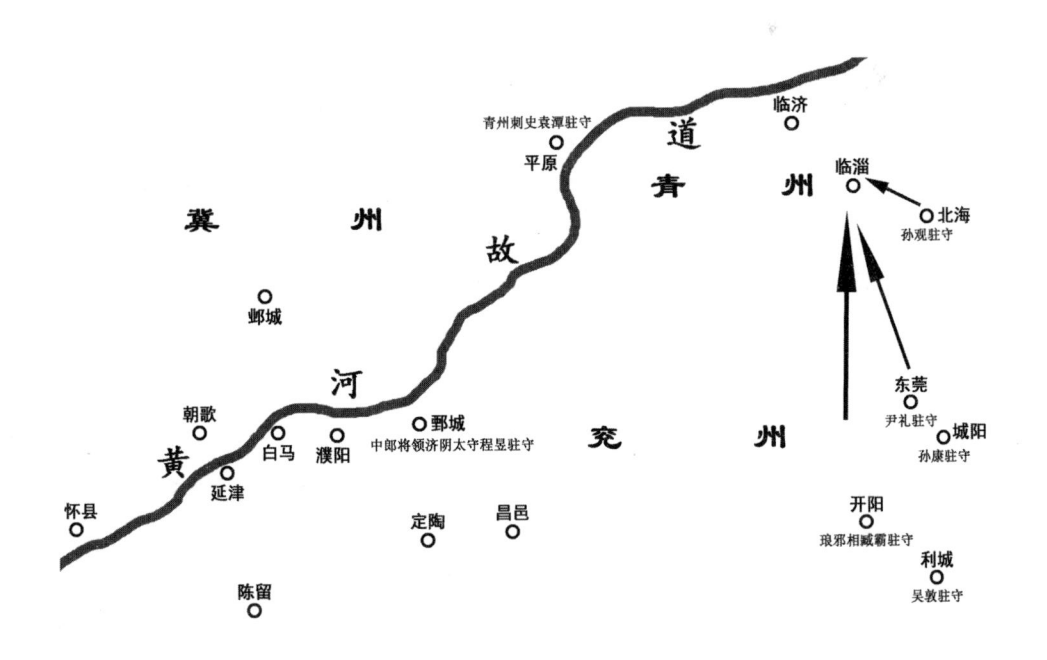

图七十三　官渡之战前曹操在东线布防图

到了汲县境内，接连放火焚烧袁军营寨三十余屯，斩首和俘获各数千人，收降袁绍部下何茂、王摩等二十余将。这种来势汹汹、一路势如破竹的攻势给袁绍造成了一个严重错觉，误认为这是曹操的主力，企图沿黄河西岸向北，进攻袁绍的大后方邺城。因此，他赶忙分兵进行追击，企图将其一举歼灭在黄河西岸。其中，他最不该做的是将一部分已经渡到黄河东岸参与围攻白马的兵马再调回到黄河西岸，去追击于禁和乐进这支疑兵，这种做法不仅严重影响了大军南下的速度，还严重削弱了围攻白马的兵力。

对于袁绍的这一错误决定，监军沮授首先提出了反对。据《献帝传》载："绍将济河，沮授谏曰：'胜负变化，不可不详。今宜留屯延津，分兵官渡，若其克获，还迎不晚，设其有难，众弗可还。'绍弗从。授临济叹曰：'上盈其志，下务其功，悠悠黄河，吾其不反乎！'遂以疾辞。绍恨之，乃省其所部兵属郭图。"

曹操见袁绍分兵西上，追击于禁和乐进，上了自己疑兵之计的当，造成围攻白马城的兵力减弱，心中大喜，立即亲率徐晃、张辽、关羽等猛将出发，日夜兼行直扑白马。负责围攻白马城的袁军主帅颜良对此毫无准备，当其发现时，曹操已经杀到了距离白马城十余里远的地方，颜良顿时大惊，仓促率军前来应战，结果被冲在最前面的张辽、关羽二人击败，颜良被关羽阵前斩杀，袁军随之大败。曹操率军一口气冲进白马城内，不仅将刘延和将士们安全撤出，还将城内的老百姓也都一并成功撤了出来，甚至连大量的辎重也带了出来，白马之围遂解。

袁绍发现上当之后，立即亲自渡过黄河，调动大军在后面追赶，但是为时已晚，半路中了曹操设下的埋伏，又损失了一员大将文丑，对袁军士气造成了巨大打击。曹操率军顺利返回了官渡的大营。至于详细经过，可参阅刘备的有关章节。

然后，双方在官渡一带开始对垒，成功地将袁绍大军堵截在了那里。尽管袁军对曹操的营垒进行了疯狂的进攻，却始终没有突破这条防线。

到了建安五年（200）九月，曹操采纳袁绍的叛臣许攸的计策，成功偷袭了袁绍粮仓所在地乌巢，造成袁军大乱，袁军阵线突然全线崩溃，袁绍仅带领极少数人得以逃脱，他的辎重、图书、珍宝等全被曹操缴获。官渡一战曹操以少胜多，击败了强敌袁绍。

战后，曹操给汉献帝上表，总结了此次战争的起因和经过，以及所取得的巨大战果，他说："大将军邺侯袁绍前与冀州牧韩馥立故大司马刘虞，刻作金玺，遣故任长毕瑜诣虞，为说命录之数。又绍与臣书云：'可都鄄城，当有所立。'

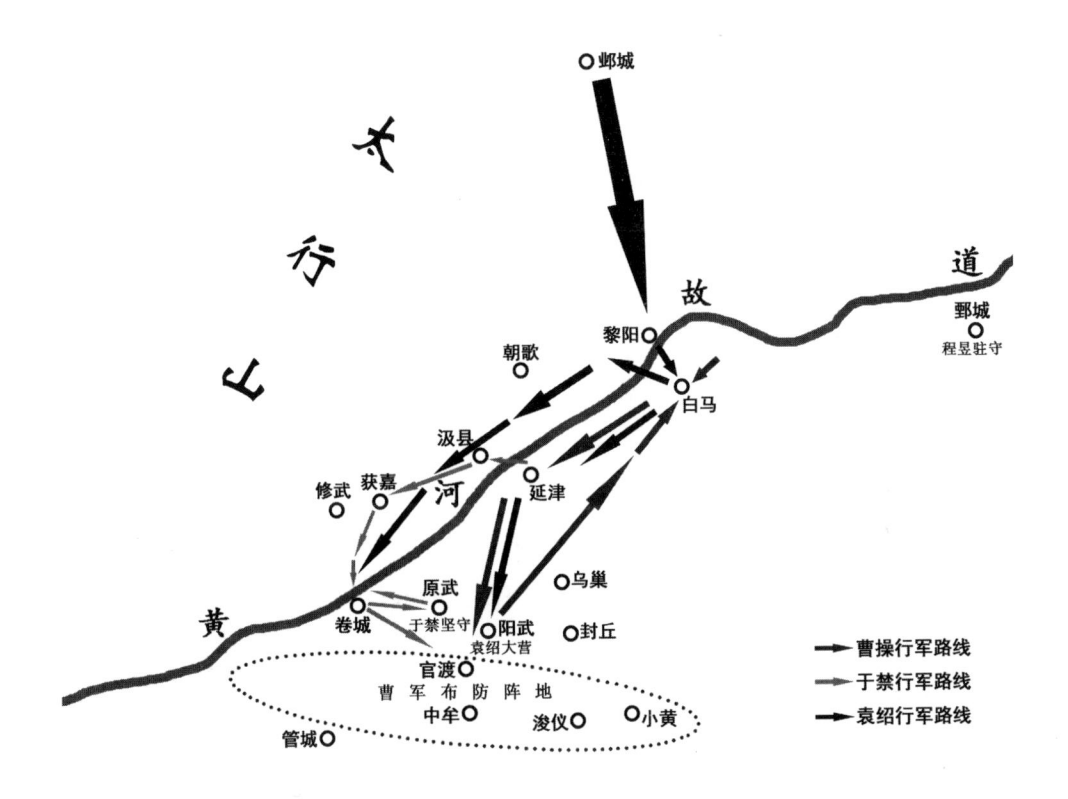

图七十四　白马解围之战中曹、袁双方行军作战线路示意图

擅铸金银印，孝廉计吏，皆往诣绍。从弟济阴太守叙与绍书云：'今海内丧败，天意实在我家，神应有征，当在尊兄。南兄臣下欲使即位，南兄言，以年则北兄长，以位则北兄重。便欲送玺，会曹操断道。'绍宗族累世受国重恩，而凶逆无道，乃至于此。辄勒兵马，与战官渡，乘圣朝之威，得斩绍大将淳于琼等八人首，遂大破溃。绍与子谭轻身逃走。凡斩首七万余级，辎重财物巨亿。"

这次失败，虽然重创了袁绍，但是，并没有动摇其根本，因为他所控制的冀、青、幽、并四州仍然牢牢掌控在自己手里，手中还有不少兵力。尽管最初有许多地方见袁绍失败，趁机反叛，然而很快就被平息。为了复仇，袁绍又纠集了几十万人马，于第二年四月，再次进行反扑，结果在仓亭又被曹操击败。这一次，对袁绍的心理造成了更加沉重的打击，从此之后，他一蹶不振。建安七年（202）五月庚午日，忧愤之中的袁绍呕血而死，曾经不可一世的一位大英雄，其人生就这样在遗憾中落下了帷幕。

令人感到奇怪的是，袁绍、袁术弟兄二人最后似乎得了同样的病，全都是呕血而死，不知道是其家族遗传的缘故还是纯属巧合。

更令人唏嘘的是袁绍去世后，其家人的内斗及表现出来的残忍。如袁绍的正妻刘氏，妒忌心非常强，袁绍未殡，刘氏便将袁绍生前所宠爱的五个小妾全部残忍地杀死，她又担心死者地下有知，将来在阴间会见到袁绍，于是，乃髡其头墨其面，毁掉她们的容颜。继位的少子袁尚，又将袁绍这五位小妾的家人尽数杀死，其残暴无情可见一斑。

七、袁绍失败，原因何在

官渡之战，在历史上是一场著名的以弱胜强、以少胜多的经典战例。

曹操之所以能够以少胜多，彻底击败其最大的政敌和军事对手袁绍，第一，是因为他有出色的军事指挥才能，超人的胆略，灵活机动的战法、战术和善于采纳部下的正确建议；第二，他每战都是身先士卒，冲在战争的最前线，极大地鼓舞了部下，不像袁绍那样高高在上，瞎指挥，凭义气行事；第三，也是最主要的原因，得益于他当初的正确决策，将汉献帝接到许都，能够"奉天子以令不臣"，取得政治上的绝对优势，名正言顺地代表朝廷吊民伐罪。官渡之战，袁绍在政治上处于非常不利的地位，他虽然名义上是要征讨曹操，事实上却是以下犯上的造反行为，在人心思定的年代，发动战争，很不得人心。而曹操出兵讨伐袁绍，则是一种顺应民意平叛的正当行为。

关于这一点，袁绍最重要的两个谋士监军奋威将军沮授和别驾田丰看得十分清楚，他们坚决反对袁绍出兵。如沮授曾劝阻袁绍说："盖救乱诛暴，谓之义兵；恃众凭强，谓之骄兵。兵义无敌，骄者先灭。曹氏迎天子安宫许都，今举兵南向，于义则违。且庙胜之策，不在强弱。曹氏法令既行，士卒精练，非公孙瓒坐受围者也。今弃万安之术，而兴无名之兵，窃为公惧之！"

关于这个道理，袁术和张范曾经有过一次精彩的对话，很能说明问题，据《三国志·张范传》记载："太祖将征冀州，术复问曰：'今曹公欲以弊兵数千，敌十万之众，可谓不量力矣！子以为何如？'承乃曰：'汉德虽衰，天命未改，今曹公挟天子以令天下，虽敌百万之众可也。'术作色不怿，承去之。"

可是，早已经被战胜公孙瓒的胜利和野心冲昏了头脑的袁绍，根本听不进沮授和田丰的意见，不仅没有适时停止这一错误决策，反而对二人进行严惩，将田丰逮捕下狱，剥夺了沮授的监军资格，将其权力一分为三，分散了自己的兵力，严重削弱了本来处于绝对优势的军队的战斗力，且统帅不和，相互拆台，从一开始就埋下了失败的种子。

袁绍虽然非常重视为自己造势和舆论宣传，最初也起到了一定的效果，但是，过度沉醉于造势等表面文章，却延误了战机，这些努力的成果最终都被曹操以实际的军事行动一一化解和对冲掉了。

其中，最失败的是袁绍没有能够将自己的传统盟友荆州牧刘表争取过来，形成有效的统一战线，使其从南面出兵，以策应自己，对曹操形成前后夹击之势。要知道刘表为汉室宗亲，在士族阶层中具有一定的号召力，如果能够将其充分动员起来，双方形成合力，相互配合，不仅会为自己争取到许多舆论上的支持，还会在军事上取得更大的主动。不仅如此，袁绍在策动与曹操有深仇大恨的张绣这件事上也非常失败，在遭到张绣的谋士贾诩拒绝后，没有继续加大努力，进一步争取，致使张绣最后反而投降了曹操。要知道，张绣所率领的凉州兵是一股不可小觑的力量，具有极强的战斗力。曹操从建安二年（197）春至建安四年（199）十二月，连续多次征讨张绣，都没有成功，就是一个很好的证明。之所以会出现这样的结果，还是与袁绍的盲目自信、过于自大有关。他总是认为自己战胜曹操易如反掌，是板上钉钉的事，从骨子里根本看不上像张绣这样的人，不愿真正下功夫和血本去做争取工作，更不愿给他们做出政治上的更大承诺。

袁绍很喜欢耍一些小聪明，如多次派刘备到他的老家汝南联络零星的地方武装，这种抓小放大的效果极差，这些人每每刚刚起事，便被曹操迅速平定，根本没有起到其预料中的作用。尤其是他识人不淑，派去的刘备有自己的打算，根本不给他真正出力，结果对他没有任何帮助，反而让自己的部队疲于奔命，削弱了他们的斗志。

上述的失败充分说明了世道已变，早已不像当初群雄一致反对董卓时那样，作为盟主的袁绍能够做到一呼百应。袁绍没有看到这一变化，以适时调整政策，采取正确的应对之策，失败也是必然的。

曹操将汉献帝迎到许都之后，心向汉室，天下思定，已成了整个社会的共同心愿。袁绍为了实现一己之私，悍然兴兵，大动干戈，置老百姓于水火之中，很不得人心。因此，当袁绍在官渡前线失败的消息传到冀州时，才会出现"冀州诸郡多举城邑降者"，纷纷背叛袁绍这一局面。袁绍仍不自知，不进行反思，及时止损，反而又重新集结重兵，孤注一掷，发动仓亭之战，对气势正盛的曹操进行反扑，再次以失败告终，结果拼尽了自己的血本，从而走向了彻底失败之路。他之所以这样做，与他刚愎自用的赌博性格有着直接的关系。

起兵之初，在一次谈话中，袁绍问曹操曰："若事不辑，则方面何所可据？"曹操反问他道："足下意以为何如？"袁绍得意地回答说："吾南据河，北阻燕、代，兼戎狄之众，南向以争天下，庶可以济乎？"曹操则不屑地说："吾任天下之智力，以道御之，无所不可。"然后，他又补充说："汤、武之王，岂同土哉？若以险固为资，则不能应机而变化也。"显然，这就是袁绍最终失败的根本原因。

曹操这种政治上的优势在后来与袁尚、袁谭兄弟二人的战争中，表现得更加突出。如在黎阳之战中，袁尚任命其大将郭援为河东太守，命他率军到河东郡，企图开辟第二战场，并联合袁绍的外甥并州刺史高幹和匈奴单于共同攻占平阳，寇扰当地，以吸引曹操的兵力，减轻其前线的压力。没想到曹操根本不为所动。在张既的动员下，关中军阀马腾派自己的儿子马超协助钟繇，出兵河东，一举击败郭援和高幹，造成郭援被斩，匈奴单于投降，不仅没有达到预期的战略目标，反而分散了兵力，减弱了曹操进攻黎阳这一正面战场的压力。

在曹操率大军围攻邺城，久攻不下时，黑山军在首领张燕率领下，十余万人投降了曹操，他们及时赶来帮助曹操攻打邺城。被袁绍一直袒护的乌桓校尉阎柔也背叛了袁氏，率领鲜卑、乌桓各部铁骑，亦及时赶到邺城前线，归附了曹操，帮助曹操迅速平定了河北各地。阎柔因此功被曹操正式拜为乌桓校尉，让他统领幽州、并州境内的乌桓、鲜卑各部。从此之后，阎柔所率的乌桓、鲜卑侯王、大人、种众跟随曹操南征北战，三郡乌桓为天下名骑，成为曹操手下的一支重要军事力量。

就连袁绍的外甥高幹，此时也选择反正，归顺了朝廷，被曹操重新任命为并州刺史，不肯出兵支援被围困的邺城。

高幹的从弟高柔也投靠了曹操。在其堂兄高幹先降后叛时，更是果断坚定地站在曹操一方，反对袁绍集团，被曹操重用，职位屡屡升迁。高柔在自己的岗位上兢兢业业，深受曹操喜爱。《魏氏春秋》中记载了一个有趣的故事："柔既处法平允，又夙夜匪懈，至拥膝抱文书而寝。太祖尝夜微出，观察诸吏，见柔，哀之，徐解裘覆柔而去。自是辟焉。"可见曹操对部下的关怀。

这么多力量都不约而同地选择投靠曹操,说明了什么问题?当然是得道多助。

　　官渡大战之后,曹操于建安九年(204)顺利攻破邺城,随后,又相继消灭了袁绍的三个儿子,短短几年时间,就彻底消灭了不可一世的袁绍集团,将冀、青、并、幽四州尽收囊中。曹操击破袁尚之后,在给汉献帝的上书中汇报战果时说道:"臣前上言逆贼袁尚,还即厉精锐讨之。今尚人徒震荡,部曲丧守,引兵遁亡。陈车被坚执锐,朱旗震耀。虎士雷噪,望旗眩精,闻声丧气,投戈解甲,翕然沮坏。尚单骑遁走,捐弃伪节、锐铁、大将军邟乡卿侯印各一枚,兜鍪万九千六百二十枚;其矛盾弓戟,不可胜数。"

　　以上所有这些胜利,都是得益于曹操"奉天子以令不臣"这一大政方针。

　　为了庆祝和纪念这一巨大胜利,在占领邺城时,新纳佳丽甄氏、正春风得意的曹操长子曹丕,特意在邺城袁绍的大将军府衙内种植了一株柳树。建安二十年(215),曹操远征汉中时,留守邺城的太子曹丕望着这棵自己亲手所植的枝繁叶茂的柳树,触景生情,回想起了当年烽火岁月,于是情不自禁地挥笔写下了一篇《柳赋》,在序言中这样写道:"在余年之二七,植斯柳乎中庭。始围寸而高尺,今连拱而九成。嗟日月之逝迈,忽亹亹以遄征。昔周游而处此,今倏忽而弗形。感遗物而怀故,俯惆怅以伤情。"

　　曹丕的好友王粲也来凑热闹,写了一篇同名赋,以纪念这一重要事件,其文曰:"昔我君之定武,改天届而徂征。元子从而抚军,值(植)佳(嘉)木于兹庭。历春秋以逾纪,行复出于斯乡。览兹树之丰茂,纷旖旎以修长。枝扶疏而罩布,茎槮梢以奋扬。"